반계학 학술총서 2

반계학의 현재와 미래 2

제도 · 지역학

정도원 성균관대학교 유학동양학과 초빙교수
윤석호 부산대학교 사학과 조교수
송양섭 고려대학교 한국사학과 교수
이동희 예원예술대학교 교양학부 교수
김진돈 전북도문화재위원
김승대 전북도청 학예연구관

반계학 학술총서 2
반계학의 현재와 미래 2 제도 · 지역학
2022년 12월 20일 초판 1쇄 발행

지은이 : 정도원 · 윤석호 · 송양섭 · 이동희 · 김진돈 · 김승대
펴낸이 : 김병환
펴낸곳 : 학자원
주 소 : 서울시 강동구 천호대로 1121
전 화 : 02) 6403-1000
팩 스 : 02) 6338-1001
E-mail : hakjaone@daum.net
등 록 : 2011년 3월 24일 제2011-14호

ISBN 979-11-6247-291-0 94810
979-11-6247-289-7 (세트)
값 30,000원

반계학 학술총서 2

반계학의 현재와 미래 2

제도 · 지역학

정도원 · 윤석호 · 송양섭
이동희 · 김진돈 · 김승대 공저

학자원

간행사

'조선 후기 실학(實學)의 비조(鼻祖)' 반계(磻溪) 류형원(柳馨遠, 1622~1673) 선생은 실사구시(實事求是)의 학문 방법과 경세치용(經世致用)의 학적 지향으로 실학 연구에 있어 선구적인 성과를 이룬 학자이다. 선생은 1653년 겨울 32세의 나이로 한양에서 전북 부안(扶安)의 우반동(愚磻洞)으로 이주하여 정착하였으며, 1673년 52세로 생을 마감하기까지 『반계수록(磻溪隨錄)』의 저술에 몰두하였다. 임진왜란, 병자호란, 명·청 교체 등 대내외적 우환이 지속된 17세기 중반의 지식인으로서, 흔들리는 국가 기강과 체제를 바로 세우고자 전제(田制), 교육, 인재 선발, 관리 임용, 병제(兵制) 등 사회 구조 전반에 대한 개혁의 아이디어들을 이 책을 통해 폭넓게 제시하였다.

반계 선생과 그의 저작 『반계수록』은 일찍이 1950년대부터 연구자들에 의해 많은 관심을 받아 이에 관한 다수의 연구 성과가 학계에 보고되었다. 그러한 관심은 근래에 이르기까지 지속적으로 이어지고 있다. 반계 선생을 주제로 한 기획학술대회가 활발히 개최되어 그의 학문적 성취와 의의를 조명하고 있으며, 새로운 자료와 유적이 발굴·소개됨으로써 그 연구 영역이 기존의 역사·철학 분야를 넘어 문학·역사·지역학의 지점으로까지 확장되어 가는 모습을 보이고 있다. 이제 '반계학'은 조선 후기 학술에 관한 하나의 학문 분야로서 공고히 자리하게 되었다.

올해 2022년은 반계 선생 탄신 400주년이 되는 해이다. 이를 맞아 한국실학학회와 전라북도 부안군은 반계 선생에 관한 근래의 연구 성과를 망라한 총서 『반계학의 현재와 미래』를 기획·간행하게 되었다. 한국실학학회에서는 총서 간행을 위해 국내 반계 연구의 권위자들을 중심으로 '반계학 총서 간행위원회'를 조직하여 반계 관련 논문의 현황을 조사하고 총서 수록 대상 논문을 엄선하는 과정을 진행하였다. 그 결과 2018년부터 2022년까지 총 5년간 국내 유수의 학회지 및 기획학술대회에서 발표된 논문들을 총서에 수록하게 되었다.

본서는 총 2권으로 이루어져 있다. 1권 '사상'에서는 반계 선생의 학문·사상을 다룬 논문을 수록하였다. 조선 후기 실학에서 차지하는 반계 선생의 위치, 반계 선생의 학문 연원과 사유, 『반계수록』 전승 양상 등에 대해 고찰한 총 6편의 논문을 실었다. 2권 '제도·기타'에서는 『반계수록』에서 제기된 사회·제도 개혁론을 다룬 논문 4편과 부안 우반동에 남아 있는 반계 선생 관련 유적을 고찰한 논문 4편 등 총 8편의 연구 성과를 수록하였다.

반계 선생이 『반계수록』에서 제기한 다양한 견해들은 조선 당대에는 중앙 무대에서 제대로 채택되거나 반영되지 못하였다. 그러나 선생이 품은 개혁에 대한 의지와 구체적이고도 세밀한 실천 방안들은 탄신 400년이 지난 현재에 이르러, 비로소 많은 이들에게 학적 영감을 주고 있다. 반계학의 현재를 점검하고 미래를 전망해보고자 기획된 본서의 간행을 계기로, 앞으로 반계 선생과 『반계수록』에 대한 더욱 많은 관심이 주어지기를 기대하는 바이다.

반계학 총서 『반계학의 현재와 미래』 간행위원장 한국실학학회 회장
윤 재 민

차례

반계 유형원의 전론田論과 대동법大同法 이해

–부잡不雜의 주재적主宰的 실리實理와 이전위본以田爲本 원칙

정도원

성균관대학교 유학동양학과 초빙교수

1. 서론

17세기는 양난을 기점으로 조선을 전기와 후기로 나눌 때 후기에 해당한다. 그러나 이 시대의 이데올로기인 도학은 16세기의 영향 아래 있었다. 사회의 구조적 문제들 또한 양난과 대기근 속에서도 여전하거나 오히려 더 심각해졌다. 이러한 현실 문제를 개혁하기 위한 논의 역시 앞 시대의 개혁론을 이어받고 있는데, 대표적인 것이 대동법(大同法)이다.[1] 대동법의 원론은 임진왜란 직전에 제시되었고, 이 기획의 원형은 15세기에 벌어진 쿠데타 및 군주의 전횡에서 기인한 수탈구조의 개혁이었다.

1 김백철은 「17~18세기 대동 균역의 위상 : 조선시대 재정개혁 모델의 모색」(『국학연구』 28, 2015)에서 '조선은 사회변동기마다 끊임없이 경장을 모색함으로써 장기간에 걸쳐 국가를 보존할 수 있는 원동력을 확보하였는데, 특히 대동법과 균역법이 경장의 대표적인 성과로 인식되었다'고 한다.

문제는 이 당시 왜곡된 수탈구조가 역사상 유례를 찾아보기 힘든 전란과 대기근으로 속에서도 여전히 지속되고 있었으며, 이는 기존의 조세체제 자체를 왜곡시키고 있었다는 점과 왜곡의 주체가 군주 자신이었다는 점이다.[2] 이 문제를 해결하기 위해 도학자들이 제시한 방안이, 크게 도학 이념의 공고화와 대증 처방으로써의 대동법 시행이었다.

반면, 반계 유형원과 같은 학자들은 이러한 대증 처방을 넘어 근본적인 변혁을 강구하여, 수취제도 자체 개혁부터 전반적인 사회 체제 변혁까지 구상하였다. 그리고 이러한 담론은, 알려진 바와 달리, 조정에서도 검토된 바였다. 기득권 세력과의 충돌에 대한 뚜렷한 대처 방안이 마련되지 않았기 때문에 시행까지 이르지는 못하였지만 반계 이후로도 이러한 문제의식은 꾸준히 계승되어, 현재 반계의 담론은 조선 실학사상의 원류로 평가받고 있다.

본고는 이러한 도학의 개혁론과 반계의 개혁론을 비교하여 시대 현실 속에서 유학이 어떻게 기능하였는가를 살펴보고자 한다.

2. 연산조 공안상정과 기형적 수취제도

조선 초기 수취제도는 생산 면적과 소출을 기준으로 하는 전세(田稅)와 정남(丁男)을 기준으로 하는 신역(身役)으로 이루어졌으며, 기준 세율은 소출의 10%이다. 이는 정전제(井田制)로 알려진 고대 중국의 이

2 김성우, 「16세기 국가재정의 위기와 신분제의 변화」(『역사와 현실』 16, 1995) 161~163면; 「16세기 국가재정 수요의 증대와 국역체제의 해체」(『한국사연구』 97, 1997) 98면 참조.

상적 수취제도를 적용하고자 한 것이다. 조세 행정은 호조(戶曹)에서 담당하였다.

세종대에 완성된 이 제도에 균열이 가기 시작한 것은 세조의 반정부터이다. 반정으로 급격히 늘어난 공신과 이들에게 지급된 면세 토지의 증가는 세수(稅收) 부족과 재정 악화를 가져왔다. 세조는 이 때문에 직전법(職田法)을 실시하였으나, 실제로는 자신에게 충성하는 사람에게만 급여를 주려던 것뿐이었다. 성종의 관수관급제(官收官給制) 역시 세수 부족에 따른 재정 악화를 해결할 근본적인 해결책이 되지는 못하였다.[3] 유교 이념에 따라 인정(仁政)을 내세우는 상황에서, 세습 면세전을 그대로 두고 일반 양민들의 토지에 대한 세금만 인상하는 것은 많은 반발은 물론 반정의 빌미까지 될 수 있었기 때문이다.

연산군의 "공안상정"은 이런 상황에서 나온 편법이었다. 전세나 신역이 아닌, 지방관의 군주에 대한 진상품 품목과 수량을 늘림으로써, 대토지 소유자를 비롯한 기득권자들의 조세 부담은 그대로 두고 일반 서민들의 부담만 가중시킨 것이다. 이 '꼼수'는 군주 개인의 향락에 필요한 재정을 충당하면서도 기득권층의 이탈을 막을 수 있었다. 그러므로 중종반정 이후로도 이 공안상정은 그대로 유지되었다. 중종은 연산조를 폐조로 몰아가면서도 공안상정만은 쉽게 바꿀 수 없는 '조종조(祖宗朝)의 유제(遺制)'라고 하였다. 여기에 예비비 명목으로 설정한 초과분 등을 통해 부족한 지방재정 수요를 충당하려 하거나 각종 중간 수탈까지 더해지면서 진상이 전세보다 더 큰 부담이 되는 역전 현상도

3 김성우, 「16세기 국가재정 수요의 증대와 국역체제의 해체」(『한국사연구』 97, 1997) 참조.

일어났다.[4]

과도한 세습 면세 토지와 국가 총수입의 60%에 달하는 왕실재정은 이 시기 조선의 문제를 단적으로 보여주는, 매우 기형적인 형태라고 할 수 있다.[5] 더욱이 이에 따른 세수 부족을 공식 전세가 아닌 진상(進上)을 통해 마련한다는 것은 조세제도의 존재 의미 자체를 다시 생각하게 하는 것이었다. 하지만, 연산 이후 어떤 군주도 공신전 등 각종 면세 혜택을 축소하려거나 왕실의 재정지출 감축하고자 하지 않았다. 정암 조광조의 개혁정치 3년간 왕실의 자의적 재정지출이 억제된 것[6], 그리고 진상 문제의 해결을 위해 대동법을 추진한 것이 있었을 뿐이다.

현실의 어려움을 군주가 전혀 몰랐다고 할 수는 없다. 중종이 정암을 공식 발탁한 알성시에서 요구한 대책의 주제가 '공무원의 기강 확립'이었다.[7] 중종이나 공신들의 비리를 언급하지 않고 일반 공무원들의 수탈만을 논의하였지만, 수탈구조의 비대화가 무시할 수준이 아니었음은 인식하고 있었다고 할 수 있다. 정암은 이에 대해 군주의 도학

4 김성우, 「16세기 국가재정의 위기와 신분제의 변화」(『역사와 현실』 16, 1995) 164~165면.

5 김성우, 「16세기 국가재정 수요의 증대와 국역체제의 해체」(『한국사연구』 97, 1997) 124면.

6 김성우, 「16세기 국가재정의 위기와 신분제의 변화」(『역사와 현실』 16, 1995) 163면.

7 『정암집』 권2, 대책, 「謁聖試策(乙亥)」 : 王若曰 : 孔子曰, "如有用我者 期月而已 可也, 三年有成." 聖人豈徒言哉? 其規模設施之方 必有先定於未行之前者. 其可指而歷言之歟? 當衰周之末 紀綱法度 皆已頹圮 而夫子猶以爲三年有成, 若過三年 則其治效 當如何耶? 亦有可觀其已行之跡者歟? 聖人過化存神之妙 未易容議, 予以寡德 承祖宗丕基 臨政願治 于今十年 而紀綱有所未立 法度有所未定, 如此而求有成之效 豈不難哉? 諸生學孔子者 皆有堯舜君民之志 不止於有成而已. 當今之時 如欲致隆古之治 何者爲先務? 其言之以悉.

군주로서의 각성과 솔선수범의 리더십을 요구하였고, 이후 약 3년간 과도한 재정지출은 억제되었다. 정암의 개혁은 결국 실패하였지만, 국가의 개혁이 군주의 도덕적 각성을 토대로 해야 한다는 것은 분명해졌다. 그러므로 정암 이후, 도학자들은 군주와 통치세력의 도덕적 각성을 모든 시무(時務)나 경세(經世)의 첫 번째 과제로 설정하고 있다.

그러나 강제 수단 없는 요구에 호응한 군주는 없었다. 항상 정책의 최우선 과제였음에도 근본적인 해결방안이 마련되지 않은 이유는, 무엇보다도 군주 자신의 향락에 대한 욕구 때문이었다. 연산조를 폐조라고 하면서도 연산조의 공안상정은 '조종조의 유제'로 받아들이는 이중성, 위급 상황을 대비하기 위해 출범한 비공식 위기 대응기구가 상설기구가 되어 기존 공식 국가 기관보다 더 행정력을 발휘하는 기형성, 아무 것도 없는 자를 쥐어짜 자신들의 욕구를 채우면서도 있는 자들에게는 관용을 베풀어 기득권을 유지하려는 집권층의 부도덕성이 국가를 위기상황으로 몰아가고 있었다.[8] 두 번의 전란과 대기근을 거치며 국가 기반 자체가 붕괴되기 시작하고서야 꾸준히 제기된 진상 문제를 개혁하고자 하였다.

대동법은 현물 납부 방식을 개선하고 세율을 일률적으로 조정하여 부담을 경감시키고자 이루어진 조치로서, 특히 수취를 토지에 연동시켜 과세 부담을 배분하고 수세자의 자의성을 최대한 억제하였다는 점이 특징적이었다. 또한, 수세미를 전부 중앙에 집중시키지 않고 지방

8 김윤곤, 「대동법의 시행을 둘러싼 찬반 양론과 그 배경」(『대동문화연구』 8, 1971) 10~12면; 김성우, 「16세기 국가재정의 위기와 신분제의 변화」(『역사와 현실』 16, 1995) 164~165면.

에 예비미로 두어 지방재정에 활용토록 함으로써 지방재정을 활성화시키고 중앙 정부의 통제 능력을 강화한 것도 의미 있는 일이었다.[9]

그러나 전세가 공식 조세인 상황에서, 규모를 넘는 별도의 세금이 따로 있게 되었고, 수취 기관도 호조가 아닌 선혜청(宣惠廳)이었다. 사실상 국초에 제정된 조세의 기본 체제가 무너진 것이다.[10] 또한 예비된 대동미가 실질적인 지방재정으로 운용되어 재정이 중앙으로 통합되어가는 양상을 보이는 만큼, 종래의 천자와 제후에 의제한 종법적 행정구조 역시 사실상 붕괴되었다고 할 수 있다. 조선은 본디 『주례』에 근거한 종법적 행정조직을 가진 국가였으나 이제 형식만 남고 실제 내용은 완전히 바뀐 것이다. 진상 문제의 해결을 위한 시의적(時宜的) 조치였던 대동법은, 조선이라는 국가의 성립 원리를 기준으로 봤을 때, 국가 체제를 매우 기형적으로 만든 조세체계라고 할 수 있다.

인정의 원리와 종법적 사회구조를 전제로 성립한 조세체계의 붕괴와 연쇄적으로 이뤄진 행정체계의 기형화는 종법적 조세 기획의 한계를 보이는 사건이라고 할 수 있다. 또한 이 붕괴의 원인이 근본적으로

9 대동법의 역사와 내용에 대해서는 이정철, 『대동법 : 조선 최고의 개혁』(역사비평사, 2019) 참조.

10 오기수는 이런 점 때문에 대동법을 부정적으로 평가하지만(「대동법의 비합리적 조세 요인과 경제에 미친 악영향」, 『조세연구』 18권 4집, 2018 및 「공법과 대동법의 역사성과 한계성」, 『세무와 회계 저널』 16권 3호, 2015), 사실 이는 애초에 진상을 관리하던 부처가 내수사였고(김성우, 「16세기 국가재정의 위기와 신분제의 변화」, 『역사와 현실』 16, 1995, 159면), 지방관의 영역이자 지역 특성에 따라 공납을 지역별, 단계적으로 개혁한 것이라 국세로 일괄 편입하기 어려웠던 현실적 한계를 고려하지 않은 것으로 보인다.(이정철, 『대동법 : 조선 최고의 개혁』, 역사비평사, 2019 참조) 대동법은 근본적인 개혁안이 아니라 현실적인 경장안이었다고 보아야 한다.

군주를 비롯한 집권층의 '자의성(恣意性)'과 '사익 추구'라고 진단한다면, '솔선수범(率先垂範)'과 '공치(共治)'라는 주자학적 통치논리가 이제는 그 바닥을 드러냈다고 할 수 있다. 이러한 진단에 따라 통치 계급의 도덕성 회복을 부르짖고 시폐(時弊) 개혁을 위한 경장(更張)으로써 대동법을 구상한 것이, 그 누구도 아닌 도학자들이었기 때문이다.[11]

17세기 실학자들의 개혁론이 통치 계급의 도덕적 각성을 요구하면서도 도덕론(道德論)에 제도론(制度論)을 더하여 논의하기 시작하는 것은, 특히 주례(周禮)의 종법 원리에 대한 검토를 시작하고 있는 것은, 이런 맥락에서 시사하는 바가 크다. 국가를 원론에서부터 다시 구상해야 한다는 사고로 해석할 수 있기 때문이다. 이런 사고 전환의 출발에 『반계수록(磻溪隧錄)』이 있었다.

3. 반계의 전제 개혁과 대동법 인식

양난 후 사대부들은 정암 이래의 도학정치사상을 토대로 예제(禮制)와 같은 명분론적인 사회운영을 추구했다. 예(禮)를 통해 도덕적 자기규율과 사회기강의 회복, 향촌사회의 복원을 동시에 이룰 수 있다고 보았기 때문이다. 현직에 있던 실무관료들은 이러한 사회적 안정을 위한 생업의 보장, 특히 진상 문제의 해결을 제일의 현안으로 인식했다. 이들은 원론보다 당장의 현실 개혁을 위해 노력했다. 종래의 행정수단을

11 대동법 관련 담론의 원형에 대해서는 대부분의 연구서들이 다루고 있는데, 특히 김윤곤, 「대동법의 시행을 둘러싼 찬반 양론과 그 배경」(『대동문화연구』 8, 1971)이 초기 연구로서 다양하게 검토하고 있다.

활용하여 광범위한 조사와 시행, 오류 수정이라는 지난한 작업을 시작했다. 그러나 군주의 전횡이 계속되고, 사림의 분열을 통한 왕권 안정이 추구되는 한 근본적인 개혁이 이루어지기는 힘들었다.

반계는 이런 상황을 사회체제의 근본적인 붕괴라고 인식하고 있었다. 그러므로 그의 『반계수록』은 주례(周禮)와 같은 이상의 원리와 실제 역사 속 제도 등을 검토한다. 『반계수록』이 전제(田制)－교선(敎選)－임관(任官)－직관(職官)－녹제(祿制)－병제(兵制) 순으로 기술되어 있는 것은 이런 의미에서 상징적이다. 조세－인사－국방의 체계로 구상하되, 중심인 인사에 직관과 녹제를 넣어 행정체계를 망라하도록 하였고, 가장 먼저 인정을 내세운 조세를 담고 있기 때문이다. 공자가 신뢰를 기반으로 하는 국가에서 민생과 국방 중 민생을 우선시한 것이나 부지(富之)와 교지(敎之)로 정치 순서를 정한 것과 같은 매락이라고 할 수 있고, 한편으로는 당장의 현실 문제가 조세 문제임을 반영한 것이라고도 할 수 있다. 또한 방국례(邦國禮)를 논한 「속편(續篇)」과 지방행정조직 등을 논한 『보유(補遺)』 모두 조선 선현들의 언급과 실제 사례를 바탕으로 논의를 진행하고 있어, 객관적이고 분명한 제도를 기준으로 논의하면서 사적인 욕망에 따른 자의적 운용이나 일탈 가능성을 차단하고 종래 유가 통치의 기준인 『주례』의 구도를 응용하되 현재의 실정을 기반으로 한 개혁안을 제시하고자 하였다는 것을 알 수 있다.

국가의 조세 문제가 위기의 기점이고, 조선의 조세는 전세(田稅)가 근간이므로, 반계의 재정—조세 문제는 전세로 일원화된다. 이렇게 되면 대동법은 사라지게 되지만, 대동법의 방식이나 원리는 그대로 수용한다. 이를 보여주는 것이 다음과 같은 언급들이다.

이상 수세(收稅)한 실수(實數) 안에서 헤아려 조세(漕稅)와 유세(留稅)를 나누고 유세(留稅)는 겨울에 납부하고 조세(漕稅)는 봄에 납부케 한다.【조세(漕稅)는 배로 실어 서울로 나르는 것이니 지금의 전세(田稅)와 같다. 유세(留稅)는 원래의 고을에 남겨두어 경비로 쓰게 하는 것이니 지금의 대동법에서 하는 유하미(留下米)와 같다. 대소 관리들에게 줄 봉록과 각종 경비를 계산하고, 또 각종 불특정 수요를 계산하여, 유세(留稅) 규모를 확정한다.(예를 들어 경비로 3,000휘[斛]가 든다고 하면, 4,000휘를 남겨 과외의 특별 수요에 대비하게 하고, 연말까지 쓰고 남으면 매번 상평창에 귀속시켜 전쟁이나 기근에 대비한다.) 그 나머지가 조세가 된다. 두 가지는 항목이 다르니 유세는 겨울에 본관(本官)에 납부하고, 조세는 봄에 창소(倉所)에 납부한다. ○양계(兩界) 같은 곳은 전세(田稅)를 전부 남겨 국방비로 써서 서울로 조세를 나르지는 않지만, 반드시 겨울과 봄에 걸쳐 균등하게 거둬야 한다.】[12]

하나, 모든 경비는 한결같이 경세(經稅)로 하고 다시 다른 명목으로 부과함이 없어야 한다.【통상 과세를 제외하고는 털끝만큼이라도 백성들에게 징수해서는 안 된다. 예를 들어 지금의 공납 진상이나 모든 요역, 쇄마인부 등의 일은 다 경비에서 정식으로 계산하여 지출하여야 하니, 현재 서울의 대동법의 규례에 의거하여 시행한다. 자세한 것은 〈후록〉을 보라.】[13]

---

12 『반계수록』 권1, 田制 上, 「分田定稅節目」: 右收稅實數內量分 爲漕稅·留稅. 留稅則冬納, 漕稅則春納.【漕稅者 漕至京者 如今田稅也. 留稅者 留本邑以爲經費者 如今大同留下米也. 量其處大小官吏祿俸凡百經用, 又量儲科外之需 以爲留稅之數(如經用入三千斛 則定留四千斛 以備科外別需, 年終用餘 則每歸之常平倉 以備兵荒), 其餘爲漕稅. 兩者有定分 留稅則冬納於本官 漕稅則春納於倉所. ○如兩界等處 雖盡留田稅 以爲軍儲 而不漕京, 然亦必分冬春兩等以收.】

13 一. 凡經費一以經稅 更無他賦.【常賦外 不得一毫侵徵於民. 如今貢納進上·一應徭役·刷馬人夫等事 皆自經費定式計支, 依今京大同例行用. 詳見後錄.】

하나, 직업이 없는 사람들은 모두 한호(閑戶)로 잡아 호(戶)별로 매년 3일 부역하게 한다. …【살피건대, 현재의 잡역(雜役) 중 없앨 수 없는 것은 다 고용인을 두고 경비에 포함시켜야 한다. 그러나 고을 형편상 역군을 완전히 없앨 수 없는 경우, 예컨대 관첩전송(關牒傳送)과 같은 일을 전부 경비에 넣기는 어렵다. 그러므로 현재 대동법에서는 연호(烟戶)들이 조역(調役), 주선하도록 한다. 그러나 현재 연호(烟戶)로 나와 役을 하는 사람들은 다 신역(身役)이나 전역(田役)이 있는 사람들이다. 그러므로 역(役)이 중첩되는 것을 면하지 못한다. 이 조목은 한호(閑戶)를 책정하여 부과하는 것이고 포(布)를 부과하는 것이 아니라 역(役)을 부과하는 것이니, 땅이 없는 사람들에게 과중하게 부담되는 고통이 없을 뿐만 아니라 본관(本官)의 이런 모든 잡일도 이를 가지고 조역(調役)할 수 있을 것이다.】[14]

결국, 반계가 구상하는 것은 근본적 구조 변화 없이 대증적 처방에 그치고 있던 조세 문제를 구조적으로 정상화하는 것이라고 할 수 있다. 세조 이래의 난정과 이를 구제하기 위한 조치의 결과로 기형화된 정책과 그 정책의 산물을 정상화하려는 것이다. 반계는 이러한 구상을 자연의 이법에 따라, 체용(體用)을 가려 구체화하였다. 이를 보여주는 것이 다음의 언급이다.

누가 말하였다. "이는 8경(頃)마다 총수(總首)를 하나씩 두어 세금 납부 등의 일을 맡게 하는 것이 좋겠다." 답하였다. "그렇게 되면 경마다

14 一. 凡無職事者 爲閑戶, 每一戶 歲役三日. ……【按, 今雜役之不可無者 皆當有雇直 入於經費中. 然州縣事勢 亦不能全無役人處 如關牒傳送等事 難以盡入經費, 故今大同 以烟戶調周 而今之烟戶出役者 皆是有身役·田役者 故未免爲疊役矣. 此定閑戶之征 不以布而以役 則非但無田者無過重之苦 本官凡有此等事 亦可以此調役矣.】

거둬들이는 부담이 똑같지도 않고 남고 안 남고 하는 것도 고르게 하기 어려우니, 일하기 불편하다." 말하였다. "그렇긴 하다. 다만 처음부터 결법(結法)으로 했으면 그대로 결(結)을 썼을 것인데, 경법(頃法)에 뿌리를 두고 끝내 섬[石]을 단위로 쓰니 일관성을 잃은 것이 아닌가?" 답하였다. "지금의 결법은 처음에는 결(結) 단위로 정했어도 해마다 재해 입은 것을 제외하고 결실에 따라 결을 정하니 해마다 바뀌서 원래의 결수를 그대로 쓸 수가 없다. 경법은 경(頃)을 단위로 정하고 섬[石]으로 총계를 내니, 이것은 체(體)와 용(用)에 따른 마땅함이고, 일의 이치가 본디 이러한 것이다[事理固當如此]."【누가 말했다. "농지를 경 단위로 나누면 수세도 경 단위로 하는 것이 이치상 자연스러울 듯한데 꼭 섬 단위로 총계한 뒤에야 마땅하다는 것은 어째선가?" 답했다. "모든 사물의 이치[物之理]는 체와 용이 맞물리고 방(方)과 원(圓)이 서로를 포함한다. 이러므로 「하도」가 몸체는 둥글어도 작용은 네모나고, 「낙서」는 몸체는 네모나도 작용은 둥근 것이다. 모든 일이 다 이러하다.】[15]

변하지 않는 기준, 그러면서도 다양한 현실에 맞게 변화하는 이법에 따라 제도의 변혁을 논의하는 것이 반계의 개혁론이라고 할 것이다.

15 或日: "此 以八頃 置一總首 領納租稅等事 可矣." 日: "如此 則各頃所收 輕重不同 奇零難齊, 不便於事也." 日: "是固然矣. 但初以結法 則仍以結用 固也, 本以頃法 而終以石用 則其或失其條理之當耶?" 日: "今之結法 初雖定結 逐年 除陳灾 從實作結 則年年改易 亦不得仍用本結矣. 頃法 定之以頃 而總之以石 此是體用之宜 事理固當如此."【或日: "定田以頃 則收稅亦以頃 似是理之自然, 而必總之以石 然後乃得其宜, 何也?" 日: "凡物之理 體用相因 方圓相函. 是故「河圖」體圓而用方 「洛書」體方而用圓. 蓋事事物物 皆如此也.】

4. 주재主宰하는 실리實理와 이전위본以田爲本의 원칙

정동직(鄭東稷)에게 보내는 편지에서, 반계는 소강절(邵康節)이나 나정암(羅整菴), 서화담(徐花潭) 등의 기(氣)를 중시하거나 기 철학자로 분류되는 사람들의 저술을 매우 탐독하였다고 말하고 있다.[16] 이 당시 소견을 그는 다음과 같이 술회하고 있다.

> '…… 비록 기(氣)를 리(理)로 알아서는 안 되지만 기(氣)를 벗어나서는 리(理)도 없다[氣外無理]. 요컨대, 리(理)는 단지 기(氣)의 理[氣之理]일 뿐이다.'라고 생각했습니다. 종전의 소견이 한결같이 이와 같았습니다. 간혹 사물에서 겪어보면 더욱 그러하다는 것을 느꼈습니다. 그래서 '물(物)이 그렇게 된 까닭이 곧 일의 마땅히 그러해야 하는 것이다. 그렇게 된 까닭이 지극히 순(順)한 리(理) 아님이 없으므로 마땅히 그러해야 하는 것이 지극히 선한 길[道]아님이 없다. 인간 본성과 하늘의 명령이라는 이치가 본디 이와 같을 뿐이다.'라고 생각했습니다.[17]

"기(氣)를 벗어나서는 리(理)도 없다[氣外無理]"고 보고 존재의 원리[物之所以然]가 바로 현상적 가치의 근원[事之所當然]이라고 하며, 특히 "리(理)는 단지 기(氣)의 리(理)일 뿐"이라고 하고 있다. 이는 기(氣)

---

16 『반계잡고』, 「與鄭文翁東稷論理氣書」 72면 : …… 以此讀諸經書 未見其不合 而終未浹洽, 往往讀康節之書 自不覺其可喜 似有秩然者, 於整庵·花潭之論 不能無疑 而亦未明其不然, 至於朱子之說 則直是可疑者多.

17 『반계잡고』, 「與鄭文翁東稷論理氣書」 72면 : 雖不可認氣爲理 然氣外無理. 要之, 理只是氣之理也. 從前所見 一向如此. 或驗之於物上 愈見其然. 因以爲物之所以然卽事之所當然, 所以然者 莫非至順之理, 故所當然者 莫非至順之道也. 性命之理 固如斯而已.

철학 등에서 주장되는 명제이다.

이러했던 종전의 소견은 다음과 같이 바뀌고 있다.

> 생각을 거듭하여, 하나라고 보면 분명 하나가 아니고, 둘이라고 보면 둘이 되지 않는다고 생각하였습니다. 그러나 하나라고 볼 때의 合一하는 오묘함은 바야흐로 보았으나, 둘이라고 볼 때 둘이 되는 실질은 미처 깨닫지 못하였습니다. 이에 다시 「계사전」과 주자(周子), 정자(程子)의 책을 모아 놓고 찬찬히 살펴보니, 언뜻 깨달은 것 같았습니다. 대개 리(理)와 기(氣)는 혼융해서 틈이 없으니 비록 기(氣)를 벗어나서는 리(理)도 없지만, 그렇다고 A)리(理)가 기(氣) 때문에 있는 것은 아닙니다. …… B)혼연한 속에도 서로 섞이지 않는 실상[實]은 매우 분명합니다. …… 무릇 아는 것이 이와 같은 뒤라야 도(道)의 넓음에 어떻게 해야할지를 알 수 있고, 천하의 일이 실사(實事)가 아님이 없음을 알 수 있어서 …… <u>예전의 이른바 리(理)가 기(氣)의 理라는 것이 틀릴 것은 없겠으나, 천도(天道)의 본디 그러함이나 성인(聖人)의 본 뜻은 이와 같지 않습니다.</u> 참으로 소견이 도(道)에 아직 밝지 못하고 뜻에 막힘이 있었기에, 말이 이와 같았을 뿐입니다. 또 그윽히 실리(實理)를 체득해보니 천하의 의리(義理)가 억지로 하지 않아도 닿는 일이나 물건마다 이 리(理)가 아님이 없습니다. 막힘없이 행하게 되니, 즐거운 이유도 모르면서 즐겁습니다. …… C)이를 이루는 방법은 오직 경(敬)하여 끊임이 없는 것이니, …… 성현이 열어보이신 경(敬) 한 글자가 그 후학들에게 혜택을 줌이 지극합니다.[18]

18 『반계잡고』, 「與鄭文翁東稷論理氣書」 73~75면 : 思之反復, 以爲一物則明是非一 以爲二物則不成爲二. 然一之方見合一之妙 二之未得爲二之實. 乃更聚集「繫辭傳」及周·程之書 從容以觀 黐然似有覺得. 蓋理氣渾融無間 雖氣外無理, 然A)理非因氣而有也. …… B)渾然之中 不相夾雜之實 至爲分明 …… 夫知其如是而後可以知道之浩浩 何處下手 天下事物 無非實事 …… 若向所謂理是氣之理者 固無不可, 然天道本然·聖人本意 不如是. 正惟人之所見未明乎道 而意有所滯 故說

그는 리(理)를 '기(氣)의 리(理)'라고 하는 입장을 완전히 버렸다.[위 밑줄] 그가 깨달은 것은 리(理)의 독존적 지위(A)와 서로 섞일 수 없다[不雜]는 측면에서의 실(實)이다.(B) 또한 이를 이루는 방법으로써의 경(敬)(C)을 강조하고 있다. 물론, 별지에서 "사물이 이미 드러난 시점에서 보면" '기의 리'라고 하는 것 역시 문제 되지는 않는다고 하였다.[19] 다만, 이는 어디까지나 사물이 현상화된 이후이다. 이 점에서 반계의 다음과 같이 말한다.

> 기(氣)는 물(物)이 말미암아 이루어지는 것이고, 리(理)는 물이 이루어지는 까닭이다. …… 그러므로 쉽게 기를 리로 알지만 리와 기의 구분은 원래부터 자체로 분명하니, 만약 리를 '기의 리'라고 한다면 이른바 인의(仁義)라는 것이 기인가, 리인가?[自註: 인의는 사람의 리이니 리는 당연히 '물(物)의 리'라고 해야지 '기(氣)의 리'라고 해서는 안 된다. 여기서 리의 본체가 순수하게 기와 섞이지 않는 곳을 볼 수 있다.][20]

리는 '기의 리'가 아니라 '물의 리'라는 것이다. 현상, 즉 물(物)의 소

來自如此爾. 又竊以爲實理得之於己, 則天下義理 不待安排 觸事觸物 無非是理. 沛然而行 不知所以樂而樂矣. …… C)致此之道 惟敬而無間, …… 聖賢開示敬之一字 其惠後學至矣.

19 『반계잡고』, 「與鄭文翁東稷論理氣書」, 〈別紙〉 76면 : 自物之已然者而觀之 則'理只是氣之理' '氣外無理'; 自其本然者而觀之 則'以其有此理 故有此氣也' '氣之一往一來 · 一闔一闢 必有所以然', 是則所謂理也.

20 『반계잡고』, 「與鄭文翁東稷論理氣書」, 〈別紙〉 80면 : 氣也者 物之所由成者也; 理也者 物之所以成者也. 造化之流行 · 品物之生息 理氣渾融無間可容, 故易認氣爲理. 然理氣之辨 本自分明. 若但謂理是氣之理 則所謂仁義者 是氣耶, 理耶?【仁義卽人之理 則理當謂物之理 不當謂氣之理. 可於此處 見得理之本體粹然不雜乎氣處也.】

이연(所以然)으로서 주재(主宰)하는 리임을 강조한 이 말은, 기에 상대되는 작위가 없는[無爲而無造作]의 리와 다르다. 그러므로 그는

> …… 만약 리가 단지 '기의 리'일 뿐이라고만 한다면, 이는 기를 주체[主]로 한 것이어서 리가 주재[宰]가 되지 못한다. …… 리는 단지 '실제의 리[實理]'일 뿐이다. 그러므로 '참되지 않으면 사물이 없다[不誠無物]'고 하지 '어떤 사물도 참되지 않음이 없다[無物不誠]'고 하지 않는 것이다.[21]

라고 하고 있다. '기 밖에 리가 없다'는 말은 기의 활동과 운동에 의해 리가 실현된다는 말이다. 이렇게 되면 리가 기를 주재할 수 없다. 따라서 현실을 기의 범주로부터 인식하려던 태도를 버리고, 현상과 그 주재라는 관점으로 생각을 바꾼다. '물지리(物之理)'나 '실리(實理)'라는 표현은 이런 사고 전환의 결과이다. 리는 기의 원인자[所以然] 혹은 당위성[所當然]이 아니라 현상[物]의 원인자[所以然]이자 당위[所當然]이다. 모든 현상[造化 ; 氣化]의 원인자[22]로서 리(理)는 물(物)을 주재(主宰)한다. 이 소이연(所以然)의 주재 내용이 인의(仁義)이므로 당위적이며, 존재의 원인이라는 점에서 절대적이다. 또한 이 리가 하나[一]이므로 보편성도 확보된다. 이 실제로 그러한 주재성이 바로 '리(理)의 실(實)'이다.[23]

21 『반계잡고』, 「與鄭文翁東稷論理氣書」, 〈別紙〉 79면 : 理只是氣之理而已 則是以氣爲主 而理不爲宰也. …… 理只是實理. 故不誠無物 不日無物不誠.

22 『반계잡고』, 「與鄭文翁東稷論理氣書」, 〈別紙〉 82면 : 造化之爲造化 莫非實理.

23 『반계잡고』, 「與鄭文翁東稷論理氣書」, 〈別紙〉 82면 : …… 至於氣化疑之 知氣化之能化 則可以知理之眞實矣【氣能化者 理. 是實理故也】 …當觀其實然處.

이러한 입장은 인심도심론(人心道心論)에도 그대로 반영된다. 그는 인심(人心)을 기(氣)로 도심(道心)을 리(理)로 보아 물지리(物之理)가 물(物)을 주재하듯이 도심이 인심을 주재해야 한다고 말하며, 이런 측면에서 퇴계의 초기 사단칠정론에서 도심을 이발(理發)로 말하는 부분과 구암 한백겸의 인심도심론을 지지한다.[24] 그러면서 다음과 같이 언급한다.

> 인심(人心)과 도심(道心)은 단지 리(理)와 기(氣)일 뿐이다. 그 마음에 있으면서 지각에 드러나기 때문에 "인심", "도심"이라고 하는 것이다.[25]

심(心)에서 물(物)의 준칙[則]인 도심(道心)을 찾아 그것을 리(理)로 등치시키며, 이것이 물지리(物之理)이므로 주재해야 한다고 말하고 있다. 결국 물지리는 "사물이 있으면 그 법칙이 있다[有物有則]"는 관점의 연장선에 있는 것이다. 이를 실현하기 위한 실천적 주재성은 끊임없는 경(敬)의 수양으로 확보한다.[26] 존재의 당위와 실존으로서의 실천이 현상 혹은 사실을 벗어나지 않으면서도 그 각각의 위상을 확보하는

---

24 『반계잡고』, 「又論人心道心書」, 〈別紙〉 92~94면 : 羅整菴 以人心爲已發·道心爲未發, 此說 朱子時已有之 而朱子不以爲然 則固無可疑. 近來韓久菴 亦深破其大病. 今但虛心玩讀「虞書」此章及「中庸首章」 自可見大舜所謂人心道心 决非『中庸』所謂已發未發也. …… 竊想, "發道心者 氣也, 原人心者 理也"及"發之者 氣也, 所以發者 理也" 等語 恐非古人本旨. 且人心道心 竝立雙行 各有理氣矣./【後見鄭愚伏集, 云"朱子謂'四端 理之發, 七情 氣之發', 李先生始有'氣隨'·'理乘'之說 而終則曰'不如用朱子本說之爲無病也.'" 然則退溪末乃改之也歟!】

25 『반계잡고』, 「又論人心道心書」, 〈別紙〉 95면 : 人心道心只是理氣而已. 以其在心而發於知覺 故曰人心道心.

26 『반계잡고』, 「答梁退叔」.

것이다.

반계가 주장하는 공전(公田)의 확립과 정전법의 시행 역시 리(理)의 존엄과 실(實)을 현실 속에서 찾는 관점이 반영된 것이다. 당시의 사회적 현실[物] 속에서 개혁을 위해서는 객관적인 표준[理]이 확립되어야 하며, 이 표준은 사회 현실과 유리되거나 대립적인 것이 아니라 구체적인 생업의 문제 속에서 그 주재성으로 드러나야 한다. 이 표준의 다른 표현이 "토지를 근본으로 한다[以田爲本]"[27]는 것이다. 사람이 아닌 토지를 중심으로 대책을 강구하는 것은 당시의 생산수단이 토지[田]인 상황에서, 이의 올바른 소유와 분배가 바로 생업의 안정 혹은 사회적 안정을 이루기 때문이다. 그러므로 토지를 중심으로 하는 원리를 구하는 것은 단지 토지 분배의 원칙을 구하자는 것[氣之理]이 아니라 사회적 이상을 실현하는 핵심 관건 즉, 인의(仁義)의 도덕이 바로 이를 통해 현실화되기 때문에 그 원리를 구하고 실현시키고자 하는 것[物之理]이 된다. 여기에는 사회적 안정과 이상을 이루는 인간의 노력이 필요하며 그 과정이 바로 정전제 완성을 위한 노력[敬]이라는 것이다.

물론 이 전론(田論) 즉, 정전제 자체가 이상일 수는 없다. 이는 그저 이상을 위한 방법적인 선택이다. 정전제의 목적은 인의 즉, 도덕적 이상사회의 완성을 그 내용으로 하는 것이지 토지 분배 자체가 이상이 아니다. 따라서 그는 당시의 사회현실, 농업 중심의 사회경제구조 아래서 단순히 정전제의 형식적 적용을 말하는 것이 아니라 정전의 실

27 『반계수록』 권1, 「田制」 上「分田定稅節目」: 古法以田爲本 計田出賦 人在其中. 故正其經界 隨人所受而無弊. 唐及高麗之制 以人爲本 計丁給田, 故有人與田相爲多寡之弊. 此雖似相近 而實與古法不相合.

(實)을 말한다.[28] 그가 물지리의 의의를 안다면 기(氣)와 리(理) 어느 쪽에서 말한다 해도 된다고 했던 사실과 정확히 일치하는 것이다. 정명(正名)의 이상을 위해 리(理)의 절대적 주재성과 그에 대한 인식, 실현 노력[敬]이 말해지는 것이며, 정전제는 당시의 사회적 상황과 연결된 원칙이라고 할 수 있다. 따라서, 토지를 통해 말해진다는 점에서만 본다면 토지 분배의 원칙[氣之理]이라고 할 수도 있는 것이나 이는 그가 말하는 정전제의 목적을 제대로 알고 있지 못하는 것이다. 즉, 정전제는 당시의 현실과 그 현실에 대한 구제라는 목적성을 전제로 찾아진 리(理)인 것이며, 도덕적 이상을 구체적 생업의 문제 속에서 추구한다는 점에서 그의 물지리 혹은 실리의 의미가 그대로 드러나고 있다고 생각한다. 그러므로 그가 객관적으로 이전위본(以田爲本)의 원칙을 먼저 세우고 이를 바탕으로 사회개혁론의 근거로 삼는 실리관은 도학의 이상과도 매우 부합한다.

반계는 『수록』 첫머리에서 다음과 같이 말한다.

> 옛 정전법은 지극한 것이었다. 경계가 한 번 바르게 되면 모든 일이 제대로 되니, 백성들이 안정된 생업을 가지게 되고 군역에는 폐단이 없으며 위아래가 각자 그 직분을 얻지 못함이 없게 된다. 이 때문에 사람의 마음이 안정되고 풍속이 도타워졌으니, 옛날에 오랫동안 안정을 유지하면서 예악이 성하게 행해진 것은 이러한 뿌리가 있었기 때문이다. 뒤에는 전제가 잘못돼 사사로이 점유하는 것이 한도가 없어 모든 일에 폐단이 생기고 일체가 그릇되었다. …… 당나라 때의 균전제(均田制)는 옛 뜻에

28 『반계수록』 권1, 「田制」 上 : …… 合於自然之理 易於今日之行 萬民得所 百度皆順 雖不畫爲井形 而井田之實 俱在其中 ……

> 가까워 …… 그러나 그 법(法)은 땅을 중심으로 하지 않고 사람을 근본으로 하였다. 그러므로 경작자를 기록에 올리고 토지를 분배함에 차이가 많게 되었으며 …… 이것이 어렵게 되어 뒷날 필연적으로 무너지게 된 까닭이다. 이제 오늘날의 상황과 옛 뜻을 참작하여 행함에 법도가 있으면 지형을 반드시 고려하지 않아도 제도에 문제될 것이 없고, 공전(公田)을 반드시 설치하지 않아도 1/10의 (조세가) 될 수 있으며, 채지(采地)를 반드시 설치하지 않아도 각기 그 기름[養]이 있게 되어 자연(自然)한 리(理)와 맞고 오늘에 행하기도 쉬우니, 모든 백성이 제자리를 찾고 온갖 제도가 따르게 되어 비록 우물 정(井)자 형태로 땅을 경계하지 않아도 정전법의 핵심이 그 속에 있고……[29]

반계의 이 말은 반계의 정전론이 지향하는 것이 무엇인지를 극명히 말해주고 있다. 반계가 말하는 정전이란 사점(私占)에 의한 사전(私田)이 아닌 국가에 의해 관리되는 일종의 공전이며, 이러한 공전의 확립은 사대부나 관리들의 농민에 대한 수탈을 막고, 국가의 재정을 확보하며, 이상적 교화를 이루기 위한 전제조건이다.[30] 그리고 사람이 아

29 『반계수록』 권1, 「田制 上」: 古井田法至矣. 經界一正而萬事畢, 擧民有恒業之固 兵無搜括之弊 貴賤上下無不各得其職. 是以人心底定 風俗敦厚, 古之所以鞏固維持數百千年禮樂興行者 以有此根基故也. 後世田制廢而私占無限 則萬事皆弊一切反是. …… 唐世均田之制 亦近古意 …… 然其法不以地爲主而以人爲本. 故籍丁給田 差科多端 …… 此所以難處而後必廢壞也. 苟能因今之宜 酌古之意 而行之有法, 地形不必寬而制無不可, 公田不必置而可爲什一, 采地不必設而各有其養, 合於自然之理 易於今日之行 萬民得所 百度皆順 雖不畫爲井形 而井田之實 俱在其中……

30 公田은 원래 井田制에서 공동으로 경작하여 소출을 납부하는 토지를 의미한다. 위 글에서 반계 역시 이런 의미로 公田을 말한다. 이를 넓혀보면 公田은 결국 '국가에 의해 분배, 관리되는 토지'가 된다. 조선에서 논의되던 조세제도의 기원은 三代의 助法, 貢法, 撤法 등에 뿌리를 두고 있으며, 이 제도들은 모두 국가가 일정

닌 토지를 기준으로 제도를 구성해야 한다고 보는 점에서 기존의 세종, 문종 당시에 논의되었던 정전제 논의[31]와 달리 리(理)의 객관성을 중시하는 반계의 차별성을 보인다.[32] 반계는 객관적 표준의 확립을 통하여 사전 혹은 사점의 확대를 막고 힘없는 양민들이 자신의 생업기반을 잃지 않도록 하고자 했다. 사람이 아닌 토지를 기준으로 한다는 것은 바로 이런 객관적 표준의 확립을 의미하는 것이라고 할 수 있다.[33]

한 토지를 경작농과 그 가족 단위로 분배하고 세를 거두고 있다는 것과 세율이 대체로 1/10이라는 것이다. 개인이 취득, 처분하는 私田과는 성격이 다른 것이다. 금장태 역시 이런 맥락에서 公田이라는 표현을 사용하고 있다.(『한국실학사상연구』, 집문당, 1989)

31 이 당시 논의는 매우 광범위하여 역대의 조세제도를 검토하는 데서부터 시작하여, 지형적 측면 즉, 量田과 劃地 문제 등은 물론 기득권층의 반발까지 모두 고려하고 있었다.(지두환, 「朝鮮初期 井田論 論議」, 『동양학』 28, 1998) 조선 후기 담론 역시 이러한 논의를 토대로 진행된 것이다. 그러므로 오광운은 "우리 나라가 제도를 수립할 때 비록 '井'자 형태로 토지를 나누지는 않았으나 兵事를 農事에 붙여놓았으니, 처음부터 三代의 남긴 뜻을 잇고자 아니한 것은 아니었다. 그러나 중간에 難이 많아 兵과 農이 마침내 나뉘고 백성들이 생업기반을 잃어버리고 온갖 제도가 문란해지니…"라고 하고 있다.

32 이와 관련하여 김옥균의 대동법에 관한 다음과 같은 언급이 참조될 수 있을 듯하다. "대동법은 선초 과전법체제 하의 公田制가 무너지고 公田(農民保有地)의 내부에서 형성된 지주·소작관계의 발전에 따른 토지소유관계의 변화 과정에서 다수의 농민이 영세 소작농으로 전락하고, 한편으로는 선초의 자급자족적 자연경제가 무너지고 교환경제와 소상품생산이 전개되는 조선 후기의 봉건경제의 해체기에 시행된 수취체제이다. …… 교환 경제의 발전을 자극하고 농업·수공업·수산업 등 각 생산 부문에 시장을 위한 생산–상품 생산의 발전을 자극한 데에 그 경제사적 의의가 있는 것이다."(김옥근, 「대동법연구」, 『경영사연구』 3, 1988, 87면)

33 반계 실학에 관한 초기 연구들(금장태, 『한국실학사상연구』, 집문당, 1989 / 안재순, 「반계 유형원 실학사상의 철학적 기조」, 『조선조 유학사상의 탐구』, 여강출판사, 1988 / 유원동, 『한국실학개론』, 정음문화사, 1984)이 가장 주목한 부분이 바로 이 객관적 기준의 확립이었다.

5. 결론

대동법은 원래 16세기 도학에 연원을 두고 진상(進上)의 문제를 해결하기 위한 대책으로 제시된 것이었으나, 진상 문제가 만성적인 국가 재정의 결핍과 군주의 향락, 각종 수탈의 부가 등으로 인해 전반적인 사회 문제가 되었던 탓에, 사실상 전면적인 사회개혁 담론으로서의 성격을 가진다. 그러나 이는 조선의 사회체제나 그 체제가 딛고 선 토대를 놓고 볼 때, 상당히 기형적인 것이었다. 반계는 이런 현실에서 원론으로 돌아가 근본적으로 개혁할 것을 주장하였다. 당장의 현실에 기반한 대증적 처방이 아니라 현실의 문제가 기원한 근본 원인을 찾아 개혁하고자 하였던 것이다. 이 지평에서 반계가 내세운 것은 부잡(不雜)한 리(理)의 주재(主宰)에 근거한 실리관(實理觀)에 따른 "이전위본(以田爲本)"이라는 원칙이었다. 이는 인간의 자의성(恣意性)의 배제하고 객관적 원칙을 수립한다는 점에서 도학의 도덕 주체에 기반한 개혁 방식과는 다른 것이었으나, 퇴계의 리(理)에 대한 전면적인 재인식의 기반위에 성립한 것이었으며, 16세기 도학의 개혁이 지향하는 바와도 부합한다는 점에서 그 의의를 찾아볼 수 있다. 또한 이전위본의 전론은 근본적으로 대동법의 착안점과도 일치하는 것이었다. 그러므로 비록 대동법을 전면적으로 운위하지 않았으나 반계의 전론 곳곳에 대동법과 상통하는 요소들이 보인다.

이렇게 볼 때 반계는 도학적 근거와 주체적 현실 인식을 근거로 전면적 혹은 근본적 사회개혁을 주창한 학자라고 할 수 있다. 현실에 대한 대증적 개혁 방안과 사회 체제 전반을 전면적으로 개혁하는 주장이라는 차이는 있지만, 이를 지지하는 논리 기반이나 현실 인식 방향이 일치하기 때문이다. 이 주장을 담은 『반계수록』이 재야의 추천과 영조의 명으로 발간되었음 또한 이 주장이 기존의 도학과 원론적으로 상충하는 것이 아님을 보여준다. 이는 기존의 도학과 실학이 대립적이었을 것이라고 상상하거나 16세기 이래의 도학이 수구적일 것이라고 추정하는 것과는 사뭇 다르다. 17세기 개혁 사상들에 대한 종합적이고 전면적인 재인식이 필요할 것으로 본다.

참고문헌

『정암집』, 『반계수록』, 『반계잡고』(여강출판사, 1990)

금장태(1989), 『한국실학사상연구』 집문당.

이정철(2019), 『대동법 : 조선 최고의 개혁』, 역사비평사.

김백철(2015), 「17~18세기 대동 균역의 위상 : 조선시대 재정개혁 모델의 모색」, 『국학연구』 28.

김성우(1995), 「16세기 국가재정의 위기와 신분제의 변화」, 『역사와 현실』 16.

김성우(1997), 「16세기 국가재정 수요의 증대와 국역체제의 해체」, 『한국사연구』 97.

김옥근(1988), 「대동법연구」, 『경영사연구』 3.

김윤곤(1971), 「대동법의 시행을 둘러싼 찬반 양론과 그 배경」, 『대동문화연구』 8.

안재순(1988), 「반계 유형원 실학사상의 철학적 기조」, 『조선조 유학사상의 탐구』, 여강출판사.

오기수(2015), 「공법과 대동법의 역사성과 한계성」, 『세무와 회계 저널』 16권 3호.

오기수(2018), 「대동법의 비합리적 조세 요인과 경제에 미친 악영향」, 『조세연구』 18권 4집.

유원동(1984), 『한국실학개론』, 정음문화사.

지두환(1998), 「朝鮮初期 井田論 論議」, 『동양학』 28.

『맹자孟子』를 척도로 본 조선후기 공전公田 담론의 경세학적 층차[*]

윤석호
부산대학교 사학과 조교수

1. 서론緖論

농업사회에서 토지는 가장 우월한 노동대상이고, 농업은 부가가치의 절대 다수를 차지하는 산업이다. 생산자는 토지를 떠나서는 노동하기 어려우며, 농업이 아니고서는 생계를 유지기가 막막해진다. 또한 지배집단과 그 기구는 농업 생산에 직접 참여하지는 않지만, 그들의 경제적 기반을 농업에 크게 의존하여 마련한다. 이처럼 농업에는 지배-피지배, 생산-비생산의 모순적이면서도 중층적인 사회적 관계가 얽혀 있다. 그리고 토지제도는 그 실타래를 풀어낼, 나아가 국가와 민인의 생존에 가장 총체적으로 근접한 핵심적인 제도이다.

토지제도의 중요성이란 농업사회의 토대 위에서 성립한, 더구나 민본(民本)을 이념으로 삼은 유학에서는 더할 나위가 없었다.[1] 이에 유학

* 이 글은 『學林』 48집(2021, 연세시학연구회)에 실렸던 바가 있다.

1 이영호(2009), 「儒敎의 民本思想과 朝鮮의 井田制 受容」, 『退溪學論叢』 15, 퇴

은 성왕(聖王)의 치세에 시행된 토지제도를 이상(理想)으로 설정했다. 하지만 그 실상은 희미하게만 전하고 있으니, 『시경(詩經)』에 채록된 아래의 두 시구가 대표적이다.

> 하늘 아래 王土가 아닌 곳이 없고, 온 세상에 왕민(王臣)이 아닌 자가 없다.[2]

> 구름이 일어나 비를 내리니, 우리 공전(公田)에 비를 내리고,
> 마침내 우리 사전(私田)에까지 미치는구나.[3]

첫 번째 시에서는 천하의 모든 농지가 왕토(王土)임을 천명했다. 하지만 그것이 천자 사인(私人)의 배타적인 소유가 아니었음은 두 번째의 시에서 확인된다. 대지를 적시는 비를 반기는 이들은 다름 아닌 농민들이다. 그런데 그 와중에서도 사전(私田)에서보다 공전(公田)에 먼저 내리기를 염원한다. 공전이든 사전이든 모두 다 자신들이 경작해야 하는 농지인데도 말이다. 이는 국가와 만민의 삶이 왕토를 토대로 함께 영위되었음을, 또한 이를 가능케 하는 원리가 사전과 공전이라는 일면 양립하기 어려워 보이는 두 토지의 '공존(共存)' 속에 작동하고 있음을 보여준다.

그러나 이상적인 토지제도는 머지않아 무너졌다. 왕토가 점차 사적 소유에 잠식되어간 것이다.[4] 이로 인해 왕토 하에서 표리로 작동하던

계학부산연구원.

2 『詩經』, 小雅, 谷風之什. "普天之下 莫非王土 率天之下 莫非王臣"

3 『詩經』, 小雅, 甫田之什. "有渰萋萋 興雨祈祈 雨我公田 遂及我私"

사전과 공전의 함의와 원리에는 균열이 생겼고, 그 기표 속에는 현실하에서 재조정된 기의가 새롭게 채워질 수밖에 없었다.[5] 조선만 하더라도 사전은 사적 소유지 혹은 사인에게 지급된 수조지를, 공전은 국가[기관]의 소유지 혹은 수조지를 의미했다.[6] '사(私)'와 '공(公)'의 구분 기준이 권리의 주체가 개인이냐 국가[기관]이냐에 두어졌을 뿐, 이들 농지를 농민이 어떠한 방식으로 경작하는지, 또한 그 위에 설정된 제 권

4 한국의 전근대에 있어 토지 사유로 관철되던 권리의 범위와 정도, 추이 등은 본고가 다루기 어려운 중요한 논점이며, 그 견해들에는 적지 않은 편차도 확인된다. 다만 고대적 왕토가 사적 소유와 양립할 수 없다는 것과, 역사적으로 사적 소유가 점차 왕토사상을 잠식해오는 추이임에 대해서는 이견이 없다고 판단된다. 이에 대해서는 다음의 글을 참고할 수 있다. 김용섭(2000), 「土地制度의 史的 推移」, 『韓國中世農業史研究』, 지식산업사; 이헌창(2015), 「조선시대 土地所有權의 성장」, 『경제사학』 58, 경제사학회.

5 여말선초 공전 및 사전 개념의 변화 양상에 대해서는 다음의 글을 참고할 수 있다. 이상국(2014), 「고려~조선초 공·사전의 개념과 王土思想」, 『大同文化研究』 85, 성균관대학교 대동문화연구원.

6 공전의 역사적 추이에 대한 연구는 국가소유지와 국가수조지라는 두 층위에서 주로 이루어졌다. 먼저 국가소유지로서의 공전의 경우, 일찍이 식민사학에서는 왕토가 공전 즉 국가적 토지소유로서 강하게 존속했다는 견해를 제출했고[和田一郎(1920), 『朝鮮土地地稅制度調査報告書』], 이에 대응하여 역사상 토지소유권이 성립·확대되는 경로가 집중적으로 해명되었다.[김태영(1983), 『朝鮮前期土地制度史研究』 지식산업사; 이경식(1984), 『朝鮮前期土地制度研究 -土地分給制와 農民支配-』, 일조각; 이경식(2012), 『한국 중세 토지제도사: 고려』, 서울대학교 출판부; 김용섭(2000), 『韓國中世農業史研究』, 일조각] 한편 국가수조지로서의 공전의 경우, 고대 이래로 그 일반적인 세율은 1/10이었으며, 과전법을 통해 정비·축소되다가 직전법의 폐지로 소멸되었음이 논증되었다. 이에 대해 최근에는 고려 공전에서의 수조율은 1/10이 아니었으며, 세액의 산출도 조·용·조가 통합된 방식이었고, 이로써 관철되는 국가 수조의 강도가 사적 소유를 실질적으로 제한하는 정도였다는 견해가 제출되었다.[김건태(2019), 「결부제의 사적 추이」, 『대동문화연구』 108, 성균관대학교 대동문화연구원; 이민우(2020), 「중세 경제사 연구에서 토지 소유권과 수조권에 대한 재검토」, 『한국중세사연구』 61, 한국중세사학회].

리가 직접생산자와 어떠한 관계 하에 있는지는 고려되지 않은 것이다.

공전과 사전의 개념으로부터 직접생산자인 농민의 배제, 이것은 현실과 삼대 이상사회 사이의 가장 극명한 간극이자, 이후의 유자들이 해결해야할 주요한 과제이기도 했다. 그에 대한 고민은 한국 역사상의 주요한 위기마다 분출되었는데,[7] 특히 양난 후의 조선에서는 토지와 농업문제에 대한 해결 방안이 여느 때보다 다양하게 모색되었다.

이에 대한 연구는 다층의 토지제도 개혁론을 배태했던 조선후기의 사회경제적 조건, 그리고 개혁론의 특징과 성격 등을 중심으로 두껍게 이루어졌다.[8] 특히 토지제도론의 분기를 조선후기의 학술 경향 속에서 해명한 연구도 제출되었다.[9] 당시의 학계를 주자주의와 반주자주의로

---

7 가까이로는 고려 말의 전제개혁논의, 조선초의 토지제도 논의 등이 있다. 이에 대해서는 다음의 글을 참고할 수 있다. 姜晉哲(1989), 「高麗末期의 私田改革과 그 成果-農民의 處地에서 본 改革과 그 成果의 問題點」, 『韓國中世土地所有研究』, 一潮閣; 도현철(1999), 『고려말 사대부의 정치사상 연구』, 일조각; 김인호(1999), 『고려후기 사대부의 경세론 연구』, 혜안; 신은제(2012), 「고려말 정국의 동향과 전제개혁론의 전개」, 『한국중세사연구』 32, 한국중세사학회; 소순규(2020), 「여말선초 전제개혁의 역사적 성격에 대한 재검토 -'사전개혁'에 대한 비판적 관점에서-」, 『한국사연구』 190, 한국사연구회; 李景植(1988), 「朝鮮前期의 土地改革論議」, 『韓國史研究』 61·62, 한국사연구회; 지두환(1988), 「朝鮮初期 井田論 論議」, 『東洋學』 28, 檀國大學校 東洋學研究所; 최윤오(2007), 「조선시기 토지개혁론의 原理와 貢法·助法·徹法」, 『역사와 실학』 32, 역사실학회.

8 이에 대한 연구사는 다음의 글을 참고할 수 있다. 박찬승(1987), 「조선후기 사회·경제사상 연구현황」, 『韓國中世社會解體期의 諸門題(上)』, 근대사연구회 편; 김태영(1998), 『실학의 국가개혁론』, 서울대학교 출판부, 1998; 이헌창(2003), 「유학 경제사상의 체계적 정립을 위한 시론」, 『국학연구』 3, 한국국학진흥원; 최윤오(2005), 「朝鮮後期 所有論과 土地論」, 『韓國實學思想研究 2-政治經濟學篇』, 연세대학교 국학연구원 편; 염정섭, 「조선 후기 실학의 농업사상」, 『韓國儒學思想大系 Ⅶ-經濟思想篇』, 한국국학진흥원.

9 김용섭(2007), 「朱子의 土地論과 朝鮮後期 儒者-地主制와 小農經濟의 問題」,

구분하고, 주자주의는 지주제의 유지 및 부세제도의 이정(釐正)에 초점을 두었으며, 반주자주의는 한전법·균전법·정전법 등 토지제도 개혁론을 개진했다고 보았다. 이와 같은 시각은 조선후기의 국가재조(國家再造) 논의에 대한 연구로 확장되었고, 당시의 경세론을 토지제도 개혁론과 부세제도 이정론이라는 대비 하에서 설명한 연구도 제출되었다.[10]

하지만 이에 대한 다양한 비판적 논의도 있어왔다.[11] 크게는 두 가지로 정리할 수 있겠는데, 하나는 토지제도론이 반주자학 혹은 실학의 전유물인가라는 점이다. 실학의 개념, 그리고 실학자의 범위와 분류는 대단히 다양한데,[12] 그럼에도 토지제도론을 개진했던 유자들은 모두 실학자로 분류되어왔다. 현실 토지제도의 준용을 주장했던 유자들의 경우, 이를 이유로 그들의 경세적 고민이 학술적 논의의 대상으로 주목받기는 어려웠던 것이다.[13]

『(신정증보판)조선후기농업사연구(Ⅱ)』, 지식산업사.

10 김준석(1991), 『朝鮮後期 國家 再造論의 대두와 그 展開』, 연세대학교 박사학위논문.

11 이에 대한 최근의 논의는 다음의 글을 참고할 수 있다. 허태용(2021), 「'성리학 대 실학'이라는 사상사 구도의 기원과 전개」, 『한국사상사학』 67, 한국사상사학회.

12 실학의 연구사는 다음의 글을 참고할 수 있다. 한영우(2007), 「'실학' 연구의 어제와 오늘」, 『다시 실학이란 무엇인가』, 푸른역사; 정구복(2019), 「조선후기 성리학 이념과 실학의 제 문제」, 『한국사학사학보』 40, 한국사학사학회; 정호훈(2019), 「조선후기 실학 연구의 추이와 성과」, 『한국사연구』 184, 한국사연구회; 임형택(2020), 「17~19세기 동아시아 실학, 그 개념 비교론」, 『한국실학연구』 40, 한국실학학회.

13 송시열이 대표적인 경우이다. 그 중대한 학문적·정치적 업적에 비추어 볼 때, 그의 경세론에 대한 연구는 매우 희소하다. 여기에는 그가 정전난행의 입장을 피력했던 조선후기의 대표적인 유자였던 이유도 있겠지만, 경세론 연구의 대상을 설정함에 있어 '토지제도 개혁의 부정'이라는 그의 견해 자체가 일종의 제한으로 작동한 이유도 적지 않다고 생각된다. 현실에 근접한 방안이라 하더라도 그 역시 이상

다른 하나는 유자들이라면 공히 '삼대지치(三代之治)'를 이상으로 삼았지만, 그것의 실질에 대한 인식에는 편차가 있었다는 점이다. 일례로 실학자들이 개혁의 목표이자 모델로서 고제(古制)에 주목했으며, 또한 각각이 독해한 고제 사이에 질적인 차이도 있었다는 지적이 제기된 바 있다.[14] 이상을 공유한 대상을 실학자에 한정하기는 했지만, 그들이 내건 '이상'이 실은 선택되고 재해석된 결과물이라는 점을 간파한 선구적인 견해이다.

이로써 본다면 조선후기 토지제도론 연구에 있어서의 과제는 개혁론의 편차를 배태했던 학술적·사상적 저변이 무엇이었느냐에 있다. 그리고 이는 고제에 대한 이해방식, 현실에 대한 인식,[15] 구현하려는 이상 등에서의 질적 차이를 통해 해명되어야 한다. 특히 유교 경전 내에는 다양한 해석의 결절점이 내재해 있는데, 유자들은 한편으로는 그 일의(一意)의 확립과 전승을 통해 경전적 권위를 획득하면서도, 다른 한편으로는 원의를 끊임없는 탐구하고 재해석했다. 이들은 인간과 자연의 보편적 원리뿐만 아니라, 치인(治人)의 이념과 제도 역시 주요한

과 현실 사이의 간극에 대한 고민의 결과물일 것이다. 따라서 향후로는 그 내적 논리구조에 대한 정밀한 분석이 요청된다고 하겠는데, 지두환(2008)의 연구는[「尤庵 宋時烈의 經世思想」, 『한국사상과 문화』 42, 한국사상문화학회] 그 선구적인 시도라고 볼 수 있다. 다만 우암이 '정전제'를 '1/10세'로 치환했던 것이 글에서 과하게 평가된 것은 아닌가 한다. 본고에서 다루겠지만 정전제의 제도적 핵심은 分田과 制祿을 동시에 달성하는 것에 있으며, 이로써 본다면 1/10세는 정전제의 이상성을 구성하는 부차적 요소이기 때문이다.

14 김태영(1998), 앞의 책, 216~222면.

15 이경구(2013), 「시간과 공간 인식의 변화: '시(時)'와 '속(俗)' 관련 용어들의 부상」, 『조선후기 사상사의 미래를 위하여: 개념과 사유체계의 지속과 대립으로 본 18, 19세기 한국의 사상』, 푸른역사.

논점으로 삼았다.[16] 또한 원형으로서의 이상을 다양한 방식으로 재해석했으며, 나아가 이를 근거이자 모델로 하여 현실의 경세 방안으로 내놓았다.[17] 유학사의 전통 속에 이상과 현실 사이의 학술적 고민이자 비판담론으로서 경세학이 자리했던 것이다.[18]

이상의 문제의식 하에서, 본고는 '공전(公田)'을 논점으로 택했다. 그 자체로 삼대 토지제도의 핵심이었기도 하지만, 그 아득하고 모호한 경전적 실상에도 불구하고 조선후기 유자의 경세 논의에서 다양한 방식으로 소환 및 활용되었기 때문이다. 이에 2장에서는 먼저 삼대 토지제도와 공전을 가장 풍부하게 설명했던 『맹자』의 경의를 확인하고, 아울

16 윤석호(2019a), 「三代 畿內의 토지제도에 대한 『周禮注疏』의 해석」, 『大東文化研究』 106, 성균관대학교 대동문화연구원; 윤석호(2019b)「조선후기의 '封建' 讀法에 대한 試論 -畿內의 통치방식에 대한 이해를 중심으로」, 『韓國實學研究』 38, 韓國實學學會.

17 古制의 재해석이라는 관점에서 조선시대의 주요 경세논의를 분석한 대표적인 연구로는 다음이 있다. 김태영(1998), 앞의 책; 최윤오(2007), 앞의 글; 지두환(2008), 앞의 글; 송재윤(2015), 「田賦의 公共哲學: 토지의 소유와 분배에 관한 12-13세기 중국의 경세담론」, 『동양철학』 43, 한국동양철학회; 윤석호(2018), 『정약용 경세학의 국가개혁론과 농자득전』, 연세대학교 박사학위논문; 윤석호(2021), 「서울의 상업에 대한 조선 후기 실학자의 고법적 개혁론」, 『조선 후기 서울 상업공간과 참여층』, 서울역사편찬원; 박인호(2020), 「『반계수록』 「고설」을 통해 본 유형원의 실학적 경세사관」, 『역사를 바라보는 실학자의 시선』, 경인문화사; 안병직(2021), 『茶山經世學에 관한 研究』, 동서문화사.

18 '경세학'의 학문방법론은 직접적으로는 治人의 이념과 제도 및 사상, 넓게는 그것의 역사적 추이를 대상으로 한다는 점에서, 지리적으로는 동아시아, 학적 범주로는 유학과 경학, 그리고 철학과 역사학 등을 통섭할 수 있다. 또한 조선후기에 국한한다면, 유자 전체를 대상으로 하여 그 통치론의 지형을 그려볼 수 있다는 점에서 그간의 편중되었던 연구 시각과 범위를 보완할 수 있다. 경세론의 추이와 특징을 정리한 글은 다음과 같다. 김성윤(2013), 「경세론에서 본 실학」, 『한국실학연구』 26, 한국실학학회; 이헌창(2018), 「문호개방 이전 동아시아의 經世濟民學」, 『韓國實學研究』 36, 韓國實學學會.

러 이로부터 남겨진 공전의 경학적·경세학적 과제가 무엇이었는지를 준별해본다. 이는 조선후기 다층적 공전담론의 지형을 가늠하는 척도로 활용된다. 이에 이어지는 각각의 장에서는 이재(李縡)·유형원(柳馨遠)·정약용(丁若鏞)이 삼대적 이상을 선택 및 재해석했던 양상, 그리고 이를 토대로 마련했던 현실 경세안의 구조와 특징을 논증한다. 그리고 결론에서는 원형의 공전에서부터 조선후기 공전들로의 분화가 지니는 함의를 짚어본다.

2. 『맹자孟子』로부터 남겨진 공전公田의 두 과제

『맹자』는 삼대의 고법(古法)에 대한 정보를 가장 많이 담고 있는 유교 경전이다.[19] 그런데 맹자가 살았던 BC 4세기경은 7웅이 중원을 할거한 전국시대였다. 천하를 다스리던 주나라는 소국으로 전락했고, 그 성대했던 자취는 수백 년의 시간과 함께 퇴색되었다. 삼대의 이상은 맹자의 시대에도 이미 오래 전의 이야기였던 것이다. 이에 맹자는 공자를 잇고 편린을 모아 왕도정치의 이념과 성왕의 제도를 궁구했다. 그리고 양나라-제나라-송나라-등나라 등을 다니며 유학적 이상의 실현을 위한 조언을 마다하지 않았다.

등나라 문공은 맹자가 만난 제후들 중에서 가장 열성적이고 진솔했

19 『맹자』가 전한 삼대 토지제도의 내용과 특징 등에 대해서는 다음의 글을 참고할 수 있다. 오종일(2004), 「맹자의 정전론과 정전제도의 사상적 연원」, 『東洋哲學研究』 37, 동양철학연구회; 이영호(2009), 앞의 글; 윤석호(2019a), 앞의 글.

다. 세자시절 맹자가 송나라에 와있다는 소식에 직접 만나러 가기도 했었고, 부친인 정공이 죽자 맹자에게 사신을 보내 상장례를 문의하기도 했었다. 이처럼 일찍부터 맹자를 동경했던 그는 즉위 후 가르침을 청하고자 맹자를 초청했다. 이에 맹자는 화답하여 60을 넘긴 나이임에도 등나라를 방문했다.

군주의 위치에서 맹자를 만나게 된 문공은 거두절미하고 '위국(爲國)'의 방도를 물었다. 이에 맹자는 자신의 정치철학을 충실히 따르려는 문공에게 왕도정치의 이념과 제도를 자세히 알려주었다. 그 일련의 문답은 〈등문공문위국(滕文公問爲國)〉장(章)에 실려 있는데, 맹자의 대답은 유학의 정치 이념인 '인정(仁政)'을 백성의 삶에서 설명하는 것에서 시작한다.

> 백성들이 살아가는 방법은 항산이 있는 자는 항심이 있고, 항산이 없는 자는 항심이 없는 것입니다. 만일 항심이 없다면 방벽(放辟)과 사치(邪侈)를 하지 않음이 없을 것입니다. 급기야 죄에 빠진 연후에 이들을 형벌한다면, 이는 백성들을 그물질하는 것입니다. 인인(仁人)이 지위에 있으면서 백성을 그물질하는 것을 어찌 할 수 있겠습니까?[20]

맹자는 항산(恒産)의 유무가 항심(恒心)의 유무와 직결된다고 했다. 또한 인인(仁人)이 군주의 자리에 오른다면, 백성들이 항심을 잃고 죄

20 『孟子』, 滕文公章句 上, 滕文公問爲國. "滕文公問爲國 孟子曰 民事不可緩也 詩云 晝爾于茅 宵爾索綯 亟其乘屋 其始播百穀 民之爲道也 有恒産者有恒心 無恒産者無恒心 苟無恒心 放辟邪侈 無不爲已 及陷乎罪 然後從而刑之 是罔民也 焉有仁人在位罔民而可爲也 是故賢君必恭儉禮下 取於民有制"

를 지으며 형벌을 받게 되는 상황을 만들지는 않는다고 단언했다. 항산이 곧 안민과 위민을 위한 물적 토대이며, 인정(仁政)은 백성의 항산을 마련함으로써 비로소 달성될 수 있다는 것이다.

이념을 위시했던 맹자의 지적은, 대단히 근본적이지만 그래서 더욱 막연하기도 하다. 신분의 차별이 엄격했으며, 생산자 가운데는 농민이 아닌 자들도 있었다. 또한 농업에 국한시킨다 하더라도, 농지를 어떤 방식으로 균등하게 구획할 것인지, 이를 누구에게 나누어줄 것인지, 그리고 농부가 아닌 직업의 항산은 어떻게 보장할 것인지, 심지어 국가의 재정은 어떻게 마련할 것인지 등의 문제가 잇따른다.

이러한 궁금증은 문공에게도 있었던 것 같은데, 필전이라는 신하를 보내어 '정지(井地)'를 문의했던 것이다. 이윽고 필전을 만난 맹자는 먼저 유학의 통치이념을 환기시켰다. 문공이 인정을 펼치기 위해 당신을 보낸 것이니, 그 뜻을 알고 힘써주기를 당부한 것이다.

이어서 맹자는 인정의 제도적 발로가 경계(經界)에 있다고 했다. 경계란 농지를 구획하는 일이므로, 일면 맹자의 말은 직접생산자의 항산에 대한 방안으로 생각될 수 있다. 그러나 그는 경계가 치자의 항산과도 결부되어 있다고 했다. 경계가 바르게 되면 농지를 나누는 일[分田]뿐만 아니라, 녹을 제정하는 일도[制祿] 앉아서 이루어진다는 것이다.[21] 그리고 그는 이질적인 두 원리의 통합을 다음과 같이 설명했다.

> 무릇 등나라는 땅이 작으나 장차 군자도 있어야 하고 야인도 있어야 합니다. 군자가 없으면 야인을 다스릴 수 없고, 야인이 없으면 군자를 먹

21 『孟子』, 滕文公章句 上, 滕文公問爲國.

> 여 살릴 수 없습니다. 청컨대 야(野)에서는 1/9로 하여 조(助)하고, 국중(國中)에서는 1/10로 하여 스스로 부(賦)를 바치게 하십시오.[使自賦] …(중략)… 사방 1리(里)가 정(井)이니, 정은 900무(畝)가 되고 그 가운데는 공전(公田)입니다. 8가(家)는 모두 100무씩을 사전(私田)으로 받아 경작하고 공전은 함께 가꾸는데, 공전의 일을 마친 후에야 사전의 일을 해야 하는 것이니, 그것은 야인(野人)을 구별하기 위해서입니다.[22]

맹자는 민인을 군자와 야인으로 구분하고, 각각에게 상이한 층위에서의 두 역할을 부여했다. 즉 군자는 치자(治者)이자 피양자(被養者)로서, 야인을 다스리지만 또한 야인이 생산한 것으로 먹고산다. 그리고 야인은 피치자(被治者)이자 양자(養者)로서, 직접 생산하여 자신과 군자를 먹여 살리지만 또한 군자의 다스림을 받는 것이다.

이후의 일이지만, 허행의 제자인 진상에게 맹자가 건넸던 말에서도 이와 같은 인식이 드러난다. 농가(農家)의 사상가인 허행(許行)은 제자의 입을 빌려 '등나라의 창름과 부고를 보자니, 백성을 헤쳐서 자신을 봉양하는 것이므로 어진 정치가 아니다.'며 질타하듯 질문을 했다. 치자의 비생산성에 대한, 나아가 통치 권력의 특권성에 대한 문제제기이다. 이에 대해 맹자는 마음을 쓰는 자[勞心者]는 다른 사람을 다스리며[治人], 힘을 쓰는 자[勞力者]는 다른 사람에게 다스림을 받는다[治於人]고 전제했다. 그리고 다스림을 받는 사람은 다른 사람을 먹이며[食人], 다스리는 사람은 먹을 것을 받으니[食於人], 이것은 천하의 보

22 『孟子』, 滕文公章句 上, 滕文公問爲國. "請野九一而助 國中什一使自賦 …(중략)… 方里而井 井九百畝 其中爲公田 八家皆私百畝 同養公田 公事畢 然後敢治私事 所以別野人也"

편적인 의리라고 답했다.[23] 치자의 생산성이 '노심(勞心)'에 있으니 그 대가로 노력자(勞力者)로부터 항산을 얻는 것이 정당하다는, 결국 지배와 피지배의 차별을 생산관계의 차원으로 확장한 것이다.

다시 위의 인용문으로 돌아가 보자. 이처럼 이질적인 역할의 중첩을 통해 직분의 차별과 사민의 항산을 동시에 달성할 수 있다고 본 맹자는, 그 제도적 실제로서 등나라에 정전제와 공전을 제안했다. 야에 정전을 설치하는데, 8가(家)에게 정전 가장자리의 8구역을 '사전(私田)'으로 각각 균분하고, 또한 가운데의 '공전(公田)'을 함께 경작케 하는 방식이다. 또한 그는 공전을 우선으로 경작해야 한다는 조언을 건네며, 그 뜻이 군자와 야인을 구별하기 위함에 있음을 부연했다.

이상과 같은 맹자의 언설들을 토대로, 그가 생각하는 삼대 이상적인 토지제도의 윤곽을 그려보자. 먼저 천하의 모든 토지는 왕토임이 천명되었으나, 또한 천자의 배타적 소유가 될 수 없었다. 인정이라는 이념의 강한 자장 아래에서, 왕토의 효용과 가치가 민인의 항산과 항심을 보장하는데 두어졌기 때문이다. 문제는 치자[비생산자]와 피치자[생산자]라는 차이인데, 이는 '분전(分田)'과 '제록(制祿)'이라는 상이한 방식으로 해소된다. 피치자에게는 균등한 경작지를[分田], 치자에게는 전조를 수취할 권리[制祿]를 보장했던 것이다. 이때 분전과 제록이라는 이질적인 원리는 공전을 통해 통합된다. 공전은 사전을 분급 받은 농가에서 공동으로 경작하는 농지이고, 그 생산물은 그들 야인을 다스리는 군자의 항산이 되기 때문이다.

하지만 이러한 맹자의 궁구에도 불구하고, 이후의 유자들에게는 공

23 『孟子』, 滕文公章句 上, 有爲神農之言者許行.

전을 둘러싼 풀기 어려운 그러나 풀어내야할 2가지의 과제가 남겨졌다. 그 첫째는 공전의 제도적 실상이다. 맹자가 실토했듯이, 그의 시대에도 삼대지치(三代之治)의 흔적을 현실에서는 찾아보기 어려웠다. 더구나 이로 인해 맹자가 구사했던 회고와 인용, 그리고 추론에는 미처 다루지 못했거나 불분명한 지점이 어지럽게 섞여 있다.[24] 맹자가 전한 이상의 원형에는 다시 다양한 이상들로 재해석될 여지가 자리했던 것이다.

그 다대한 논점들 가운데 아무래도 공전과 관련된 핵심은 '분전(分田)'과 '제록(制祿)'의 고법적 실상이겠다. 먼저 '분전(分田)'과 관련한다면, 하·은·주라는 시공 하에서 농지가 균등하게 구획된 범위가 명확하지 않다. 그리고 이때 농지가 오로지 정지로만 구획되었는지, 그렇지 않았다면 어떠한 다른 구획방식이, 어느 범위에서, 그리고 왜 시행되었는지도 의문이다.

공전과 정지의 관계도 명확하지 않다. 『맹자』는 은나라의 조법이 공전의 공동경작을 통해 그 생산물을 납부하는 방식이라고 했다.[25] 또한 정전의 가운데 구역에 공전이 설치된다고도 했다.[26] 이로써 본다면 정지에서 조법[공전]이 시행된 것은 명확하다. 하지만 맹자는 삼대에 정지가 시행된 범위, 그리고 조법[공전]과 정지의 필연성 등에 대해서는 말하지 않았다. 요컨대 공전이 오직 정지에서만 설치되었다고 단언하

24 윤석호(2019a), 앞의 글.

25 『孟子』, 滕文公章句 上, 滕文公問爲國. "夏后氏五十而貢 殷人七十而助 周人百畝而徹 其實皆什一也 徹者 徹也 助者 藉也"

26 『孟子』, 滕文公章句 上, 滕文公問爲國. "方里而井 井九百畝 其中爲公田 八家皆私百畝 同養公田 公事畢 然後敢治私事 所以別野人也"

기도 어려운 것이다. 뿐만 아니라 『주례』에는 '구혁법'이라는 이명의 구획방식이 언급되는 바, 이것과 정지의 관계 및 공전의 설치 여부 등도 해석의 대상으로 남아 있다.

세율에도 모호함이 있다. 맹자는 공법[하]-조법[은]-철법[주]의 제도적 차이에도 불구하고, 그 세율은 모두 1/10로 같다고 했다.[27] 그런데 등나라에의 제안에서 맹자는 공전[조법]이 설치된 정지의 세율은 1/9이라고도 했다. 맹자가 이상세율로 제시한 '1/10'이 정지의 구조 및 세율[1/9]과는 부합하지 않는 것이다.

한편 '제록(制祿)'과 관련해서도 난해한 문제들이 있다. 먼저 수조권이 치자의 항산을 보장하는 유일한 방식이었는지, 또한 그것이 오직 공전 위에만 설정되었는지는 명료하지 않다. 이는 한편으로는 농지가 오로지 실경작자인 농민에게만 분급되었는지를, 다른 한편으로는 치자가 채지에서 수조권자 이상의 정치·경제적 권리를 가졌는지를 가늠케 하는 논점이다.

또한 봉건의 성격과 범위, 그리고 정전과 봉건의 관계에도 재해석의 여지가 있다.[28] 일반적으로 봉건은 제후에게 영토와 통치 권력을 양여하여 천하를 공치(共治)하는 분권적 통치체제로 이해된다. 그리고 그 범위에 있어 경전은 천자국 외부에서 봉건이 시행되었음을 뚜렷이 밝혔다.

하지만 천자국 내부[기내]의 봉건에 대해서는 논란이 있을 수 있다.

27 각주 25 참고.

28 조선후기 유자의 '封建' 해석의 양상과 추이는 다음의 글을 참고할 수 있다. 윤석호(2019b), 앞의 글.

공·경·대부·사에게 채읍이 지급되었다고 했지만, 이것이 수조지였는지 혹은 통치 권력을 포함한 봉국이었는지를 밝히지 않았기 때문이다. 더구나 이는 정전과 봉건의 관계와도 연관되는 논점이기도 하다. 정전은 채지에서 시행되었으므로, 채지의 통치방식이 봉건이었는지의 여부에 따라 정전과 봉건이 상호 필수적인 제도인가의 여부가 달리 이해될 수 있기 때문이다.

상기의 논점들 속에서 도출될 제 해석들은 다음의 양극 사이에 위치할 것이다. 먼저 분전의 경전적 함의는 경작자인 농민에게 농지를 균등하게 분배하는 것에 있었다. 따라서 이를 삼대의 보편적 전장으로 간주하면, 이에 상응해 수조로서의 제록은 치자의 항산을 보장하는 유일한 방식이 된다. 아울러 이로 인해 농지 수수(授受)의 주체가 각각 국가와 농민으로 한정되므로, 농지의 소유 및 처분에 대한 사적 권리가 성립할 여지가 없어지게 되며, 또한 비농직역자의 사유에 기초한 생산방식[농장 또는 병작] 역시 존립하기 어렵게 된다. 결국 삼대 전역의 농지는 국가의 독점적인 관리·처분권과 직접생산자의 경작권만이 존재하는 '왕토'가 되며, 국가가 지주로서 가지는 지위는 '1/10세'라는 전조율을 통해 이념적·실제적으로 제어된다. 이로써 '분전'과 '제록'은 표리로 통합된 삼대의 보편적인 실재로, 그리고 공전은 이를 표상하는 대표적이고 보편적인 고법으로 자리한다.

이와 달리 삼대의 농지 중에서 일부만이 분전되었다고 간주한다면, 나머지의 농지에 있어서는 비농직역자에게의 분급, 즉 치자의 득전이 용인될 수밖에 없다. 그리고 이들이 농지를 경작하지 않는 이상 수전자와 경작자의 불일치는 필연적이다. 이는 국가가 지녔던 농지에 대한 관리·처분권을 이들에게 이양한 것으로 이해될 수 있다. '왕토'로 표상되던 농지에 대한 국가의 보편적 권리는 일정 부분 잠식되고, 그 자리를 농지에 대한 치자의 실제적으로 권리가 대체하는 것이다. 그리고 치자의 지주적 지위는 생산방식에 따라 예속노동력의 사역 혹은 지대로서 실현되는 바, 이는 수조지와 더불어 치자의 항산을 보장하는 주요한 재원이 된다. 이로 인해 '분전'과 '제록'의 표리적 통합에 균열이 생기며, 다만 공전을 통해서만 부분적으로 논증되는 논리적 경로에 처하게 된다.

지금까지 살펴본 것이 『맹자』가 공전에 대해 남겨둔 경학적 과제라면, 다음으로 볼 것은 경세학적 과제이다. 이는 아래의 글에서 확인할 수 있는데, 맹자가 필전에게 건넸던 마지막 말이다.

> 이것이 그 대략이니, '이것을 윤택(潤澤)하게 하는 것[潤澤之]'으로 말하자면, 곧 군주와 당신에게 달려 있소.[29]

삼대 이상과의 단절은 맹자의 현실도 마찬가지였다. 그리고 이를 목도한 맹자는 이상의 실현을 위해 평생을 고민하고 조언했다. 필전에게도 마찬가지였다. 정전제를 문의해온 그에게 이미 그 이념[인정], 원리[분전과 제록]와 제도[공전] 등의 골격을 설명해 주었던 터였다. 그렇다면 남는 것은 치자를 통한 이상의 실현이다. 그래서 맹자가 필전에게 남겼던 위의 말은 일종의 당부인 셈이다. 자신이 비록 정전제의 대략만을 전해주었지만, 그와 등나라 문공이 이를 윤택하게 해주기를 바란 것이다.

29 『孟子』, 滕文公章句 上, 滕文公問爲國. "此其大略也 若夫潤澤之 則在君與子矣"

그런데 정작 맹자의 '윤택지(潤澤之)'에는 핵심이 명확하지 않다. 그가 설명했던 원형으로서의 정전제와 공전으로부터 무엇을, 그리고 어떠한 방식으로 실현할 것인지가 언급되지 않았던 것이다. 하지만 다시 생각해보면 이에 대해 맹자 또한 뚜렷한 답을 가지고 있지 않았던 것 같다. 그 스스로가 모호한 경학적 논점들을 남겨놓기도 했거니와, 이로 인해 실현의 대상과 방법에 대한 확신을 가지기 어려웠을 것이다. 더구나 현실에는 그마저도 요원(遙遠)하게 하는 제약들이 가로놓여있기도 했다.

이상에서 살펴본 바와 같이 『맹자』는 유학의 이상사회에서 공전이 어떻게 작동하는지를 전해주었다. 그러나 그 제도적 실상에 대해서는 비어있거나 불분명한 지점을 다수 남겨놓았다. 이로 인해 공전의 원리[분전과 제록]는 그 분명한 경의에도 불구하고 삼대에 보편적으로 작동했는지에 대한 확증을 전해주지 못했다. 더구나 '윤택(潤澤)'의 대상과 방법을 결여했던 맹자의 당부는, 역설적이게도 사적 소유로 인한 이상과 현실의 단절을 더욱 극명하게 드러내고 있다. 요컨대 『맹자』는 자신을 비롯해 유학적 이상의 실현을 염원하는 유자들에게, 공전에 대한 경학적 · 경세학적 과제를 함께 남겨놓았다. 아래에서는 이에 대한 조선후기 유자의 상이한 세 경세담론을 차례로 살펴보기로 한다.

3. 이재李縡: 1/10세를 통한 인정仁政의 실현

도암(陶菴) 이재(李縡, 1680~1746)는 정치적으로는 준론(峻論)의 중심적인 인물이자, 사상적으로는 농암 김창협(金昌協, 1651~1708)을 잇는 낙론계의 대표적인 학자였다.[30] 그의 가계와 가학은 노론과 밀접했는데, 조부 이숙(李翽)과 종조부(從祖父) 이상(李翔)은 송시열의 문인이었고, 자신 역시 김창협의 제자였다. 또한 외증조는 송준길(宋浚吉, 1606~1672)이었고, 외조인 민유중은 송시열의 문인이었으며, 모친인 민씨는 인현왕후의 언니이자 민진원의 누이였다.

문장에 뛰어난 자질을 갖추었던 그는 23세에 급제한 이후로도 한동안은 문장 공부에 뜻을 두었다. 그러나 숙종대 후반 격화된 당쟁을 겪은 뒤로는 뜻을 성인의 학문에 두고 정진하였다.[31] 그리고 경종대의 '신임옥사(辛壬獄事)'를 겪은 후 산림의 학자로 전신하였고, 이후 제자들과의 강학에 매진했다.[32] 또한 정읍에서 사사(賜死)된 송시열을 추모하는 고암서원(考巖書院)이 제향에 치중되자, 학규(學規)와 강규(講規)를 짓는 등 서원의 강학활동을 강화하는 데 크게 기여하였다. 중앙과 지방에 걸쳐 노론 낙론계의 사유를 계승·확산하는 데 중심적인 역할을 했던 것이다.[33]

이처럼 이재는 문장과 예학 등의 분야에 있어 낙학적 학풍의 진작에 큰 족적을 남겼지만, 현실의 주요한 경세 논의에 있어서는 뚜렷한 행적을 보이지 않았다.[34] 더구나 숙종 45년(1719)에는 경상도 균전사로 차임

30 문석윤(2006), 『호락논쟁 형성과 전개』, 동과서, 295~309면; 조성산(2007), 『조선후기 낙론계 학풍의 형성과 전개』, 지식산업사, 281면.

31 『陶菴三官記』(보경문화사 영인본, 1989), 60면; 63면.

32 이천승(2020), 「도암 이재와 그 문인들의 낙학적 사유」 『한국철학논집』 64, 한국철학사연구회.

33 조준호(2004), 『朝鮮 肅宗~英祖代 近畿地域 老論學脈 研究』, 국민대학교 박사학위논문, 136~141면; 이선아(2012), 「18세기 실학자 왕윤석가의 학맥과 호남 낙론」, 『지방사와 지방문화』 15-2, 역사문화학회, 20~27면.

되었는데, 친병(親病)을 이유로 들며 끝내 사조(辭朝)하지 않다가 결국 삭탈관직(削奪官爵) 및 문외출송(門外黜送)의 처벌을 받기도 했다.[35]

다만 그는 맹자 주해서인 『맹자강설(孟子講說)』을 저술했는데, 그 중 〈등문공문위국(滕文公問爲國)〉장에 대한 주해에는 삼대 토지제도의 실상, 그리고 그것의 실현 가능성 등에 대한 그의 정돈된 견해가 피력되어 있다. 주해는 원문의 순서에 따른 7개의 문답으로 이루어져 있는바, 먼저 질문과 그 논점을 순서대로 정리하면 다음과 같다.

〈표 1〉 『맹자』 〈등문공문위국〉장에 대한 『맹자강설』의 주해의 요지

	질문	논점
1	'백성이 살아가는 방법[民之爲道]'이란 '물산을 만들고 일을 하는 것[生産作業]'을 지칭하는 것인가?	'민지위도(民之爲道)'의 함의
2	하나라의 백성은 50묘를 받았고, 은나라는 20무를 더했고, 주나라는 또 40무를 더했는데, 왜 그러한가?	삼대의 농지 분급면적이 상이했던 이유
3	『맹자집주』에서 이른 바 '향수에서는 공법을 쓰고 도비에서는 조법을 쓴다.'고 했는데, 왜인가?	향수[국중]과 도비[야]의 세법에 대한 『맹자집주』의 해석
4	용자의 설은 매우 장황한데, 맹자가 취하여 인용한 것 역시 지난하다. 왜 그랬는지를 알지 못하겠다.	용자설과 맹자설의 구분
5	맹자가 위국에 대한 질문에 대하매, 왕자가 사권(師勸)하라는 것은 왜이며, 『집주』에서 이른 바 '지공무아지심(至公無我之心)'은 어떻게 보아야 하는 것인가?	'시위왕자야(是爲王者師也)'의 뜻과, 이에 대한 『집주』의 주해인 '지공무아지심(至公無我之心)'의 뜻
6	요순이 임금의 자리에 있을 때 고기(皐夔)와 서로 만났는데, 비록 정전의 법을 시행하지 않았는데도 만민이 각각 제 자리를 얻게 하였겠는가?"	정전제가 은나라 이전에도 시행되었는지의 여부

34 숙종 45년(1719)에는 경상도 균전사로 차임되었는데, 親病을 이유로 들며 끝내 辭朝하지 않았다. 이에 결국 削奪官爵 및 門外黜送의 처벌을 받기도 했다.

35 『肅宗實錄』 권64, 45년(1791) 10월 17일(丙辰) 첫 번째 기사.

7	우리나라는 산천이 많고 평지가 좁으니, 끝내 이 법을 시행할 수 없는 것인가?	우리나라에서의 정전제 시행가능 여부

이들 중 본고의 논점과 직접 연관되는 것은 5가지로 고제의 실상에 대한 것[1,2,3,6]과 그 실현 가능성에 대한 것[7]로 구분될 수 있다.

먼저 고제의 실상에 대한 이재의 견해이다. 1번의 논점은, 맹자가 '백성이 살아가는 방법[民之爲道]'을 '항산(恒産)'으로 설명했던 것의 함의이다. 질문에서는 이를 '물산을 만들고 일을 하는 것[生産作業]'으로 이해하고자 했다. 이에 이재는 "단순히 '생산작업(生産作業)'이라고 지칭했는데, 말이 좁은 것 같으니 마땅히 넓게 헤아려야 한다."고 답했다. 압축적인 표현이라 그 저의가 분명하지는 않지만, 맹자가 '항산'을 비단 직접생산자의 차원뿐만 아니라, 치자의 제록이나 국가재정을 포함한 체제 전반에서 운위했음을 지적한 것으로 이해된다.

3번의 논점은 향수(鄕遂)[國中]과 도비(都鄙)[野]에서 각각 공법(貢法)과 조법(助法)이라는 상이한 세법이 쓰였던 이유이다. 앞서 지적했던 바, 『주례(周禮)』의 구혁법(溝洫法)을 정전제(井田制)와 같은 구획으로 볼 것인가는 경학사상의 주요하고 오랜 논점이었다. 예컨대 삼례서의 주해로 저명한 한나라의 유자 정현(鄭玄)은 양자를 상이한 구획으로 해석했으며, 당나라의 가공언(賈公彦)이나 송나라의 주희(朱熹) 등도 이에 동조한 대표적인 인물이었다.[36] 하지만 양자가 동일한 구획이라

36 정현과 가공언의 독법은 다음의 글을 참고할 수 있다. 윤석호(2019a), 「三代 畿內의 토지제도에 대한 『周禮注疏의 해석」, 『대동문화연구』 106, 성균관대학교 대동문화연구원.

는 견해도 비등했는데, 대표적으로는 송대 영가학파(永嘉學派)[37] 유자들이나 황종희(黃宗羲, 1610~1695) 등이 그러한 입장에 있었다.[38]

양자의 팽팽한 의견 차이는 주희와 제자와 나눈 문답에서 확인된다. 주희는 향수와 도비에서의 제도적 차이를 제자들에게 설명하면서, "원근(遠近)에 따라 경중(輕重)이 같지 않은 것은, 대개 6향(鄕)과 같이 가까운 곳은 집마다 병(兵)이 되어 역(役)이 많은 까닭에 세(稅)가 가볍고, 도비(都鄙)와 같이 가까운 곳은 정전법(井田法)에서 7가(家)마다 병(兵) 1인을 내므로 역(役)이 적은 까닭에 세(稅)가 무겁다."라고[39] 했다. 향수와 도비의 세율이 각각 1/10과 1/9로 다른 이유를 도성으로부터의 원근에 따른 병역 부담의 차이로 풀이한 것이다. 또한 그는 "구혁은

---

37 北宋 말부터 南宋에 걸쳐 事功·功利 중심의 학문 성향을 보인 학자들이다. 永嘉 지역[浙江省 溫州] 출신이 두드러졌던 까닭에 영가학파라 불렸으며, 葉適이 대표적인 인물이다.

38 대표적으로 진급지의 견해를 소개하면 다음과 같다. "대개 助法에는 公田이 있는 까닭에 그 수효를 반드시 9로써 묶지만, 貢法은 公田이 없으니 『孟子』가 1/10이라 한 것은 다만 그 받아들이는 수효를 말한 것뿐이다. 〈遂人〉에 10夫라는 것도 다만 그 成數를 들어서 말한 것뿐이다. 9夫에는 스스로 9부에 대한 貢法이 있고, 11夫에는 스스로 11부에 대한 貢法이 있으니, 당초부터 10이라는 수효에 얽매이지 않은 다음이라야 貢法을 시행할 수 있는 것인데, 지금 한갓 〈匠人〉조에 9夫가 井이 된다는 글만을 보고 〈遂人〉조에 10夫에 溝가 있다는 것을 10으로써 수효를 했다고 한다면 너무 얽매인 듯하다."[『文獻通考』 권1, 田賦考 1. "陳及之曰 周制井田之法 通行於天下 安有內外之異哉? 遂人言十夫有溝 以一直度之也 凡十夫之田之首 必有一溝以瀉水 以方度之 則方一里之地所容者九夫 其閒廣四尺深四尺謂之溝 則方一里之內凡四溝矣 …(중략)… 又曰 遂人所言者 積數也 匠人所言者 方法也 積數則計其所有者言之 方法則積其所圍之內名之 其實一制也"]

39 『朱子語類』 권86, 禮 3, 周禮. "近郊十一 遠郊二十而三 甸稍縣都 皆無過十二 此卽是田稅 然遠近輕重不等者 蓋近處如六鄕 排門皆兵 其役多 故稅輕 遠處如都鄙 井法七家而賦一兵 其役少 故稅重 所謂十二者 是并雜稅皆無過此數也 都鄙稅亦只納在采邑 淳"

10으로서 그 수가 되고 정전은 9로서 그 수가 되니, (구혁법과 정전제는) 결코 합칠 수 없다. 그런데 영가는 기필코 이를 합치고자 했다."고도 했다.[40] 양 지역에서는 구획 또한 각각 구혁법과 정전법으로 상이했음을 지적하고, 아울러 두 구획이 같다고 여겼던 영가학파를 비판한 것이다.

다소 돌아왔지만, 이에 대한 이재의 독법을 확인해보자. 먼저 양 지역의 세법에 대해 그는 "향수는 왕기의 지근이어서 1/9을 시행할 수 없으며, 도비는 교외로서 1/10을 행할 수 없는 것이니, 형세가 그러하다."라고 했다. 설명이 다소 빈약하지만, 도성으로부터의 거리에 따라 세법에 차이가 있다는 인식은 주희와 같다. 이어 구혁법과 정전법의 관계에 대해서는 "그 요점은 5가(家)와 5가가 연접하는 것[구혁법]이 8가가 서로 비법을 이루는 것[정전제]과는 같지 않다는 것이다."라고 했다.[41] 가호와 농지에 대한 비법으로 볼 때 구혁법과 정전제는 분명히 구별되는 상이한 구획이라는 설명으로, 역시 주희와 같은 견해이다.

다음은 2번 질문인데, 논점은 하–은–주의 농지 분급면적이 50–70–100무(畝)로 달랐던 이유이다. 이에 대해 이재는 '변하지 않는 본질[理]'과 '변화하는 형세[勢]'가 공존하는 것은 지극히 당연하다고 운을 뗐다. 그리고는 문장이나 제도 역시 때에 따라 바뀐다면서, 하나라의 50(무)畝나 주나라의 100무는 모두 당시에 따라 마땅하게 정한 면적이라고 했다.

40 『朱子語類』 권86, 禮 3, 周禮. "溝洫以十爲數 井田以九爲數 決不可合 永嘉必欲合之"

41 『孟子講說』, 滕文公章句 上. "曰鄕遂乃王畿至近處 行九一 不得都鄙乃郊外 行什一 亦不得者 勢固然矣 其要只在五五相連 與八家相比之不同耳"

주목되는 것은 정전제의 실현 가능성에 대한 인식이다. 위의 답변에 이어서 이재는 "후세에 정전을 한다 해도 이와 같은 '손익(損益)의 도(道)'가 있을 것이므로, 정전법에 구애될 수는 없다."고 했다. 정전제가 비록 성법(聖法)이라 하더라고 원형 그대로가 보편적 전장은 될 수 없으며, 시의에 따른 변화가 있을 수밖에 없다는 인식이다.

그렇다면 과연 그는 정전제의 원형으로부터 무엇을 남기고 무엇을 바꾸고자 했을까? 이는 6번과 7번에 대한 답의 비교를 통해 확인할 수 있다. 먼저 6번은 은나라 이전에도 정전법이 시행되었는가에 대한 질문이다. 이에 대해 이재는 요(堯)·순(舜)과 고도(皐陶)·기(夔)가 서로 조우했으므로 정전법 역시 시행되었을 것이라고 추정했다. 고요는 순의 신하로서 형벌을 관장했고 비는 요와 순을 섬기면서 예악을 관장했으니, 성왕과 명신이 만나 정전법을 시행하지 않았을 리는 없다는 것이다. 주목되는 것은 이어지는 이재의 주해이다.

> 만약 (그들이) 이 법[필자주: 정전법]을 시행하지 않았다면, 비록 다른 인정(仁政)이 있었다 하더라도 어찌 만민으로 하여금 각자의 거처를 얻게[各得其所] 할 수 있었겠는가? 이것[필자주: 정전법]은 만고(萬古)에 바뀌지 않았던 양법(良法)으로서 한 번 거행되면 만 가지의 명목이 모두 준비되니, 학교의 설립, 병제의 수, 반록의 법칙이 모두 그 가운데 있으니, 이것은 인정(仁政)의 대체이다. 이 때문에 맹자는 정치가 필시 이[필자주: 정전법]를 근본으로 삼아야한다고 말했으니, 그 본지가 깊다 하겠다. 후학이 그 본지를 얻어서 이로써 만물을 한 몸으로 여겼으니, 이윤(伊尹)이 한 남자로 하여금 거처[所]를 얻지 못하게 했던 까닭에 마치 (자신이) 시장에서 매질을 당하는 것과 같이 여겼던 뜻을 이로써 알 수 있다.[42]

이재는 정전법을 통해 만민이 각득기소(各得其所)할 수 있었고, 이로써 인정(仁政)이 달성되었다고 보았다. 또한 정전법은 체제상의 핵심이 되는 전장이므로, 맹자가 정전제를 정치의 근본으로 삼으라고 말했던 이유도 여기에 있다고 했다. 아울러 은나라의 명신인 이윤(伊尹)이 한 백성이 거처를 얻지 못하자 마치 자신이 시장에서 매를 맞는 것처럼 괴로워했다는 고사를[43] 언급하면서, 정전법의 본지가 만인을 하나의 몸으로 여겨서 그들 모두의 생업을 보장해주는 것에 있음을 재차 강조하였다.

이로써 본다면 일면 이재가 정전법의 원형 그 자체를 인정(仁政)의 달성을 위한 유일하고 보편적인 제도로 여겼다고 생각할 수 있겠다. 그러나 7번의 질문에 대한 답변에는, 정전제의 실현 가능성에 대한 이재의 상이한 인식이 드러나 있다.

> 산천이 험조하여 이랑을 계산하기 어렵다. 그러나 진실로 지극히 '공(公)'하고 지극히 '인(仁)'한 마음으로 '인시제의(因時制宜)'한다면, 또한 어찌 행할 수 있는 도가 없겠는가? 구혁과 천맥은 비록 고법(古法)과 똑같을 수는 없다. 하지만 토지의 비척 고하에 따라 다만 1/10세를 균등하게

---

42 『孟子講說』, 滕文公章句 上, 滕文公問爲國. "曰堯舜皐夔相遇 則豈有不行此法之理耶 若不行此法 則雖有他仁政 而烏得使萬民 各得其所耶 此是萬古不易之良法 一擧而萬目皆備 學校之設 兵制之數 班祿之規 皆在其中 此仁政之大者 是以孟子之言 政必以此爲本 其旨深矣 後學得其本旨 則以萬物爲一體 而伊尹所以使一夫不得其所 則若撻于市之意 可以見得矣"

43 『書經』에 "내가 나의 임금을 요순처럼 만들지 못한다면 시장에서 종아리를 맞는 것처럼 내 마음이 부끄러울 것이요, 한 사내라도 살 곳을 얻지 못한다면 이는 또한 나의 죄라고 할 것이다."[『書經』 商書, 說命 下. "予弗克俾厥后惟堯舜 其心愧恥若撻于市 一夫不獲 則曰時予之辜"]라는 구절에 연원이 있다.

한다면, 이것이 곧 선왕의 정전제의 본의를 잃지 않는 것일 따름이다.[44]

7번 질문의 논점은 산천이 험조한 우리나라에서 정전이 가능한가인데, '산천험조(山川險阻)'는 자주 지적되던 공전불가행(井田不可行)의 이유이기도 했다. 이에 대해 이재는 왕도정치의 이념을 꺼내들며 지극히 '공(公)'하고 '인(仁)'한 마음이 있어야 한다고 했다. 하지만 정작 정전제의 시행에 대해서는 난색을 표했다. 제도는 시세에 따라[因時] 바뀔 수 있다는 것이 그의 거듭된 입장이었다. 대신 이재는 '1/10의 균세(均稅)'를 제안했다. 그리고는 이를 실현한다면 선왕이 정전제에 두었던 본의를 잃지 않는다고도 했다. 요컨대 이재는 맹자의 '윤택지(潤澤之)'라는 당부에 대해, 공전의 이상적 원리와 제도를 '1/10의 균세'라는 현실화된 이상으로 치환한 것이다.

그런데 그가 거쳤던 '인시(因時)'라는 현실화의 과정은 그리 낯설지 않다. 그와 동일한 인식이 '윤택지(潤澤之)'에 대한 주희의 주해에서 확인되기 때문이다.

> 정지의 법에 대해 제후들이 모두 그 전적을 없애버렸으니, 이는[필자 주: 『맹자』의 설명]은 그 대략일 뿐이다. '윤택(潤澤)'이란 때에 따라 마땅하게 만들어서[因時制宜], 이로 하여금 인정(人情)에 부합하고 토속(土俗)에 마땅하여 선왕의 뜻을 잃지 않게 하는 것이다.[45]

44 『孟子講說』, 滕文公章句 上, 滕文公問爲國. "曰山川險阻 計畝雖難 而苟以至公至仁之心 因時制宜 亦豈無可行之道乎 溝洫阡陌 雖不能一如古法 而隨其土地之肥瘠高下 只均其什一之稅 則是乃不失乎 先王井制之本意耳"

45 『孟子集註』, 滕文公章句 上, 滕文公問爲國. "井地之法 諸侯皆去其籍 此特其大略而已 潤澤 謂因時制宜 使合於人情 宜於土俗 而不失乎先王之意也"

정전제의 실상이 모호하다는 주희의 지적은 온당하지만, 이는 다만 그 제도적인 차원에 한정된다. 정전제의 본질이 공전의 원리, 즉 분전(分田)과 제록(制祿)의 통합에 있음을 맹자는 명확히 밝혀놓았기 때문이다. 그러나 주희는 '윤택(潤澤)'의 대상과 방법에 있어 공전을 거명하지 않았다. 대신 시세에 따라 마땅하게 만드는[因時制宜] 변화가 필요하며, 이로써 만들어진 제도가 현실적 조건 즉 인정과 토속에 마땅해야 선왕의 뜻[先王之意]을 이을 수 있다고 보았다. 삼대의 공전이 '인시(因時)'의 과정을 거치면서 그 원리와 제도를 탈각했고, 대신 '선왕지의(先王之意)'라는 이념으로만 남게 된 것이다.

이로써 본다면 '윤택지(潤澤之)'에 대한 이재의 독법은 주희와 대단히 흡사하다. 차이가 있다면 주희가 제시했던 '선왕지의(先王之意)'에다가 '1/10 균세'를 부착한 것인데, 이 역시도 주희의 견해와 결을 같이한다. 왜냐하면 '1/10 균세' 역시 '인시(因時)'의 과정을 거친 '현실화된 이상'이며, 주희의 경세안 역시 '1/10 균세'의 실현에 초점이 두어졌기 때문이다.[46]

그렇다면 의문은 주희가 생각했던 현실과 이상의 질적 차이, 다시 말하면 공전의 제도와 원리를 현실에서 걸러냈던 그의 프리즘으로 향한다. 이는 본고의 범위를 훨씬 넘어서는 것인데, 다만 군현제의 현실하에서 정전제 실현의 가능성을 상이하게 타진했던 주희와 장재를 통해 그 일면이나마 살펴볼 수 있겠다.

기내에서의 봉건시행 여부에 해석의 여지가 있음은 앞서 지적한 바가 있는데, 이에 대해 중국의 역대 유자들은 대체로 기내의 채지에서

46 김용섭(2007), 앞의 글.

봉건이 시행되었으며, 정전제와 표리를 이루었다고 보았다.[47] 이는 주희와 장재도 마찬가지였다. 주희는 봉건을 성인이 천하를 개인의 것으로 삼지 않고, 현명한 이들에게 나누어서 함께 다스린 제도로 평가했다.[48] 또한 정전제는 봉건제를 전제로 시행될 수 있는데, 봉건은 기외뿐만 아니라 왕기 내의 채지에서도 시행되었다고 했다.[49] 한편 장재도 성인이 필시 천하를 사람들과 나누었으니 다스려지지 않는 바가 없었다고 했다. 또한 정전은 끝내 봉건으로 돌아와야 비로소 안정된다고도 했다.[50] 요컨대 둘은 기내의 채읍주에게 정전제로서 보장되는 세록뿐만 아니라, 봉건제로서 보장되는 채읍에서의 정치권력까지 주어졌다고 보았다.

이와 같은 봉건 독법 하에서는 군현제가 정전제의 시행을 어렵게 하는 요인으로 지목될 수밖에 없다. 정전제는 봉건제의 저변 하에서 시행될 수 있는데, 군현제 하에서는 세록도, 독자적인 통치영역도, 이를 통한 천하의 공치(共治)도 보장되지 못하기 때문이다.

그러나 군현제가 정전불가행(井田不可行)의 필연적인 원인이 아닐 수 있음은 장재와 주희의 상이한 경세안을 통해 확인할 수 있다. 먼저

47 윤석호(2019b), 앞의 글.

48 『朱子語類』 권108, 論治道. "問 後世封建郡縣 何者為得 日 論治亂畢竟不在此 以道理觀之 封建之意 是聖人不以天下為己私 分與親賢共理 但其制則不過大 此所以為得 賈誼於漢言眾建諸侯而少其力 其後主父偃竊其說 用之於武帝 端蒙"

49 『朱子語類』 권108, 論治道. "井田之法要行 須是封建 令逐國各自去理會 如王畿之內 亦各有都鄙家鄙 漢人嘗言 郡邑在諸國之外 而遠役於中都 非便"

50 『張子全書』 권4, 周禮. "所以必要封建者 天下事之分得簡則治之精 不簡則不精 故聖人必以天下分之於人 則事無不治者"; "…(중략)… 以觀之 井田卒歸於封建乃定"

주희를 보면, 그는 정전제와 봉건제를 지금 시행하기는 어려우며, 만약 시행한다 해도 이득보다는 폐단이 클 것이라고 예단했다.[51] 또한 토지를 소유한 호강한 자들의 반발로 분한이 생겨날 것을 우려하기도 했다.[52]

반면 장재는 천하의 다스림은 정전제를 따르지 않고서는 균평해질 수 없다면서, '분전(分田)'을 고금의 보편적인 이상으로 지목했다. 나아가 현실에서 이를 손쉽게 시행할 방법을 제안했다. 그에 따르면 국가는 사유화된 농지를 몰수하고, 이를 민인에게 1방(方)씩을 나누어준다. 한편 예전 주인에게는 소유했던 면적에 따라 관직이나 봉토를 주고, 그곳에 대한 관리와 함께 예전의 부(富)에 비견되는 조세수입을 허락한다. 일면 봉건제로의 회귀를 전제한 분전의 시행으로 보이겠지만, 그는 봉건의 시행 이전을 대비한 방안도 마련해 놓았다. 바로 군현제하의 수령을 종신토록 임명하면 그 효과를 낼 수 있다는 제안이다.

주희와 장재의 대비는 삼대적 이상을 공유한다 할지라도, 이것이 이질(異質)의 현실화된 이상으로 재해석될 수 있음을 우리에게 보여준다. 부연하자면, 주희와 장재는 정전제가 봉건제와 표리라는 인식을 공유했고, 또한 두 제도와는 단절된 더구나 송대라는 같은 시기를 살았다. 하지만 둘은 정전제의 시행에 대해 입장을 달리 했다.

먼저 주희에게 있어 봉건제는 정전제 시행의 필수적인 조건이었다.

51 『朱子語類』 권108, 論治道. "先生言論間猶有不滿 於五峰論封建井田數事 嘗疏其說以質疑 先生云 封建井田 乃聖王之制 公天下之法 豈敢以為不然 但在今日恐難下手 設使強做得成 亦恐意外別生弊病 反不如前 則難收拾耳 此等事 未須深論 他日讀書多 歷事久 當自見之也 枅"

52 『朱子語類』 권68, 井田類說.

그래서 삼대에 정전제가 시행될 수 있었다고 했고, 그렇지 못한 군현제의 현실에서는 시행될 수 없다고도 단언했다. 제록(制祿)에 무게를 둔 그의 '인시(因時)'라는 프리즘이, 분전(分田)의 실현 가능성을 탈각시킨 것이다. 한편 장재는 분전의 시행에 있어 봉건제가 반드시 선행되어야 한다고는 생각하지 않았다. 오히려 분전의 시행을 전제로 하여, 봉건의 현실적 변용 방안을 모색했다. 그 또한 '인시'라는 용어로 설명했는지는 살펴보아야 하겠지만, 그의 프리즘은 분전의 이상에 무게를 두었으며, 나아가 이를 군현제의 현실 하에서도 실행의 대상이자 목표로 남겨둘 수 있었던 것이다.

다시 이재로 돌아가 보자. 주희의 입론과 강한 친연성을 가진 그의 공전 담론은 동시대의 서인 유자들에게서도 확인된다. 먼저 율곡(栗谷) 이이(李珥)는 투철한 경세론을 피력했는데,[53] 다방면에 걸쳐 제시된 경세안들의 저변에는 '삼대의 이념'을 '오늘날의 제도[時制]'를 통해 회복해야 한다는 인식이 흐르고 있다. 이는 노론의 영수로 평가되는 송시열에게도 이어졌다. 그는 학문의 종장으로 삼았던 율곡에 대해 "안민하는 방법에 있어서는 반드시 폐단을 고쳐 변통하는 것을 우선으로 삼되, 경장(更張)과 포치(布置)의 방법은 모두 시의(時宜)를 참작하였으니, 일시에 행할 수 있을 뿐만이 아니라, 진실로 만세의 통법(通法)으

53 황의동(1994), 「율곡 경세사상의 철학적 배경」, 『인문학연구』 21, 충남대학교 인문과학연구소; 안재순(1998), 「율곡의 경세사상에 나타난 실학의 의미」, 『동양철학연구』 19, 동양철학연구회; 이정철(2012), 「이이의 經世論의 성립과 그 정치적 배경」, 『사총』 75, 고려대학교 역사연구소; 이재석(2020), 「율곡 이이의 현실인식과 경세사상」, 『동양문화연구』 33, 영산대학교 동양문화연구원; 이경동(2021), 「17세기 사상계의 율곡 경세론 수용과 전개」, 『율곡학연구』 44, 사단법인 율곡연구원.

로 삼을 만합니다."라고[54] 평가했다.

한원진도 마찬가지였다. 정전(井田)·봉건(封建)·육형(肉刑) 3가지를 삼대의 다스림에 있어 대법(大法)이었다고 평가하면서도, 후세에서는 이들 모두를 시행할 수 없다고 단언했다. 대신 선왕이 다스렸던 마음[心]은 백세(百世)가 지나도 바뀌지 않는다며, 민산(民産)의 '이념'을 달성할 '현실적인 방안들'을 제시했다.[55] 특히 한원진이 이재와 달리 호론을 대표하는 인물이었음을 상기한다면, 노론이 주희의 경세론을 인물성론의 분화로부터 자유롭게 공유했음을 짐작해볼 수 있겠다.

사적 소유와 군현제는 공전에 통합되어 있던 분전(分田)과 제록(制祿)의 원리를 와해시켰다. 그리고 그 양립의 접점을 찾지 못한다면, 경세의 지향과 방안은 양자 중 어느 하나에 치중될 수밖에 없다. 정전제의 시공을 삼대에 한정했던 이재에게 분전과 제록이 통합될 여지는 없었다. 그리고 그는 '인시(因時)'라고 명명한 프리즘을 통해 '제록(制祿)'에 무게를 두어 이상을 현실화했다. 봉건제가 군현제로 대체된 통치방식 하에서, 또한 이로 인해 삼대보다 축소된 치자의 지위 하에서, 그는 치자의 제록을 지지하는 현실의 사적 소유를 용인했던 것이다. 하지만 그가 '윤택(潤澤)'에의 당부에 전혀 답을 하지 않았던 것은 아니었으니, '1/10 균세'를 인정의 방안으로 내놓았기 때문이다.

---

54 『宋子大全』 권21, 疎, 擬兩賢辨誣疏【辛卯爲太學生等】. "唯李珥以王佐之才 値聖明之主 其眷眷於救時 極言竭論 終始一議 其所以論治者 爲說甚備 而乃若其要 則未嘗不以修己爲出治之大本 安民爲救時之急務 …(중략)… 而更張布置之方 率皆參酌乎時宜 不但可行於一時 而允爲萬世之通法 此豈拘儒俗學所可摸象其萬一哉"

55 『南塘集』 권3, 疏, 陳戒疏.

이로써 본다면 이재의 공전 담론은 경학적으로는 공전 시행의 질적 조건을 삼대로 한정한, 그리고 경세학적으로는 삼대로부터 '제록(制祿)'에 치중한 이상성을 현실 제도 하에서 선택적으로 회복하려는 특징이 나타난다. 그리고 이는 주희의 경세론과 대단히 유사한, 또한 조선 후기에 비교적 넓은 저변에서 공유되었던 인식이다. 이것이 맹자가 남겨 놓은 두 과제에 대한 답이었던 바, 이를 통해 『맹자』가 전한 공전 원형으로부터의 거리와 고도를 가늠해볼 수 있겠다.

4. 유형원柳馨遠: 공전 원리에 기초한 현실 절충적 개혁

양란(兩亂)으로 인한 피폐를 고스란히 경험했던 반계는 우반동에서 경세를 위한 연구에 몰입했다. 그리고 경전과 제설을 다방면으로 섭렵하고 궁구하여, 조선의 체제개혁을 위한 거대하고도 세밀한 설계도를 마련했다.[56] 그 중추에는 그간 수면 아래에 있던 토지제도 개혁의 논의가 자리하고 있었다. 이미 선구의 성과들이 그 구조와 내용을 여실

56 반계의 개혁안의 구조와 특징을 고법에 기초한 변법의 측면에서 해명되었다. 金駿錫(1992), 「柳馨遠의 變法觀과 實理論」, 『동방학지』 75, 연세대학교 국학연구원; 김태영(1998), 앞의 책; 김선경(2000), 「반계 유형원의 이상국가 기획론」, 『한국사학보』 9, 고려사학회; 鄭求福(1970), 「磻溪 柳馨遠의 社會改革思想」, 『역사학보』 45, 역사학회; 정구복(2017), 「반계 유형원의 학문세계와 그 영향」, 『한국실학연구』 34, 한국실학학회; 정호훈(2001), 「『磻溪隨錄』의 이념과 법제 認識」, 『韓國實學의 새로운 摸索』, 景仁文化社. 한편으로는 이를 유학적 이상국가에 대한 '復古'로 평가하기도 한다. 제임스 B. 팔레 지음, 김범 옮김(2007), 『유교적 경세론과 조선의 제도들—유형원과 조선후기』 1·2, 산처럼; 이정철(2009), 「반계 유형원의 전제개혁론과 그 함의」, 『역사와 현실』 74, 한국역사연구회.

히 해명했던 바,[57] 본고에서는 그의 공전 독법에 나타나는 경학적·경세적 함의를 확인해본다.

먼저 고제(古制)로서의 공전에 대한 인식을 보자. 그는 『반계수록(磻溪隨錄)』 「전제고설(田制考設)」 등에서 공전 및 삼대 토지제도에 대한 제 경문과 이에 대한 선유의 견해를 폭넓게 수집했다.[58] 그리고 이를 취사하고 궁구하여 자신의 견해를 피력했는데, 그 주요한 특징으로는 다음의 네 가지를 제시할 수 있겠다.

첫째, 정지가 주나라에서 시작되었다고 보았다. 『맹자』는 정지가 은나라에서 시작되었다고 했지만, 이에 대한 반론도 있어왔다. 대표적으로 『통전(通典)』의 저자인 당나라 유자 두우(杜佑, 735~812)를 들 수 있는데, 그는 「식화지(食貨志)」에서 정지(井地)가 황제(黃帝)의 치세에서 비롯되었으며 하(夏)나라와 은(殷)나라에서도 이를 변경하지 않았다고 했다.[59] 삼대의 농지가 '정지(井地)'의 일원적 구획방식을 통해 분전(分田)되었다는 것이다. 당송 8대가의 한 사람으로 저명한 북송의 소순

57 『반계수록』 전제의 특징과 국가체제적 함의에 대해서는 다음의 선구적인 성과가 있다. 김태영(1998), 위의 책; 김선경(2000), 위의 글; 김선경(2004), 「반계 유형원의 이상국가 기획론: 재정부문을 중심으로」, 『한국사연구』 125, 한국사연구회; 오영교(2008), 「『磻溪隨錄』의 국가구상론」, 『실학파의 정치·사회개혁론』, 혜안; 최윤오(2001), 「반계 유형원의 정전법과 공전제」, 『역사와현실』 42, 한국역사연구회; 최윤오(2013a), 「반계 유형원의 봉건, 군현론과 공전제」, 『동방학지』 161, 연세대학교 국학연구원; 최윤오(2013b), 「반계 유형원의 실학과 『磻溪隨錄』 讀法」, 『지역과 역사』 32, 부경역사연구소; 실시학사 편(2013), 『반계 유형원 연구』, 사람의무늬.

58 박인호(2020), 「『반계수록』 「고설」을 통해 본 유형원의 실학적 경세사관」, 『역사를 바라보는 실학자의 시선』, 경인문화사.

59 『通典』 권3, 食貨志 3, 鄕黨.

(蘇洵, 1099~1066)도 마찬가지로, 그는 정전의 법이 황제에 기원하며, 당(唐)·우(虞)에서 계승했고, 하·은에서 점점 정치해졌으며, 주(周)에 이르러 완성되었다고 보았다.[60]

한편 조선에서 정지의 시행 시기를 본격적으로 탐구했던 인물은 구암(久菴) 한백겸(韓百謙, 1552~1615)이었다. 그는 기자전을 근거로 했는데, 이는 평양성 부근에 남아있던 토지구획이다. 은나라가 멸망한 뒤 기자가 동래했는데, 이때 그가 평양에 설치했던 것으로 여겨왔던 까닭에 '기자전'이라 불렀다. 한백겸은 실측과 『맹자』 경문에 근거하여 기자전의 연원과 특징을 해명했다. 그에 따르면 기자전의 구획이 '전(田)'자(字)이므로 은나라의 토지도 '정(井)'자가 아닌 '전(田)'자였으며, 사전 주변의 불특정한 곳에 공전을 마련해 조법을 시행했다고 보았다. 아울러 정지는 주나라에서 처음 시작되었고, 이때 농지의 면적이 100무로 늘어났다고 했다. 두우는 물론 『맹자』의 경의와도 다른 해석인 것이다.

반계는 이들 중에서 구암의 견해에 동조했다. 『기전도설(箕田圖說)』의 요지를 인용하면서 "이로써 보면 4명의 경작자가 한 조를 만든 것은 역시 고제이다."라고[61] 평가한 것이다. 나아가 반계는 정전이 황제 시대에 창시되었다는 견해를 일축했다. 그리고 기자전(箕子田)에 근거해 은나라의 구획 형태는 '전(田)'자였으며, 이로써 정지는 주나라에서

60 『嘉祐集』 권5, 田制. "古者井田之興 其必始於唐·虞之世乎 井田之法 起於黃帝【事見鄕黨門】非唐虞之世 則周之世無以成井田 唐虞啟之 至於夏商 稍稍葺治 至周而大備 周公承之 因遂申定其制度 疏整其疆界 非一日而遽能如此也 其所由來者漸矣"

61 『磻溪隨錄』 권1, 田制 上, 分田定稅節目.

시작되었다고 추정했다.[62]

둘째, 정지가 주나라의 야에서만 시행되었다고 보았다. 앞서 이재를 통해 살펴본 바와 같이, 구혁법과 정전제가 같은 구획인지의 여부는 오랜 경학사적 논점이었다. 이에 대해 반계는 「전제고설(田制攷說)」에서 양측의 대표적인 견해를 모두 소개했다. 그리고는 다음과 같이 자신의 견해를 정리했다.

> 또한 선왕의 정전(井田)에 대해서는 경전과 기록들에 매우 상세하게 논술되어 있다. 하지만 『주례(周禮)』의 〈수인(遂人)〉과 〈장인(匠人)〉의 직무에 의하면 향(鄕)이나 수(遂)에서는 정전을 만들지 않고 다만 구혁(溝洫)을 만들었던 바, 10부(夫)에 구(溝)를 내고 각자가 1/10의 세를 냈다. 오직 도비는 채지(采地)라고 불렸는데, 기외의 땅과 함께 정전(井田)으로 만들고 8가(家)가 같은 정(井)이 되어 공전을 함께 경작했다. 그런 즉 주나라의 치세에도 역시 모두를 다 정지로 구획하지는 않았던 것이다. 이런 이유로 맹자가 등(滕)나라에서도 야(野)에는 정전을 실시하여 조법을 실시하고, 국중(國中)에는 1/10세를 스스로 납부하게 하였다. 다만 경계를 바르게 하여 1부(夫)마다 반드시 100무가 되도록 하고 민으로부터 반드시 1/10을 거두었던 것은 모두 그러했다.[63]

---

62 『磻溪隨錄』 권5, 田制攷說 上, 秦漢以後井田議論. “按唐李靖 杜佑皆以爲井田創於黃帝 然是皆無經據之說 唯箕子田至今經界宛然 而與孟子所論殷人七十畝者若合符節 殷之田制 據此可斷 而井田之始於周 從可知矣 謂中國失禮 徵在四夷 豈不信夫”

63 『磻溪隨錄』 권5, 田制攷說 上, 經傳所論井田之制. “又按先王井田之制 傳記言之頗詳 然就審周禮遂人匠人之職 鄕遂之地則田不井授 但爲溝洫 十夫有溝而自賦什一 唯都鄙卽所謂采地與畿外之地 制爲井田 八家同井而助耕公田 然則成周之世 亦不自皆畫井也 是以孟子於滕 亦謂野九一而助 國中什一使自賦也 但正其經界 一夫必百畝 取民必什一 是則皆然”

반계는 구혁법과 정전을 별개의 구획으로 간주했다. 그리고 맹자가 등나라의 국중(國中)과 야(野)에 제한했던 '십일사자부(什一使自賦)'[국중]와 '구일이조(九一而助)'[야]가 각각 구혁법과 정전에 연원을 둔다고 했다. 이로써 반계는 정지가 시행된 시공을 주나라의 야(野)로 비정했다. 이를 『맹자집주(孟子集註)』의 견해와 비교하면, 공전[조법]을 정전과 일치시킨 것은 같으나, 은·주의 야에서 시행되었다던 주희보다는 공전의 시공이 축소된 것이었다.

셋째, 공전 원리의 보편성에 대한 인식이다. 이상으로만 본다면 반계는 공전을 삼대의 일부 시공에서만 시행된 전장으로 간주하고 있다. 하지만 공전의 원리에 대해서는 생각이 달랐다. 그는 옛날에는 대부(大夫)에게 채지가, 벼슬하는 자에게는 세록(世祿)이 있었는데, 이들은 오직 공세(公稅)만을 먹을 수 있었다고 했다. 한편 농지는 오로지 백성만이 경작했으며, 이들이 세와 병역을 공동으로 부담했다고도 했다.[64] 특히 반계는 공전의 시공에 대한 고증의 말미에 "다만 1夫마다 반드시 100무가 되도록 경계를 바르게 하고 민으로부터 반드시 1/10을 거두었던 것은 모두 그러했다."라는[65] 견해를 덧붙였다. 제도로서의 공전은 비록 주나라의 야에만 시행되었지만, 공전에 내재된 분전(分田)과 제록(制祿)의 원리는 삼대의 전역에서 보편적으로 달성되었다고 본 것이다.

---

64 『磻溪隨錄』 권1, 田制 上, 分田定稅節目. "且古者大夫有采地 仕者有世祿 而皆令食其公稅而已 其田固爲民所受之田 故八夫同井 共賦出兵 而大夫之家, 能不親農商之事矣 後世用人 除罷不常 此制勢有所不得行 若但行井田而未有以處此 則大夫罷官者無以資其生 如此等事 極有難處者 蓋井田必須封建而後 可盡其制"

65 『磻溪隨錄』 권5, 田制攷說 上, 經傳所論井田之制. "但正其經界一夫必百畝 取民必什一 是則皆然 以上經傳所論井田之制"

나아가 반계는 공전 원리가 비단 삼대에만 보편성을 지닌다고는 생각하지 않았다. 타락하고 문드러진 현실의 제도와 대비하면서, 공전 원리의 당위성을 현실에까지 확대한 것이다.[66] 그리고는 현실 폐단의 근본적 원인이 무엇인지, 그리고 그 개혁의 이상적이고 보편적인 방식이 무엇인지를 아래와 같이 지목했다.

> 비록 통치하기를 바라는 군주가 있더라도 만약 전제(田制)를 바로잡지 않는다면 백성들의 생산은 끝내 한결같지 않을 것이며, 부역(賦役)을 끝내 고르게 할 수 없을 것이고, 호구(戶口)를 끝내 밝힐 수 없을 것이며, 군오(軍伍)를 끝내 정비할 수 없을 것이며, 사송(詞訟)을 끝내 그치게 할 수 없을 것이며, 형벌(刑罰)을 끝내 덜 수 없을 것이며, 회뢰(賄賂)를 끝내 막을 수 없을 것이며, 풍속(風俗)을 끝내 후하게 할 수 없을 것이니, 이렇게 하고서 정치와 교화를 행한다는 것은 절대로 있을 수 없는 일이다. 무릇 이와 같은 것은 어떤 이유 때문인가? 토지는 천하의 근본이므로, 근본이 이미 거행되면 모든 제도가 따르게 되어 그 마땅함을 얻지 못하는 것이 하나도 없을 것이다. 근본이 이미 문란하면 모든 제도가 따르게 되어 그 마땅함을 잃지 않는 것이 하나도 없을 것이다. 만약 정치의 근본[體]를 깊이 탐구하지 않은 자라면, 또한 어찌 천리(天理)와 인사(人事)의 이해득실이 귀착하는 바가 여기에 이름을 알겠는가? 그러나 후세에 뜻있는 사람이 당대에 실행하고자함이 없지 않았으나, 산곡[山]과 계천[溪]의 땅으로 인해 정전의 경계를 이루기 어려웠고, 공전(公田)과 채지(采地)에 대해서는 일마다 의심과 장애가 있어 어렵게 여겼다.[67]

---

66 『磻溪隨錄』 권26, 書隨錄後. "三代之制 皆是循天理 順人道 而爲之制度者 其要使萬物無不得其所 …(중략)… 後世之制 皆是因人欲圖苟便 而爲之制度者 其要使人類至於靡爛 而天地閉塞 與古正相反也"

67 『磻溪隨錄』 권1, 田制 上, 分田定稅節目. "雖有願治之君 若不正田制 則民產終

부연이 필요 없을 정도로 정연한 위의 글에서 반계는 시종일관 통치 체제를 통할하는 토지제도의 핵심적 원리를 강조하고 있는데, 이는 다름 아닌 『맹자』가 제시했던 '분전(分田)'과 '제록(制祿)'이다. 그간 의심과 장애가 있었지만 모든 제도들을 따르게 할 근본이자 당위라며 공전의 원리를 소환한 것이다.

넷째, '봉건(封建)'의 재해석이다. 정전제의 시행은 봉건제라는 통치 구조와 결부되어 있었다. 그런데 봉건의 분권성을 강조할수록 정전제 시행의 가능성은 낮아진다. 현실의 군현제 하에서는 치자의 세습적이고 독자적인 통치 권력이 보장될 수 없기 때문이다. 앞서 주희 등의 사례에서 살펴본 바와 같이, 유자들은 대체로 분권으로서의 봉건이 기외뿐만 아니라 기내에서도 시행되었다고 보았다. 또한 정전제는 봉건제 하에서 시행되었던 바, 군현제의 현실 하에서는 정전제를 시행하는 것이 어렵다고 진단했다.[68]

반계 역시 정전제는 봉건제와 함께 시행해야 완전해질 수 있다고 지적했다.[69] 그러나 '봉건'에 대한 독법에는 선유들과의 차이점도 확인된다. 그는 채읍을 분급받은 공·경·대부·사에게는 다만 식세(食稅)의

不可恒 賦役終不可均 戶口終不可明 軍伍終不可整 詞訟終不可止 刑罰終不可省 賄賂終不可遏 風俗終不可厚 如此而能行政教者未之有也 夫如是者 其何故乎 土地天下之大本也 大本既擧 則百度從 而無一不得其當 大本既紊 則百度從 而無一不失其當也 苟非深識治體者 亦安知其天理人事得失利害之歸 至於此哉 然後之有志者 莫不欲行之於今 而以山溪之地 井界難成 公田采地 事有疑礙爲難"

68 윤석호(2019b), 앞의 글.

69 『磻溪隨錄』 卷1, 田制 上, 分田定稅節目. "【且古者大夫有采地 仕者有世祿 而皆令食其公稅 而已其田固爲民所受之田 …(중략)… 如此等事 極有難處者 蓋井田必須封建 而後可盡其制】"

권리만이 주어졌을 뿐이며, 채읍의 통치는 향대부(鄕大夫)나 수대부(遂大夫)와 같은 행정 관료가 전담했다고 보았다.[70] 이와 같은 이해는 기왕에 봉건을 '분권'과 등가적으로 독해하던 방식을 탈피하여, 기내와 기외에 각각 '분권'과 '관료제'라는 상이한 통치방식이 병존하는 체제로서 봉건을 사유했다는데 특징이 있다. 또한 기내 전역에서의 관료제적 통치방식을 상정함으로써, 그 스스로 논정했던 '분전'과 '제록'의 통합과도 논리적인 완결성을 이루어냈다. 그간 정전제의 필수적 요건이자 난행(難行)의 현실적 제약으로 간주되었던 관료제적 군현제가, 반계에게 있어서는 분전과 제록의 통시적 시행을 가능케 하는 공통된 조건이 된 것이다.

경전의 탐구를 통해 공전 원리의 보편성을 논증한 반계는, 이를 현실 개혁의 핵심적인 원리로 삼았다. 이로써 제시한 방안은 고제의 복구는 아니었는데, 삼대와는 상이했던 조선의 현실을 반영해서 절충했기 때문이다. 그 면모를 분전(分田)과 제록(制祿)의 논점 하에서 각각 살펴보자.

먼저 분전(分田)의 측면이다. 반계는 삼대지치(三代之治)가 허물어진 근본적인 원인이 무분별한 사점(私占)에 있다고 진단했다.[71] 이에 사적

70 『磻溪隨錄』 卷18, 職官攷說 下, 外官. "按古者封建之制 天子邦畿千里之內 則有六鄕六遂 鄕遂各置大夫 而畿外 乃以封國 公侯田方百里 伯七十里 子男五十里 所謂列爵惟五 分土惟三也 周禮說與此差殊 更詳之 其鄕遂大夫及公侯伯子男 後世之州縣守令 是其職也 畿內之地 亦有公卿大夫士采邑 然但使食其入而已 皆鄕遂大夫 主其政令 畿外侯國 亦有鄕遂 大國三 次國二 小國一 然各使其臣治之 而諸侯 主其政令也"

71 『磻溪隨錄』 권1, 田制 上, 分田定稅節目. "古井田法至矣 經界一正而萬事畢…(중략)… 後世田制廢而私占無限 則萬事皆弊 一切反是"

소유지[私田]을 혁파하고, 대신 민인이 국가로부터 농지를 얻도록 했다. '공전(公田)'이라 명명된 이 농지는 평민의 경우 20세 이상의 남자에게만 지급된다. 면적은 농민에게는 1부(夫) 당 1경(頃), 이서와 복예 및 지방의 공·상에게는 0.5경이었다. 또한 이유를 '제록(制祿)'의 측면에서 후술하겠지만, 공전은 지배층에게도 지급된다. 15세 이상의 남자를 대상으로 하며, 면적은 예비관료인 士는 2~4경, 관직자는 관품에 따라 6경부터 12경에 이른다.[표-2]

〈표 2〉『반계수록』 토지제도 개혁안에서의 농지 분급면적과 군역 부과대상

지급 대상	면적(단위: 경(頃))	군역
농민	1	O
士	2, 4	X
관원(관품에 따라 차등)	6-12	X
지방의 이서와 복예	0.5	X
왕자와 공주	12	X
잡색역	1	X
지방의 일반 공상인	0.5	O
참점호(站店戶)	1	X
포자호(鋪子戶)	1	X
역호(驛戶)	1	X

반계는 수전자의 사후에 국가가 그 공전을 환수토록 했다. 예외적으로 고독자(孤獨子) 중에서 유약한 자는 부친의 공전 중에서 최대 4경까지를 상속할 수 있게 했다. 그러나 이마저도 20세가 되면 자신의 직역에 의거해 면적이 조정되었다. 또한 자손을 두지 못하고 처만 남겨둔 채 죽은 경우에는, 공전을 구분전(口分田)의 명목으로 처에게 상속케

했다. 하지만 이 역시 이후의 자손에게까지는 세전될 수 없었다.

공전 세습의 금지에는 그의 개방적인 사민관이 반영되었다. 그는 옛날 사(士)와 민(民)의 구별은 행업(行業)에서의 현우(賢愚)에 따른 것이지, 문벌에 따른 것은 아니라고 했다. 또한 오늘날 인재를 등용할 때에도 오직 현명한 사람을 선발하는 데 노력할 것이지, 그들의 문벌을 따지지 말라고도 했다.[72] 사민(四民) 내의 귀천(貴賤)을 인정하되, 각각을 세습성이 폐지된 하나의 직역으로서 간주했으며, 나아가 '현능(賢能)' 등의 후천적 요인에 의해 직역이 세대 간에 변화될 가능성을 열어 놓은 것이다.

다음으로 제록(制祿)의 측면이다. 반계가 '왕토의 회복'이 아닌 '공전제의 창안'으로 선회한 것에는 사적 소유의 강고함, 경계의 어려움 등이 요인으로 작용했을 것이다. 하지만 반계가 직접 밝힌 이유는 다른 2가지였다.

첫째는 치자의 지위에 있어 삼대와 현실의 차이이다. 반계는 삼대의 수조권이 치자의 지위와 역할에 근거해 세전(世傳)될 수 있었다고 했다. 그러나 현실에서는 관직의 임면이 수시로 일어나고 대부라도 벼슬이 없는 경우가 있으므로, 이들에게 수조권을 지급하고 유지케 할 명분이 적다고 보았다. 또한 만약 이와 같은 괴리를 무릅 쓰고 식세(食

---

72 『磻溪隨錄』 권9, 敎選之制. "按古者有士民之別 而其別之也 以其行業之有賢愚 非以其族世之華楚也 而本國之俗 專尚門地於業士之中 而又有所謂兩班【大夫士之子孫族黨也 凡國制唯大夫士之族 得通東西班正職 故俗稱兩班】 庶族【本庶人之族 而得參官序 及爲校生之類 俗稱中人 又謂閑散方外】 庶孼【大夫士之妾出子孫】 品流定隔 不相爲齒 故今之鄕籍 唯入兩班 餘人雖有學行才德之士 占科歷官之人 不許參籍 甚非先王綱紀人道之意"

稅)의 법을 시행한다 해도, 춘추시대에 선대의 국록을 세습했던 폐단이 생길 수도 있음을 경고했다.

특히 반계는 과거제를 폐지한 대신 교육과 천거를 통한 치자의 양성을 기획했는데, 이는 공전제와 더불어 치자의 개혁을 위한 두 축이었다. 과거를 빌미로 양산되던 모칭 유학은 현실에서 사(士)를 형해화시키던 주요한 요인이었다. 이에 반계는 정규의 교육 및 관료 시스템을 마련하여 치자의 범주와 대상을 명확히 했다. 그 지위는 능력에 따라 결정되는 것인 바, 이들에게는 식세(食稅)가 아닌 공전이 지급되었으며, 이마저도 자신의 사후에는 원칙적으로 반환되었다. 하지만 특혜도 있었는데, 공전은 치자로서의 지위에 의거해 지급한 것으로, 관직을 수행하여 얻게 되는 녹봉과는 별개의 항산이었다.

반계가 밝힌 공전제 창안의 두 번째 이유는 공전제는 현실에서 목도한 수조지의 폐단이었다. 반계는 명분의 부조응을 무릅쓰고서라도 수조지를 지급해볼 수는 있겠지만, 그때에는 또 다른 현실적인 문제들이 도사린다고 내다보았다. 수조지마다 전조를 높게 책정하려는 수많은 요구, 또한 수조권 외의 강제나 심지어 토지 소유권의 강탈마저 빈발한다는 예측이다. 그리고 이는 수조지의 역사적 추이에서 빈발했던, 그리고 반계의 당대에서도 궁방 및 아문·군문 등을 중심으로 벌어지고 있던 문제이기도 했다.

이상에서와 같이 반계는 비단 공전 이념뿐만 아니라 공전 원리 역시 보편적임을 경학적으로 추인했다. 또한 기내봉건의 재해석을 통해 선유가 제록(制祿)에 부착했던 치자의 세습적 정치권력을 탈각시켰고, 이를 통해 군현제의 현실에서도 분전의 시행이 가능하게 되는 경학적 근거를 마련했다. 이를 바탕으로 반계는 공전 원리에 입각한 경세안을 체계적으로 설계했다. 조선의 현실적 조건을 참작하여 삼대의 전장을 변용했는데, 이때에도 공전 원리를 일관되게 견지했다. 또한 공전 원리인 분전(分田)과 제록(制祿)이 원형에서부터 체제의 규모에서 작동했던 까닭에, 이를 이식한 반계 경세안도 국가체제의 범위에서 논정되고 있었다.

요컨대 반계의 공전 담론의 특징은, 경학적으로는 공전 원리의 보편성을 통치체제의 차원에서 해명하는 것에, 그리고 경세학적으로는 역시 공전 원리에 의거하여 조선의 국가체제를 개혁하는 것에 있다. 이는 그간 삼대에 갇혀 있던 '분전(分田)'의 이상을 현실 개혁의 목표로 제시했던, 또한 맹자가 남겨 놓은 두 가지 과제를 '분전'과 '제록'의 통합으로 풀어냈던 조선시대 최초의 경세 담론이었다. 또한 그러한 이유로 유학적 이상에 대한 재사유의 폭을 확대시키는 계기였으며, 이로써 분전이 담론의 수면 위로 부상하여 이후 다양한 방안으로 논위될 수 있게 하는 경학적 · 경세학적 자양이 되었다.

5. 정약용丁若鏞 : '공전체제公田體制'로의 점진적 · 전면적 개혁

마지막으로 살펴볼 것은 정약용의 공전 인식과 경세론이다.[73] 다산의 경세학은 경학과 표리를 이루고 있다.[74] 특히 그의 경세 방안은 고

73 정약용 경세학에 대한 연구 성과의 정리는 다음의 글을 참고할 수 있다. 윤석호(2018), 앞의 글; 윤석호(2020a), 「〈방례초본인(邦禮艸本引)〉에서 본 유배기 다산의 경세학」, 『역사와 실학』 71, 역사실학회.

제에 대한 독법의 변화에 상응하여 연동했는데, 공전은 그 대표적인 논점이었다.

공전에 대한 다산의 가장 이른 시기의 인식은 사환기의 〈전론(田論)〉에서 확인된다. 다음을 보자.

> 겸병(兼并)하는 가(家)들을 없애고 1/10의 세(稅)를 시행한다면, 나라와 백성이 모두 부유해질 것이다. 그러나 1/10의 세는 쉽게 말할 수 없는 것이니, 장차 해마다 풍흉에 견주어서 세를 올리고 내릴 것인가? 이는 오직 정전(井田)만이 할 수 있는 것이요, 여전(閭田)에서는 그렇게 할 수가 없다.[75]

〈전론〉에서 다산은 개혁의 과제로서 '겸병의 혁파'와 '1/10세'의 시행을 꼽았다. 그리고 이를 실현하기 위한 방안으로 여전제(閭田制)를 창안했다. 여전제는 사적 소유를 마을 단위인 '여(閭)'의 공동체적 소유 및 경작으로 전환한다는 점에서 첫 번째의 과제에 부합한다.

하지만 다산은 '1/10세'의 시행이라는 관점에서는 여전제에 난점이 있다고 고백했다. 조법(助法)은 풍흉에 따라 세액이 변화하는 가장 좋은 세법인데, 이는 오직 정전에서만 시행할 수 있다는 것이 그 이유였다. 그런데 앞서 지적했던 바와 같이, 조법과 정전제의 관계에 대해서는 명확한 경의가 전해지지는 않는다. 『맹자』만 보더라도 정지와 조법

74 김문식(1995), 「정약용의 경학사상과 경세론」, 『한국학보』 78, 일지사; 김문식(1995), 「정약용의 경학사상과 경세론 (하)」, 『한국학보』 79, 일지사.

75 『定本 與猶堂全書 文集』 권11, 論, 田論 6. "罷兼竝之家 而行什一之稅 則國與民俱富矣 然什一之稅 不可易言也 將視歲之豐儉 而上下其稅乎 唯井田爲然 閭田不可爲也"

[공전]을 함께 시행하라고 제안하기는 했으나, 조법이 오직 정전제에만 국한된다고는 말하지 않았기 때문이다.

결국 조법이 정전제에서만 시행된다는 것은 조법과 정전제의 관계에 대한 하나의 해석인 것인데, 이와 동일한 독법은 『맹자집주』에서 확인된다. 은나라의 세법이 조법이었다는 맹자의 말에 대해, 조법이 정지 구획 하에서 시행된 것이라는 주해를 남겨 놓은 것이다.[76] 이로써 본다면 조법과 정전제의 관계에 대한 사환기 다산의 독법은, 역시 양자를 표리로 독해했던 『맹자집주』의 견해와 같았음을 알 수 있다.

천주교 신자라는 죄명은 그의 가족과 친지를 죽음으로 내몰았고, 그 역시 강진으로의 기약없는 유배를 떠나게 했다. 하지만 다산은 슬픔과 절망에 묻혀있지 않았다. 오히려 "드디어 겨를을 얻었다."는[77] 자평이 무색하지 않을 만큼 학문에 매진했고, 경학과 경세학을 아우르는 500여권의 책을 저술했다.

여기에는 맹자 주석서인 『맹자요의(孟子要義)』도 있는데, 그 중에서 〈등문공문위국(滕文公問爲國)〉장에 대한 주해에는 자세하고 풍부한 고증과 독창적인 견해가 담겨 있다. 특히 원전인 〈등문공문위국〉장에는 정전을 문의한 필전과 맹자의 문답이 포함되어 있는데, 다산은 이를 〈사필전문정지절(使畢戰問井地節)〉로 독립시켜서 별도로 주해했다. 주목되는 것은 삼대의 공전에 대한 다산의 독법이 〈등문공문위국하은주개십일장(滕文公問爲國夏殷周皆什一章)〉과 〈사필전문정지절〉에서 상

76 『孟子集註』, 滕文公章句 上, 滕文公問爲國.

77 『定本 與猶堂全書』, 문집 권16, 墓誌銘, 自撰墓誌銘【集中本】. "鏞旣謫海上 念幼年志學 二十年沈淪世路 不復知先王大道 今得暇矣"

이하게 나타난다는 점이다.

그렇다면 먼저 〈등문공문위국하은주개십일장〉에서의 주해를 보자. 모두에서 다산은 맹자 시대에 삼대지치의 전적과 제도가 남아있지 않았음을 지적했다. 맹자도 주나라의 공전을 겨우 『시경』의 구절을 근거로 추론할 수밖에 없었으니, 하물며 하나라의 공전을 주장한다면 믿을 사람이 없을 것이라고도 했다.

그런데 이어서 다산은 하나라에도 공전이 설치되었음을 도리어 주장했다. 그리고 『상서(尙書)』 〈홍범(洪範)〉의 '홍범구주(洪範九疇)'를 근거로 제시했다. 기자는 하늘이 하나라의 우왕에게 '홍범구주'를 내려줬었다고 밝힌 바 있다. 하지만 이는 어디까지나 통치이념의 연원을 하나라로 소급한 것이다.

그러나 다산이 주목한 것은 '홍범구주'의 형태와 '주(疇)'의 자의(字義)였다. 그는 황극(皇極)이 가운데에 있고 그 밖을 8주(疇)가 빙 두른 모양이 정전(井田)과 비슷하다고 했다. 또한 '주(疇)'는 밭두둑이므로, 구주를 하사받고 난 뒤 땅을 구획하여 밭을 만듦에 '구주'의 법을 쓰지 않았을 리가 없다고 단언했다.[78] 하나라에서 연원하는 '홍범구주'를 통해 토지제도를 비롯한 삼대의 전장에 통용되었던 '정(井)'자의 구조를 추론하고, 그 중심적 지위에 통치이념의 핵심인 '황극'과 삼대치지의

---

78 『孟子要義』 권1, 滕文公 第三, 滕文公問爲國夏殷周皆什一章. "孟子誦雨我公田之詩 以證周制之有公田 則夏后氏無公田矣 然孟子之時 典籍散滅 法制陵夷 井田之形 具已敗亡 已無可問 故僅誦二句詩 以證周制之有公田 周制尙然 夏制之有無公田 況可徵乎 今於數千年之後 謂夏有公田 人孰信之 雖然 箕子則古人也 箕子之言曰 天乃錫禹洪範九疇 洪範九疇者 禹之物也 洪範之形 皇極居中 八疇環外 一似井田之形【見余洪範圖】疇者 田疇也 旣受九疇之錫 而其畫地爲田 不用九疇之法 必無是理 夏制之有公田 明矣"

핵심 전장인 '공전(公田)'을 위치시킨 것이다.[79]

주목되는 것은 이로 인해 변화된 이상세율에 대한 그의 인식이다. 다음을 보자.

> 하지만 정전이 이미 만들어졌다면, 백성은 8구역을 먹고 공(公)은 그 하나를 수취하는 것이다. 풍흉을 따지지 않고 오직 1/10을 취하는 것이 곧 자연의 형세요 변치 않는 이치라 하여, 이미 정전을 만들어 놓고도 또한 항시 정해진 세금을 세워서, 전부로 하여금 풍년에 남는 것을 차지하게 하고 흉년에 부족한 것을 보충하게 하는데, 필시 이러한 이치는 없다. 비록 그 말이 『맹자』에서 나왔다 하더라도 깊이 믿을 수 없다. 진실로 요·순·우가 만든 법이 반드시 이처럼 괴당(乖當)하지는 않았을 것이다.[80]

다산은 농지를 정지로 구획했다면, 전조 또한 마땅히 공전 비율에 따라 1/9이 되었을 것이라고 주장했다. 이와 같은 인식은 세 가지의 독법이 결합되어 도출되었다. 즉 첫째는 정전의 연원을 하나라로 소급한 것이고, 둘째는 구혁법을 정지와 같은 구획으로 간주 것이며, 셋째는 모든 정지에 공전이 설치되었다고 본 것이다. 이로써 정지 시행의 시공은 삼대의 전역으로 확대되고, 모든 정지마다는 공전이 설치된다. 또한 모든 구획에서의 공전 비율은 1/9이 되며, 따라서 모든 농민은

79 '洪範九疇'를 통해 정전제의 연원을 하나라로 비정한 다산의 견해는 이미 『주역사전』(1808)에서도 개진되고 있었다.

80 『孟子要義』 권1, 滕文公 第三, 滕文公問爲國夏殷周皆什一章. "然旣作井田 則民食八區 公收其一 不問豐凶 惟取什一 即自然之勢 不易之理 旣作井田 又立恒定之稅 使田夫豐年偷其贏餘 凶年補其缺欠 必無是理 雖其言出於孟子 未敢深信 誠以堯舜禹之作法 必不若是之乖當也"

사전 1구역을 받음과 동시에 1/9의 전조를 납부하게 된다.

이에 위 인용문의 말미에서 다산은 『맹자』가 말했던, 그리고 경학사에 있어 오랫동안 공유되어왔던 이상세율로서의 '1/10'을 기각했다. 그의 경학적 고증과 추론 하에서는 1/9이 삼대의 보편적이고 일원적인 전조율이었기 때문이다.

그런데 다산의 견해는 한차례 더 변화했다. 이는 〈사필전문정지절(使畢戰問井地節)〉의 주해에서 확인된다. 아래를 보자.

> 『주례(周禮)』의 〈소사도(小司徒)〉에서는 "그 전야(田野)를 정전(井田)으로 다스린다."고 했는데, '정(井)'이란 1/9을 거두는 것이다. 수인(遂人)이 구(溝)를 다스리는데 10부(夫)마다 구(溝)를 두고 100부(夫)마다 혁(洫)을 두어 모두 10과 100으로 단위를 삼았으니, 이는 1/10을 거두는 것이다. 야(野) 이외에서는 정전법(井田法)을 시행하여 1/9을 거두었으니, 이는 『맹자』에서 말한 바 "야(野)에서는 1/9을 거둔다."는 것이다. 그리고 교(郊) 이내에서는 10구법(溝法)을 시행하여 1/10을 거두었으니, 이는 『맹자』에서 말한 바 "국중(國中)에서 1/10을 거둔다."는 것이다.[81]

다산은 공전의 설치 비율이 기내의 공간구조에 따라 달랐다고 했다. 이처럼 변화된 인식은 『주례(周禮)』에 대한 탐구, 그리고 『주례』와 『맹자』의 통섭을 통해 도출된 것이었다. 먼저 다산은 『주례』에서의 구혁법을 정전제와는 상이한 구획으로 구분했는데, 이는 『주례』의

81 『孟子要義』 권1, 滕文公 第三, 使畢戰問井地節. "鏞案 周禮小司徒井牧其野 井者 九一也 遂人治溝 十夫有溝 百夫有洫 皆以十百爲數 此什一也 自野以外 用井田法 收其九一 此孟子所謂野九一也 自郊以內 用十溝法 收其什一 此孟子所謂國中什一也"

경의를 수용한 것이다. 또한 왕기를 국중(國中)과 야(野)로 구분했던 『주례』의 공간체계에 위에 구혁법과 정전제를 각각 배치했다. 이에 도성 밖의 근교까지[國中]에는 구혁법이, 그 바깥으로부터 왕기의 끝까지[野]에는 정전법이 시행되었다고 했다. 그리고 이와 같은 구조와 농지 구획은 삼대가 동일했다고도 했다. 아울러 그는 이러한 삼대의 토지제도를 『맹자』의 경문을 통해 해명했다. 맹자가 등나라에 건의했던 토지제도에서 국중(國中)의 방식은 삼대의 구혁법에, 야(野)의 방식은 삼대의 정전제에 해당한다는 것이다.

특히 본고의 논점과 관련하여 주목되는 것은, 이와 같은 변화 속에서도 공전에 대한 다산의 인식은 유지되었다는 점이다. 다산은 비록 농지의 구획방식에는 도성과의 거리에 따른 구혁법과 정전제의 차이가 두어졌지만, 각 구획마다 1구역씩의 공전이 설치된 것은 같다고 했다. 이에 다산은 위의 인용문에서 확인되듯 구혁법과 정전제의 세율을 각각 1/10과 1/9로 구분했다. 공전 비율의 상이함에 따라 세율로 달라졌던 것이다.

이처럼 다산은 공전을 이념[인정]과 원리[분전과 제록], 그리고 제도의 총체로서 사유하고 있다. 그리고 이것이 삼대의 보편적인 전장이었음을 경학적으로 치밀하게 논증했다. 또한 공전의 원리가 그 자체로 체제적인 규모에서 작동됨을 재차 상기해 본다면, 삼대 전역에서의 설치가 추인된 공전이 비단 토지제도에 있어서 뿐만 아니라 통치체제 전반에 있어 핵심적인 전장(典章)이 되었을 것임을 가늠해볼 수 있다.

그렇다면 다산이 공전을 중핵으로 하여 재구성한 삼대 통치체제는 어떠한 특징을 가지는가?

첫째로, '농자득전(農者得田)'이다. 공전(公田)은 사전(私田)을 얻는 농민만이 경작한다. 그리고 모든 농지에 공전이 설치되었음은 역시 모든 농지가 오로지 실경작자에게만 분급되었음을 의미한다. 『맹자』가 말했던 '분전(分田)'이 다산이 그려낸 삼대의 국가체제에서 '농자득전(農者得田)'이라는 가장 이상적인 방식으로 제도화된 것이다.

둘째로, '9직(職)의 전업(專業)'이다. 사전(私田)을 얻은 농민은 공전(公田)을 함께 경작하고, 그 수확물을 국가에 전조(田租)로 납부했다. 그리고 이는 관료의 항산을 비롯한 국가 운영의 제반 재원이 되었다. 그런데 모든 농지는 농민만이 얻게 되므로, 이에 상응하여 관료에게 주어지는 항산의 형태는 오직 수조지일 수밖에 없게 된다. 이는 농민이 아닌 다른 생산자들에게도 마찬가지이다. 이에 다산은 비농 직역자 모두 농지를 받지 못했으니, 이들은 오직 자신의 직분에서 생산한 부가가치로 자생한다고 했다. 9직이 오로지 각자의 직역에만 전념하는, '9직의 전업'인 것이다.

셋째로, '전조[田]'와 '부세[賦稅]'의 이원적 수취체계이다. 농민이 전업으로서의 9직 중 하나의 직역이라면, 유독 이들에게만 '전조'라는 명목의 수취가 있는 것은 대단히 불합리하다. 바꾸어 말하면 농민이 그들이 생산한 부가가치를 '전조'로 납부하는 것과 같이, 다른 직역의 생산자들도 그 부가가치에 상응하는 세목을 납부해야 하는 것이다. 이에 다산은 『주례』의 '9부(賦)'에 주목했다. 그리고 이를 다시 옥속(屋粟)[직공(職貢)]-댁전(宅田)[재산(財産)]-부가(夫家)[가호(家戶)]으로 체계화했는데, 옥속은 직업세로서 농민의 전조에 해당하는 것이고, 택전은 민인이 소유한 재산에 대해 부과한 것이며, 부가는 가호세로서 부과한 것이며, 이들 세액은 분부(貧富)를 고려해 산출되었다고도 했다.

이상으로 확인되듯이 다산은 공전으로 구조화된 통치체제 즉 '공전체제'를 구상해냈다. 그리고 이것이 비단 삼대뿐만 아니라 현실에서도 보편성과 유효성을 가진다고 보았다. 이에 삼대의 공전체제에 입각한 조선적 공전체제의 건설을 위한 방안을 『경세유표』에 제시했다. 그 주요한 내용은 이미 소개된 바가 있지만,[82] 본고의 논점인 공전과 관련하여 다음의 특징을 지적할 수 있겠다.

첫째로, 왕토로의 전환이다. 다산은 급격하고 강제적인 방식으로는 사적 현실의 강고한 사적 소유를 왕토로 바꾸기 어렵다고 보았다. 이에 점진적이지만 실효성이 있는 방안들을 제시했는데, 국가 재정의 비축이나 광산의 채굴을 통한 토지 매입, 관전(官田)·둔전(屯田)·늠전(廩田) 등 국유지의 왕토(王土)로의 전환, 사민(士民)의 희사 등이 그것이다.

둘째로, '농자득전(農者得田)'과 '병농일치(兵農一致)'이다. 다산은 마련된 왕토를 무전(無田) 농민에게 100무를 기준으로 분급하고, 또한 이들에게 병농의 의무를 부과했다. 독립자영농의 육성을 통해 안민과 양병을 동시에 달성하는 것이다.

셋째로, 농지 구획이다. 다산은 불규칙한 지형과 농지의 분포를 감안해 농지를 반드시 구혁법이나 정전제로 구획할 필요는 없다고 했다. 다만 표준정전을 만들어서, 그 모범적인 형태를 체감할 수 있게 했다. 또한 경무법을 도입하며, 방전법으로 실측하고, 이를 어린도로 기록하여 농지의 면적과 분포 등을 일목요연하게 파악·보관하도록 했다.

넷째로, 공전 설치이다. 다산은 삼대에 의거해 현실에서도 구혁법과 정전제를 병용하고자 했다. 이에 도성 및 읍성 인근으로는 1/10비율

82 윤석호(2018), 앞의 글.

로, 그 밖의 지역에서는 1/9비율로 공전이 매입·설치하도록 했다.

이상은 『경세유표』 경세안의 일부일 뿐이다. 하지만 『경세유표』는 지관수제에 편중된 미완의 저작으로서, 그 경세안에는 국가체제의 많은 부분에 있어 공백이 있는 것도 사실이다. 더구나 『경세유표』에는 층위가 상이한 경세안이 혼재되어 있고, 이질적인 고법 독법과 그에 따른 다수의 수정 흔적 등이 발견된다.[83] 다만 그 정황을 다산의 공전 담론이 가지는 특징을 통해 조금이나마 이해해볼 수 있겠다.

다산은 공전을 이념과 원리, 그리고 제도의 총체로서 이해했다. 또한 『주례』와 『상서』 등에 근거하여 공전을 재해석했다. 이에 그는 공전이 설치된 시공을 삼대의 전역으로 확대했으며, 9직의 전업과 이원적 수취체제를 상정했고, 이상세율로서의 1/10을 기각했다. 이는 『맹자』가 전한 공전의 원형으로부터 세습성과 특권성을 제거하고 대신 전문성과 주체성을 부착한, 이로써 『맹자』의 이상을 뛰어 넘는 '공전체제'로서의 이상을 창안한 것이다. 경학적으로 볼 때 그의 공전 담론이 『맹자』의 고도와 지평을 넘어서는 지점이다.

그의 이상이 그러했던 까닭에, 이를 모델로 그가 새롭게 창출할 국가체제에는 여타 유자의 경세안에서는 간취되기 어려웠던 현실과의 또 다른 괴리가 놓이게 되었다. 9직의 미분화와 비전문성, 형해화된 사류, 전조에 치중된 수취체계 등으로, 어느 하나 독자적으로 단시간에 해결될 수 없는 것들이다. 이로써 본다면 다산은 『맹자』의 이상과 당부를 넘어서는 새로운 '이상'을 경세의 목표로 삼고 있었다. 그리고

83 윤석호(2020a), 앞의 글; 윤석호(2020b), 「家藏本 『經世遺表』의 서지적 검토(1) — 冊題 변화 전후의 집필 과정을 중심으로」, 『다산학』 37, 다산학술문화재단.

그의 경세안에 쉽게 채워 넣을 수 없었던, 그래서 결국은 공백으로 남겨진 부분이 전하는 이유도 그의 '공전체제'가 지니는 함의 속에서 적실히 해명될 수 있겠다.[84]

5. 결론結論

누구에게나 바라는 바는 있을 것이다. 우리는 그것을 '이상'이라는 단어로 즐겨 표현한다. 그렇다면 '이상'에 담았던 것을 다시 구구절절 꺼내어보자. 과연 나와 꼭 같은 바람을 가진 사람이 얼마나 될까?

마치 기표와 기의의 무한한 대응에 대한 가벼운 생활 속 사례인 것 같지만, 이는 본고가 조선후기의 유자들을 상대로 해명하려는 논점이다. 다만 차이가 있다면 이들은 이상을 주로 '삼대지치(三代之治)'라고 불렀다는 것과, 그 범주가 너무도 다대한 까닭에 본고에서는 초점을 '공전'으로 한정했다는 것이다.

『맹자』는 삼대의 이상적인 토지제도가 인정(仁政)이라는 이념, 분전(分田)과 제록(制祿)이라는 원리, 정전제(井田制)와 공전(公田)이라는 제도를 통해 운영되었음을 회고했다. 고대의 시구 속에서 파편으로만 전하던 공전이 맹자를 통해 비로소 제도적 골격을 갖추게 된 것이다. 하지만 맹자는 구체적인 실상까지는 알지 못했고, 이로 인해 비교적 명확하게 밝혔던 이상적 이념과 원리를 보편적 실제로서 추인하지 못했다. 더구나 이미 이상으로부터 단절된 현실에 살았던 그는, 삼대로

84 이상에 대해서는 차후의 연구를 통해 논증할 예정이다.

부터 무엇을 또한 어떻게 실현할 수 있는지를 명확히 알려주지 않았다. 공전에 대한 경학적·경세학적 과제를 후대 유자들에게 남겨놓은 것이다.

조선후기는 전근대의 한국사에 있어 삼대적 이상으로부터 가장 멀리 떠나온 시기였다. 그럼에도 이들은 이전의 어떠한 시기들보다 다양한 경세 담론을 펼쳐냈고, 거기에 공전의 이상을 소환하고 있었다.

먼저 이재는 '인시(因時)'라는 프리즘으로 공전의 이상성을 재해석했다. 공전의 이념은 현실에까지 왜곡되지 않는 보편성을 지니지만, 그것의 구현은 당시의 제도를 통해 가능하다는 것이다.

이로써 본다면 그의 공전 담론은 사적 소유의 현실을 용인하고 있다. 하지만 인정(仁政)의 이념을 계승했다는 점에서, 『맹자』가 제시한 공전의 이상성을 아주 져버리지는 않았다. 또한 그의 입론은 주희에서부터 서인 주요 학인들에게까지 넓게 공유되었다. 하지만 그와 같은 현실적 경세담론이 동시대 및 그 이전과 이후에도 개진되었다는 점에서, 이를 그들만의 고유한 경세론이라고 단정하기도 어렵다. 삼대와의 질적 차이 속에서 유학의 이상을 선택적으로 실현하기 위한, 그래서 공전의 원형을 저변으로 하되 '제록' 중심의 제도들을 통해 인정의 이념을 달성하려던 현실화된 공전 담론인 것이다.

이와 달리 유형원은 공전 원리에 고금을 관통하는 보편성을 부여했다. 분전(分田)과 제록(制祿)이 삼대 전역에서 작동했을 뿐만 아니라, 현실의 폐단을 해결할 근본적인 원리라는 것이다. 특히 반계는 삼대의 기내봉건에 대한 의문을 제기했는데, 이는 현실의 군현제 하에서 정전제가 실행될 수 있게 하는 경학적 근거가 되었다.

이에 그는 공전 원리에 입각한 국가체제를 『반계수록』에 정밀하게 설계했다. 조선의 현실을 참작해서 삼대의 전장을 변용하기도 했는데, 이때에도 공전 원리는 일관되게 견지되었다. 이로써 그는 삼대에 갇혀 있던 '분전(分田)'의 이상을 현실 개혁의 목표로 제시했다. 맹자가 남겨 놓은 두 가지 과제를 '분전'과 '제록'의 통합으로 풀어냈던, 또한 그로 인해 국가체제의 규모에서 개혁안을 논정했던 조선시대 최초의 경세 담론이었던 것이다.

정약용은 『주례』와 『상서』 등을 궁구했고, 이를 근거로 공전에 대한 『맹자』 경의를 선택적 부정했다. 이에 그는 공전 설치의 시공을 삼대 전역으로 확대했고, 9직의 전업과 이원적 수취체제를 상정했으며, 이상세율로서의 1/10을 기각했다. 이념과 원리, 그리고 제도의 총체로서의 공전이 국가 체제의 중핵이 되는, 즉 보편적 통치체제로서의 '공전체제'를 창안한 것이다. 나아가 다산은 '공전체제'를 모델로 한 점진적이고도 전면적인 개혁을 『경세유표』에서 기획했다. 다만 그가 만들어낼 국가체제 역시 조선의 현실을 넘어서는 것이었으며, 그로 인해 미처 도출하지 못한 경세의 방안이 도처에 공백으로 남게 되었다.

이로써 본다면 다산의 공전 담론은 삼대의 공전을 원용하면서도, 그것에 대한 해석과 경세의 지향에는 조선의 미래에 대한 그의 청사진이 강하게 투영하고 있다. 그 요체는 구성원 모두의 전업을 보장하는 국가체제인 바, 이로써 본다면 그의 공전 담론의 특징은 『맹자』의 이상을 넘어서는 이상, 즉 '공전체제'의 경학적 해명과 경세학적 실현에 있다.

이처럼 『맹자』가 전한 원형으로서의 공전은 현실에서의 다양한 공전들로 재해석되었다. 그 경학적·경세학적 변주에는 많은 유자들이 동참하고 있었으며, 이 과정에서 '공전(公田)'의 실질은 다양한 스펙트

럼으로 분화되었다. 이는 유학의 이상적 전장이 명확한 하나의 제도적 실체가 아님을, 그래서 현실의 다양한 요구와 지향에 상응할 여지가 있음을 보여준다.

제시된 '공전들'의 지향은 분전과 제록의 양단 사이에 두었던 그들의 무게 중심에 따라 달라졌다. 하지만 그들이 공히 공전(公田)[정전(井田)]을 운위했음은, 공전으로 표상되는 '공공성(公共性)'을 시대적 과제로 인식했음을 뜻하는 것이기도 하다. 또한 재해석의 결과물이 모두 『맹자』의 원형이 허용하는 범주 내에 있는 것은 아니었다. 특히 치자의 세습적 특권은 그 명확한 경의에도 불구하고, '분전(分田)'의 실현을 타진했던 유자들이 공통적으로 문제를 제기했던 지점이었다.

이로써 본다면 『맹자』를 척도로 드러나는 조선후기의 공전 담론은 다양한 층위의 경학적·경세학적 논의를 담아낼 수 있는 유학의 내적 역량을 보여준다. 또한 그것으로부터 이탈해가는 논의들과의 경계도 함께 그려내고 있다. 다만 벗어나는 담론들이 유학의 자양으로부터 성장한 것인지, 그렇지 않다면 외인을 어디서 찾을 수 있는지를 해명하지는 못했다. 그리고 조선후기의 일부 유자들을 근거로 겨우 입체의 면모를 드러낸 이 지형이, 실상은 얼마나 더 다층적인 굴곡을 지니고 있는지 등도 예단하기 어렵다. 차후의 과제로 삼고, 많은 분들의 질정을 받겠다.

참고문헌

『詩經』, 『孟子』

『孟子集註』, 『張子全書』, 『朱子語類』, 『文獻通考』

『孟子講說』, 『宋子大全』, 『南塘集』, 『磻溪隨錄』, 『孟子要義』, 『經世遺表』

김선경(2000), 「반계 유형원의 이상국가 기획론」, 『한국사학보』 9, 고려사학회.
김선경(2004), 「유형원의 이상국가 기획론: 재정부문을 중심으로」, 『한국사연구』 125, 한국사연구회.
김성윤(2013), 「경세론에서 본 실학」, 『한국실학연구』 26, 한국실학학회.
김용섭(2000), 「土地制度의 史的 推移」, 『韓國中世農業史硏究』, 지식산업사.
김용섭(2007), 「朱子의 土地論과 朝鮮後期 儒者 ― 地主制와 小農經濟의 問題」, 『(신정증보판)조선후기농업사연구(Ⅱ)』, 지식산업사.
김준석(1991), 『朝鮮後期 國家 再造論의 대두와 그 展開』, 연세대학교 박사학위논문.
김태영(1998), 『실학의 국가개혁론』, 서울대학교 출판부.
문석윤(2006), 『호락논쟁 형성과 전개』, 동과서.
박인호(2020), 「『반계수록』「고설」을 통해 본 유형원의 실학적 경세사관」, 『역사를 바라보는 실학자의 시선』, 경인문화사.
박찬승(1987), 「조선후기 사회·경제사상 연구현황」, 『韓國中世社會解體期의 諸問題(上)』, 근대사연구회 편.
송재윤(2015), 「田賦의 公共哲學: 토지의 소유와 분배에 관한 12-13세기 중국의 경세담론」, 『동양철학』 43, 한국동양철학회.
실시학사 편(2013), 『반계 유형원 연구』, 사람의무늬.
안병직(2021), 『茶山經世學에 관한 硏究』, 동서문화사.
염정섭, 「조선 후기 실학의 농업사상」, 『韓國儒學思想大系 Ⅶ ― 經濟思想篇』, 한국국학진흥원.
윤석호(2019a), 「三代 畿內의 토지제도에 대한 『周禮注疏』의 해석」, 『大東文化硏究』 106, 성균관대학교 대동문화연구원.
윤석호(2019b), 「조선후기의 '封建' 讀法에 대한 試論 ― 畿內의 통치방식에 대한 이해를 중심으로」, 『韓國實學硏究』 38, 韓國實學學會.
윤석호(2020a), 「〈방례초본인(邦禮艸本引)〉에서 본 유배기 다산의 경세학」, 『역사와 실학』 71, 역사실학회.
윤석호(2020b), 「家藏本 『經世遺表』의 서지적 검토(1) ― 冊題 변화 전후의 집필 과정을 중심으로」, 『다산학』 37, 다산학술문화재단.
윤석호(2021), 「서울의 상업에 대한 조선 후기 실학자의 고법적 개혁론」, 『조선 후기 서울 상업공간과 참여층』, 서울역사편찬원.
이경구(2013), 「시간과 공간 인식의 변화: '시(時)'와 '속(俗)' 관련 용어들의 부상」, 『조선후기 사상사의 미래를 위하여: 개념과 사유체계의 지속과 대립으로 본 18, 19세기 한국의 사상』, 푸른역사.

이상국(2014), 「고려~조선초 공·사전의 개념과 王土思想」, 『大同文化硏究』 85, 성균관대학교 대동문화연구원.

이선아(2012), 「18세기 실학자 왕윤석가의 학맥과 호남 낙론」, 『지방사와 지방문화』 15-2, 역사문화학회.

이영호(2009), 「儒教의 民本思想과 朝鮮의 井田制 受容」, 『退溪學論叢』 15, 퇴계학부산연구원.

이정철(2009), 「반계 유형원의 전제개혁론과 그 함의」, 『역사와 현실』 74, 한국역사연구회.

이정철(2012), 「이이의 經世論의 성립과 그 정치적 배경」, 『사총』 75, 고려대학교 역사연구소.

이헌창(2003), 「유학 경제사상의 체계적 정립을 위한 시론」, 『국학연구』 3, 한국국학진흥원.

이헌창(2015), 「조선시대 土地所有權의 성장」, 『경제사학』 58, 경제사학회.

이헌창(2015), 「문호개방 이전 동아시아의 經世濟民學」, 『韓國實學硏究』 36, 韓國實學學會.

임형택(2020), 「17~19세기 동아시아 실학, 그 개념 비교론」, 『한국실학연구』 40, 한국실학학회.

鄭求福(1970), 「磻溪 柳馨遠의 社會改革思想」, 『역사학보』 45, 역사학회.

정구복(2019), 「조선후기 성리학 이념과 실학의 제 문제」, 『한국사학사학보』 40, 한국사학사학회.

정호훈(2001), 「『磻溪隨錄』의 이념과 법제 認識」, 『韓國實學의 새로운 摸索』, 景仁文化社.

정호훈(2007), 「조선후기 실학 연구의 추이와 성과」, 『한국사연구』 184, 한국사연구회, 2019조성산, 『조선후기 낙론계 학풍의 형성과 전개』, 지식산업사.

제임스 B. 팔레 지음, 김범 옮김(2007), 『유교적 경세론과 조선의 제도들 — 유형원과 조선후기』 1·2, 산처럼.

지두환(1988), 「朝鮮初期 井田論 論議」, 『東洋學』 28, 檀國大學校 東洋學硏究所.

최윤오(2007), 「조선시기 토지개혁론의 原理와 貢法·助法·徹法」, 『역사와 실학』 32, 역사실학회.

최윤오(2005), 「朝鮮後期 所有論과 土地論」, 『韓國實學思想研究 2-政治經濟學篇』, 연세대학교 국학연구원 편.

최윤오(2013a), 「반계 유형원의 봉건, 군현론과 공전제」, 『동방학지』 161, 연세대학교 국학연구원.

최윤오(2013b), 「반계 유형원의 실학과 『磻溪隨錄』 讀法」, 『지역과 역사』 32, 부경역사연구소.

함영대(2011), 『성호학파의 맹자학』, 태학사.

반계 유형원의 교선론敎選論과 공거제貢擧制 구상

송양섭
고려대학교 한국사학과 교수

1. 머리말

유형원의 『반계수록』에는 공전제 실시를 비롯해 재정운영과 인사제도의 쇄신, 관제개편 등 국가운영의 거의 전 부문이 망라되었는데 그 가운데 '교선(敎選)', 즉 교학(敎學)과 선사(選士)에 대한 제도개혁도 중요한 비중을 차지했다. 바로 「교선지제(敎選之制)」·「교선고설(敎選攷說)」이 다루는 내용이다. 왕조국가의 운영에서 학교는 '풍화(風化)의 근원'이자 '인재의 부고(府庫)'로서 '나라를 다스리는 중요한 도'로 받아들여졌고[1] 스스로 인용한 '옛 왕자(王者)는 나라를 세우고 민에게 임금 노릇을 할 때 교학(敎學)으로 우선을 삼았다'라는 학기(學記)의 언급[2]대로 국가적 차원의 교학체제의 구축은 유형원이 구상한 도덕국가의 실현을 위한 불가결한 과제였다.

1 『중종실록』 권32, 13년 3월 7일 병오.
2 『磻溪隨錄』 卷11, 敎選攷說 上 三代敎人取士之法.

이 문제에 대해서는 이미 많은 연구자들이 관심을 가진 바 있다. 우선, 『반계수록』의 개혁론 전반을 다루면서 공거제(貢擧制)가 적재적소에 인재를 배치하기 위한 관료체제 수립을 지향했다는 천관우의 연구를 언급하지 않을 수 없다.[3] 이 연구는 유형원 사상에 대한 종합적인 검토를 통해 실학 개념의 정립까지 나아간 것으로 '교선'에 대해 적극적인 의미를 부여하지는 않았지만 이후 연구에 커다란 영향을 미친다. 정구복은 실학의 근대적 성격과 관련하여 유형원의 생각이 세습형 사회에서 성취형 사회로의 변혁을 꾀한 것으로 공거제가 사족 신분을 철폐하고 공평한 관직진출의 기회를 통해 정치적 역량과 전문성을 갖춘 유능한 인재를 육성, 관직에 등용하고자 한 것이라고 논의를 더욱 진전시켰다.[4]

김준석도 공거제가 세습문벌의 특권을 제한하고 인품과 능력본위의 관리 선발을 보장함으로써 새롭게 등장하는 지식층·관인층이 주도하는 사회·정치운영을 목표로 점진적인 신분제 해체를 전망했다는 점에서 진보적인 성격을 가졌다고 평가했다. 특히 교육체계의 사적·독점적 경향을 배격하고 중등과정 이상은 관리양성에 직결되는 공교육체계에 흡수·관리됨으로써 교육의 공유·균등화, 교육과 관리선발의 일원화를 추구한 것이라고 하였다.[5] 와타나베 마나부(渡部學)는 공거제의 기초단계인 면 차원의 향상(鄕庠)에 주목하여 그것이 자생적 교육기관인 서원·서당을 제도화 한 것이지만 사학·읍학과 달리 독자

3 천관우(1952·1953).

4 정구복(1970).

5 김준석(1993).

적이었고 교화적 서당교육으로 전화되어가는 과도기적 형태라고 평가했다.[6] 만진초(萬振超)도 『반계수록』의 구상을 황종희의 『명이대방록』과 비교하면서 평등한 교육을 지향한 근대적인 교육개혁안이라고 평가하였다.[7]

교육학 분야의 연구도 적지 않다. 유형원의 구상이 왕안석이 주장한 대학삼사법(大學三舍法)의 영향을 받았으며 유교지치주의적 이념의 실현을 꾀한 것이라거나[8], 유교규범의 충실한 구현과 학제의 연계성, 그리고 인재선발의 공정성을 높이기 위한 것이라는 평가[9]를 비롯하여 실리론(實理論)에 기반한 사류간(士類間) 교육기회 평등론과 하천(下賤)에 대한 차등을 특징으로 하는 현실적인 개혁책으로 근대적인 측면과 왕조체제의 유지·강화를 위한 보수적 성격을 모두 가지고 있다는 연구[10]가 있다.

또한 유형원의 교육체계가 국가주도의 교육체계, 단계적인 학제, 그리고 인재양성과 관리선발을 연계시키는 구상으로 후대의 실학자에 영향을 미쳤다는 연구,[11] 유형원의 인간관과 학문관, 그리고 전제(田制)에 기초한 교육제도, 인재선발 및 육성에 대한 공교육체제로의 개혁사상과 의의를 고찰한 연구,[12] 「교선지제」의 종합성과 중층성을 강

6 渡部學(1969).
7 萬振超,(2017).
8 이원호(1976); 이원호(1984).
9 이문원(1995).
10 전도웅(1998); 전도웅(1998).
11 황경로(2001).
12 김재섭(2002).

조하고 유형원의 구상을 향약·학교·선발이라는 3각체제의 개혁안을 현실에 실행하고자 한 의도의 산물이라는 평가[13]도 제출되어 있다.[14]

이상의 연구사 검토에서 드러나듯이 유형원의 '교선'에 대한 연구도 대부분 실학담론의 틀에서 근대성을 잣대로 보수와 진보를 가르는 방식으로 논의가 이루어지고 있음을 알 수 있다. 하지만 과거제와 이를 바탕으로 운영된 관료제의 운영은 이미 장구한 기간 체제화한 것으로 인격에 대한 온전한 검증 없이 시험 답안지만으로 인물의 역량을 평가하는 방식에 대한 회의는 오랜 기간 동안 제기된 뿌리 깊은 것이었다.

이는 과거제의 경험을 공유한 중국·베트남 등에서도 동일하게 포착되는 바, 비슷한 시기 서구에서는 역사적으로 선례를 찾기 힘든 독자적인 사회체제의 산물이었다. 조선왕조의 경우도 이와 마찬가지로 과거제에 일정하게 투영된 '능력'과 '효율'의 기준은 근대사회와 무관하게 선취된 고유한 역사적 경험이었다. 따라서 유형원이 과거제로 표상되는 '능력주의'와 '결과주의'적 인재선발방식이 가진 문제를 비판하고 그 대안으로 제시한 공거제를 새삼스레 서구적 근대성을 기준으로 평가하는 것은 논리적으로 자가당착에 빠질 우려가 있다.[15]

---

13 최광만(2004); 최광만(2010); 최광만(2017).

14 '실학자'의 교육제도 개혁론에 대한 연구사 검토는 차미희(2006)를 참조할 것.

15 알렉산더 우드사이드 지음, 민병희 옮김(2012). 중국을 예로 들면 과거시험은 모든 사람에게 개방된 공평하고 평등한 제도로 합격만 하면 사회적 성공을 거둘 수 있다는 환상을 심어주기에 충분했다. 하지만 그 실제 운영은 극히 일부의 합격자가 서민과 결절된 부과 권력을 누렸을 뿐, 사실은 군주독재를 실현하는 도구로 기능했다. 더구나 과거응시가 개인 단위가 아닌 종족 혹은 가문 등으로 대표되는 언어·문화·경제 자본 등 제 조건을 갖출 수 있는 특정한 계층을 중심으로 이루어지고 있는 점은 과거가 공평하고 객관적인 기준에 의해 선발이 이루어진다는 믿음이 하나의 신화에 불과하다는 사실을 보여준다. 그러한 점에서 '능력주의'·'현능주의'

그러므로 유형원 공거제에 대한 보다 진전된 이해를 위해서는 근대주의적 논단이나 교육 영역에 국한한 미시적 접근에 매달리기 보다 17세기 과거제 운영이 직면한 구체적인 모순과 그 대안으로 제시된 '교선(敎選)'의 구상이 가지는 총체적 사회개혁으로서의 성격에 주목하지 않으면 안 된다. 바로 성리학에 침윤된 충실한 왕민(王民)의 양성[敎]과 우수한 관료의 선발[選]이라는 일견 별개인 듯하면서도 밀접하게 연관된 두 가지 지향을 하나의 제도론(制度論)으로 이해하고, 그것이 가지는 의미를 당대 현실에서 맥락화 하는 작업이다.[16]

로 번역되는 마이클 영의 '메리토크라시(Meritocracy)'의 개념이 일률적인 능력중심사회가 능력에 따른 개인의 차별을 합리화하고 사회적 지위를 유지하기 위하여 능력의 세습화를 초래할 위험성이 있다고 경고한 점은 주목할만하다. 일단 군현제적 지배를 기본으로 하는 조선왕조가 일종의 齊民的 秩序를 지향하면서 세습이 아닌 과거합격 여부와 같은 개인의 능력을 바탕으로 관료를 선발했다는 점은 이러한 '능력주의'와 결합하기 수월한 측면이 있었다고도 볼 수 있다. '균등'과 '공정'을 표방하는 '능력주의'는 상대적으로 높은 사회적 유동성을 특징으로 하지만 그것이 가진 본원적인 약점은 여전했고 17세기 양반사족의 특권세력화라는 사회변화에 직면해서는 더욱 심각한 문제를 드러낼 수밖에 없었다. 군현제의 '능력주의'와 봉건제의 신분세습이라는 두 가지 상호모순적인 요소를 모두 가지고 있었던 조선사회는 '능력주의'의 '공정성'이 무너지는 한편에서 양반층의 세습적 족벌주의가 더욱 강화되는 과정에 놓여 있었다. 표면적으로 과거제와 같은 '능력주의'를 표방한 양반제의 내면에는 벌열세력의 문벌주의가 강하게 작용하고 있었던 것이다. '능력주의'의 복원을 강하게 주장하는 논의들이 18세기 접어들어 활발하게 등장하는 것은 이 때문이었다. 유형원의 敎選論은 이같이 복합적인 사회동향에 대해 '능력주의'가 가진 위험성과 세습벌열의 권력독점을 동시에 비판한 위에 강구해낸 것으로 국가와 사회 전반에 걸친 총체적인 논의라는 점에서 가위 독보적인 지위를 점하고 있다고 평가할 수 있다. 이상의 문제와 관련된 논고는 다음과 같다. 강창동(2005); 平田茂樹 지음, 김용천 옮김(2007); 성열관(2015); 박훈(2017); 조성산(2017).

16 '敎選'의 용례는 조선은 물론 중국의 각종 문헌에서 찾아지지 않는 유형원만의 독창적인 개념으로 이와 관련된 내용은 대부분 敎學과 選士라는 별도의 항목으로

『반계수록』의 개별 편목은 유형원이 구상하는 이상국가론의 유기적인 구성임은 물론 그 자체 독자적 제도개혁론으로서 논리적 완결을 갖추고 있다. '교선(敎選)' 부문도 「향약사목(鄕約事目)」을 통해 향촌사회 교화를 위한 방안을 개진하고 「학교사목(學校事目)」에서 학제의 개편과 교육문제를 다루었으며 「공거사목(貢擧事目)」을 통해 관료선발의 구체적 방안을 제시하는 방식으로 하나의 체계를 이루고 있다. 세 가지는 별도의 규정이면서도 서로 긴밀하게 연관되어 국가교학으로서 성리학적 대민 교화와 관료엘리트의 충원을 통한 정치·행정 권력의 재생산이라는 두 가지 목표를 통합된 제도적 과정으로 묶어내고 있다.

유형원의 주장은 당시 왕조 정부의 정책론과 조야의 지식인들이 제기한 제도론의 흐름을 적절히 이어가고 있었던 바, 여기에는 향촌사회 내부의 교화시스템의 필요성, 관학의 쇠퇴와 과거제의 문제가 중첩적으로 작용했다. 아울러 점차 벌열화한 특권세력의 관직 독점 문제도 놓여있었다. 여기에서는 이러한 시대적 상황과 사회적 규정성을 염두에 두고 교선으로 표상되고 공거제로 구체화된 총체적 제도론으로 유

다루어지고 있다. 『禮記』의 경우, 「學記」편에서 敎學, 「王制」편에서 選士에 대해 언급하고 『文獻通考』에서도 「選擧考」와 「學校考」가 구분되어 나타난다. 이는 조선의 『東國文獻備考』에 그대로 차용된다. 주목할 만한 것은 19세 중엽 寒洲 李震相의 『畝忠錄』과 俞致範의 『一哂錄』에 '敎選'이 하나의 편목으로 확인되는 점이다(정윤화, 2016; 『一哂錄』). 별도의 비교분석이 가해져야하겠지만 두 저술 공히 『반계수록』의 영향이 분명하게 감지되는데 이는 유형원의 敎選論이 이후 지식인 그룹에 의해 일정하게 계승되어 독자적인 흐름으로 이어져 내려오고 있음을 강하게 시사한다. 이하 본격적으로 논의하겠지만 일단 여기에서는 유형원의 敎選論이 국가적 차원에서 향촌사회 저변의 광범위한 교화체계를 구축하고 이를 바탕으로 교육제도와 관료선발제를 운영하고자 한 종합적인 개혁구상이었다는 점에서 앞 시기 유례를 찾기 어려운 독창적인 방안이었음을 분명히 해두고자 한다.

형원의 구상을 파악하고 그것이 가지는 역사성을 밝히는 것을 목적으로 한다.

2. 향약의 시행과 교화의 진작

유형원은 '선왕(先王)은 기르기를 두텁게 하고 가르치기를 돈독하게 하여 인재 가리기를 정밀하게 하고 살피기를 깊게 한 후에 자리를 명하고 전적으로 맡겼으니 대저 그렇게 한 뒤에야 관직이 적임자를 얻어 치화(治化)가 행하고 백성이 살 곳을 얻어 그 공적이 이루어진다'라고 하면서 민의 사회적 교화·교육과 이를 바탕으로 발탁한 관료엘리트야말로 치세를 기약할 수 있는 중요한 인적 자원이라고 규정하였다.[17] '교화와 정령은 별개가 아니'었던 만큼[18] '가르치고 배우는 것'을 '단지 강설(講說)만이 아니라 마음에 깨달아서 수신제가(修身齊家)하여 천하에 미치는 것'으로 규정하여 교화·교육이 단순히 지식의 전달과 문자적 학습에 그치는 것이 아니라 온전한 도덕적 인격을 바탕으로 가정과 사회·국가까지 성리학의 이념과 규범이 관철되는, 광범위한 사회·정치적 의미를 가진 것으로 이해했다.[19]

공전제(公田制)는 그 중요한 전제로 유형원은 '교화'의 지역별 격차는 전제(田制)가 무너져 부익부 빈익빈의 상황이 되었기 때문이라고 하면서[20] 삼대의 제도가 가진 취지를 '기른 뒤에 가르치고 가르친 뒤에

17 『磻溪隨錄』 卷10, 教選之制 下 貢擧事目

18 『磻溪隨錄』 卷9, 教選之制 上 鄕約 鄕約事目

19 『磻溪隨錄』 卷10, 教選之制 下 貢擧事目

등용하는 것[養而教之 教而擧之]'으로 규정했다.[21] 공전제를 기반으로 안정적인 생활 기반을 제공한 후 교화를 통해 도덕과 지식이 적절히 조화된 인격적 성숙을 꾀하고 이 가운데 우수한 인재를 선발, 관료로 등용하는 제도적 과정이 스스로 구상한 이상국가 운영의 중요한 축을 구성하고 있었던 것이다. 공전제를 통한 양민(養民)이 모든 개혁의 기반이었음은 여기에서도 확인된다.[22] '교선(教選)'은 유형원이 기획한 도덕국가 운영의 출발이자 궁극의 지향이기도 했다.

> 풍속을 교화하는 것은 곧 인심을 바로잡는 근본이며 모든 정령이 이것을 말미암아 이루어지지 않는 것이 없으니 관장(官長)된 자가 만일 어진 사대부와 함께 서로 이끌어주지 않으면 비록 교화를 세우고 정사를 행하고자 하더라도 할 수 있겠는가?[23]

국가의 통치가 사회말단까지 미치기 위해서는 향촌사회 내부의 자율적인 교화시스템이 작동해야 하며 이를 위해서는 지역의 수령이 '어진 사대부'를 교화의 조력자로 삼아 상호 협력해야 한다고 말하고 있다. 그 첫 번째 방안으로 유형원이 꼽은 것이 바로 향약이었다. 주지하듯이 향약은 북송 말 여씨향약(呂氏鄕約)을 시초로 남송대 주자(朱子)에 의해 수정 증보된 「주자증손여씨향약(朱子增損呂氏鄕約)」의 형태로 조선에 들어와 향촌사회 운영을 위한 하나의 실천 규약으로 널리 보급

---

20 『磻溪隨錄』 卷10, 教選之制 下 貢擧事目
21 『磻溪隨錄』 卷12, 教選攷說 下 漢以下至今取士之法
22 공전제의 이러한 측면에 대해서는 송양섭(2013b) 참조
23 『磻溪隨錄』 卷9, 教選之制 上 鄕約 鄕約事目

되기 시작했다.[24]

중종대 기묘사화를 거치면서 사림에 의해 추진된 향약보급 운동은 정부의 강력한 행정지원을 바탕으로 「주자증손여씨향약」을 언해하여 반포하는 등 정치운동 내지 사회개혁적 차원에서 이루어졌다. 사족들은 향약을 통해 교화와 처벌을 보완적으로 활용해가면서 지역지배를 실현하고자 했으며 그 과정에서 환난구휼적 측면은 특별히 강조되었다. 향약의 전국적인 실시가 마지막으로 논의된 선조 대에는 주자학에 대한 심화된 이해를 바탕으로 주자향약을 수정·변용하여 현실에 적용하려는 시도가 이루어졌다.

17세기 접어들어 향소(鄕所)의 지위가 점차 격하되어 수령권에 예속되고 사족세력이 향임직(鄕任職)을 기피하면서 향소로부터 멀어지자 수령은 점차 향약운영에 개입하기 시작한다. 17세기 후반 향약기구의 자치적 권한은 더욱 약화되어갔으며 향소의 향임들이 향약의 직임을 겸하면서 향약은 점차 수령의 하부기구로 편입되어 가기에 이른다.[25] 유형원의 향약론은 이같이 16세기 사림의 사회·정치적 향약론의 전통을 이어받으면서 17세기 접어들어 본격화 한 관 주도 향약실시논의의 흐름을 타고 제기될 수 있었다. 덕업상권(德業相勸)·과실상규(過失相規)·예속상교(禮俗相交)·환난상휼(患難相恤) 등 네 가지 조목을 바탕으로 당시 관행을 참작하여 적절한 향촌교화책으로 강구한 유형원의 향약은 애초 '사류(士類)가 사사로이 서로 맺은 것[士類私相約束者]'을 적극적으로 용인하여 국가적 차원에서 제도화하고자 한 것이

24 이성무(1991).
25 한상권(1984).

핵심이었다.[26]

17세기 접어들어 향약실시론과 관련하여 특히 주목되는 것은 향약을 학규(學規)와 연계시키고자 하는 주장이 나타난다는 점이다. 유형원의 고모부인 동명(東溟) 김세렴(金世濂)의 「포산향약(苞山鄕約)」[현풍]에서는 학규와 향약이 결합되어 있었고 비슷한 시기 신달도(申達道)의 「전주부향약(全州府鄕約)」은 여기에서 더 나아가 주자의 「백록동규(白鹿洞規)」를 첨부하고 향약과 학규를 '체험(體驗)과 강학(講學)'의 상호 불가결한 관계로 파악하였다. 강학의 학문활동을 통해 향약 본의에 대한 이해를 보다 심화시키고 향약의 실천운동으로 강학의 이념을 현실화한다는 취지였다. 향약주도층에 따라 활용되는 학교조직도 서로 달랐다. 수령은 향교와 사면서숙(四面書塾)을, 사족은 서원과 서당을 조직의 기초로 하였다.[27]

유형원도 주자의 「백록동학규」에 선유(先儒)의 조설(條說) 몇 개를 덧붙여 학규(學規)로 삼아 향약조직과 연계시키고 있다. 학제와의 결합은 당시 향약에 나타나는 특징적인 요소로 고모부인 김세렴의 현풍향약과도 연관된다는 점에서 유형원이 어느 정도 영향을 받았을 가능

26 『磻溪隨錄』 卷9, 教選之制 上 鄕約.

27 한상권(1984), 52~55면. 하지만 「포산향약」은 1602년 北厓 金圻가 「주자증손여씨향약」과 이황의 「예안향립약조」, 이이의 향약을 참조하여 만든 것을 김세렴이 현풍현감으로 부임하면서 轉寫하여 시행한 것이다. 김세렴의 저작은 아니었다. 하지만 17세기 초 一鄕에서 실시된 「포산향약」은 경상감사의 상주로 국왕의 계가를 거쳐 영남전역에 반포되어 각읍에서 향약을 시행하는 계기를 제공했을 뿐 아니라 19세기까지도 영남에서는 이를 모델로 한 향약이 작성되었을 만큼 오랫동안 영향을 미쳤다는 점에서 중요한 위치를 점하고 있었다(한상권, 1984; 김용덕, 1990; 박현순, 2017).

성이 크다. 이같이 유형원은 사림파의 향약론에 17세기 향약과 학제의 연계논의라는 흐름을 이어받으면서 향촌사회의 교화와 교육을 위한 독자적인 입론으로 제기되고 있음을 알 수 있다. 유형원은 이이의 다음과 같은 말을 인용하여 향약의 중요성을 강조했다.

> 향약은 옛날 정전(井田)을 함께 하는 사람들이 수망(守望)하거나 서로 돕고 병을 서로 구완하고 출입할 때 서로 도와주고 또 자제로 하여금 가숙(家塾)·당상(黨庠)·주서(州序)에서 배워 효제(孝悌)의 의(義)를 도탑게 하는 것이니 삼대의 다스림이 융성하고 풍속이 아름다워진 것은 진실로 이 때문이었다. 세도(世道)가 쇠미해지고 정치가 어지러워 백성이 흩어져서 교육은 위에서 쇠퇴해지고 풍속은 아래에서 허물어지니 아아 슬프다. 이끌어줄 방법은 향약을 다시 밝히는 것만 한 것이 없다.[28]

정전(井田)으로 상징되는 생활 공동체를 기본단위로 구성원의 자제들에 대한 교화와 교육 기능을 중첩시킨 향약이야말로 교화를 이루기 위한 가장 유력한 방안이었다. 당시 왕조정부의 시책도 향촌사회 내부의 공동체적 유대와 윤리를 바탕으로 상호부조적 기능을 강화함으로써 향촌사회의 안정을 통한 보다 효과적인 지역지배를 도모하는 데 초점이 맞추어졌다. 유형원의 인식도 여기에서 크게 벗어나지 않았다.

> 백성이 어른을 공경하고 노인을 봉양할 줄 안 뒤에야 이에 집에 들어와서 효제(孝悌)할 수 있으니 집에 들어와서 효제하며 밖에 나가서 어른을 공경하고 노인을 봉양한 뒤라야 교화가 이루어지고 교화가 이루어진 뒤

---

28 『磻溪隨錄』 卷9, 教選之制 上 鄕約 鄕約事目

라야 나라가 편안해질 수 있다.[29]

교화의 방식은 효제의 가족윤리를 내면화하고 이를 바탕으로 가족 밖 사회의 연장자에 대한 존양(尊養)까지 외연을 확장시키는 것으로 유가의 전형적 논리 그대로였다. 향약 또한 향촌사회 내부의 공론을 바탕으로 자체적인 도덕규율을 통해 공동체적 상호부조와 화합을 도모하는 형태로 운영되도록 하였다.[30]

향약의 조직은 당시 각 지역의 관행을 참작하여 유연하게 정하도록 했다. 유형원은 향약의 성패가 적임자를 얻는데 달렸다고 하면서 주요 직임 담당자를 신중하게 선발하여 최대한 예우하여야 한다고 하였다. 향약의 책임자인 도약정(都約正)은 '나이가 많고 덕행이 가장 높아 일읍의 여러 사람이 추천하[一邑衆推年長德行最尊]'거나 '덕망이 있어서 여러 사람이 믿고 복종하는 사람[德望衆所信服者]'이 맡도록 하였다. 이를 보좌하는 부약정 2명은 '학술과 조행이 있는 사람[有學術操行者]'이 담당하도록 하고 직월(直月)은 1명씩 돌아가면서 맡도록 하였다. 향소(鄕所)의 향관(鄕官)은 향정(鄕正)을 당연직으로 겸하였기 때문에 겸약정(兼約正)이라고도 했다. 향소 향관이 약정을 겸한데서 보듯 향약은 향소를 바탕으로 운영하도록 했다.[31] 이 같은 방안은 유형원이

29 『磻溪隨錄』 卷9, 教選之制 上 鄕約 鄕約事目

30 예컨대 향약의 네 가지 조목 중 과실상규는 향약구성원들이 스스로 살피고 서로 規戒하되 사소한 잘못은 은밀히 일러주고 중대한 일은 公衆이 모여 경계하고 벌을 줄 때도 반드시 衆議에 부치도록 하는 방식이었다. 환난상휼의 경우, 긴급한 구호를 요할 때 約正이 구휼을 독려하면 洞約者들이 물자나 인력을 지원하는 방식으로 실천하도록 하였다(『磻溪隨錄』 卷9, 教選之制 上 鄕約 鄕約事目).

31 『磻溪隨錄』 卷9, 教選之制 上 鄕約 鄕約事目

제시한 지방제도 개혁안에서 향소의 전정(典正)과 전검(典檢) 등을 수령·감사가 임명하고 관직체계와 연계, '향관(鄕官)'으로 관임화하여 해당 지역의 유력 재지세력을 흡인함으로써 효율성을 높이려는 구상과 맞물려 있었다.[32]

유형원은 당시 향소가 향약을 위해 설치된 것이지만 '수령이 관사(官事)를 독찰(獨察)할 수 없어서 그대로 그것을 관부의 보좌로 삼았'고 이후 향약이 제대로 시행되지 않으면서 '다만 염치없는 무리를 취하여 억지로 부리기를 이예(吏隸)와 같이'하였다고 하면서 수령의 업무를 보좌하는 향소 본연의 기능이 사실상 사라지고 이들이 수령의 수족과 같은 처지로 내몰리는 현실을 비판하였다.[33]

원래 유향소에 뿌리를 둔 향소는 중앙정부의 지배에 대응한 지방자치의 상징이자 이해절충 기구였다. 정부는 임진왜란 전후 행정업무를 포함한 각종 직책을 향소에 부여함으로써 민에 대한 통치와 재지세력의 참여를 유도하고자 했다. 하지만 정부의 대대적인 향촌통제책 추진, 경재소 혁파에 따른 재지세력의 관심저하, 면리제·오가통제의 정비, 그리고 재지세력의 분화 등 여러 가지 요인으로 향소의 지위는 점차 낮아지고 있었다.[34]

면·리 단위의 직임에 대해서도 면(面 : 鄕) 단위의 약정[1명]은 관직경력 여부를 따지지 말고 '학술과 조행(操行)이 있는' 사족이나 장로를 임명하고, 직월(直月)은 향약원(鄕約員)이 돌아가면서 담당하도록 하였

32 송양섭(2014) 참조.

33 『磻溪隨錄』 補遺 卷1, 郡縣制 各邑

34 오영교(2001), 180~184면.

다. 면의 약정은 가급적 향정(鄕正)이 겸임하지 말도록 했다. 교화와 정령은 별개가 아니지만 각기 업무가 중요한 만큼 가급적 향정과 면임은 각기 고유한 임무에 충실하도록 한 것이다.[35] 리 단위에서는 일반민 가운데 '나이가 많고 강근(剛謹)한 사람[年長剛謹者]'을 이정(里正)으로 삼아 향약의 직임을 겸하여 해당 마을민에 대한 권면(勸勉)·효유(曉諭)·규탄(糾彈)·검찰(檢察) 등의 일을 맡도록 했다. '부지런하고 일을 잘 보는 사람[勤幹者]'은 색장(色掌)을 맡겨 향약 내 실무를 담당하도록 하였다. 이정과 색장은 임기 내 경부(頃夫)의 잡역이 면제되었다.[36]

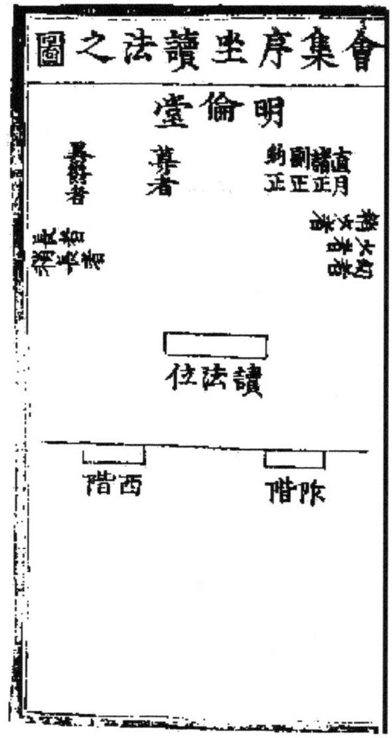

〈그림 9〉『반계수록』의 會集序坐讀法圖

35 『磻溪隨錄』 卷9, 敎選之制 上 鄕約 鄕約事目. 都約正·副約正·各面約正·里正은 가급적 바꾸지 말고 부득이 교체할 경우 향약원내 父老의 衆議로 추천, 결정하여 관사에 보고하도록 하였다. 부약정 이하의 교체도 도약정이 회의 때 衆議로 擇定하여 관에 보고하고 직월이 통보하도록 하였다. 도약정이 과오가 있을 경우 '約中'에서 경고하고 부약정 이하인 경우는 교체하도록 하였다. '衆議'·'約中' 등 지역사회 내부의 의견이나 논의구조인 公論이야말로 이들 직임의 임면에 가장 중요한 기준이었다. 자체적인 논의를 통해 임명된 인사는 관에 보고하여 추인을 받게 된다.

향약에는 여러 가지 장부가 있었다. 읍 차원에서는 읍적(邑籍 : 都籍)을 만들어 해당 읍의 '시부(士夫)'를 파악해 두도록 했는데 여기에는 문·무관직자, 읍학(邑學)의 내사생(內舍生), 무선(武選), 세적(世嫡)의 유친유음자(有親有蔭者) 등이 해당되었다. 일종의 향안(鄕案)인 듯 하다. 또한 덕업적(德業籍 : 善籍)과 과실적(過失籍 : 惡籍)을 만들어 덕업상권과 과실상규의 실질적인 장부역할을 하도록 하였다. 면 단위에는 향적(鄕籍)이 있었다. 여기에는 읍적(邑籍)에 등재된 해당 면 사람과 읍학(邑學)의 외사생(外舍生), 충의위(忠義衛)·충순위(忠順衛)의 위사(衛士), 서얼유친유음자(庶孼有親有蔭者) 등이 올라갔다. 일반 백성을 대상으로 하는 장부는 없었다. 면 단위에도 덕업적(德業籍)과 과실적(過失籍)이 있어서 과실적 가운데 무겁게 처벌해야할 사람은 춘·추회(春秋會) 때 도약정에게 보고하도록 하였다.[37]

〈그림 2〉 향약의 조직과 임원

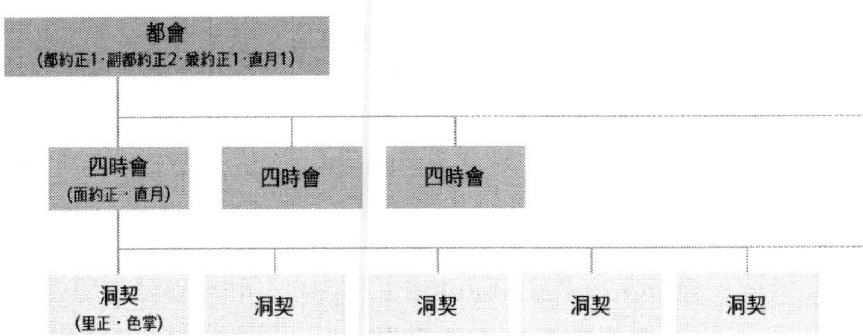

36 『磻溪隨錄』 卷9, 敎選之制 上 鄉約 鄉約事目

37 『磻溪隨錄』 卷9, 敎選之制 上 鄉約 鄉約事目

향약의 조직을 나타낸 것이 〈그림 2〉이다. 향약의 정기 총회에 해당하는 도회(都會)는 매년 봄·가을 두 차례 도약정과 부약정 주관 하에 도약정(鄕約正) 이하 도적(都籍)에 오른 사람이 참여하여 읍학에서 강약(講約)하는 방식으로 진행되었다. 면 단위로 열리는 사시회(四時會)는 면의 약정이 매년 향상(鄕庠)이나 사창(社倉)·서원(書院) 가운데 적당한 장소를 택해 1·4·7·11월의 10일 약원(約員)들을 소집, 강약(講約)을 하는 방식으로 이루어졌다. 사시회에는 향적(鄕籍)에 등재된 사람 모두가 참석대상이었으며 도약정과 부약정도 참석이 권장되었다. 일반 백성도 참여할 수 있지만 의무는 아니었던 데서 보듯 이들 향약은 어디까지나 '사부(士夫)', '사류(士類)'로 지칭되는 부류들을 중심으로 운영되었음을 알 수 있다.

한편, 동리 단위에서는 인근 마을끼리 결성한 동계류(洞契類)를 포섭하여 하부조직을 이루도록 하였다. 당시 촌락사회에는 사족 중심의 결사체 조직과 기층민의 생활공동체 조직이 병존했다. 사족계는 촌락을 관념적으로 지배하는 상위조직이며 그 예하에 기층민을 두고자 했다. 생활공동체로서 오랜 전통적 기반을 가진 촌계(村契)들은 자연촌락 단위로 결속된 조직이었다.[38]

기실 이러한 촌락 단위의 규약과 결사는 향약과 표리를 이루기도 하고 향약과 무관하게 운영되기도 하면서 지역의 사정에 따라 다양한 형태로 존재했다. 이러한 촌락사회의 현실은 향약 조직의 객관적인 조건이 되었다. 선조 6년(1573) 8월 영의정 권철과 우의정 노수신 등이 향약실시를 주장하면서 '동린(洞隣)의 계(契)'와 '향도(香徒)의 회(會)'를 적

38 이해준(1990), 130~131면

절히 활용하는 방안을 제기한 것이 일례이다.[39] 숙종 10년(1684)에는 서울의 향도를 향약으로 대체하는 방안까지 논의된다.[40] 실제로 당시 향약은 동리 단위로 공동체적 구휼을 수행하는 하부조직과 향촌민에 대한 재판·처벌권을 행사하는 상부조직의 이중구조로 이루어진 경우가 많았다.[41] 유형원의 방안도 마찬가지였다.

> 이웃 마을에 만일 환과고독(鰥寡孤獨)이나 굴러다니면서 의지할 곳이 없는 자는 모두 힘을 합하여 살도록 해주는 한편 관사(官司)에 알린다. 단한(單寒)한 민호(民戶)가 먼 지역의 수자리에서 돌아오지 않고 처자가 제힘으로 살아갈 수 없는 사람의 경우에는 그를 위해 보살피고 도와줄 것이며 혹 자식이나 손자 없이 죽어 거두어 장사지낼 수 없는 자가 있으면 그 마을 안에서 장사를 지내준다.[42]

동계의 공동체적 상호부조 기능은 여러 가지가 있지만 그 중에서도 환과고독류(鰥寡孤獨類)로 상징되는 사회적 취약계층이 삶에서 유리되지 않도록 적극적인 구호활동을 펼치는 것이 가장 중요한 비중을 차지했다. 유형원은 지역사회의 통합력을 유지하기 위한 기반으로 동계를 '상하합계(上下合契)'의 방식으로 신분 구분 없이 함께 결성하도록 하였는데 이 또한 당시 동계운영의 일반적인 형태로 양반은 상계장(上契長)–상유사(上有司), 일반민은 하계장(下契長)–하유사(下有司)와 같이

39 『선조실록』 권7, 선조 6년 8월 17일 갑자

40 『숙종실록』 권15, 숙종 10년 3월 22일 무자

41 한상권(1984), 46~47면

42 『磻溪隨錄』 卷9, 敎選之制 上 鄕約 鄕約事目

신분에 따라 별도의 직임을 두어 운영하도록 한 것과 동일했다.[43] 가령 장례와 같이 일상적인 부조를 요하는 사안은 '계를 함께하는 가까운 마을이 한결같이 약령(約令)대로 시행하'였다. 계원들은 매년 11월 쌀과 짚자리[藁薦]를 갹출하여 하유사가 관리하다가 부모·본인·처상을 당한 사람에게 정해진 수량을 주도록 하였다. 초상이 나면 상·하계 모두 조문과 호상(護喪)을 하고 장사 때도 상·하계에서 각기 장정을 내 일을 치르도록 하였다. 사안이 큰 진휼·구호 등은 면 차원에서 이루어졌다. 『주례』의 가(家)-비(比)-여(閭)-족(族)-당(黨)-주(州)-향(鄕)의 편제를 모범으로 차용하여 향촌사회 내부의 상호 보험과 구휼 기능의 활성화를 꾀하고자 한 것이었다.[44]

이같이 유형원은 당시 촌락사회에 광범위하게 조직되어 있던 동계·동약 등 규약과 결사를 적극적으로 받아들여 향약의 하부조직으로 포섭함으로써 생활 공동체와 교화조직의 일체화를 꾀하였다. 이 또한 당시 시대적 추세를 원용한 것이었다. 향약의 운영은 향촌의 자율성을 최대한 인정하면서도 적정한 수준에서 관의 개입과 통제가 가해지는 형태였다. 향약에서 특히 상세한 것은 소민을 '선교(善敎)'하기 위한 조항들이었다. 가령 부모 부양의무를 지키지 않은 자, 형제간에 불화한 자, 장사나 제사를 제때 치르지 않은 자, 사족을 능멸한 자, 방계친족의 조부·숙부·형·누이 뻘 되는 사람이나 존장(尊長)을 모욕하는 자,

43 『磻溪隨錄』 卷9, 敎選之制 上 鄕約 鄕約事目. 당시 洞約·村契 등 각종 촌락조직은 임진왜란 이후 士族의 上契와 下民의 下契가 통합되어 上下合契가 출현하였다. 이는 전쟁 이후 사족들에게 하민들이 유리·이탈되어가는 문제에 대한 대응으로 하민들을 포섭하기 위한 적극적인 노력이었다(이해준, 1990, 130~131면).

44 『磻溪隨錄』 卷9, 敎選之制 上 鄕約 鄕約事目

싸움을 하거나 세력을 믿고 남의 것을 빼앗는 자, 창녀[游女]와 관계하는 자, 남을 상하게 한 자, 행실이 좋지 않은 사람을 작주(作主)한 자, 농사를 게을리한 자, 의관이 참람되거나 양반과 같이 말을 타는 자 등은 논죄되어 경중에 따라 태 10·20·30을 시행하고 '물과 불을 통하지 않도록' 하는 등 공동체의 보살핌에서 배제되었다. 규약 위반자에 대해서는 약중(約中)에서 제재·처벌이 이루어지는 경우가 있는가 하면 사안에 따라 관에 보고하여 처결하기도 했다.[45]

유형원은 향촌교화의 주도세력으로 '사류(士類)'를 지목했다. 구체적으로는 읍도적(邑都籍)에 등재된 '사부(士夫)'로서 여기에는 문·무관직자, 읍학(邑學)의 내사생(內舍生), 무선(武選), 세적(世嫡)의 유친유음자(有親有蔭者) 등과 면향적(面鄉籍)에 오른 읍학의 외사생, 충의·충순위의 위사(衛士), 서얼유친유음자(庶孼有親有蔭者) 등을 포괄하여 기존의 사족과 함께 한미한 집안의 선비나 전임관직자도 해당되었다.[46] 뒤에서 상술하겠지만 이들이야말로 수령과 협력하면서 향약을 주도하는 계층이자 교학체제(教學體制) 운영의 중심세력으로 유형원이 범주화한 그룹이었다.

이상의 내용을 정리하면 다음과 같다. 유형원에게 교화는 스스로 기획한 이상국가의 출발이자 지향으로 그가 구상한 '교선'의 기초적 국면이자 저변으로 중요한 의미를 가지고 있었다. 그 방법은 국가적 차원에서 향약을 제도화하는 것이었다. 향약을 통한 교화는 보편적인 사회윤리나 도덕률을 외피로 공동체적 규제와 부조의 두 측면에서 이루어

45 『磻溪隨錄』 卷9, 教選之制 上 鄉約 鄉約事目
46 『磻溪隨錄』 卷9, 教選之制 上 鄉約 鄉約事目

졌다. 유형원의 향약은 도회[읍]–사시회[면]의 조직 예하에 동계·동약 등 촌락단위의 자율적인 조직과 결사를 포섭하여 성리학적 도덕률로 분식된 공동체적 결속을 강화함으로써 민 상호간의 부조적 보험을 강화하고 교화의 일상화를 도모했다. 여기에는 향촌사회 내부의 자율적 운영원리가 인정되는 가운데 관의 행정적 통제가 일정하게 가해졌다. 이 또한 지역내부의 안정적 교화시스템 구축을 위해 당시 관행을 적극적으로 용인하여 체계화한 것이었다. '사류(士類)'는 관과의 협력하에 교화를 주도하는 그룹으로 지목되었다.

3. 학제學制 개편과 공거제貢擧制의 실시

유형원은 향약을 통해 향촌사회 전반에 광범위한 교화의 기반을 구축하여 인재양성의 저변을 확보한 후 이를 바탕으로 학제와 관료선발 체제를 새롭게 확립하고자 했다. 여기에는 기본적으로 관학(官學)과 과거제(科擧制)가 인재양성과 관료수급 제도로서 제 기능을 하지 못하고 있다는 인식이 크게 작용했다.[47] 조선왕조의 관학은 관료를 양성, 선발하기 위한 기관으로 최고 교육기관인 성균관을 정점으로 서울에 4학, 지방에 향교를 설치하여 운영하였다. 성균관은 문과를, 사학(四學)과 향교는 생원·진사시를 준비하는 기관이었다. 무관 양성은 훈련원(訓練院)이 담당했다. 그밖에 역학(譯學)·의학(醫學)·음양학(陰陽學)·율학(律學)·악학(樂學)·화학(畵學) 등이 있었다.[48]

47 『磻溪隨錄』 卷9, 敎選之制 上 學校事目

소과에 합격한 생원 · 진사는 상재생(上齋生)으로 성균관에 입학하여 일종의 출석점수인 원점(圓點) 300을 따면 문과 초시에 응시할 수 있었다. 이외에 사학(四學)이나 향교에서 승보시(陞補試)를 거쳐 들어온 하재생(下齋生)[또는 寄齋生]들도 있었는데 이들은 생원 · 진사시를 준비했다. 하지만 상재생으로 들어오는 생원 · 진사가 점차 줄어들자 문과 향시(鄕試) · 한성시(漢城試)에 한번 합격한 사람이나 생원 · 진사시의 향시 · 한성시에 두 번 합격한 사람, 현직관료들도 입학할 수 있게 하였다. 성균관 유생들은 전원 학비가 면제되고 숙식이 제공되었는데 이 비용은 왕조정부에 적지 않은 부담으로 작용했다.[49]

하지만 16세기에 접어들어 성균관은 정원이 미달되는 경우가 많았고 재학생의 학업에 대한 열의도 크게 떨어졌다. 서울 문벌가문의 자제들은 남행(南行)을 통하거나 잦은 문과별시(文科別試)에 요행수로 합격하여 조기에 관로에 나아가려는 경우가 많았다. 성균관 사유직(師儒職)도 기피대상이 되어 점차 자질이 떨어지는 사람으로 채워졌다.[50] 양반들도 일반 양인들과 섞여 공부하기를 원하지 않아 향교입학을 기피하고 사학(私學)에서 과거준비를 하는 것을 선호했다.[51]

지방의 향교도 형편이 어렵기는 마찬가지였다. 향교의 교관은 한직으로 간주되어 기피대상이었던 데다가 17세기에 접어들면 아예 파견

---

48 유형원의 잡과교육 개혁안에 대해서는 전도웅(1998); 우현정(2013) 참조.

49 이성무(2000).

50 신해순(1999).

51 정만조(1998). 科擧를 거치지 않은 '門蔭子弟'나 '隱逸之士'를 임명하는 南行 또한 중요한 入仕路로 왕조 전 기간에 걸쳐 시행되고 있었다. 이에 대해서는 임민혁(2002) 참조.

되지도 않았다. 이에 따라 향교는 청금록(靑衿錄)에 입록(入錄)된 사족 대표들에 의해 운영되었고 교임(校任)은 수령의 재가를 받아 사족들이 선출하였다.[52] 향교의 재정도 넉넉지 않았다. 향교 입학은 지역 사족의 천거에 의해 이루어졌지만 입학한 유생들은 공부보다 이권 다툼에만 몰두했고 평민 교생은 해당 고을의 각종 잡무에 동원되었다.[53] 특히 액외교생(額外校生)·서재생(西齋生)이나 물납교생(物納校生)의 명목으로 피역자들이 대거 몰려들었고 교생(校生)에 대한 고강(考講)도 형식화되었다. 여기에 향교수리·진휼 등 갖가지 명목으로 대민수탈을 자행하여 향교로서 본래의 기능조차 무색해질 지경이었다.[54]

이같이 성균관과 향교로 대표되는 관학은 재정적 부담, 교관직 기피, 수차례의 사화(士禍) 등을 이유로 쇠퇴의 길을 걷기 시작했다. 지방 사족은 유향소·향약·사창 등 향촌자치조직을 강화해 나갔고 그 일환으로 대두한 것이 서원으로 대표되는 사학(私學)이었다. 사림파는 서재(書齋)·서당(書堂)·정사(精舍) 등을 지어 스스로 학문을 연마하는 공간으로 삼았고 한편으로는 선현봉사(先賢奉祀)를 위한 사우(祠宇)가 세워졌다. 서원은 이러한 지방 사학과 사우가 결합된 것이었다.[55] 관학이 침체한 상황에서 왕조정부가 사학에서 육성한 인재를 과거를 통해 뽑아 쓰는 방안을 마다할 이유는 없었다. 관학은 더욱 어려운 지경으로 내몰렸다. 유형원이 대대적인 학제 개편을 구상했던 배경에는 일

52 윤희면(1990), 152~156면. 조선전기 향교에 대해서는 이성무(1969); 이범직(1976a); 이범직(1976b) 참조.

53 전경목(2003).

54 송찬식(1976).

55 정만조(1975); 이성무(1967).

차적으로 이같은 관학의 침체라는 현실이 놓여 있었다.

유형원은 당시 과거제가 관료선발제로서 심각한 문제를 안고 있을 뿐 아니라 학문풍토에도 악영향을 미친다고 보았다. '과거의 해독'으로 선비들은 공부나 인격 수양보다 '껍데기에 불과한 글을 화려하게 치장하는데 몰두할 뿐'이었고 문사(文詞) 자체도 '용렬하고 자질구레해서 말이 줄거리를 이루지 못하고 뜻도 제대로 표현하지 못하는' 수준에 지나지 않는다고 하였다. 시험관[考官]은 무책임해지고 응시자도 요행만 노려 우수한 인재 선발이 어려울 뿐 아니라 사회적으로도 악영향을 미친다고 하였다.[56] 당시 활발히 세워지고 있던 서원도 문제가 있기는 마찬가지였다.

56 『磻溪隨錄』 卷10, 敎選之制 下 貢擧事目. 실제로 과거응시자들이 科文을 익히는 전범으로 다양한 종류의 변려문 선집이 간행되기도 하였다. 이식의 『儷文呈選』, 김석주의 『儷文抄』, 유근의 『儷文註釋』, 김진규의 『儷文集成』 등이 대표적이다. 東表라는 이름의 표문에 대한 모범 답안집도 다수 만들어지고 講經을 위해 경서의 문단을 나누어 한 글자씩 뽑아 이야기를 만들어 쉽게 기억하도록 하는 등의 다양한 수험준비 방법이 개발되었다. 각종 수험준비서나 방법은 누대에 걸쳐 축적되어 왔기 때문에 후손들은 이를 이용하여 보다 손쉽게 시험을 준비할 수 있었다. 심지어 先祖가 지은 문장을 답안으로 제출하는 경우도 있었다. 이처럼 과거 준비에 초점을 맞춘 공부 방법은 요행을 바라는 말폐적 현상으로 비판되었지만 유생들의 입장에서는 보다 효율적으로 시험을 준비할 수 있는 방법을 마다할 리 없었다. 이와 같이 17세기에는 응시가 보다 용이한 증광시나 정시가 자주 설행되었고 고시 과목을 쉽게 공략할 수 있는 수험서와 수험방법이 발달하였다. 따라서 충분히 학문적 자질을 연마하지 못한 경우라도 과거응시에 필요한 기본적인 지식을 빠르게 습득할 수 있었다. 挾書·代述·借述·符同易書 등 부정행위도 만연했다. 이 모든 것은 과거를 둘러싼 경쟁이 과열되면서 나타난 것으로 수험생들은 요행을 노리고 과거에 응시할 수 있는 또 다른 요인으로 작용했다(박현순, 2014, 83~85면).

> 서원은 본래 선비들의 수양을 위하여 만들어졌고 지역의 향현(鄕賢)이 있으면 인하여 제사를 지내 보덕표식(報德表式)의 바탕에 삼았을 뿐 제사만을 위해 설치한 것은 아니다. 그러나 근세에 왕왕 제사만을 위하여 설치한 것이 있었는데 당론이 풍습을 이룬 뒤부터는 제사에 합당하지 않음에도 제사를 지내면서 다투어 서원을 설치하는 자가 많게 되었다.[57]

새롭게 교육기능을 떠안은 서원도 당쟁이 격화됨에 따라 제향기능만 가지거나 격에 맞지 않는 인물을 모시는 등 본래의 취지가 변질되어 경쟁적으로 세워지고 있다는 것이다. 당쟁의 격화를 배경으로 양반층은 혈연·학파·지역별로 연결되어 상호간의 결속과 유대관계의 강화를 도모하면서 다투어 서원·사우를 건립하였다. 서원은 정치적으로 향촌의 사림들의 여론을 수렴하는 일차적 거점이 되었고 문중내부의 현조(顯祖) 제향을 통한 벌족으로서의 사회적 지위유지, 교육·교화를 통한 문중내 윤리질서의 확립이라는 목적으로 건립되었다. 이 때문에 후손·문인·향인(鄕人) 등 대부분 피봉사인과 일정한 이해관계를 가진 집단에 의해 건립되었다. 숙종조에 이르면 파악된 서원의 총수만도 680개가 넘었다.[58] 왕조정부의 입장에서 본다면 별도의 부담없이 사학에서 자체적으로 양성한 인재를 관료로 뽑아 쓰기만 하면 되었으므로 이러한 상황이 그리 나쁜 것만은 아니었다.

유형원은 '덕 있는 사람의 글은 신(神)과 사람을 화합케 하여 영세(永世)의 모범을 드리우는 것'으로 '이러한 글은 군자유(君子儒)에게서만 나오는 것이고 결코 과거(科擧)의 무리 속에서 나오지 않는다'고 하면

57 『磻溪隨錄』 卷9, 教選之制 上. 學校事目

58 정만조(1975); 정만조(1975).

서 과거제로 인한 '문사(文詞)의 폐단'을 다음과 같이 지적하였다.

> 인심이 허랑하고 풍속이 야박하여 아래로 빈말을 꾸며 만드는 문사(文詞)에 이르기까지 또한 날로 용렬하고 저급함에 나아가는 것은 과거의 해독이 아닌 것이 없다. 마땅히 모두 혁파하고 공거제로 명백한 법령을 정하여야 할 것이니 그렇지 않으면 나라가 다스려질 날이 없고 만세가 캄캄한 긴 밤과 같이 될 것이다.[59]

인심과 풍속이 야박해지고 문사도 겉만 그럴 듯하게 꾸미는 데 치중하는 등 시속이 타락한 것은 모두 과거제 때문이라고 하면서 유력한 대안으로 내세운 것이 바로 공거제(貢擧制)였다. 공거제를 실시한다면 '자연스럽게 사풍(士風)에 기강이 서서 폐단이 점차 없어질' 터였다.[60] 공거제에 규정된 각급학교의 진학기준과 관로로 나아가는 경로는 구체적으로 어떠했을까? 〈그림 3〉을 중심으로 살펴보자.

59 『磻溪隨錄』 卷10, 敎選之制 下 貢擧事目.

60 『磻溪隨錄』 卷9, 敎選之制 上 學校事目.

〈그림 3〉 공거제의 운영체계

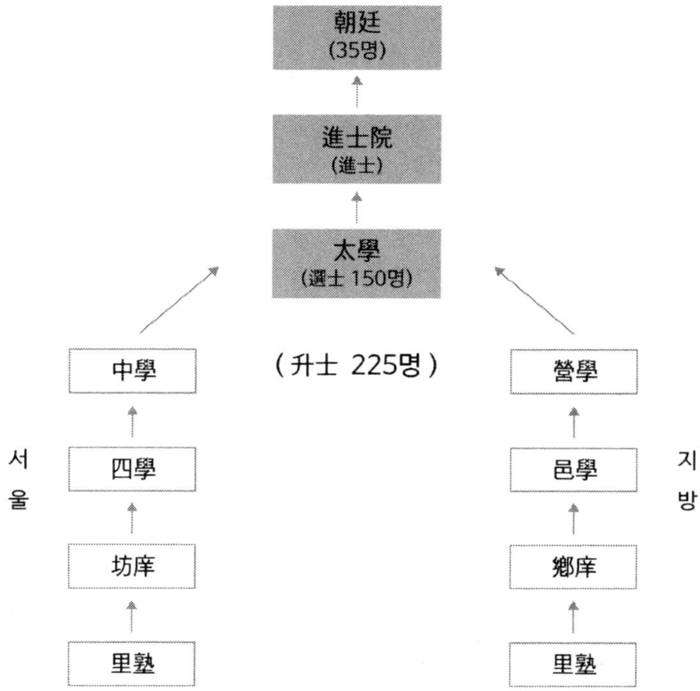

유형원이 구상한 공거제의 맨 밑에는 면 단위의 향상(鄕庠)·향학(鄕學)[서울은 坊庠]과 리 단위의 이숙(里塾)이 있었다. '향중(鄕中)'에서 기금을 모아 자발적으로 설립한 향상(鄕庠)은 수령이 인근의 경부(頃夫)와 원세(原稅) 20곡의 공전(公田)에 대한 면세분을 지원하는 형태로 운영되었다. 향상(鄕庠)의 학장(學長)은 해당 향(鄕 : 面)의 추천을 받아 관질의 유무와 관계없이 오직 학식을 기준으로 은퇴한 관료나 상급학교로 진학하지 못한 사람을 임명하도록 하였다. 수령은 학장을 예우하고 성과가 있으면 포상하도록 하였다. 유형원은 향상(鄕庠)을 강제하지 않더라도 공거제가 자리를 잡게 되면 건립이 자연스레 활성화될 것

으로 보았다.[61] 이숙(里塾)은 당시 서당과 비슷한 형태였던 것으로 생각된다. 향약이 읍 단위로 운영되었음을 감안한다면 향상과 이숙은 향약의 체계 속에서 지방관의 협조를 통해 자율적으로 운영되었으리라 짐작된다.

향상(鄕庠)과 이숙(里塾)에서 '학문에 뜻을 둔 사족의 자제'와 '재능 있는 일반백성'은 15세가 넘으면 소정의 절차를 거쳐 읍학(邑學)과 사학(四學)에 입학할 수 있었다. 이 때가 실질적으로 공거제에 진입하는 단계로 읍학과 사학의 재학생은 '사(士)'의 지위를 부여받게 되어 학생이자 관료후보자로서의 자격을 얻게 된다.[62] 진학자의 입장에서 본다면 이 단계야말로 향약을 바탕으로 한 자율적 공간에서 국가적 차원의 공적 영역으로 전환되면서 사(士)와 민(民)의 분기가 일어나는 지점으로 매우 중요한 제도적 의미를 가지고 있었다[뒤에서 상술].

선발절차는 수령과 교관[서울은 四部의 교관]이 주관하였다. 읍학의 학생에 결원이 생기면 매년 봄·가을 석전제 한두 달 전 지원자의 스승, 마을의 장로나 친장(親長)·부형 등이 입학을 요청하는 단자를 제출하였다[본인 제출도 허용]. 지원자는 학교 인근의 학촌(學村)이나 외사(外舍)에 머무르면서 사장(師長)이 주재하는 『소학』과 사서(四書)의 고강(考講)을 통과해야 입학이 허가되었다. 일반민[庶人]은 입학에 아무 제약이 없었으나 공상(工商)·시정(市井)·무당·잡류(雜類)·공사천 등은 입학이 허용되지 않았다.

---

61 『磻溪隨錄』 卷10, 教選之制 下 貢擧事目. 鄕庠은 중당 3간, 좌우에 재실이 각 2간, 부엌과 창고 2간 정도로 가급적 사창소재지에 세우고 서원이 있는 곳은 이를 재활용하도록 하였다.

62 『磻溪隨錄』 卷9, 教選之制 上 學校事目.

신입생들은 외사(外舍)에 머물렀기 때문에 외사생[또는 增廣生이나 額外生]이라 했고 공전 2경에 대한 보포(保布)가 면제되었다. 외사에 들어와 1년이 지나면 매년 봄가을 두 차례 '재주와 행실이 있고 학문에 힘쓰는 자'를 뽑아, 『소학(小學)』·사서(四書)·『근사록(近思錄)』·육경(六經) 중 택일, 고강하여 합격하면 내사(內舍)에 들어갈 수 있었다. 내사생(內舍生 : 額內生)이 되면 공전 4경의 보포를 면제받았다.[63] 수령은 읍학(邑學)의 학생들을 예우하고 이들이 학업에 전념할 수 있도록 향관(鄕官)·장관(將官) 등의 직임을 맡기지 말도록 하였다.[64]

교관은 학생의 학업을 독려하여 5일 단위로 통독 강론하고 매달 1일과 15일 고강을 실시하였다. 고강은 상·중·하 세 등급으로 평가되었고 불통자(不通者)는 초달(楚撻)하였다. 매년 봄가을 서울은 사교(司教 : 中學의 師長), 지방은 감사가 각기 사학(四學)과 읍학을 돌면서 교관·학생 등과 함께 '학교법(學校法)'을 읽고 고강과 활쏘기를 실시하였다. 감사는 매년 봄·가을 교관의 성적을 고사(考査)하여 뚜렷한 성과가 있을 경우 포상한 후 상위 직임으로 발탁하고 직무에 태만한 자는 해당인은 물론 그 거주(擧主)까지 함께 처벌하도록 하였다. 임기가 차면 실적에 따라 승진되었다. 제술(製述)은 춘하추동 4차례 실시하였는데 시(詩)·부(賦)·표(表)를 없애고 경서와 제자(諸子)·사론(史論)·시무책(時務策)을 위주로 의(義)·논(論)·책(策)을 간결하게 짓도록 하였다. 이 때 향사례(鄕射禮)를 함께 행하고 글씨도 평가하였다.[65]

63 『磻溪隨錄』 卷10, 教選之制 下 貢擧事目.

64 『磻溪隨錄』 卷10, 教選之制 下 貢擧事目.

65 『磻溪隨錄』 卷10, 教選之制 下 貢擧事目. 유형원은 활쏘기를 특히 중시하였다.

유생들은 5개 번으로 나누어 15일씩 학교에 기숙하였다. 60명이 정원이라면 번당 12명 5개 번차로 나누어 매달 1일과 15일 교대하였고[40세 이상자 免番], 당번생에게는 공량(公糧)이 제공되었다. 당번임에도 학교에 나오지 않거나 1년 이상 무단결석할 경우 처벌하였다.[66] 학생 자치조직도 있었다. 여러 유생 가운데 '중의(衆議)가 추천하고 경복(敬服)하는 나이 많고 우수특이(優秀特異)한 자' 1인을 장의(掌議)로 삼고 그 밑에 유사(有司)[2인·임기 1년], 직월(直月)[2인·임기 1년]을 두도록 하였다. 학교 운영과 관련하여 논의할 사항이 있을 경우, 장의가 학장에게 보고하였다. 유사는 물품의 출납과 하인을 부리는 일, 서책이나 비품 등의 관리를 담당하였다.

다음은 중학(中學)과 영학(營學)이다. 사학(四學)과 읍학(邑學)의 재학생이 3년을 수학하면 상급학교인 중학과 영학에 진학할 수 있었다. 식년의 9월 서울은 사학(四學)에서 중학(中學), 지방은 읍학(邑學)에서 영학(營學)으로 학생들을 진학시키는 '대비(大比)'가 실시되었다. 경기 지역은 별도로 영학을 세우지 않고 서울의 중학(中學)이 그 기능을 담당하였다.[67] 서울의 사학은 교관의 장(長)과 이관(貳官), 지방 읍학은 수

유형원은 원래 文과 武는 분리될 수 없는 것으로 文事에 임하면 유건을 쓰고 武事에 임하면 군복을 입을 뿐이라고 하면서 '유생이 한번 활과 화살을 잡으면 다시 학교에 들어갈 수 없게 된 것은 말폐 중의 말폐'라고 비판하였다. 문무겸전의 강조는 그가 관제개혁을 통해 官階와 공거제 운용에 문무구분을 없앤 점과 일맥상통하는 것으로 학생은 물론 교관이나 수령도 틈틈이 활쏘기를 연마하고 특히 고강을 통해 선발한 학생이 정원을 초과할 경우 활쏘기를 통해 우열을 가리도록 하였다. 유형원의 관제개편론에 대해서는 송양섭(2018) ; 송양섭(2019) 참조.

66 『磻溪隨錄』 卷10, 敎選之制 下 貢擧事目

67 『磻溪隨錄』 卷9, 敎選之制 上 學校事目

령과 교관이 그 '덕행(德行)과 도예(道藝)'를 살펴 선발을 논의하였다.

수령과 교관은 평소 향약과 학규에 규정된 '덕업과실'과 재능·학문의 우열을 고사(考査)하되 '중의(衆議)의 공론(公論)'을 따르도록 하였다. 그 기준은 '행실이 향리에 나타나고[行著鄕里]' '학문이 경술에 밝으며[學明經術]' '재주가 일을 맡길 만 한 것[材能可任]' 세 가지였다. 정기적으로 실시한 고강과 제술에 대한 평가는 참고자료에 그칠 뿐이었다. 학생의 진학이란 '문자에 구두나 찍고 문지(門地)의 귀천에 있는 것이 아니고 오직 현능한 사실만을 가지고 하'도록 했다. 대비(大比)가 끝난 후에는 1~3명 정도의 천거 대상자를 주빈으로 지역의 장로, 학교의 여러 인사들과 함께 향음주례를 베풀었다. 일종의 축하연인 셈이다. 향음주례 다음날 천거대상자들은 거장(擧狀)을 가진 아전과 함께 중학이나 영학으로 떠났다.[68]

사학(四學)과 읍학(邑學)에서 천거된 승사(升士)가 중학(中學)[서울]과 영학(營學)[지방]에 오면 각각 사교(司敎)와 감사의 주관 하에 상견례와 고강을 실시했다. 입학생은 사서(四書)·육경(六經)·『근사록』을 5일 간격으로 통독·강론하고 매월 1일 학교법을 읽으며 분기마다 글씨와 활쏘기를 고사(考査)하도록 하였다. 봄가을에는 강독을 고사하였다. 승사 중 학업이나 행실이 부적절한 인물은 원 지역으로 돌려보내고 해

68 추천장에 해당하는 擧狀에는 천거대상자의 소속 학교, 성명, 나이를 쓰고 천거자의 직역과 성명을 기재하였으며 성품·행실·학술 등 천거사유를 사실에 입각하여 기술하도록 하였다. 여기에는 피천거자가 적임자가 아닐 경우 천거자(擧主)가 합당한 책임을 지겠다는 문구도 들어가 있다. 中學과 營學에서 太學으로, 태학에서 朝廷으로 올라가는 경우에 쓰는 擧狀도 양식은 대동소이했다(『磻溪隨錄』 卷9, 敎選之制 上 學校事目).

당인을 선발한 교관과 수령을 처벌하도록 하였다.[69] 승사(升士)에게는 청결하고 넉넉한 숙식이 제공되었고 통학도 허용했다. 의무적으로 학교에 있어야하는 번차(番次)도 없었다.

봄가을에는 전체 학생이 참석하여 제사와 고강·활쏘기를 실시하였다. 무단·장기 결석, 매달 1일과 15일 실시하는 강독 불참, 3개월을 기준으로 학교에 머문 날이 15일 미만일 경우 징계하였다. 감사와 도사는 정규행사 외에 틈틈이 학교를 방문하여 학업을 격려하도록 하였다. 이듬해 가을이 되면 사교·감사와 사도(司導)·도사(都事)가 승사(升士)의 덕행(德行)과 도예(道藝)를 살피고 현능(賢能)을 가려 태학(太學)에 올릴 대상자를 선발하였다. 중학과 영학 재학생은 1년이 지나면 태학에 오를 심사대상자가 되었다. 이는 앞 단계의 천거 방식과 사실상 동일했다. 선발되지 못한 자는 그대로 영학(營學)에 머물러 다음 식년 새로 진입한 사람들과 함께 다시 심사 대상에 올랐다.[70]

사실상 최종단계의 교육기관인 태학도 중학·읍학과 마찬가지로 입학생의 상견례와 고강을 행하고 불통자(不通者)는 돌려보냈다. 입학생은 선사(選士)가 되었다. 이들은 최대한 예우받도록 하였고 승사(升士)와 마찬가지로 번을 나누어 학교에 머물 필요가 없었다. 이들도 5일 1회 통독(通讀), 매달 1일 학교법 강독, 사시(四時) 활쏘기, 춘추고강 등을 실시하였다. 학문이나 행실이 기대에 미치지 못할 경우 돌려보내고 해당자를 추천한 중학의 장(長)·이관(貳官)이나 영학의 감사·도사를 처벌하도록 하였다.

---

69 『磻溪隨錄』卷10, 敎選之制 下 貢擧事目
70 『磻溪隨錄』卷10, 敎選之制 下 貢擧事目

태학의 장·이관은 매년 가을 선사(選士) 가운데 '성행(性行)이 단정하고 염치와 예양(禮讓)이 있고 학업을 밝게 통하고 나라 다스리는 도를 통달한 자'를 선발하여 조정에 올렸다. 탈락자는 다시 태학에 머물러 공부하였다.[71] 조정에 올라온 사람은 대신이 명관(命官)이 되고 당상관 1명, 6조 당상관 각 1명, 홍문관 사헌부 관원 각 1명이 모여앉아 고강을 실시하였다. 고강 방식은 태학과 같지만 과목에 『강목(綱目)』과 『경국대전』이 추가되었다. 고강을 통과하면 진사(進士)가 되어 진사원(進士院)에 들어갔다.[72]

진사원은 의정부와 이조·병조가 주관하였다. 이들은 입직하여 궁궐 숙위를 하고 국왕의 소대에 응하였다. 실력이 기대에 미치지 못할 경우 물리치고 태학의 장과 이관을 처벌하도록 하였다. 진사는 직임도 없고 정원도 없으며 3번으로 나누어 입직하고 사시 강독과 활쏘기를 하였다. 이들에게는 조회의 시위(侍衛)나 제사의 집사 담당, 경연(經筵)과 윤대(輪對) 참석 등 여러 가지 임무가 부여되었다. 1년이 경과하면 이들에게 7~9품의 직이 부여되었다.

71 『磻溪隨錄』卷10, 教選之制 下 貢擧事目. 유형원은 策問을 관료선발의 평가요소로 넣는 것은 반대하였다. 글이라는 것이 마음에서 나오는 것이므로 그 사람의 학문적 수준이 잘 드러나지만 글의 형식에 매달리게 되면 문장을 화려하게 만드는데 치중하여 글쓰기의 본질을 잃게 되기 때문이라는 것이다. 인물에 대한 평가는 다년간 수행한 업무, 말과 주장, 일의 주선과 응대 등을 종합하여 판단해야 하며 하루만에 작성한 답안지로는 불가능하다고 하였다. 책문을 통해 시험을 한다면 초학자들조차 글을 돌려가며 베끼고 모방하는 것을 일삼을 뿐 아니라 주현에서 천거하는 것도 文詞를 우선으로 삼을 것이므로 커다란 폐해를 초래할 것이라고 경고하였다. 이 또한 과거제의 문제 가운데 하나로 공거제가 중점적으로 해결하고자 한 과제였다.

72 『磻溪隨錄』卷10, 教選之制 下 貢擧事目

우수한 인물은 6품 이상 관직에 임명하고 특별히 뛰어난 사람은 부여하는 직품(職品)에 제한이 없었다. 관직에 나아갈 수 있는 연령은 40세 이상으로 규정되었다. 40세는 고제에서 인격적으로 완성단계에 접어드는 시기로 운위되는데다가 관료의 정원을 효율적으로 운용하기 위한 차단막의 성격도 강했다. 물론 탁월한 학문과 인격의 소유자로 판단될 경우 연령에 구애 없이 별천(別薦)의 통로를 통해 관직에 임명될 수 있었다.[73]

각급 학교의 단계 마다 추천과 선발을 주관한 사람들에게는 권한과 함께 책임이 따랐다. 수령과 교관이 적당한 인재를 추천하지 않으면 감사가 보고하여 파직시키고 부적절한 자나 사적인 연줄로 추천한 경우에는 천거한 사람[擧主]을 징계하도록 하였다. 사교와 감사가 동일한 과오를 저질렀다면 태학에서, 태학에서 그러한 일이 일어났다면 조정에서 처벌하고 현능한 자를 천거한 경우에는 논상하도록 하였다.[74]

73 『磻溪隨錄』卷10, 教選之制 下 貢擧事目. 공거제의 인재선발 방식도 기본적으로 천거제의 한 형태지만 유형원은 別薦의 방식으로 공거제에 대한 제도적 보완 장치를 두고자 했다. 중앙의 3품 이상 관료와 '近侍賢儒'은 '선왕의 도에 밝고 덕업을 충분히 갖추어 넉넉히 사표가 될 만 한 자(明先王之道德業充備足爲師表者)'와 '뜻이 돈독하고 학문을 좋아하며 재주가 어질고 행실이 잘 닦인 자(篤志好學材良行脩者)'를 찾아 왕에게 추천하도록 하였다. 지방에서도 동일한 기준으로 수령과 읍학이 인재를 천거하면 감사를 거쳐 이조가 심사하여 적당한 직임을 주도록 하였다. 이들에게는 머무를 처소가 주어졌고 왕의 소대에 응하여 治道와 학술을 강론할 기회가 부여되었다. 이 가운데 우수한 사람은 고위관료로 임용하고 학업과 덕행이 출중한 사람은 태학의 스승이나 각급 학교의 교관으로 임명하도록 하였다(『磻溪隨錄』卷10, 教選之制 下 貢擧事目). 하지만 천거제가 단순히 고제의 이상 속에만 존재하는 것은 아니었다. 천거제는 국초 이래 과거제를 보완하기 위해 제한적이나마 실시되고 있었고 유형원도 일정하게 이러한 현실의 제도에 대한 인식을 바탕으로 자신의 구상을 가다듬었을 것임은 충분히 짐작할 수 있다. 천거제에 대해서는 정구선(1995) 참조

천거한 사람도 피천거자가 부적격한 인물일 경우 책임을 져야하기 때문에 신중할 수밖에 없고 피천거자도 함부로 나설 수 없도록 제도적 장치를 두었기 때문에 사적인 이해관계가 끼어 들 여지가 크게 줄어들 수밖에 없었다.[75]

〈표 1〉 각급학교의 직임과 학생정원

<table>
<tr><th colspan="2" rowspan="2">각급학교</th><th rowspan="2">長</th><th rowspan="2">教官</th><th colspan="2">정원(명)</th></tr>
<tr><th>내사생</th><th>외사생</th></tr>
<tr><td colspan="2">太學</td><td>大司成(정2품)</td><td>司成(정3품)</td><td colspan="2">150</td></tr>
<tr><td colspan="2">中學</td><td>司教(정3품당상)</td><td>司導(종3품)</td><td colspan="2" rowspan="2">225</td></tr>
<tr><td colspan="2">營學</td><td>監司(長) 參理 또는
都事(貳官)</td><td>參理(都事 : 종3품)</td></tr>
<tr><td colspan="2">四學</td><td>(不明)</td><td>教導(종4품) 教授(종6품)</td><td>각100</td><td>각200</td></tr>
<tr><td rowspan="4">邑
學</td><td>大府・都護府學</td><td rowspan="4">守令</td><td>教導(정5품)</td><td>80</td><td>160</td></tr>
<tr><td>府學</td><td>教導(종5품)</td><td>60</td><td>120</td></tr>
<tr><td>郡學</td><td>教授(정6품)</td><td>40</td><td>80</td></tr>
<tr><td>縣學</td><td>教授(종6품)</td><td>20</td><td>40</td></tr>
</table>

* 『磻溪隨錄』卷9, 教選之制 上 學校事目; 『磻溪隨錄』卷1, 田制 上「分田定稅節目

유형원은 각급 교육기관별로 그 책임자와 교관, 그리고 학생의 정원을 규정하였다. 태학의 장(長)과 이관(貳官)은 '도덕이 높아서 스승으로 삼을 만한 자'를 임명하고 이조판서와 대제학은 지관사(知館事)를 겸하도록 하였다. 대사성은 정2품, 사성은 정3품으로 올리도록 하였다. 중학・영학은 사교와 감사, 그 아랫단계인 읍학은 수령이 책임

74 『磻溪隨錄』卷10, 教選之制 下 貢擧事目

75 『磻溪隨錄』卷10, 教選之制 下 貢擧事目

자였다[四學은 불분명]. 실질적인 교육을 맡은 교관에는 가급적 해당 군현이나 인근 군현의 '학업이 남의 스승이 될 만한 자'를 임명하되 처우에 각별히 신경을 쓰도록 하였다.[76] 교관은 수령이 객례(客禮)로 예우하도록 하고 망궐례와 유생고강 외에 어떤 공사(公事)도 출석이 면제되었다. 당시 교수·훈도 등 교관에 대한 기피와 자질 저하 문제에 대한 해결 방안이었다.[77] 학빈(學賓)이 있을 경우 하인이 배정되었고 읍학·사학에 입학하는 내사생과 외사생[증광생]의 정원은 2:1 비율로 책정되었다.[78]

당시 사학의 학생 정원은 각 100명이었고 향교의 정원도 부주(府州) 90명, 도호부(都護府) 70명, 군(郡) 50명, 현(縣) 30명이었음을 감안하면 표면적으로 유형원이 설정한 내·외사생 정원은 2~3배 늘어난 것처럼 보인다. 하지만 당시 향교의 서재생은 입속의 제한이 없어 엄청난 인원이 몰려드는 상황이었다.[79] 유형원의 방안은 당시 방만하게 운영되던 향교·사학의 입속(入屬) 정원에 대한 적정한 관리를 통해 관료 선발과 교화진작을 위한 보다 높은 수준의 관료예비군 풀(pool)을 구축하기 위한 것으로 이해할 수 있다.

한편, 당시 성균관·향교 등 관학이 직면한 주된 문제는 대부분 궁핍한 재정으로 인한 것이었다. 예컨대 2,500여 결에 달하는 성균관 학전(學田)으로부터의 수입은 부족하기 십상이어서 기숙 유생수를 줄

76 『磻溪隨錄』 卷9, 教選之制 上 學校事目
77 『磻溪隨錄』 卷10, 教選之制 下 貢舉事目
78 『磻溪隨錄』 卷9, 教選之制 上 學校事目.
79 송찬식(1976).

이거나 토지를 추가로 내려주는 실정이었다. 성균관의 유탄(油炭)·포진(鋪陳)·석자(席子)·지의(地衣) 등 물품은 노비신공으로 충당하였지만 이 또한 다른 기관으로 자주 전속(轉屬)되어 재정은 갈수록 부실해져 갔다.[80] 향교도 마찬가지였다. 향교위전(鄕校位田)으로부터의 수입이 불안정했던 데다가 확보된 세수도 향교재정에 제대로 쓰이지 못했다. 위전에 대한 양반의 모점(冒占)도 향교재정을 좀먹는 요인 중 하나였다.[81]

〈표 2〉 각급학교에 대한 예산과 인력의 배정

구분	賜稅田	交款祿俸(월급)	紙地鋪陳雜物價米	합(곡)	儒生公糧	僕隸						
						書吏	皂隸	小史	合	歲米	田	加給田
太學						9	96	63	168			
進士院						3	12	30	45			
中學						6	36	18	60			
四學						각3	각42	각30	각75			
營學							24	28				
大都護府學	480				345.6	2	58	42	102	1,185.6	51	10
府學	370	150(12.5)	14	164(109.5)	259.2	2	50	34	86	1,010.8	43	8
郡學	260	132(11)	12	144(96)	172.8	2	42	26	70	838.0	35	7
縣學	150	120(10)	10	130(86)	86.4	2	36	18	56	694.4	28	5

* 자료 :『磻溪隨錄』卷9 教選之制 上 學校事目;『磻溪隨錄』卷19, 祿制 各道州縣學鎭驛吏隷祿田定數.
** 賜稅田·教官祿俸·紙地鋪陳雜物價米·儒生公糧·歲米의 단위는 斛(10두)이며 田과 加給田의 단위는 頃이다.

이러한 문제를 타개하기 위해 유형원이 제시한 방안이 각급 학교에 대한 공전의 분급과 '경비(經費)'의 책정이었다. 〈표 2〉는 각급 학교별로 책정된 사세전(賜稅田)·지지포진잡물가미(紙地鋪陳雜物價米)·교관

80 이성무(1967), 263면.
81 윤희면(1990); 전경목(2003) 앞의 글.

녹봉 등 각종 운영비와 인건비의 항목별 액수를 나타낸 것이다. 표에서 보듯 서울의 태학(太學)·진사원(進士院)·중학(中學)·사학(四學), 지방의 영학(營學)에 대해서는 태학(太學)·영학(營學)의 유사(儒士)의 식사와 갖가지 수용(需用)을 '경비(經費)'에서 회감(會減)하여 지출하도록 했을 뿐 사세전을 비롯한 여타 항목에 대한 규정은 미비한 상태이다. 반면 대도호부학·부학·군학·현학 등 읍학(邑學)과 관련된 항목은 빠짐없이 갖추어져 있다.

이는 유형원이 구상한 공거제 체계의 한 축을 이루는 학제의 기반이 읍학임을 잘 보여준다. 군현 단위로 광범위하게 설치·운영되었던 읍학이야말로 밑으로부터 축적된 교화의 성과를 위로부터의 관료선발제로 적절히 흡인해내기 위한 관료예비군 양성의 전국적 거점으로 교선의 이념 실현을 위해 유형원이 가장 중점을 둔 부분이라고 할 수 있다. 같은 단계인 서울의 사학이나 그 바로 윗 단계인 영학·중학, 그리고 태학은 수적으로 얼마 되지 않는데다가 재정이나 인력의 활용이 용이했기 때문에 굳이 상세한 규정을 둘 필요가 없었던 듯 하다. 재정이나 인력의 배치라는 측면에서 공거제 운영의 주안점은 실질적인 교육과 인재선발의 기저를 이루는 읍학에 두어졌던 것이다.

읍학에는 일단 사세전(賜稅田)을 배정했다. 사세전은 '학중공수(學中公需)'를 충당하고 약간의 잉여를 흉년에 대비한 예비재정으로 남기도록 했다. 관원(官員)·유사(有司)의 사용(私用)은 금지되었다.[82] 교관의

82 사세전은 아록전·공수전 등과 같이 民田에 수세하는 各自收稅와 마찬가지로 일종의 수조권 분여라는 성격을 띤 것이었다. 이에 대해서는 본서 「왕실재정 개혁」에 상세하다.

녹봉과 유생에게 제공되는 소금·장·어물·채소·등유, 학빈(學賓)의 식사비용, 대제(大祭) 때의 식사비, 서책·종이·붓·기용(器用), 재실의 포진(鋪陳) 따위의 지출항목, 지지포진잡물가미(紙地鋪陳雜物價米)가 읍격에 따라 책정되었다. 유생에 대한 공량(公糧)은 1인당 두 끼를 기준으로 1일 2승이 책정되었는데 이들이 5번으로 나누어 1번 당 12인씩 15일 학교에 들어왔으므로 월 양미(糧米)는 7곡 2두로 산정되었다[常供]. 당번이 아니면서 학교에 머무는 자는 공량(公糧)이 제공되지 않았다. 잡무를 담당할 서리·조예·소사가 배정되었고 이들에게는 녹봉과 거주지가 제공되었다.[83]

공거제를 통한 학제운영과 관료충원의 장기추세는 어떠했을까? 유형원은 이를 다음과 같이 설명했다. 예컨대, 자년(子年)을 식년으로 삼을 경우, 그 해 가을 사학(四學)과 읍학(邑學)에서 225명의 학생이 선발되어 각각 중학(中學)과 영학(營學)에 올라가고 이듬해인 축년(丑年)에 중학과 영학의 승사(升士) 225명 중 150명이 추려져 태학(太學)에 진입하였다. 충청도 영학을 예로 들면 승사(升士) 30명 가운데 태학으로 올라가는 선사가 20명이므로 식년마다 10명의 탈락자가 생기는 셈이었다. 7식년(21년)이 되면 탈락자의 누계가 70명이므로 8식년째는 신규 진입한 승사 30명을 여기에 합해 총 100명이 되었다. 이들 100명 중 20명이 선사로 태학에 진학했다. 이 또한 7~8식년(21~24년)을 하나의 주기로 보면 더 이상 재학생의 증가는 없다고 해도 좋았다.[84] 다음해인 인년(寅年)에는 태학의 선사(選士) 150명 가운데 선발된 35명이

83 『磻溪隨錄』 卷10, 敎選之制 下 貢擧事目
84 『磻溪隨錄』 卷10, 敎選之制 下 貢擧事目

조정에 올라가 관원에 임용되었다. 태학의 선사는 매년 선발되므로 3년 누적 인원이 105명이 되었다.[85]

매년 조정에 올라가는 35명의 인원을 바탕으로 전체적인 관원의 수급이 이루어졌다. 40세에 임명된 관료가 70세 무렵 은퇴할 경우, 최대 30년 정도 재직하는 셈이지만 실제로 이를 채우는 경우는 드물었다. 따라서 900여 개의 관직을 20여 년으로 나누면 매년 30여 명 정도의 인원이 은퇴하게 되는데 실제로는 갖가지 사유로 이보다 많은 인원이 관직에서 물러나기 때문에 신규발령 관원 35명과 은퇴하는 관원의 수는 서로 엇비슷할 것으로 예측하였다. 매년 관원 35명을 신규 발령하여 20여 년이 지나도 누적인원은 700여 명 정도였다. 나머지 200개 정도의 관직은 공거제 외에 별천(別薦)·승천향관(陞遷鄕官)·무선승사(武選升士) 등에 의해 채워졌다. 전체 900여 개의 관직은 결원과 수급 상황에 따라 적절하게 조절되면서 대략의 총량이 일정하게 유지되도록 한 것이 운영의 핵심이었다.[86]

이상의 내용을 정리해보자. 유형원이 제시한 공거제는 향약을 통해

85 『磻溪隨錄』 卷10, 教選之制 下 貢擧事目

86 『磻溪隨錄』 卷10, 教選之制 下 貢擧事目. 유형원은 이를 수치를 들어 더욱 구체적으로 설명하였다. 태학 정원 150명 중 3년 단위로 105명 선발하면 이 때 45명의 탈락자가 남는데 이들이 7식년(21년)이 되면 누적인원이 315명이 된다. 다시 한 식년이 지나면 이들 315명과 신규진입 150명을 합하여 총 465명이 되는데 이들 가운데 3년에 105명이 선발되어 조정으로 나아가게 되는 셈이었다. 유형원은 학제와 관료충원의 주기를 24년(8식년)으로 상정하였는데 기계적으로 계산한다면 8식년×105명=840명의 관료가 배출되지만 질병·사망 등의 사유로 실제로는 이보다 적을 것으로 예측했다. 매년 은퇴자를 30여 명으로 가정한다면 3년에 100명 남짓으로 새로 조정에 들어오는 105명과 서로 엇비슷해 관료수급체계는 원활히 돌아갈 것으로 예상했다.

교화의 토대를 구축한 후 이를 바탕으로 학제와 관료선발 체제를 연계시킨 것이었다. 여기에는 관학의 침제와 과거제의 모순으로 교육과 관료선발 시스템에 심각한 문제가 있다는 인식이 크게 작용했다. 유형원이 대안으로 제시한 공거제는 향촌사회 내부에서 자율적으로 설립·운영된 이숙(里塾)이나 방상(坊庠)·향상(鄕庠)을 기반삼아 읍학(邑學)[지방]·사학(四學)[서울]의 3년 과정을 거쳐 영학(營學)[지방]·중학(中學)[서울]에서 1년 수학한 후, 최고 교육기관인 태학(太學)에 입학하는 절차로 이루어졌다.

공적인 학제는 읍학과 사학에서 사실상 시작되었으며 이 단계야말로 밑으로부터 축적된 교화의 성과를 위로부터의 관료선발제로 적절히 흡인해내기 위한 관료예비군 양성의 전국적인 거점이자 사민(士民)의 분기가 일어나는 지점이었다. 단계별 상급학교 진학기준은 지역사회 및 각급학교의 '중의(衆議)'·'공론(公論)'이었고 고강·제술성적은 참고자료에 지나지 않았다. 태학 재학생 중 일부가 선발되어 진사원(進士院)에 들어갔고 이들 진사(進士)는 인품과 실무능력에 대한 엄격한 검증을 거친 후 관직에 임명되었다.

각급학교의 교관과 학생의 정원도 정해져 당시 방만하게 운영되던 관학입학에 엄격한 제한을 가하였고 운영을 위한 재정도 공전과 경비에 의해 안정적으로 뒷받침되었다. 유형원은 장기예측을 통해 공거제의 운영방식을 구체적으로 설명함으로써 학제운영과 관료충원에 오작동이나 과부족이 없을 것임을 증명하였다. 교선론(敎選論)에 기반한 공거제(貢擧制) 구상은 향촌사회의 공동규약과 학제를 함께 편제하여 공동체적 화합과 자율성을 기반으로 단계별 각급학교를 거쳐 관료를 선발하는 일련의 과정을 하나로 통일시킴으로써 체제교학(體制敎學)의 전파와 지배엘리트의 재생산을 위한 종합적인 지배구상의 일환으로 제기된 것이었다.

4. 공거제貢擧制와 '교선敎選'의 지향

향약을 통한 교화의 저변 위에 학제인 동시에 관료선발제로 구축된 공거제가 당대의 현실에 비추어 하나의 제도론으로 어떠한 위상과 지향을 가지고 있을까? 유형원의 구상이 철저하게 당대 제도운영이 보여주는 현실에 규정되었던 만큼 그 맥락도 이를 바탕으로 추구될 필요가 있다. 당시 교학체제 쇄신안은 여러 가지가 있었지만 대체로 지방관의 주도와 사족의 참여를 통하여 면리 단위로 학교 조직을 구축하고 이를 향교(鄕校)·국학(國學)과 연계하는 방안이 대세였다.[87]

이것이 과거제에 대한 근본적인 회의에서 비롯되었음은 물론이거니와 인재선발 방식에 대한 논의의 중요한 축을 차지한 것이 바로 천거제(薦擧制)였다. 천거제는 부분적으로 제도화된 상태였고 16세기 사림파에 의해 본격적으로 추진되었다. 사림파는 문예·문장에 의해 인재를 선발하는 과거제가 덕행(德行)이라는 요소를 검증하지 못한다고 비판하고 천거제의 확대실시를 강력히 주장하였다. 이들은 공론에 입각한 공정한 인재선발을 주장하면서 천거제의 일종인 保擧制를 관철시키고 강화된 언권과 낭관권을 토대로 천거인을 활발히 서용해 나갔다.[88]

87 정만조(1988).

88 이러한 유형원의 구상은 그 골격의 상당부분을 이이의 주장에서 차용했다 해도 과언이 아니다. 이이는 당시 과거제가 文藝만 중시하고 德義는 소홀히 하기 때문에

천거제는 일시적으로 폐지되기도 했으나 17세기에 접어들면서 다시 부활했고 낭천제를 통해 낭관권 하에 통합되어 인재등용의 새로운 방법으로 정립되었다. 17세기에 접어들어 천거제는 산림직(山林職)을 설치하는 방식으로 나타났으며 이를 배경으로 천거제를 확대하자는 주장은 조야의 광범위한 공감대를 얻고 있었다.[89] 유형원의 공거제 구상도 이러한 시대적 분위기에서 제기된 것이었다. 공거제가 현실에 적용되었을 경우 나타나는 장단점은 좀 더 따져 봐야할 문제지만 제도운영의 핵심은 무엇보다도 절차와 운영의 공정성을 어떻게 담보할 것인가의 문제였다. 유형원은 다음과 같이 말하였다.

> 천하의 일은 여러 사람이 함께 하면 사사롭기 어렵고 혼자 보면 사사롭기 쉬우며 실상을 책(責)하면 사사롭기 어렵고 거짓으로 하면 사사롭기

아무리 뛰어난 학문과 훌륭한 덕망을 지니고 있어도 과거에 합격하지 않으면 관리로 등용될 수가 없다고 하면서 그 대안으로 천거제의 활용을 주장하였다. 그것은 매년 전국의 생원·진사·유학 중 道學을 숭상하는 사람을 가려 이조와 예조에 보내면 이 가운데 생원·진사 200명과 유학 200명은 각각 성균관과 사학에 적을 둔 '選士'로 삼아 교육시키는 방안이었다. 성균관의 圓點制는 폐지하도록 했다. 아울러 지방의 선비 중 道義로 명망이 있는 사람을 處士로 발탁, 실직을 주고 국왕의 자문에 응하도록 하였다. 관료선발의 기준은 글쓰기가 아닌 德義로 지칭되는 종합적인 품성이었다. 지방 향교의 학생은 젊은 사람으로 채우고 나이 많고 재능이 없는 자는 제외하고 정원 외의 유생 중 부적합자는 모두 군역에 충당하도록 하였다(이선민, 1988 「이이의 경장론」, 『한국사론』 18). 앞에서 언급했지만 유형원의 구상은 이같은 이이의 문제의식을 충실히 계승하면서도 '敎選'의 이념을 통해 古制의 이상과 제도운영의 현실을 종합하여 체계화했다는 점에서 독자적 성격을 가지고 있었다.

89 최이돈(2010); 최이돈(1996). 중국 천거제는 한의 鄕擧里薦으로 시작되어 이후 다양한 방식으로 실시되었다. 이에 대해서는 金翰奎(1977) ; 申採湜(1981) ; 福井重雅(1988); 김동인(1994) 참조.

쉬우며 투명하게 하면 사사롭고 은밀히 하면 사사롭기 쉬우며 오랜 시간을 거치면 사사롭기 어렵고 잠깐 동안이면 사사롭기 쉽다. 공거제는 향당공공지론(鄕黨公共之論)을 널리 수렴하고 평소 선악의 실상을 따져 공개적으로 천거하여 여러 사람을 모아 예가 흥하고 임용함을 보증하여 오랫동안 책임을 지도록 하는 것이지만 과거제는 모조리 이와 반대이니 이것으로 본다면 공거제가 사사로움을 용납하기 쉬운가? 과거제가 사사로움을 용납하기 쉬운가?[90]

형식적인 글짓기 능력평가만으로는 인품과 실무능력 등에 대한 엄밀한 검증이 불가능하다고 비판한 유형원은 다중에 의한 장기간의 공적인 검증이야말로 가장 정확하고 안전한 인재선발 방식이며 그 현실적인 방안은 다름 아닌 '향당공공지론(鄕黨公共之論)'을 널리 수렴하고 평소의 행실을 관찰하여 공정하게 천거하는 공거제라는 것이다. 유형원의 개혁안 전반을 관통하고 있는 '공(公)'은 학제와 인재선발 과정에서도 중요한 원칙으로 적용되고 있음을 알 수 있다.[91]

이같이 유형원의 공거제는 당시 과거제 비판이 비등하고 있던 시대적 상황을 배경으로 사림파의 천거제 실시론을 충실히 계승, 단계별·층위별 공론을 통한 다중의 검증을 통해 공정성을 확보함으로써 보다 우수한 인재를 양성·선발하고자 했음을 알 수 있다. 그러한 점에서

90 『磻溪隨錄』 卷10, 敎選之制 下 貢擧事目

91 조선왕조의 '공'은 가족→촌락→군현→국가의 각 층위별로 공과 사가 전변하는 동심원꼴의 복잡한 모양새를 띠고 있다. 유형원이 궁극적으로 중시한 것은 국가 단위의 '공'이었지만 그 아래 층위의 범주에서도 '공'은 여전히 중요한 운영원리로 제시되고 있음을 볼 수 있다. 유형원 국가론의 공적 성격과 조선왕조 공 개념의 중층성에 대해서는 송양섭(2013) 참조

유형원의 공거제는 당시 다수의 논자들에 의해 폭넓게 제기되던 관학 진흥책의 한 갈래로 가장 체계적이고 포괄적인 형태라 해도 좋았다.

유형원의 공거제가 가지는 또 하나의 지향은 당시 복잡하게 운영되었던 교육제도와 기구를 국가차원의 공적인 학제로 단일화한 위에 관료선발 기능을 연계, 통일적으로 운영하고자 한 방안이었다는 점이다. 바로 '교선(敎選)'의 제도적 실현이었다. 당시 식년문과는 초시(初試)를 통해 240명의 인원을 뽑아 복시(覆試)·전시(殿試)를 통해 33명을 추려냈는데 응시자는 반드시 향교나 4부의 교육과정을 이수할 필요가 없었다.

왕조의 과거제가 향교(鄕校)와 사학(四學)에서 양성한 인재를 생원·진사시로 뽑아 성균관을 거쳐 문과에 응시하도록 한 것은 학제와 관료선발제를 연계시키고자 한 노력의 소산이었지만 문과 초시에는 생원·진사 외에 유학(幼學)에게도 응시자격이 부여되어 대다수의 사족들은 관학을 거치지 않고 서원에서 별도로 공부하여 대·소과에 응시하였다. 관학이 침체되고 서원으로 대표되는 사학(私學)이 주도권을 잡게 됨에 따라 학제와 관료선발체계는 서로 괴리된 채 병렬적으로 운영되고 있었던 것이다.[92]

공거제에서는 일단 초시단계의 240명과 비슷한 225명의 인재를 중학과 영학 단계에서 선발하도록 하였다. 과거의 소과 1,400명 선발은 방상(坊庠)·향상(鄕庠)에서 사학·읍학으로의 진학 단계로 대체되었

92 초시에는 館試·漢城試·鄕試가 있었는데 館試는 성균관의 居齋生에게 원점 300점을 기준으로 응시자격을 부여하여 50명을 선발했고 한성시는 서울의 유생과 현직관료를 대상으로 46명을 뽑았다. 향시는 150명을 도 단위로 배정하여 試取하였다(이성무, 2004).

다. 이 과정의 인원은 산술적으로 과거에 비해 크게 증가했다. 대부·도호부학 7,920명[240명(내사80+외사160)×33개], 부학 3,960명[180명(내사60+외사120)×22개], 군학 7,200명[120명(내사40+외사80)×60개], 현학 1,800명[60명(내사20+외사40)×30개], 서울 四學 1,200명[300명(내사100+외사200)×4개]으로 이를 모두 합하면 총 22,080명에 달했다. 여기에서 영학·중학으로 진학하는 승사 225명이 추려졌다. 대략 98.1:1의 경쟁률로 읍학·사학에서 영학·중학으로 진입하는 인원은 100명에 한 명 정도에 불과했던 것이다. 어쨌든 읍학·사학에 수용된 2만 명이 넘는 학생집단이야말로 교화·교육을 통해 유지되는 관료예비군의 기초적인 모집단으로 엘리트 선발의 저변을 이루었던 것이다.

다음은 중학·영학의 225명 중 150명이 태학(성균관)에 진학하는 단계로 이는 일원화한 관학체계의 운영을 위해 추가된 절차였다. 태학에 재학하는 150명 중 매년 35명이 선발되어 관료로 임명되었는데 이는 과거제에서 문과 복시·전시를 거쳐 33명을 선발, 순위를 매겨 관직에 임용하는 단계와 유사했다. 식년 문과만 놓고 본다면 3년 1회지만 증광시(增廣試)·춘당대시(春塘臺試)·별시(別試) 등 각종 부정기 시험으로 과거는 매년 평균 2회 가까이 실시되다시피 했던 만큼 공거제를 통해 최종 임명되는 관원수는 크게 감축된 셈이었다.[93]

여기에는 관제개편을 통한 관직수의 대대적 감축이 병행되었으며

93 조선전기 문과는 연 0.95회로 나타나는 반면 후기로 접어들면 연 1.77회로 크게 늘어나는데 이는 庭試·春塘臺試·增廣試·外方別試 등 부정기 시험의 비중이 높아지기 때문이었다. 16세기 연 0.9회 실시에 평균 11.5명의 급제자를 배출하던 별시가 17~18세기에 접어들면 연평균 1.3회 실시에 평균 18.8명으로 크게 늘어났던 것이다(차장섭, 1997, 91~100면).

유형원 스스로도 이러한 인원수가 당시 과액(科額)에 비해 대단히 낮게 책정한 것이라고 평가하였다.[94] 사학인 서원은 자연스레 폐지되었고 관료가 되기 위한 주된 사다리는 공거제로 통일되었다. 이같이 유형원의 공거제는 학제와 별도로 복잡하게 운영되던 관료선발제를 교선의 이념 하에 단계별 학제와 일치시켜 엄격히 운영함으로써 교화의 효과와 우수한 관료엘리트의 선발이라는 두 가지 목적을 달성하는데 주안점이 두어졌음을 알 수 있다.

다음, 유형원이 공거제 구상에서 특별히 주의를 기울인 것은 전국적으로 고른 인재등용과 이를 바탕으로 한 교화의 균질적 확산이었다. 유형원은 과거합격자의 서울편중 현상을 심각한 문제로 인식했다. 당시 문과 급제자의 분포는 50.4%가 서울에 편중되었고 이 문제는 이후에도 크게 개선되지 않았다. 지방 내에서도 대읍과 그 인근지역이 상대적으로 많았던 데서 보듯 교육자원이 풍부하고 유학의 보급이 빠른 지역에서 문과급제자 배출이 많았다.[95] 그러한 점에서 서울은 타의 추종을 불허하는 지역이었고 유형원은 관료가 주로 '서울의 세력 있는 집안의 자제들'로 채워짐에 따라 지방의 교생(校生)들은 자포자기하여 글자조차 모르는 자도 많은 실정이라고 비판하였다. 유형원은 공자의 '가르치는데 차별이 없다[有敎無類]'는 말과 같이 교화를 베풀면 어느 지역이건 흥선(興善)할 수 있다고 하면서 지방 사람들에게도 균등하게 기회를 부여해 관직진출의 길을 열어줘야 한다고 하였다.[96]

94 『磻溪隨錄』 卷10, 敎選之制 下 貢擧事目

95 차미희(1999), 151~161면; 박현순(2014), 277~285면.

96 『磻溪隨錄』 卷10, 敎選之制 下 貢擧事目.

당시 소과인 생원·진사시 선발인원 총 1,400명 중 한성시가 400명으로 28.6%를 점하였고 문과초시에서도 총 240명 중 한성시가 40명으로 16.6%를 차지했던데 비해 유형원은 서울지역 인원 비율을 태학 선사 50명 중 8명[16%], 중학·영학의 선사 225명 중 12명[5.3%]으로 크게 감축하였다. 특히 전체 소과 인원의 5%[70명]와 6.4%[90명]에 지나지 않던 황해·함경과 평안도의 인원을 각각 8%[선사 12명·승사 18명], 10%[선사 16명·승사 24명]로 상향조정하였다.[97]

평생 향촌에 묻혀 살았던 자신의 처지와 관련된 것인지 알 수 없지만 유형원은 호구와 토지면적을 기준으로 새롭게 구획한 군현제를 바탕으로 공거선발 인원수를 적절히 조정하여 균등하게 배정하고자 했다. 이는 전국적인 차원에서 교화를 진작시킬 수 있는 추동력으로 작용할 터였다. 각읍에서 올라온 영학과 중학의 승사 사이의 지역별 수준차도 새로 진입하는 자들과 태학에 선발되지 못한 자들이 섞여 일정 규모의 집단에서 항상적으로 경쟁하므로 태학에 올라가는 선사의 질적 수준은 일정하게 유지될 것으로 내다봤다. 사실상 동일한 단계를 거치는 태학도 마찬가지였다.[98]

97 『磻溪隨錄』 卷9, 敎選之制 上 學校事目 유형원의 각급 교육기관의 정원은 당시 제도와 크게 차이가 없으나 군현제를 대부·도호부 4만경, 부 3만경, 군 2만경, 현 1만경을 기준으로 개편하면서 대대적인 조정이 불가피했다. 學田·公糧·下人도 이를 기준으로 배정하도록 하였다.

98 『磻溪隨錄』 卷10, 敎選之制 下 貢擧事目. 유형원은 서북지역의 경우 학교가 설치되기까지 각각 2명을 줄여 경학에 배정했다가 5~6년이 경과되어 학교가 설치되면 원래 정원을 회복시켜 주도록 하는 경과 조치를 두도록 하였다. 인구가 압도적으로 많은 서울의 정원을 감축하기 어려운 현실도 공거제가 정착되면 바로잡힐 것이라고 하였다. 그는 정원을 호구의 實數대로 해야 한다고 하면서 서울의 선비들이 각기 고향에 안착한 후에도 서울의 인사가 배정한 儒額보다 많다면 인원수를

이상과 같은 특징을 가지는 유형원의 공거제는 향촌사회 말단의 지역공동체에서 국정을 책임지고 보좌하는 관료사회에 이르기까지 제도 운영의 대상이자 주도 집단을 상정하고 구상되었다. 전술한 바 '사류(士類)'로 지칭되는 범주였다. 이들이야말로 왕조의 지배엘리트를 충원하고 정치권력을 재생산하는 계층으로, 유형원이 염두에 둔 정치·사회적 지향을 일정하게 함의하고 있다는 점에서 매우 중요하다. 그는 당시 현실을 다음과 같이 묘사했다.

> 우리나라에서는 한갓 문지(門地)만 숭상하고 습속이 구차하게 이루어져 족속과 세대의 빛나고 빛나지 못함만 따지고 행의(行義)의 수양여부는 묻지 않는다. 만약 세족(世族)의 자손이면 비록 용렬하고 비루한 자라도 그 지위가 경상(卿相)에 통하고 집안이 한미하면 비록 큰 덕과 우수한 학식을 가진 사람이라도 사류(士類)의 반열에 들지 못하니 세도(世道)가 올라가지 못하고 인재가 흥하지 않으며 형정(刑政)이 문란한 것은 모두 이 때문이다. 이것이 어찌 선왕(先王)이 도(道)를 체현하여 세상을 바로잡았던 본의이겠는가?[99]

유형원은 당시 관로에 나아가는 기준이 개인의 능력이나 인품보다 문벌이 우선시 되어 좋은 집안의 자손들은 재능이나 인격에 결함이 있는 자라도 높은 지위까지 올라가고 집안이 한미하면 덕망과 학식을 갖추더라도 사류에 끼지 못하는 현실을 시종 비판하였다. 사회의 도덕적 타락과 인재의 사장, 국가운영의 난맥은 모두 이 때문이라는 것이다.

줄이지 않고 四學의 儒額을 120명으로 늘리도록 하였다.

99 『磻溪隨錄』 卷10, 敎選之制 下 貢擧事目.

유형원의 공거제 구상에서 핵심적인 범주로 지목한 '사류(士類)'와 관련한 역사적 경험으로서 사회신분 구조는 15세기 사회의 그것과 대단히 흡사하다. 법제적으로 양천제를 표방한 15세기 양인은 학생과 관료를 선발하는 모집단이자 군역을 통해 국방과 치안을 담당하는 국역 부담자이기도 했다. 신분이동의 개방성이 상대적으로 두드러지는 15세기 '양반'은 사회계층적 의미보다는 관료로서 유식자(有職者)의 의미가 강했다. 아버지가 양반이어도 그 아들이 무식자(無職者)면 서인(庶人)으로 간주되었고 양반도 관직을 없으면 서인(庶人)이 되었다. 공장(工匠)·상인·간척류(干尺類)·노비 등은 여기에서 제외되었다. 공신·문반 등 관원이 가장 상위신분으로 간주되었고 생원·진사·유음자제(有蔭子弟)·성중관(成衆官) 등이 뒤를 이었다.

하지만 16세기로 접어들어 사림의 등장과 사족세력의 성장으로 사족은 서족(庶族)과 족단적으로 구별되면서 배타적이고 권위적인 상위신분을 형성하였고 이에 따라 사족과 중인, 그리고 상한의 분화가 서서히 진행되었다. 이제 양반사족은 양인·노비와 대칭하는 개념으로 자리 잡게 되었다.[100] 지방사회에서도 중앙관료의 낙향생활과 이족세력(吏族勢力)의 대거 중앙정계 진출로 사족(士族)과 이족(吏族)의 분화가 진행되었다. 같은 토착이족 출신이면서도 한쪽은 중앙에 진출하여 재경관료가 되고 다른 한쪽은 다시 이족과 사족으로 분화되어나갔다. 재지사족은 이족, 즉 향리세력과 구분되는 지방지배세력으로 성장하였다.[101]

---

100 한영우(1983), 396~401면

101 이수건(1995).

이들은 점차 문벌을 형성해 갔거니와 같은 양반이라도 사족·품관의 구별이 있고 같은 사족 내에서도 대가(大家)·명가(名家) 등의 구분이 있었다. 누대에 청화요직(淸華要職)을 거친 현관(顯官)을 배출한 환족(宦族), 명망있는 학자의 집안, 충절(忠節)·효열자(孝烈者)의 배출 등이 문벌가문이 될 수 있는 조건이었다. 이들은 족보간행·종약·종회소 등 다양한 방법을 통해 종족집단으로서 상호 결속을 꾀하고 혼인이나 학연·당색에 의해 유대를 다졌다.[102]

17세기 접어들어 양반사족층이 특권적 문벌로 자리잡아감에 따라 국가 통치체제는 점차 경직화하고 사회적 유동성은 점차 약화되기에 이른다. 예컨대 조선전기 전체의 1%인 30명 이상 문과 급제자를 배출한 19개 가문은 전체의 30.1%에 해당하는 902명의 급제자를 배출한 반면 후기로 접어들면 전체의 1%인 101명 이상 급제자를 배출한 26개 성관은 전체의 46.4%에 해당하는 5,123명의 급제자를 배출하였다. 17세기 인조대 이후 문과 급제자는 급격하게 특정 소수가문으로 집중되고 있었고 이 또한 이 시기 벌열의 형성과 관련되었다.[103] 이같은 상황이 유형원에게 위기의식을 불러왔던 것이다. 다음과 같은 언급에서 그러한 인식의 일단을 엿볼 수 있다.

> 명분은 천지자연의 이치이니 어찌 엄하게 따지지 않겠는가? 소위 명분이라는 것은 본래 귀천의 다른데서 나온 것이며 귀천은 본래 사람의 현명한지 여부가 다른데서 생긴 것이다. 하지만 지금 그 사람의 선악귀천을

102 정만조(1975), 105~107면.

103 차장섭(1997), 50~62면; 115~124면.

따지지 않고 오로지 조상의 관직이 훌륭한지 여부만을 따지면서 명분을 엄하게 한다고 하니 의리에 합당하겠는가?[104]

명분, 즉 신분간의 차등은 '천지자연의 이치'로 그 기준은 귀천이 다르다는 점인데 그 귀천이라는 것은 다름 아닌 사람이 현명한지 여부에 의해 판별된다는 것이다. 유형원이 보기에 해당 인물 자체의 현능 여부야말로 명분을 가르는 가장 중요한 잣대임에도 이를 도외시하고 명분을 엄하게 한다고 하면서 문벌만을 따지는 풍토는 받아들이기 힘들었다. 이러한 현실에서 유형원이 주목한 것이 바로 사류(士類)였다. 그는 사류가 아니면 향약에 반열(班列)하지말라는 주자의 말을 인용하면서 다음과 같이 말하였다.

> 사류(士類)라고 하는 것은 지금 이른바 사족이라는 것과는 그 뜻이 다르다. 소위 사류라는 것은 유행(儒行)을 다스려 사류가 된 자이며 사족이라는 것은 사부자손(士夫子孫)의 성족(姓族)에 속하는 것이다. 만일 행의(行義)를 기준으로 한다면 천하가 다투어 덕행(德行)을 권하여 예속(禮俗)이 이루어질 것이고 문지(門地)를 기준으로 한다면 오직 문벌만 따질 것이니 쟁단(爭端)이 일어나게 된다.[105]

사류(士類)란 '유자(儒士)의 행실을 다스려' 도달한 지위로 상대적으로나마 성취적 요소를 일정하게 포함하는 범주였다. '사족'이 '사부가문(士夫家門)의 후손들[士夫之子姓族屬]'로 혈연적·귀속적 색채가 강

---

104 『磻溪隨錄』 卷10, 教選之制 下 貢擧事目

105 『磻溪隨錄』 卷9, 教選之制 上 鄕約 鄕約事目

한 존재였던 점과 비견된다. 따라서 사류의 범주를 적극적으로 인정하여 문벌중심 사회의 난맥을 극복해야만 덕행과 예속의 확대를 통해 교화를 이루는 바탕이 되리라는 것이 유형원 주장의 골자였다. 그가 지역의 향적(鄕籍)에 문지(門地)가 있는 양반만 들어가고 있는 현실을 비판하면서 문벌을 따지지 말고 입록(入錄)되어야 할 대상으로 지목한 '사류(士類)'에는 '학행이 뛰어나고 재덕이 알려진[學行才德] 선비'나 '과거를 통해 관직을 역임한 사람[占科歷官之人]'이 거론되었다.[106] 구래의 세족(世族)들도 요건이 충족된다면 사류(士類)에 포괄될 수 있었다. 유형원이 사류의 범주를 새롭게 규정한 것은 가문적 배경을 내세운 벌족(閥族)의 관직독점으로 관료들의 자질이 크게 저하되고 있을 뿐 아니라 사회적으로도 풍속의 교화에 악영향을 미치고 있다고 인식했기 때문이었다. 관료인력풀이 폐쇄적으로 운영되고 우수한 인재가 사장되는 것은 국가적 차원에서 커다란 손실이 아닐 수 없었다.

유형원이 생각한 '사류(士類)'의 범주는 중간계층에 속하는 이서(吏胥)나 서얼(庶孼)까지 포섭될 정도로 유연했다. 서리·서얼은 하층양반 및 상층양인과 겹치면서 미묘하지만 심각한 갈등을 초래할 우려가 있었다. 하지만 유형원은 중간계층을 중인(中人)이나 한산(閑散)·방외(方外) 등으로 불리우는 서족(庶族)과 대부(大夫)·사(士)의 첩 소생인 서얼로 나누고 이들도 교선(敎選)의 인재선발 대상에 포함시켜야한다고 하였다. 조정의 인사(人事)는 사람의 현부(賢否)만을 기준으로 해야 하며 문지(門地)는 고려사항이 아니기 때문이었다.

이러한 유형원의 주장은 당시 활발히 논의되었던 서얼허통 문제를

106 『磻溪隨錄』 卷9, 敎選之制 上 鄕約 鄕約事目

배경으로 했다. 조선 초 이래 서얼과 그 자손에 대한 과거 응시자격 제한은 16세기부터 서서히 풀리기 시작했다. 인조 23년[1645] 양첩소생은 손자 대부터, 천첩소생은 증손자 대부터 문과에 응시할 수 있도록 하였고[「許通事目」], 같은 왕 23년[1645]에는 서얼이 과거에 응시할 때 '허통(許通)'으로 기록하도록 하였다. 서얼들은 문과응시에 매우 적극적이었다. 유형원 당대는 재정확보나 정치환경의 변화를 배경으로 한 한대적(限代的) 과거응시의 허용으로 서얼 허통이 바야흐로 대세로 자리잡아가는 과도기로 사실상 경제력을 갖춘 서얼이라면 누구나 과거에 응시할 수 있는 길이 열려있었다. 결국 숙종 22년[1696] 서얼의 과거응시는 전면 허용되기에 이른다.[107]

서얼을 허통하여 등용하자는 유형원의 주장은 엄밀히 말해 신분제를 부정하거나 적서간의 차별을 완전히 철폐하자는 것이 아니었다. 사적인 영역에서의 적서를 포함한 신분간의 계선은 여전히 넘어서는 안 될 벽이었다. 가족 내의 적서는 엄격하게 구분되어야 했다. 가내에서 서얼은 적장(嫡長)을 공경하고 섬겨야 하며 같은 형제라 하더라도 서형제(庶兄弟)는 결코 적형제(嫡兄弟)와 자리를 함께 하거나 대등하게 말을 주고받을 수 없다고 하였다. 왕실이나 경대부의의 적서 간에도 품위(品位)·사세(賜稅)나 음전(蔭田)에 차등을 두어야한다고 하였다. 하지만 가족을 넘어 향당학교 이상의 사회적 공간에서는 어디까지나 나이가 서열을 매기는 원칙이었다. 이 때문에 학교와 같은 공식석상에서는 적서 간에 상피(相避)를 두어 가족 간의 사적 차등[私恩]과 공적 원칙[公義]이 충돌하지 않게 배려해야한다고 하였다.[108]

---

107 배재홍(1993); 차미희(2006), 49~54면.

당시 서얼허통을 주장하는 사람들도 유형원과 마찬가지로 사가(私家)·종족(宗族)의 명분과 공가(公家)·관위(官位)의 명분을 엄격히 구분하자는 주장이 있었다. 적서의 명분이라는 것은 마땅히 지켜야할 천륜의 하나로 타협이 있을 수 없었지만 관위의 경우는 재능과 덕행에 의해 왕이 부여하는 것이기 때문에 적서를 구분해서는 안 된다는 것이다.[109] 유형원도 이러한 주장과 의견을 같이 했음을 알 수 있다. 여기에서 문제가 되는 것은 일반 선비와 이들 중간계층 간의 미묘한 신분적 차이를 어떻게 처리할 것인가의 문제였다. 유형원은 학교에 입학한 이서의 아들이 학업에 종사하고 그 아버지는 '관청 앞뜰에서 분주히 심부름하는' 불편하고도 모순된 상황을 예로 들면서 '대개 관청의 뜰에서 뛰어다니며 심부름하는 것은 자신의 관장(官長)을 위함이지 자신의 자제(子弟)를 위한 것이 아니'라고 하면서 학생들 간의 서차(序次)는 신분을 따지지 말고 나이를 기준으로 해야 한다고 잘라 말하였다.

> 나이대로 순서를 정하는 것은 그 업(業)이 같기 때문이지 이서의 아들이라 그러한 것이 아니다. 오직 이와 같기 때문에 형제간이라도 동생이 사(士)이고 형이 민(民)이면 동생은 사(士)에 속하나 형은 이에 속할 수 없다. 같은 사람이 사(士)가 되었다가 나중에 민이 되면 전에는 사의 반열에 들어도 뒤에는 여기에 들 수 없다.[110]

사(士)·민(民) 간의 구분을 자신이 종사하는 '업(業)', 즉 직역·직무

108 『磻溪隨錄』 卷10, 教選之制 下 貢擧事目

109 송준호(1976), 124면.

110 『磻溪隨錄』 卷10, 教選之制 下 貢擧事目

를 기준으로 해야 하며 이 때문에 이서의 자식이라도 학업에 종사하면 예외 없이 사(士)로 대우해야한다는 것이다. 따라서 동일하게 '사(士)'로 간주될 경우 이들간 서차를 따지는 기준은 오직 나이였다. '사(士)'는 대단히 탄력적인 범주로 형제간에도 업(業)에 따라 사(士)와 민(民)으로 달라질 수 있으며 심지어 같은 사람이라도 업(業)이 바뀌면 사민(士民)이 바뀔 수 있다고 하였다. 신분보다 직역이 중요하다는 주장이었다. 당시 '향당막여치(鄕黨莫如齒)'라는 증자의 말이 일상적으로 통용되고 있었거니와 나이를 기준으로 서차를 매기자는 주장은 『주례』의 근거와 이황의 말을 원용하여 더욱 강조되었다. '향당학교(鄕黨學校)'의 경우, '장유(長幼)의 자리를 정하고 풍속을 돈독히 하'기 위해 '존자(尊者)·장자(長者)·적자(敵者)·소자(少者)·유자(幼者)'와 같이 나이가 유일한 서차(序次)의 기준이 되고 문지(門地)를 따져서는 안 된다고 하였다.[111] '업이 같으면 일이 같고 일이 같으면 반열이 같으므로 나이로 차례를 삼는 것이 천하의 통의(通義)'라는 것이다.[112]

이 같은 방식도 중종대 기묘사림들이 향약의 좌차(坐次)를 정하면서 나이를 일차적인 기준으로 삼고자 했던 주장과 일맥상통한다. 이 때문에 기묘사림들은 낮은 신분이 높은 신분을 무시하고 천한 자가 귀한 자를 깔봐 명분이 문란해지는 결과를 가져왔다는 비판을 받기도 했다. 16세기를 거쳐 17세기로 넘어오면서 사족들은 향촌사회에 대한 배타적이고 독점적인 지배체제를 구축하기 위해 서얼이나 교생·충찬·별시위 등 서인유식자(庶人有職者) 등 비사족층(非士族層)을 순수사족과

111 『磻溪隨錄』 卷9, 敎選之制 上 鄕約 鄕約事目

112 『磻溪隨錄』 卷10, 敎選之制 下 貢擧事目

일차적으로 구분한 후 그 내부에서 나이에 따라 좌차를 정하도록 했다. 사족들의 신분관이 점차 보수화되어 혈연적인 문벌의식은 더욱 굳어짐에 따라 향적(鄕籍 : 面籍)에 양반사대부만 들어갈 수 있도록 하고 서족(庶族)·서얼(庶孼)은 학행(學行)이나 재덕(才德)이 출중하더라도 허락되지 않았다.[113] 유형원의 생각은 사림의 이념을 이어받은 것으로 특권문벌 세력들이 향촌사회 운영은 물론 각급학교에서 보이는 행태가 교화·교육은 물론 인재선발에도 악영향을 미친다는 판단에 근거했다.

이상과 같은 구상에 대한 거부감이나 반발을 예견한 듯 유형원은 '한갓 금령의 말단만 가지런히 하여 분란을 일으키고 옛것을 고치기 어려움을 두려워하여 고식적으로 구차히 간략하게 하는 것은 모두 치도(治道)를 아는 자가 아니다. 또한 시속(時俗)을 놀라게 할까 두려워하는 것은 필부의 처세하는 방법이요, 정치를 행하는 왕자(王者)가 마땅히 할 말이 아니다. 시(時)라는 것은 임금과 정승이 행할 때이며 속(俗)이라는 것은 정치와 교화가 이루어진 것'이라고 통렬히 비판하면서[114] 덕(德)을 기준으로 유(類)를 나누고[考德分類], 유(類)는 나이순으로 서열을 매기면 덕을 존중하는 분위기가 정착되어 아래 신분이 사족을 업신

113 한상권(1984), 24~43면. 이이의 「서원향약」과 「사창계약속」은 사족층과 하인층이 함께 참여한 上下合契의 최초 사례로 17세기 여러 향약의 모델이 되었다는 점에서 매우 중요하다. 여기에서 講信 때 座次에서는 향약의 구성원을 크게 士族과 庶人 이하로 구분하였다. 서인 이하는 다시 庶人有職者, 사족의 서얼, 향리, 庶人無職者, 公私賤으로 위계화하였다. 「사창계약속」에도 좌차가 비슷하게 나오는데 여기에서는 庶人有職者는 庶族有職者로, 庶人無職者는 하인·양인으로 표현이 바뀌었다. 庶族有職者에 대해서는 '사족이 아니면서 양반을 칭하는 교생·충찬위·별시위의 부류를 이른다' 라고 註記되어 있다. 이들이 서얼과 함께 중인층을 이루고 있는 셈이다(박현순, 2017, 앞의 글).

114 『磻溪隨錄』 卷10, 敎選之制 下 貢擧事目

여기는 폐해도 없을 것이라고 강조하였다.[115]

사류의 개념이 유연한 만큼 학업자로서 자질이 떨어진다고 판단되거나 학업에 대한 열의가 부족할 경우, 일반양인과 마찬가지로 군역에 종사해야했다. 20세 미만자나 '세적(世嫡)', '유친유음자(有親有蔭者)', '제위(諸衛)' 등에 대해서는 어느 정도 너그러운 처분을 당부하면서도 학업을 태만히 하고 행실이 좋지 않은 자나 3년마다 실시하는 고강에 불합격할 경우 퇴교시켜 군역에 충당하도록 하였다. 보포(保布)를 부담하는 공전 1경 외에 수전(受田)도 반납해야했다.[116] 사류 중심 교학체제 운영 구상에는 문벌특권층인 '세족(世族)'의 자기쇄신을 촉구하려는 의도도 있었다.

유형원은 사류의 대부분은 '세족(世族)의 자제(子弟)'로 일반민은 얼마 되지 않는다고 하면서 이들이 좋은 조건에서 생활하고 신분하락의 우려가 없어 무사안일한 태도로 타성에 젖어있다고 비판하면서 유능한 사람만 발탁하여 '부귀한 사람'도 신분적으로 몰락할 가능성이 있다면 세족(世族)도 분발하지 않을 수 없다고 하였다. 물론 객관적 조건이 훨씬 좋은 이들 세족으로부터 인재가 많이 배출될 것이라고 무마하기를 잊지 않았다. 이 같이 유형원은 종래 문벌 중심의 세족과 구분되는 사류를 국가운영과 사회교화를 위한 가장 중요한 인재 풀로 설정함으로써 가문적 배경에 안주하여 자기 수양과 학업을 게을리 하는 세족에게 경종을 울리고 분발을 촉구하고자 했던 것이다.[117]

115 『磻溪隨錄』 卷9, 敎選之制 上 鄕約 鄕約事目
116 『磻溪隨錄』 卷10, 敎選之制 下 貢擧事目
117 『磻溪隨錄』 卷10, 敎選之制 下 貢擧事目

이상의 논의를 요약해보자. 유형원은 국가적 차원에서 모든 교육제도를 흡수·통합하여 공적 교학제도로서 일종의 천거제인 공거제를 제시하였다. 공거제는 면리 단위의 자율적 학교인 이숙·향상을 저변으로 읍학·태학·진사원의 교육과정을 철저하게 인물자체의 학업과 덕행을 평가요소로 공론에 의해 검증·선발하는 체계로 구성되었다. 학제와 관료선발제의 불일치를 해소하고 관직진출 기회의 확대를 통해 체제교학의 균질적 확산을 도모한 공거제는 제도 운영의 대상이자 주도집단으로 '사류(士類)'층를 지목하였다.

문벌을 배제하고 품행과 학문을 기준으로 설정한 '사류'는 구래의 세족(世族)은 물론 이들보다 가격(家格)이 떨어지는 양반이나 전직 관료, 그리고 이서·서얼·양인까지도 포괄할 정도로 유연하고 탄력적인 범주였다. '사류'집단이라는 형태로 관료예비군은 엄정한 관리와 양성이 이루어졌고 이는 보다 우수한 인재선발의 전제였다. 이들이야말로 향촌사회 내부의 교화를 주도하고 국왕을 도와 왕조국가를 운영하는 인적 자원의 중추였다. 상인·무당·노비 등의 계층은 여기에서 제외되었다.

이러한 사류의 성격은 사회계층적 의미보다는 유식자(有職者)로서의 성격이 강했던 15세기 양반과 유사한 측면이 있었다. 학생은 가문적 배경이나 신분에 얽매이지 않고 동일한 학업자로 간주되었고 이에 따라 이들 간의 좌차는 나이가 기준이 되었다. 유형원의 주장은 신분제 자체에 대한 부정이나 문제제기가 아니라 당시 문벌세족이 지나치게 폐쇄적·특권적인 집단으로 전락하고 있는 현실이 사회교화와 국가운영에 커다란 악영향을 미치고 있다는 인식을 전제로 삼대고제의 이상적 취지를 현실에 맞게 적용하고 국초의 사회신분원리의 경험을 환기하면서 사림파를 비롯한 당대의 개혁론자들의 견해를 계승, 성리학적 교화의 균질적 확산과 인품과 능력을 고루 갖춘 우수한 인재를 선발하기 위한 종합적 구상으로 제기된 것이었다.[118]

5. 맺음말

국가적 차원의 교화·교육을 바탕으로 한 우수한 관료의 선발은 유형원이 기획한 이상국가 운영을 위한 불가결한 요건이었다. 유형원은 학제를 규정하고 관료선발의 기능을 담당한 과거제가 문벌 중심의 파행적 운영을 면치 못한다고 판단하고 그 대안으로 공거제를 내세웠다. 공거제는 '교선(教選)'의 이념 하에 성리학에 침윤된 충실한 왕민의 양성과 우수한 관료의 선발이라는 두 가지 지향을 하나의 제도로 묶어낸 총체적인 개혁안으로 고제를 참고하고 17세기 당대의 현실과 역사적 경험을 바탕으로 입론되었다.

유형원은 민에 대한 교화와 교육이 단순히 문자적 지식의 학습에 그치는 것이 아니라 온전한 도덕적 인격을 바탕으로 가정과 사회·국가까지 성리학의 이념과 규범이 관철되는, 광범위한 사회·정치적 의미

118 유형원은 삼대를 교육선거제도가 완비된 이상적 시기로 평가했다. 漢代의 교육제도는 미비하지만 察擧制를 통해 고대 鄕擧里選의 정신을 계승했기 때문에 인재를 잃지 않고 풍속이 순실함을 숭상하여 부허하거나 거짓을 꾸미거나 하는 풍습은 없었다고 호의적으로 평가하였다. 위진시대는 찰거제의 변형인 9품중정제를 시행한 시기로 후한말의 병폐가 심화된 시기로 이해했고 수당 이후는 과거제가 시행됨으로써 文詞로만 관료를 뽑아 인재를 얻지 못해 끝내 오랑캐가 중화를 어지럽게 하는 결과를 가져왔다고 비판하였다(최광만, 2006, 앞의 글).

를 가진 것으로 이해했다. 공전제를 통한 양민(養民)은 그 전제조건이었다. 교화의 저변을 갖추기 위해 유형원이 일차적으로 중시한 것이 바로 향약이었다. 이는 16세기 사림파에 의해 추진된 이래 꾸준히 이어져온 관 주도 향약실시론의 흐름을 이어받아 향촌자율의 규약을 국가적 차원에서 제도화하고자 한 것이었다. 당시 향약과 학제의 연계논의는 유형원의 교선론에 크게 영향을 미쳤다. 향약의 운영은 향소를 통해 도회[읍]-사시회[면]의 조직 예하에 동계·동약 등 촌락단위의 자율적인 조직과 결사를 포섭하여 성리학적 도덕률로 분식된 공동체적 결속을 강화함으로써 민 상호간의 부조적 보험을 강화하고 교화의 일상화를 도모하는데 초점이 맞추어 졌다. 향촌사회 내부의 자율적 운영원리는 적극적으로 인정되었고 사안에 따라 관의 행정적 통제가 가해졌다. 유형원은 향촌내 교화의 주도세력으로 '사류'를 지목하였다.

이같이 향약을 통해 구축한 교화의 기반을 바탕으로 학제와 관료선발 체제를 연계시킨 것이 바로 공거제였다. 여기에는 관학의 침제와 과거제의 모순으로 교육과 관료선발 시스템에 심각한 문제가 생기고 있다는 인식이 크게 작용했다. 실제로 성균관과 향교 등 관학체제는 크게 침체되어 본연의 취지가 크게 퇴색한 상태였고 그 기능은 새롭게 대두한 서원 등 사학이 대체해가고 있었다. 왕조정부의 입장에서 본다면 별도의 부담없이 사학에서 자체적으로 양성한 인재를 뽑아 쓰기만 하면 되었으므로 이러한 상황이 그리 나쁜 것만은 아니었다. 유형원은 과거제가 문장만을 화려하게 꾸미는데 치중하여 우수한 인재 선발이 어려울 뿐 아니라 응시자의 사행심만 부추기는 등 사회적으로도 악영향을 미친다고 하였다. 유형원이 과거제의 대안으로 내세운 공거제는 향촌 내부의 교화에서부터 단계별 교육과정을 거쳐 관료예비군을 양성한 위에 최종적으로 관원선발까지 전과정을 국가차원의 공적 제도를 통해 체계화 한 것이었다.

향촌사회 내부에서 자율적으로 설립·운영된 이숙(里塾)과 방상(坊庠)·향상(鄕庠)을 바탕으로 인재를 선발, 읍학[지방]·사학[서울]의 3년간의 수학과정을 거친 후 이들 가운데 승사(升士)가 선발되어 영학(지방)과 사학(서울)에 입학하였다. 승사는 1년을 공부한 후, 최고 교육기관인 太學에 입학하여 선사(選士)가 되었다. 이 가운데 읍학(邑學)·사학(四學) 입학은 사적 공간에서 공거제라는 공적 교육기관으로 진입하는 단계로, 입학자인 '사(士)'는 학생이자 관료후보자로서의 지위를 얻게 된다. 바로 사(士)와 민(民)의 분기가 일어나는 지점이었다. 상급학교로의 단계별 진학은 지역사회와 학교의 중의(衆議)와 공론(公論)에 의해 이루어졌고 고강·제술성적은 참고자료에 지나지 않았다. 태학의 선사(選士) 중 선발된 35명이 진사원(進士院)에 들어가 인품과 실무능력에 대한 엄격한 검증을 거친 후 7~9품직에 임명되었다. 특별히 뛰어난 평가를 받은 자는 이와 무관하게 상위직에 임명되었다. 관직임명자의 나이는 40세 이상으로 제한되었다.

상급학교로의 진학과정에서 이루어지는 천거는 태학·중학의 장(長)과 이관(貳官), 사학(四學)의 교도(敎導)와 교수(敎授), 지방의 감사(監司)·도사(都事)·수령(守令)·교관(敎官)이 계통별로 담당하였다. 이들에게는 권한과 함께 책임도 따랐다. 피천거자가 부적격하거나 절차가 공정하지 않았을 경우 처벌하여 사적인 이해가 끼어들지 못하도록 하였다. 우수한 인물을 추천할 경우 논상되었다.

각급학교의 장과 교관들은 최대한 예우하도록 하고 학생 정원도 엄격한 관리를 통해 일정한 질적 수준을 유지하도록 하였다. 학교 운영을 위한 재정은 공전과 경비를 통해 뒷받침되었다. 공거제 체계에서 학제의 기간을 이루는 것은 읍학으로 밑으로부터 축적된 교화의 성과를 위로부터의 관료선발제로 적절히 흡인해내기 위한 관료예비군 양성의 전국적 거점이었다. 유형원의 '교선'구상도 따지고 보면 사실상 읍학의 운영에 그 성패가 달려있다 해도 과언이 아니었다. 유형원은 장기예측을 통해 공거제의 운영방식을 구체적으로 설명함으로써 학제 운영과 관료수급에 오작동이나 과부족이 없음을 증명하고자 했다.

유형원의 공거제는 사림파에 의해 제기되던 천거제의 논의를 적극적으로 계승하여 공론이나 여론 등 장기간의 공개적이고 종합적인 검증을 통해 인재를 선발하고자 한 것으로 학제와 관료선발제의 불일치를 해소하고 국가적 차원의 공적 학교제도와 관료선발 기능을 연계시킨 것으로 바로 '교선' 이념의 구체적 제도화였다. 지역적으로는 인재선발의 서울 편중을 벗어나 전국적으로 고른 관직진출의 기회를 부여함으로써 체제교학의 균질적 확산을 도모하였다. 유형원이 공거제의 운영의 대상이자 주도집단으로 상정한 사류층은 문벌을 배제하고 품행과 학문을 기준으로 구래의 세족(世族)은 물론 한미한 집안이나 이서·서얼층까지 포괄한 탄력적이고 유연한 범주였다.

'사류'는 향촌사회 내부의 교화를 주도하는 중심계층이자 국왕을 도와 국가를 운영하는 인적 자원의 중추였다. 상인·무당·노비 등의 계층은 여기에 포함되지 않았다. 이러한 사류의 성격은 사회계층적 의미보다는 유식자(有職者)의 성격이 강했던 15세기 양반이 표상하는 사회신분제 운영과 유사한 측면이 있었다. 각급학교에 입학하여 일단 '사'의 지위를 부여받으면 이들은 동일한 학업자로 간주되어 나이를 기준으로 좌차를 구분하도록 하였다.

유형원의 주장은 신분제 자체에 대한 부정이나 문제제기가 아니라 당시 문벌세족이 지나치게 폐쇄적·특권적인 집단으로 전락하고 있는 현실이 사회교화와 국가운영에 커다란 악영향을 미치고 있다는 인식을 전제로 삼대고제의 이상적 취지를 현실에 맞게 적용하고 국초의 사회신분원리의 경험을 환기하면서 교선(教選)의 이념을 현실에 적용하여 성리학적 교화의 균질적 확산과 인품과 능력을 고루 갖춘 우수한 인재를 선발하기 위한 종합적 구상으로 제기된 것이었다.

참고문헌

『磻溪隨錄』, 『朝鮮王朝實錄』

강창동(2005), 「과거제 선발경쟁의 교육사회학적 성격에 관한 연구」, 『교육문제연구』 22.

菅野修一(1981), 「李朝後期の鄕所について」, 『朝鮮史研究會論文集』 18, 1981.

金翰奎(1977), 「西漢의 求賢과 文學之士」, 『歷史學報』 75·76.

김동인(1994), 「察擧制의 이념과 실제」, 『교육사학연구』 5.

김용덕(1978), 「향청연혁고」, 『향청연구』, 한국연구원.

김용덕(1990), 「김기향약연구」, 『조선시대향약연구』 민음사.

김재섭(2002), 「반계 유형원의 교육개혁사상-공교육 체제를 중심으로」, 『한국교육사학』 24.

김준석(1993), 「유형원의 정치·국방체제 개혁론」, 『동방학지』 77·78·79.

渡部學(1969), 『朝鮮教育史研究』, 雄山閣, 東京.

萬振超(2017), 「17세기 한중실학자의 교육개혁안 비교연구」, 『한국실학연구』 33.

박현순(2014), 『조선후기의 과거』, 소명출판.

박현순(2017), 「17~18세기 향약의 반상간 부조에 대한 고찰-사족층과 하인층의 결합 양상을 중심으로」, 『조선시대사학보』 82.

박훈(2017), 「'봉건사회·'군현사회'와 동아시아 '근대'시론」, 『동북아역사논총』 57.

배재홍(1993), 「조선후기 서얼과거합격자의 성분과 관력」, 『조선사연구』 2.
福井重雅(1988), 『漢代官吏登用制度の硏究』, 創文社.
성열관(2015), 「메리토크라시에서 데모크라시로-마이클 영의논의를 중심으로」, 『교육학연구』 53-2.
송양섭(2013a), 「반계 유형원의 '公'이념과 이상국가론」, 『조선시대사학보』 64.
송양섭(2013b), 「반계 유형원의 公田制論과 그 이념적 지향」, 『민족문화연구』 58, 고려대 민족문화연구원.
송양섭(2013), 「반계 유형원의 왕실재정 개혁구상」, 『역사와 담론』 64.
송양섭(2014), 「반계 유형원의 지방제도 개혁론」, 『한국실학연구』 27.
송양섭(2018), 「반계 유형원의 관제개편 구상」, 『조선시대사학보』 86.
송양섭(2019), 「반계 유형원의 인사제도 개선과 운영방안」, 『사총』 98.
송양섭(2018), 「반계 유형원의 국가재정개혁 개혁구상과 녹봉제실시론」(한국실학학회 발표문).
송준호(1976), 「조선시대의 과거와 양반 및 양인(Ⅰ) -문과와 생원진사시를 중심으로 하여-」, 『역사학보』 69.
송찬식(1976), 「조선후기 교원생고」, 『국민대논문집』 11.
신채식(1981), 『송대관료제연구』, 삼영사.
신해순(1999), 「16세기 성균관 교육의 침체원인에 대한 고찰」, 『한국사연구』 106.
알렉산더 우드사이드 지음, 민병희 옮김(2012), 『잃어버린 근대성들』, 너머북스.
오영교(2001), 『조선후기 향촌지배정책』 혜안.
우현정(20130, 「유형원의 잡학교육개혁론 재고-잡과방목을 중심으로」, 『교육사학연구』 23-2.
윤희면(1990), 『조선후기 향교연구』, 일조각.
이문원(1995), 「반계 유형원의 교육관」, 『교육연구』 29, 성신여대 교육문제연구소.
이범직(1976a), 「조선전기의 교생신분」, 『한국사론』 3.
이범직(1976b), 「조선전기의 유학교육과 향교의 기능」, 『역사교육』 20.
이선민(1988), 「이이의 경장론」, 『한국사론』 18.
이성무(1967), 「선초의 성균관 연구」, 『역사학보』 35·36합집.
이성무(1969), 「조선초기의 향교」, 『이상옥박사회갑기념논문집』.
이성무(1991), 「여씨향약과 주자증손여씨향약」, 『진단학보』 71·72병합호.
이성무(2000), 『한국의 과거제도』, 집문당.

이성무(2004), 『한국의 과거제도』, 한국학술정보.
이수건(1995), 『영남학파의 형성과 전개』, 일조각.
이원호(1976), 「반계 유형원의 공거제 구상」, 『벽계이인기박사고희기념교육학논총』.
이원호(1984), 『반계 유형원의 교육론 연구』『사대논문집』 8.
이해준(1990), 「조선후기 동계·동약과 촌락공동체 조직의 성격」, 『조선후기향약연구』 민음사.
임민혁(2002), 『조선시대 음관 연구』, 한성대출판부.
전경목(2003), 「향교의 개혁안과 수령권의 강화」, 『조선은 지방을 어떻게 지배했는가』, 아카넷.
전도웅(1998), 「반계 유형원의 교육제도개혁론과 경학사상」, 『인문사회과학연구』 2.
전도웅(1998), 「반계의 교육제도 개혁을 위한 구상」, 『용인대학교논문집』 15.
전도웅(1998), 「반계의 잡학 및 잡과제도 구상」, 『인문사회과학연구』 1.
정구복(1970), 「반계 유형원의 사회개혁사상」, 『역사학보』 45.
정구선(1995), 『조선시대 천거제도연구』, 초록배.
정만조(1975), 「17~18세기의 서원·사우에 대한 시론」, 『한국사론』 2.
정만조(1989), 「조선조 서원의 정치·사회적 역할」, 『한국사학』 10, 한국정신문화연구원.
정만조(1998), 「조선후기의 향촌교학진흥책에 대한 검토」, 『한국학논총』 10, 국민대.
정윤화(2016), 「19세기 중엽 한주 이진상의 현실인식과 국가체제개혁론」, 『조선시대사학보』 79.
조성산(2017), 「18~19세기 조선 봉건·군현제 논의의 역사적 전개」, 『역사학보』 236.
차미희(1999), 『조선시대문과제도연구』, 국학자료원.
차미희(2006), 「실학자의 교육제도 개혁론; 연구현황과 과제」, 『한국실학사상연구』 2, 혜안.
차장섭(1997), 『조선후기 벌열연구』, 일조각.
천관우(1952·1953), 「반계 유형원 연구」上·下, 『역사학보』 2·3.
최광만(2004), 「반계 유형원의 교육개혁론 분석」, 『교육사학연구』 14.
최광만(2010), 「『반계수록』 「교선고설」에 나타난 유형원의 교육사관」, 『교육사학연구』 20.
최광만(2017), 『조선후기 교육사 탐구』, 충남대출판문화원.
최이돈(1996), 「천거제의 시행과 관료충원방식의 변화」, 『한국사』 30.
최이돈(2010), 「16세기 사림파의 천거제 강화운동」, 『」, 『한국학보』 54.

平田茂樹 지음, 김용천 옮김(2007), 『科擧와 관료제』, 동과 서.
한상권(1984), 「16·17세기 향약의 구조와 성격」, 『진단학보』 58.
한영우(1983), 「조선초기의 사회계층과 사회이동에 관한 시론」, 『조선전기사회경제연구』, 을유문화사.
황경로(2001), 『반계 유형원의 교육개혁론 연구』, 강원대 교육학과 박사학위논문.

반계 유형원의 병농일치론兵農一致論과 군사제도 개혁안

송양섭
고려대학교 한국사학과 교수

1. 머리말

군사제도는 안으로 정치권력을 보위하고 밖으로는 국가를 방위하기 위해 조직된 공적인 물리력으로 장구한 기간 왕조체제를 구성하는 주요한 부문으로 자리잡아왔다. 국방체제를 구축하고 군사력을 유지하기 위해서는 막대한 재정부담과 행정비용이 필요했던 만큼 군제는 왕조 통치체제의 기간을 이룰 정도로 커다란 비중을 점하였고 그 영향력 또한 사회 구석구석에 미칠 정도로 광범위했다.

왜란·호란 이후 조선왕조는 긴장된 국제관계를 배경으로 '북벌(北伐)'의 담론이 사회적으로 확산되어 있었고 정국의 동향도 그리 순탄치만은 않았다. 국방체제 강화를 위한 왕조정부의 노력이 다각도로 기울여지는 가운데 왜란 중 만들어진 훈련도감을 필두로 중앙의 주요 군문이 속속 창설되었고 지방군은 영장제와 속오군을 중심으로 재편되어 갔다. 15세 되던 해 병자호란의 발발로 갖은 고초를 겪은 유형원은 부안에 우거(寓居)하면서 선박제조와 군사훈련을 실시하고 『중흥위략(中興偉略)』을 저술하는 등 '북벌'의 염원을 포기하지 않았다.[1] 이러한 당대 현실과 스스로의 체험을 바탕으로 기획된 군제개혁안은 『반계수록』의 이상국가론에 핵심적인 위상을 점하였고 그만큼 유형원의 고민도 깊이 스며들어 있으리라 짐작된다.

『반계수록』에서 차지하는 군제의 비중만큼이나 이 문제에 대해서는 적지 않은 연구가 있다. 우선 천관우는 유형원의 개혁안을 병농일치를 기반으로 중앙군은 5위를 중심으로 궁중숙위를 강화하고 지방군은 진관체제의 정비를 통해 지역 방어태세의 강화를 꾀하였다고 요약하였다. 다만 이러한 방안이 '근대적 정신의 내재적 배반(胚盤)'으로서 유형원의 생각과 어떠한 형태로 연관되었는지에 대해서는 구체적인 언급이 없다.[2]

강만길은 실학자들의 군제개혁론을 유형원으로 대표되는 병농일치적 방안과 이이·유수원 등 일부관료가 제기한 호포제(戶布制)·구전제(口錢制的) 방안으로 나누고 전자는 양반층의 군역부담을 반대하면서 중세적 병농일치제를 다시 실시하려했다는 점에서 한계를 보이고 후자는 양병제적(養兵制的) 개혁을 전면화하고 양반층에 군역을 부담시키려 하면서도 농민층에 대한 토지지급을 고려하지 않은 문제를 가졌다고 하였다.[3] 강만길의 연구는 당시 군제개혁안의 성격을 '병농일치'의 채택여부로 유형화함으로써 이후 연구에 커다란 영향을 미치게 된

1 柳發 草錄 安鼎福 修輯, 『磻溪先生年譜』.

2 천관우(1952)(천관우, 1979에 재수록).

3 강만길(1979).

다. 바로 유형원을 반주자학적 입장을 가진 농민적 노선의 대표적인 인물로 평가하여 주자토지론(朱子土地論)을 추종하는 서인·노론세력과 대비되는 위치로 비정한 김용섭의 연구가 대표적이다.[4]

김종수는 유형원의 병농일치론이 농민층의 입장에서 사회적 모순과 농민층의 저항을 근본적으로 해결하려한 개혁이었던 반면 이유태를 중심으로 한 서인그룹의 병농분리론은 주로 급료제를 중심으로 군역제의 근대화를 지향했다고 평가하였다.[5] 김준석은 여기에서 한걸음 더 나아가 국가재조론(國家再造論)의 입장에서 병농일치를 기반으로 향리제(鄕里制) 중심 조직개편, 행정·군정의 일원화, 성지수축(城池修築)과 유성전수(留城戰守)·병차(兵車)실용화 등으로 요약되는 유형원의 구상은 농민자력을 바탕으로 한 국가방위·생활권 보호책으로 『경국대전』 법체계를 비판·극복하려는 변법정신과 실리론의 소산이라고 하였다. 이어 당시의 국방론을 집권연장이나 기득권 고수를 목적으로 하는 보수적 입장과 국민생활보장과 민력동원의 최소화를 지향한 진보적 입장으로 나누고 후자의 대표자인 유형원의 유성전수론(留城戰守論)은 신흥경제세력의 등장을 배경으로 주민들이 평소의 생활근거지인 읍성을 고수하여 재산과 생활권을 스스로 지킨다는 자치적·주체적 방어개념이었다고 하였다.[6]

서태원도 유형원 군제개혁론이 가진 특성을 거주지 중심의 병농일치론, 군액감축론, 방군수포금지론으로 요약하고 중앙군제는 군인에

4 金容燮(1985); 김용섭(1989)(김용섭, 1990에 재수록).
5 김종수(1990).
6 김준석(1993); 김준석(1996).

대한 토지지급, 양민중심 군인편성, 지휘체계의 개혁, 지방군제는 진관제 복구론, 군인에 대한 토지분급, 지휘관에 대한 녹봉지급과 장기복무 등의 특징을 가졌다고 정리하였다. 그는 이러한 방안이 근대사회로 전환되는 과도기적 특성을 가진 만큼 근본적·진보적 측면과 함께 보수적·복고적 성격도 함께 나타난다고 평가하였다.[7] 연구자에 따라 다소간의 차이는 있지만 병농일치를 기준으로 개혁안의 근대성을 가늠하는 방식은 초기 연구 이래 공통적인 경향으로 이것이 실학의 근대성 검출을 위한 연구사의 대전제와 관련되었음은 두말할 필요가 없다.

반면 송정현은 유형원 개혁안을 국초의 구제(舊制)를 부활하고자 한 것으로 복고적인 왕도정치의 이상을 기본원리로 합리적인 봉건국가의 실현을 지향한 것으로 파악하였다.[8] 제임스 팔레는 유형원의 방안이 고전적 민병제도의 요소를 선택적으로 적용해 합리적으로 재조정함으로써 국가의 지출과 농민의 부담을 경감하고 군역을 공평하게 부과하며 훈련도감과 같은 정예부대를 보존하고자 한 점으로 요약하고 이는 당시 상황을 배경으로 재정의 긴축과 강력한 국방의 필요성, 그리고 중앙집권적 행정력과 지방화된 군사력·명령권 사이에서 타협을 추구한 것이라고 평가하였다. 하지만 국내정치와 외교문제를 완전히 간과했다는 점에서 여타 방안에 비해 그리 합리적이거나 경험적·진보적으로 보기는 힘들다고 하였다.[9] 이 연구는 『반계수록』의 기획이 당시 제도의 조정과 재편을 통해 중세국가의 쇄신이라는 측면에서 근대적·합

---

7 서태원(1998); 서태원(2003); 서태원(2005); 서태원(2007).

8 송정현(1973).

9 제임스 팔레, 김범 역(2007); James Bernard Palais(1996).

리적 방안으로 평가하기 힘들다는 입장에 서 있다. 유형원개혁론의 복합적 성격을 감안하여 보다 다양한 해석의 여지를 남기고 있는 점에서 기존연구와 구분된다.

이상 소개한 일련의 연구는 일단 양란 이후 사실상 처음 제기된 종합적 군제개혁안으로서 유형원의 구상을 본격적으로 다루었다는 점에서 중요한 의의를 가진다고 평가할 수 있다. 하지만 논의의 전제라 할 수 있는 '군사적 근대'의 기준과 경로가 모호하게 설정되고 있는데다가 『반계수록』 개혁안의 핵심인 공전제와 군제의 연관구조 및 작동논리에 대한 본격적인 검토가 이루어지지 않은 점은 한계가 아닌가 생각된다.[10]

조선왕조는 국가적 차원에서 강한 집권성을 바탕으로 오랫동안 상

10 많은 논의를 요하지만 '군사적 근대'의 보편적 경로에 대해서는 서유럽의 사례를 통해 제시된 모델이 있다. 그것은 대체로 로마제국 붕괴 이후 중세의 폭력분산으로 영주의 통제 하에 놓여있던 사적인 무력이 근대국가 형성과정에서 국왕으로 흡수, 상비군화하면서 다른 모든 정치단체와 구별되는, 정당성의 관념에 의해 '현명하고 통제되는' 국가만의 물리적 강제력=군사력의 효과적 독점으로 전화되는 코스가 거론된다. 당시 성장하고 있던 부르주아층과의 결탁은 군비조달의 중요한 통로로 설명된다(박상섭, 1996, 73~108면). 16~17세기 '군사혁명(Military Revolution)'의 경우도 화약무기 발전과 각종 군사기술의 발전으로 인한 육·해군의 상비병 급증과 전쟁규모의 대형화 등을 그 특징으로 꼽는다. 이는 서구 군사사(Military History)에 대한 대략적인 내용에 불과하지만 실제 여타 분야사와 마찬가지로 군사적 근대의 보편적 모델로 받아들여지고 있는 것이 대체적인 분위기이다. 하지만 이러한 논의는 조선을 포함한 동아시아는 물론 여타 문명권의 풍부한 사례에 대한 고려가 거의 이루어지지 않았고 무엇보다도 유럽의 군사패권에 대한 결과론적 합리화라는 치명적인 문제를 안고 있다. 군사사의 '근대'는 '항상적인 전쟁상태'에 놓여 있었던 16~18세기 유럽의 상황을 배경으로 한 것으로 왜란·호란 이후 장기평화기에 있었던 조선왕조의 상황과 크게 차이가 난다. 군사혁명론과 관련된 논쟁은 이명환(2007)에 상세히 소개되어 있으며 군사혁명론을 조선후기 군제사에 적용한 시론으로는 노영구(2007)가 있다.

비군적 형태의 폭력독점을 유지해왔고 그 제도적 자원도 독특한 방식으로 뒷받침되었다. 따라서 우리는 일단 조선왕조의 군제를 고유의 역사적 경험을 거쳐 형성된 독자적 유형으로 이해하고 17세기 군제개혁안으로서 유형원의 구상을 철저하게 당대의 현실 속에서 파악하지 않으면 안 된다고 생각한다. 그럼에도 불구하고 기존의 성과는 그간 군사사 연구에서 진행된 이론적 고민을 결하고 있는데다가 일반사의 '근대'를 자의적으로 설정하여 선험적 틀에 난폭하게 가두어버렸다는 비판을 면하기 힘들다.

17세기 조선왕조는 국초 이래 전기적 군제와 왜란·호란을 거치면서 새롭게 나타난 새로운 군제가 중첩되어 새로운 제도적 전형을 모색하는 시기였다. 유형원 개혁론 전반이 그러하듯이 그가 상정한 국가론의 토대는 공전제의 전제개혁을 기반으로 국가와 사회 전반의 물적 토대를 구축한 위에 각 부문이 유기적으로 조직되어 있는 구조였다. 민생안정과 국가재정 확충 등 공전제가 포괄하는 내용은 복잡하고 다양했지만 견고한 국방체제와 강력한 군사력의 구축은 유형원이 특별히 강조한 바였다.

그는 당대의 군제운영에서 나타난 문제에 대한 면밀한 진단을 바탕으로 '구제(舊制)를 답습하고' 고법'(古法)을 참작하여'[11] 자신만의 독창적인 개혁안을 완성하였다. 특히 국가적 차원에 민생의 기반을 확보해주고자 한 공전제는 그 자체로 근본적인 개혁이지만 한편으로는 국가체제의 기간을 구성하고 있던 군제의 운영과 표리를 이루었다는 점에 중요한 의미가 있었다. 원래 '정전(井田)'의 취지가 그러하거니와 농업

11 『磻溪隨錄』 卷21, 兵制 諸色軍士

중심의 자연경제 하에서 가장 주된 생산수단인 토지를 매개로 한 병농일치의 원칙은 군제운영을 위한 가장 현실적이고 합리적인 선택지일 수밖에 없었다. 유형원의 구상은 이후 변통론의 흐름을 선도하고 있을 뿐 아니라 하나의 제도적 지향으로 작용했다는 점에서 이를 단순히 고제의 부활로 치부할 수는 없다. 바로 고법(古法)의 이상을 투영하여 기획한 공전제, 그리고 이를 바탕으로 조선전기의 국제(國制)를 참작한 후 당대 군제 운영과정에서 추출한 경험적 합리성을 고려한 위에 기획한 것이 유형원의 구상이 아니었나 생각된다.[12] 이글은 이러한 점을 염두에 두고 당시 제도운영의 현실 속에서 유형원 군제개혁의 내용이 어떠한 구체성을 담고 있는지 살펴보고 그것이 가진 시대적 함의를 가늠해보는 것을 목적으로 한다.

2. 공전제와 병농일치론

1) 공전제와 계전출병計田出兵

강렬한 북벌의지의 소유자였던 유형원은 당시 심각한 문제를 안고 있었던 군제를 대대적으로 개혁하여 견고하고도 효율적인 국방체제를 구축하고자 했다. 이를 위해서는 다방면에 걸친 광범위한 제도개혁이

12 근자에 제출된 유형원의 수군개혁론에 대한 연구는 당시 수군제도운영의 구체성을 바탕으로 유형원의 개혁론을 수군역·재정·진관편제의 세 가지 측면에서 검토하고 그것이 가지는 제도사적 의미를 밝히고 있다(송기중, 2014). 당시 經世論의 현실사회에서의 의미를 적극적으로 파악하고 이를 기준으로 유형원의 구상을 평가하고자 했다는 점에서 본 연구와 기본적으로 같은 입장에 서 있다.

수반되어야했지만 무엇보다 선결되어야할 것은 안정적으로 군역을 담당할 수 있는 인적 자원의 확보와 각종 군사기구와 시설 등의 유지에 소요되는 막대한 국방비를 어떻게 조달해야할 것인가의 문제였다. 대규모 재원을 판출할 수 있는 별도의 경로를 딱히 찾기 힘든 형편에서 막대한 군사력을 안정적으로 유지하기 위해서는 농업사회의 가장 중요한 생산수단인 토지를 군제와 연관시켜 운영하는 것만큼 효율적인 방식을 찾기는 힘들었다. 하지만 현실은 그리 녹록치 않아서 사적 토지소유의 성장에 따른 '병농분리'의 양상이 돌이킬 수 없는 방향으로 진행되고 있었다.[13] 유형원은 이를 다음과 같이 설명했다.

> 토지와 병제가 두 갈래로 나누어진 까닭에 민은 피역의 농간이 많고 관에서는 수정(搜丁)의 소란스러움이 있다. 부실자(富實者)는 갖가지 계책으로 군역을 모면하려 하고 군적(軍籍)에 편성된 자는 모두 빈잔(貧殘)하기 때문에 평시에는 괴로워서 안정된 뜻이 없고 난에 임해서는 궤산(潰散)하기 쉬우니 그 폐해가 미치는 곳을 이루 말로 할 수가 없다.[14]

군제가 전제(田制)와 괴리되자 피역과 수괄의 악순환이 반복되어 경제적으로 넉넉한 부류들은 갖가지 편법을 동원하여 군역에서 빠져나가고 부담은 빈잔한 계층에게 집중된다는 것이다. 군역은 갖가지 폐해의 온상이 될 뿐 이러한 방식으로는 안정적인 군제 운영을 기대할 수

13 이 시기 지주전호제의 전개와 사적 토지소유권의 성립에 대해서는 다음과 같은 논고가 있다. 김태영(1983); 이경식(1986); 이경식(1973); 이경식(1976); 송찬섭(1985); 이영훈(1997); 김건태(2004).

14『磻溪隨錄』卷3, 田制 上「分田定稅節目」.

없었다.

> 옛날에는 토지로 정세(定稅)하고 토지로 출역(出役)하여 사람이 혹 사망해도 토지는 그대로 있어서 경작자를 대신했기 때문에 나라에는 누호(漏戶)의 폐단이 없고 민에게는 무산(無産)의 역(役)이 없었다. 후세에는 사람으로 정세(定稅)하고 사람으로 정역하니 사람은 사망·유이(流移)가 있기 때문에 당(唐)의 조세는 비린(比隣)에 세를 거두는 폐단이 있고 본국 군역은 족징·인징의 폐단이 있으니 이것이 필지의 형세이다.[15]

토지를 기반으로 세역을 부과할 경우 사망자가 생기더라도 토지가 그대로 있기 때문에 사람만 교체하면 될 뿐, 누호나 생활 기반이 없는 사람이 군역자가 될 우려는 없었다. 반면 살아 움직이는 인신을 기준으로 할 경우 세역부담자들의 끊임없는 사망과 유이 등으로 갖가지 문제가 발생할 수밖에 없다는 것이다. 17세기 이후 지주제의 전개에 따른 사적 소유권의 성립은 병농일치 모델의 구현을 불가능하게 하는 근본적인 걸림돌이었다.

병농일치를 표방한 조선전기 군역은 세조대의 호구제 개혁과 보법의 시행, 뒤이은 성종 연간의 보법 개정 등 일련의 과정을 통해 토지의 다과에 기초한 군호 편성의 기준이 최종적으로 소멸되어 순수한 인정지배체제로 전환되었다. 이는 직(職)과 역(役)에 상응하는 반대급부로 토지를 분급하거나 소경전(所耕田)을 참작하여 이루어지던 직역운영 방식이 16세기 단계에서 사실상 형해화 하는 것과 운명을 같이 했다.

15 『磻溪隨錄』 卷3, 田制 下

이제 군역은 토지의 소유·경작 현황이 전혀 고려되지 않은 순수한 인신지배의 기제로 자리 잡게 되었다.[16]

유형원은 고려~조선 초의 수조지분급제를 인정(人丁) 중심의 제도라고 비판하면서도 그 자체를 완전히 부정하지는 않았다. 5위제가 부병제(府兵制)를 모방, 토지에 의거하여 운영하였으나 점차 방군수포(放軍收布)가 일반화됨에 따라 양병(養兵)의 비용은 거의 전적으로 수포분(收布分)에 의존하게 되었다고 비판하고 있었던 것이다.[17] 어쨌든 유형원은 조선전기 군제를 원리 그대로 병농일치적인 것으로 간주하지는 않았지만 그러한 원리가 어느 정도 투영되어 있었다고 생각했고 17세기 접어들어 토지 파악과 군역 운영이 완전히 분리된 당시 상황을 최악의 제도적 파탄으로 이해했음에 분명하다. 토지를 매개로 하지 않는 군제운영에서 군역의 납포화로 인한 병력의 허구화는 심각한 문제로

16 송양섭(2005). 조선초기의 軍戶는 대개 3정 1호로 편성되었으나 세조 10년(1464)의 保法으로 2丁=1保의 원칙하에 토지 5결을 丁 1명에 준하도록 하였으며 奴子도 봉족수에 넣어 계산하였다. 하지만 군액의 급격한 증가가 반발에 부딪히자 『경국대전』에서는 正軍의 호당 餘丁 2명을 인정했고, 수군도 3丁戶는 1명을 保에 포함시키지 않도록 허용하였다. 또한 토지를 丁數에 준하도록 한 규정이 폐지되고 奴子의 경우 반만 保로 계산하도록 하였다. 保人의 正軍에 대한 재정 보조는 매월 면포 1필로 규정되었다. 16세기 이후 放軍收布의 관행화로 군역은 광범위한 물납화로의 진전을 보인다. 이 뿐만 아니었다. 관료의 사환방식도 비슷한 길을 걷는다. 과전법 체제로 표상되는 분급수조지제도는 비현직자·무자격자의 수조지 절수를 일체 불허하고 현직 관료에 국한하여 職田을 절급하는 職田制로 변화하고 성종대 접어들어 다시 官收官給의 형태로 변모하여 관인층의 토지에 대한 직접 지배가 배제되었다. 직전제는 현직 관인의 녹봉에 대한 加給의 의미만을 가지게 되었으며 16세기에 접어들어 최종적으로 소멸되었다(민현구, 1983; 이재룡, 1999; 이태진, 1968; 김석형, 1941; 김태영, 1983; 김태영, 1996; 이경식, 1986; 이영훈, 1992).

17 『磻溪隨錄』 卷21, 兵制 諸色軍士.

'군사로 면포를 만든 것[以軍作布]'이나 마찬가지였다.[18]

> 병조는 각처의 수직(守直)과 사환(使喚)을 헤아려 제외한 외에 모두 방번(放番)하여 수포(收布)하니 본병(本兵)이 이와 같은데 외방은 이를 본받아 더욱 심하다. 병부(兵簿)를 잡고 이름을 계산하여 달마다 가포(價布)를 수속(收束)하니 방군(防軍)이 100인이 되는 진(鎭)은 이것이 곧 월 200필 짜리 벼슬이라고 말하고 500인이 되는 진(鎭)은 이는 곧 월 1,000필 짜리 벼슬이라고 말한다. …… 이름은 비록 천군(千軍)의 진(鎭)이지만 실은 한 사람도 진에 있는 사람이 없으며 군사 된 사람은 낮밤으로 면포를 갖추기 어려움을 근심하고 활쏘기나 말 타기가 무슨 일인지 알지 못한다.[19]

군역의 변질로 군사수가 그대로 재정수입으로 환산될 지경이 되자 군사들은 오로지 면포를 마련하는 데 골몰하고 본연의 군사임무는 도외시하는 실정이었다. 이 뿐 아니었다. 병사나 진장들은 군포수입으로 호사를 누리거나 뇌물을 바치고 병조에서도 약간의 잡용으로 지출하는 것 외에 군포수입을 모두 친지들에 대한 인사와 잔치 비용으로 쓰는 등 부정과 농간이 횡행하였다. 서리들의 토색질도 극심해서 군졸들은 빚을 얻어 가까스로 면포를 납부하고 휴번(休番)이 되면 도산하고 말아 전가된 부담으로 인해 민의 유망이 이어지고 있었다.[20]

한편, 상번정군(番上正軍)을 중심으로 병사의 역졸화(役卒化)가 진행되고 군역의 부담이 과중해지자 정병과 수군을 중심으로 값을 지불하

18 『磻溪隨錄』 卷21, 兵制 諸色軍士.
19 『磻溪隨錄』 卷21, 兵制 諸色軍士.
20 『磻溪隨錄』 卷21, 兵制 諸色軍士.

고 고인(雇人)을 대신 입역케 하는 방식이 일반화하기 시작한다. 세조 연간 과도한 군액확충과 개편된 보법(保法)의 폐단, 번상병의 역졸화, 서울의 미가등귀 등이 직접적인 요인이었다. 번상군은 2개월에 면포 17~18필 이상의 대립가(代立價)를 번상처(番上處)에 납부하고 다시 귀향했다. 대립가는 중종 연간에 접어들어 50~100필까지 치솟아 군역자의 도산을 부채질 했고 이는 심각한 군적(軍籍)의 허부화(虛簿化)를 불러왔다. 이제 정부 차원에서 대립가를 공정하지 않으면 안 되었다. 마침내 중종 36년(1541) 정부는 대립가를 1개월에 5승 면포 3.5필[粗布의 경우 4필]로 정하고 이를 사섬시에서 관장하도록 하였다. 대립가는 지방관이 일괄 징수하여 서울로 올려 보내 각사에 분배하도록 하였다. 하지만 이러한 조치가 지방의 유방정병(留防正兵)이나 수군에 대해서는 적용되지 않아 병·수사나 진장(鎭將)들의 대립가 남징과 편취는 여전했다.[21]

이는 왕조개창 이후 지속된 평화기로 국방체제의 점진적 이완과 꾸준히 진행된 사회경제적 변동이 복합적으로 작용한 것으로 임진왜란 초기의 궤멸적 패배와 병자호란의 치욕을 불러온 객관적 조건으로 작용하였다. 유형원이 병농일치의 구현을 위한 최상의 방안으로 생각한 것이 바로 정전제의 부활이었다. 정전제야말로 군제는 물론 국가와 사회를 안정적으로 운영할 수 있는 제도적 원형으로 간주되었다. 하지만 정전제가 액면 그대로 실현될 수는 없었다. 유형원은 '정전'의 제도적

21 이태진(1968), 234~253면. 이러한 추세는 이후에도 이어져서 군역을 중심으로 미포의 대납은 금납화의 방향으로까지 나아가기에 이른다. 이 문제에 대해서는 방기중(1984); 방기중(1986) 참조

취지를 ① 병농일치의 이념에 입각한 안정적인 국역체제 운영, ② 국가 재정의 건실함과 민의 담세력 사이에서 적절한 균형을 꾀한 1/10세제의 실현, ③ 수확표준의 결부제를 면적표준의 경묘법으로 전환시키는 것 등 세 가지로 이해하고 이를 공전제 구상을 통해 구체화하였다.[22]

'토지로 사람을 고르게 하고 토지를 계산하여 출병하'여 '토지를 가진 자는 반드시 역이 있고 역이 있는 자는 반드시 토지를 가지게 되어 토지와 사람이 합일하는'[23] 공전제의 군제운영이야말로 민의 재생산 기반과 군제를 일체화한 이상적인 방안이었다. 병농일치적 군제개혁이 유형원에 의해서만 제기된 것은 아니었다. 각론에서는 차이가 있지만 많은 조야의 지식인들이 병농일치론을 지지하고 있었다. 유형원의 구상이 나올 수 있었던 것은 당시 시대적 흐름을 배경으로 이러한 공감대가 폭넓게 공유되고 있었기 때문이었다.

'병농상우(兵農相寓)', '병농위일(兵農爲一)', '병출어농(兵出於農)', '전부출병(田賦出兵)', '전결출병(田結出兵)' 등으로 표현되는 병농일치란 원래 정전(井田)·부병(府兵)과 같이 토지를 지급하고 그 반대급부로 군역을 담당시키는 것을 의미했으나 그 제도적 실현은 사실상 불가능했다. 따라서 '병농일치'는 하나의 이상형으로만 존재했고 현실에서는 그것이 정책이념이나 제도적 지향 등과 같이 다양한 변형으로 나타날 수밖에 없었다. 예컨대 15세기 소경전(所耕田)을 참작한 군역징발은 토지분급 여부와 무관하게 '왕토'를 갈아먹는 농민을 군역에 징발하는

22 송양섭(2013). 이밖에 공전제와 관련된 논고는 다음과 같다. 김준석(1996); 최윤오(2001); 이정철(2009).

23 『磻溪隨錄』 卷1, 田制 上「分田定稅節目」.

행위자체가 병과 농을 하나로 하는 관념에 의해 정당화되었고 17세기에 접어들어 토지소유나 경작과 무관하게 군역이 개별인신 지배의 성격을 뚜렷이 한 이후에는 아예 농민의 군역부담 자체를 병농일치에 비기는 경우가 많았다. 이는 훈련도감 군병과 대비될 때 더욱 강조되는 경향이 있었다.

정전제의 취지를 살려 토지사유를 폐지하고 토지의 공공재적 성격을 분명히 함으로써 민생의 기반을 공고히 하고자 한 공전제는 왕족에서 농민에 이르기까지 직역과 신분에 따라 적정의 공전(公田)과 사세전(賜稅田) 분급하고 이에 대한 반대급부로 국역을 부담시킴으로써 국가와 민 사이의 공적인 호수관계를 통해 안정적인 인적 자원의 징발과 효율적인 국가운영을 기하는데 초점이 맞추어졌다.[24] 유형원은 공전제야말로 '사사롭고 편벽된' 사전(私田)과 대비하여 '공평하고 균일한' 제도라고 하면서 토지지급과 군역부과를 일체화하여 고제의 정전제적 병농일치를 제도적으로 구현하려 한 것이라고 주장했다.[25]

유형원은 당의 부병제를 평가하면서 그것이 가진 취지가 '토지를 주고 군사를 정한 것(給田定兵)'으로 병농일치의 이념에 부합하는 데 있고 '부(府)를 설치하고 위(衛)에 소속시키는' 등 군대편제와 관련된 문제는 부차적이라고 하였다.[26] 따라서 공전을 지급받는 수전농민(受田農民)이야말로 공전제의 기본단위로 유형원 군사력의 기간이 되었다.

24 송양섭(2013).

25 『磻溪隨錄』 卷2, 田制 下 田制雜議 附. 조선후기 군역제 연구의 현황에 대해서는 송양섭(2000) 참조.

26 『磻溪隨錄』 卷21, 兵制 五衛及諸衛 五衛.

공전 1경을 받는 '경부(頃夫)'는 군역자 개인이 아니라 호보(戶保) 편성의 기본단위이자 생활공동체로 유형원이 상정하는 표준적인 소농가족이라 해도 좋았다. 이들은 공전분급을 바탕으로 역의 고헐에 따라 호수보인제에 의해 군호(軍戶)로 편성되었다.[27] 호보편성을 위한 보인의 배정은 기병(騎兵)·보병(步兵)·수군(水軍)·조졸(漕卒) 등은 3명, 속오군(束伍軍)은 1명으로 각기 달랐다. 봉수군(烽燧軍)·능로군(能櫓軍)·사후(伺候)·기고수(旗鼓手)·각릉수호군(各陵守護軍) 등에게는 보인이 배정되지 않았다.[28]

〈그림1〉 騎·步兵 戶保編制의 예시

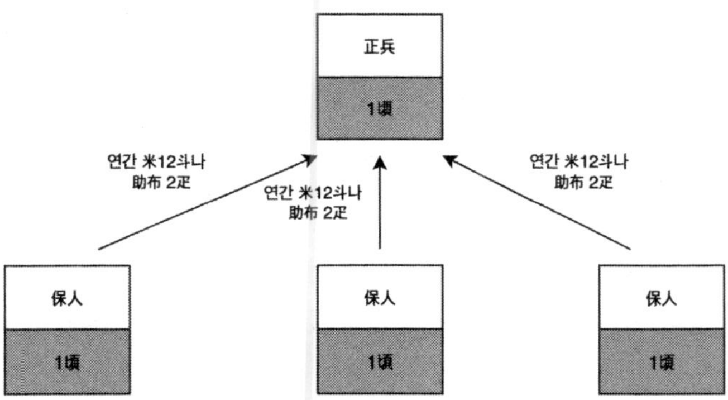

27 『磻溪隨錄』 卷1, 田制 上 「分田定稅節目」.

28 『磻溪隨錄』 卷1, 田制 上 「分田定稅節目」; 『磻溪隨錄』 卷21, 兵制 諸色軍士. 能櫓軍의 경우에는 보인을 배정받은 경우와 그렇지 못한 경우가 있었는데 이는 受田與否와 관련이 있었다. 토지를 배정받은 자는 인근의 공사천을 대상으로 1경당 1인을 내고 보인은 배정하지 않았다. 어염 등 수산업에 종사한다는 이유로 토지를 받지 못한 부류는 保人 1명이 배정되었는데 保價는 통상적인 수준의 1/2에 해당하는 미 6두나 면포 1필이었다.

3명의 보인이 배정된 기·보병의 사례로 이를 보다 구체적으로 살펴보자. 경부 4명=4경[1佃]의 호보편제에서 '장건자(壯健者)' 1명이 정병(正兵)=주호(主戶)이 되고 나머지 3명은 보인(保人)으로 연간 미 12두나 조포(助布) 2필을 정병에게 지원하여 입역비용에 충당하는 형태가 군호(軍戶)의 기본 골격이었다. 잡역 면제의 혜택이 부여된 정군=주호는 군장(軍裝)·마필(馬匹)을 스스로 갖추어야했고 무기·갑옷 등은 관에서 지급받았다. 정군과 보인의 관계도 규정되었다. 보인이 시재(試才)에 합격할 경우 군사[主戶]가 되는 것을 허용하고 주호의 침탈은 금지되었다. 규정을 어기는 주호는 보인으로 강등되었다. 60세가 넘거나 질병에 걸린 경부는 공전을 반납하고 군적에서 삭제되었고, 도망·사망으로 인한 궐액은 그 토지를 이어받는 자에게 넘어갔다. 부모가 병에 걸리거나 70세 이상의 고령일 경우 정군은 보인이 되어 부모를 돌보도록 하고, 부모의 상을 당한 정군은 보인이 되어 3년상을 치루도록 하였다.[29]

후술하겠지만 유형원이 채택한 절강병법(浙江兵法)에 입각한 속오분군법은 기본적으로 농민을 중심으로 한 전투대형을 상정한 것으로 공전제에 입각하여 편성된 균질적인 소농은 이와 효과적으로 결합될 수 있는 기반이 되는 셈이었다.[30] 어쨌든 경부(頃夫)를 조합하여 편성된

29 『磻溪隨錄』 卷21, 兵制 諸色軍士; 『磻溪隨錄』 卷1, 田制 上 「分田定稅節目」.
30 浙江兵法은 말타기와 활쏘기 등 개인의 기량이 중시되던 이전의 병학사상에서 한 걸음 나아가 비록 개인의 군사적 기량이 떨어지더라도 각 병사를 적성에 따라 편제하고 집단적으로 운용하여 보완하려는 것이었다. 무기체계도 농민들이 사용하기 편리하도록 농기구에서 진화한 钂鈀나 狼筅 등 장기간의 무예수련 과정이 없이도 농민들이 쉽게 익힐 수 있는 무기를 채용하였다(노영구, 1997).

호보(戶保)는 동리(洞里)를 중심으로 한 인보(隣保) 단위의 부대로 조직되었다. 여기에서 '향리의 차례를 잃지 않는 것[不失其鄕里之次]'은 가장 중요한 원칙 중 하나였다.[31]

> 전제(田制)가 무너지자 후세의 군대를 제어함은 다만 인정(人丁)을 수괄하여 얻는 대로 대정자(代定者)를 채워 넣으니 이 때문에 한 읍에서는 동면(東面)의 사람이 서면(西面)의 사람과 사이에 섞여 편성되고 한 도(道)에서는 남군(南郡) 사람이 북군(北郡) 사람과 사이에 섞여 편성된다. 비록 같은 대(隊) 같은 오(伍)라고 하나 형세가 서로 맺어지지 못하고 면목(面目)이 서로 익숙하지 않아 정의(情意)가 서로 믿지 못하여 도망하는 자는 그 자취를 숨기고 옮기는 자는 그 간교함을 용납하니 사세가 원래 그러하다. 평거(平居)에 군제가 문란하니 위급할 때에는 오히려 무엇을 믿겠는가? 군대를 잘 다루는 자도 어찌할 수가 없다. 전제(田制)가 이미 시행되면 기보병과 속오군은 모두 각기 마을의 차례대로 대오를 편성한다.[32]

병농이 분리됨에 따라 군제운영이 인정수괄에 집중되자 부대편성에 서로 다른 읍이나 다른 군의 사람이 섞여 군의 조직력이 약화되는 등 갖가지 문제가 나타났다는 것이다. 군제운영의 심각한 난맥은 공전제에 입각한 마을 단위의 생활공동체를 기준으로 군대를 편성함으로써 해소될 터였다.

유형원은 '전부출병(田賦出兵)'의 방식이 '군오(軍伍)가 리(里)에서 정

31 『磻溪隨錄』 卷21, 兵制 諸色軍士.

32 『磻溪隨錄』 卷21, 兵制 諸色軍士.

해지고 군정(軍政)이 교(郊)에서 이루어져서 군졸들이 비려(比閭)가 서로 보호하고 족당(族黨)이 서로 구제하여 거처에 동유(同游)하고 출입을 함께 하고 장례를 함께 돌보고 기쁨을 함께 즐거워했기 때문에 야간에 싸움이 벌어져도 그 소리만으로도 서로 알 수 있어서 혼란이 없고 낮의 전투에서는 눈빛만 보더라도 서로 알아봐 기꺼이 단결하여 서로를 위해 죽음을 불사했다'고 극찬하였다.[33] 4경(頃)=1전(佃)의 호보 편제에서 하나의 전(佃)이 마을 단위를 벗어나지 않도록 하는 것이야말로 강한 결속력을 담보해 전투력을 극대화할 수 있는 중요한 원칙이었다.

이는 기실 유성룡이 제기한 속오군제 편성의 원칙을 원용한 것이었다. 왜란 당시 유성룡은 속오군의 편성에 '병농일치'의 원칙을 적용하여 거주지 중심의 이른바 인보작대(隣保作隊)·향리단속(鄕里團束)을 실현하고자 했다.[34] 다만 유성룡이 속오분군(束伍分軍)의 거주지 중심 부대편성을 병농일치로 인식한 반면 유형원은 이를 채용하면서도 공전제를 기반으로 토지와 군병을 결합시켜 명실상부한 병농일치의 군제의 실현을 의도했던 점에 차이가 있었다.

하지만 병농일치의 범주에 포괄되지 않은 예외적인 부대가 있었다. 바로 왜란기에 창설되어 '병농분리'의 대표적 군영으로 평가받는 훈련도감이다. 훈련도감은 선조 26년(1593) 기민(飢民)을 구제하고 정예병을 양성하기 위한 장번급료병으로 만들어져 사실상 허구화한 5위제를 대신하는 주력부대로 평가받았다.[35] 병농일치의 원칙을 시종 강조한

33 『磻溪隨錄』 卷21, 兵制 諸色軍士.

34 허선도(1974), 116~119면.

유형원도 번상군만으로는 왕도(王都)를 지키는데 한계가 있음을 인정하지 않을 수 없었고 그 대책이 바로 훈련도감의 존치였다.

> 우리나라는 전에 경병(京兵)가 없다가 선조 임진년 이후 비로소 경우(京砲)를 설치하였으니 이는 아마도 군정이 크게 무너지고 국세(國勢)가 탕진된 때를 당하여 취해진 임시변통이다. 대체로 서울은 거중어경(居重禦輕)의 땅으로 비록 번상군이 있어도 거수병(居守兵)이 없어서는 안 되니 한(漢)의 남북군(南北軍)과 당(唐)의 남북아(南北衙)는 대개 이러한 취지이다. 그러나 다만 지킬 수 있을 정도만 갖추면 되고 지나치게 많아서는 안 된다. 세입을 헤아려서 1만 명의 병력을 기를 수 있다면 4,000~5,000명으로 정하고, 5,000~6,000명을 기를 수 있다면 2,000~3,000명으로 정하는 것이 좋다. 우리나라의 형편으로는 1,000~2,000명을 기르는데 지나지 않으니 이보다 많으면 해가 있다.[36]

유형원은 왜란기에 만들어진 훈련도감이 임시변통적 방책이었음에도 수도 서울에 상주하는 정예병으로의 효용성을 적극적으로 인정하였다. 다만 그 명칭을 경병부(京兵府)로 바꾸어도 무방하다고 하였다.[37] 하지만 훈련도감이 문자 그대로 병과 농을 나누어 '공전없이 녹봉만 지급하도록[有常祿無受田]' 했던 만큼 국가재정에 가해지는 압박이 매우 컸다. 따라서 유형원은 '병농이 나누어진 것은 막대한 해이니 군사를 양성하되 적으면 족히 쓸 수가 없고 많으면 민이 먼저 병들

35 훈련도감의 창설과 운영에 대해서는 다음의 논고를 참조할 것. 차문섭(1973); 김종수(2003).

36 『磻溪隨錄』 卷21, 兵制 諸色軍士.

37 『磻溪隨錄』 卷15, 職官之制 上 京官職.

고 나라도 따라 무너지니 이것이 이세(理勢)의 필연'[38]이라고 하면서 세수(稅收)로 지탱할 수 있는 군사력의 40~60% 정도를 군액의 적정선으로 제시했다. 도감군의 규모를 2,000명 정도로 산정한 것은 이 때문이었다.[39]

도감군[京兵]에게는 월 15두(연 180두)의 녹봉이 주어졌는데 이는 녹사의 월 40두[연 480두]+공전 2경, 서리의 월 35두[연 420두]는 물론 조예(皂隷)·사노(司奴)·장인(匠人)의 월 25두[연 300두]와 비교해 크게 낮은 수준이었다. 유형원은 이를 보완하기 위해 연간 보포 8필을 추가하고 별도의 시재상격(試才賞格)을 책정하였다. 도감군 가운데 기총(旗摠)에게는 면포 2필, 마대(馬隊)에게는 월 황두(黃豆) 9두와 속미(粟米) 6두를 추가지급하고 10월에서 이듬해 4월까지는 전(錢) 60문을 가급(加給)하도록 하였다. 유형원은 도감군의 녹봉이 조예들과 비교하여 표면적으로 적은 듯하지만 추가된 보포와 시재상격이 있는 데다가 쉬는 날이 많고 고역이 아니기 때문에 실제로는 이예(吏隷)보다 우대하는 것이라고 하였다. 당시에도 도감군은 월료가 9두에 불과해 이예의 요미(料米) 6두와 가포(價布) 2필에 미치지 못하였다.[40]

훈련도감 기관 자체의 운영을 위한 재정은 경기 지역 1~2곳에 2,000명의 병력을 기준으로 군자전(軍資田) 명목의 사세전(賜稅田) 2,400곡지가 배정되었다.[41] 단일기관으로는 가장 규모가 컸다. 도감군

38 『磻溪隨錄』 卷21, 兵制 訓鍊都監.

39 『磻溪隨錄』 卷21, 兵制 訓鍊都監.

40 『磻溪隨錄』 卷9, 祿制 京吏隷祿磨鍊.

41 『磻溪隨錄』 卷1, 田制 上 「分田定稅節目」; 『磻溪隨錄』 卷21, 兵制 諸色軍士.

의 녹봉이 일단 공전의 세수로 확보된 것이었고 군자전 또한 공전제의 일환으로 배정된 것이었으므로 엄밀히 말해 훈련도감도 공전제 체계와 완전히 괴리된 것은 아니었다. 유형원은 병농일치의 의무병만으로는 수도방어를 위한 정예병 양성이 어렵다고 판단하고 현실의 제도운영 과정에서 효용성이 어느 정도 증명되었다고 판단된 훈련도감은 과감히 존치시키고 있다.[42] 원칙에 기계적으로 얽매이지는 않았던 것이다.

이상의 내용을 정리한다. 유형원은 당시 군역의 물납화와 대립제의 광범위한 진전으로 야기된 군제운영의 난맥상을 심각하게 인식하고 공전제를 바탕으로 병농일치적 군제를 내놓았다. 이는 당시 제기된 다양한 형태의 병농일치론 가운데에서도 가장 근본적인 방안으로 공전 농민은 호수보인제에 의하여 역종에 따라 다양한 형태의 군호로 편성되었다. 왜란 때 유성룡에 의해 채택된 속오분군법은 동리를 중심으로 한 인보단위의 부대편성을 원칙으로 했는데 유형원도 이를 받아들여 마을 단위의 생활공동체를 군대편성의 기준으로 강한 결속을 기해 전투력을 높일 수 있는 기반으로 삼고자 했다. 다만 당시 병농분리의 대표적 군영인 훈련도감만은 왕도 수비의 정예병으로서 그대로 존속시키도록 하였다. 병농일치의 원칙을 기본으로 하면서도 경험적으로 효

42 훈련도감 이외에 각급 군사기관도 공전제의 체계에 포함되어 賜稅田의 형태로 군자전이 부여되었다. 육군의 감영300곡지·병영60곡지, 첨사진40곡지·만호진30곡지, 수군의 통영1,200곡지·수영700곡지와 첨사진360곡지·만호진240곡지가 바로 그것이다. 일반 군현은 '經費'나 상평창의 재원을 활용하여 군사비에 충당하였다(『磻溪隨錄』卷1, 田制 上 分田定稅節目). 이 가운데 공식재정인 '경비'는 주요 직임과 각종 인력에 대한 녹봉을 충당하는 데 쓰여졌고 기관 운영비의 경우, 대동법의 제도적 원리에 입각하여 예산이 편성되었다. 이에 대한 자세한 내용은 송양섭(2013); 송양섭(2018) 참조.

용성이 증명된 제도는 그대로 존치시키는 유연한 태도였다.

2) 병종별 입역방식과 군사력의 증강

왜란·호란을 거치면서 조선전기의 5위제는 사실상 형해화하고 새로이 훈련도감·총융청·수어청·어영청·금위영 등 주요 군영이 속속 창설되었다. 지방의 경우, 영장제와 속오군을 중심으로 지역단위의 방어체제가 정비되어갔다. 유형원은 『경국대전』에 규정된 군제를 구군제(舊軍制), 왜란 이후 새롭게 만들어진 군제를 신군제(新軍制)라고 하면서 양자의 절충을 시도했다.

> 지금 시의에 맞게 제도를 수립하고자 하여 구제(舊制)를 적절히 답습하고 고법(古法)을 참작하여 개정을 하였다. 즉 신제(新制)는 오직 훈련도감(訓鍊都監) 경병(京兵)과 속오군(束伍軍)만 존속시키고 그 외에 근래 잡다하게 설치한 어영군(御營軍)·정초군(精抄軍)·신선군(新選軍)·별포수(別砲手)·별대(別隊)·무학사부(武學射夫)·각청아병(各廳牙兵)·각청모군(各廳募軍)·각청보노(各廳保奴)의 부류는 모조리 혁파한다. 구제(舊制)에 있던 갑사(甲士)·팽배대졸(彭排隊卒)·파진군(罷陣軍)·반당(伴倘) 등의 명색도 모두 없앤다. 마땅히 존속시킬 것은 오직 기병(騎兵)·보병(步兵)·속오군(束伍軍)·수군(水軍)·능로군(能櫓軍)이다.[43]

중첩된 신·구군제가 많은 문제를 안고 있는 상황에서 유형원은 훈련도감과 속오군 외에 신제의 어영군·정초군·신선군·별포수·별

---

43 『磻溪隨錄』 卷21, 兵制 諸色軍士.

대·무학사부·각청아병·각청모군·각청보노 등과 구제의 갑사·팽배대졸·파진군·반당 등을 모두 혁파하도록 하였다. 유형원이 운영하고자 한 주력 병종은 위에서 언급한 기병·보병·속오군·수군·능로군 외에 봉수군(烽燧軍)·각처사후(各處伺候)·각기고수(各旗鼓手)·조졸(漕卒)·수부(水夫)·목자(牧子)·수릉군(守陵軍) 등이 있었다.[44]

유형원은 병농일치의 원칙 하에 경기 인근의 군사는 제위(諸衛)에 소속시켜 상번하도록 하고 그 외의 원거리의 지역은 병영(兵營)·변진(邊鎭)에 소속시키도록 하면서 이것이야말로 '향수(鄕遂)의 군사는 사마(司馬)에 직속시키고 먼 외방의 여러 지역은 방백연수(方伯連帥)에게 영예(領隸)하여 조정에서 총괄하는' '선왕의 제도'로 당시 '군현번진(郡縣蕃鎭)' 하에서도 바꿀 수 없는 원칙이라고 하였다.[45] 바로 '봉건'의 취지를 조선의 군현제적 현실에 접목시키려는 시도였다.

주요 병종별 입역원칙은 어떠했을까? 첫째, 기병(騎兵)과 보병(步兵)이다. 이는 조선전기 정병으로 통칭되었으며 각기 기정병(騎正兵)·보

44 『磻溪隨錄』 卷21, 兵制 諸色軍士. 유형원은 군역에서도 官職과 吏隷의 직임 등 다른 부문과 마찬가지로 직무전일화의 원칙을 적용하여 一身兩役의 문제를 해소하도록 하였다. 당시 正軍으로 軍布를 부담하면서 束伍나 別隊의 役을 함께 지거나 官役에 동원되는 등 심하게는 3~4개의 역이 한사람에게 중첩되는 사례까지 보고되었는데 유형원은 이를 해소하기 위해 군역의 수행도 '각기 자신의 직책을 직책으로 삼는(各職其職)' 원칙을 적용하여 '서울의 각사가 모두 徒隷으로 하여금 使令을 넉넉히 갖추고 군사는 군사의 임무만을 하고 吏隷의 일을 代執하지 않도록 한 후에야' 군제가 제대로 운영될 수 있다고 하였다(『磻溪隨錄』 卷21, 兵制 諸色軍士; 卷21, 兵制 各道營鎭管 把摠). 職과 役을 막론하고 자신의 업무에 집중하여 능력을 극대화하고 성과를 내도록 한 점은 『반계수록』 전반을 관통하는 중요한 원칙이었다.

45 『磻溪隨錄』 卷21, 兵制 五衛及諸衛 五衛.

정병(步正兵)으로도 불리웠다. 우선 말 타기와 활쏘기에 능한 자가 담당한 기병은 당시와 마찬가지로 3명의 보인이 배정되었고 전마자비(戰馬自備)의 원칙에 갑옷과 투구는 관에서 제공하였다. 이들에게는 월료로 미 6두와 황두 9두가 주어졌고 말 사료 또는 미 3두가 추가되었다. 한편 보병은 8번으로 나누어 2개월씩 서울과 병영·변진(邊鎭) 등에서 근무하되 각읍별로 구획하여 근무지를 변경하지 말도록 하였다. 보병이 하번(下番)하면 본읍에서 매달 1회 시재를 하고 춘추로 진관에 모여 습진(習陣)하도록 하였다[번상기간 앞뒤로 2개월은 휴식].[46] 보인은 기병과 마찬가지로 3명이 배정되었다. 보병의 근무는 조선전기의 보정병이 번상정병(番上正兵)과 유방정병(留防正兵)으로 나누어지는 방식과 같았다. 이는 정병이 본래 번상시위를 주 임무로 하는 시위군(侍衛軍)과 여러 진(鎭)과 구자(口子)에서 유방(留防)·부방(赴防)하는 것을 주 임무로 했던 영진군(營鎭軍) 및 익군(翼軍)을 합쳐 개편한데 말미암는 것이었다.[47] 기·보병의 입역은 15·16세기 정병의 그것을 그대로 차용한 셈이었다(뒤에서 상술).

둘째, 속오군은 상번(上番)이나 입번(立番)을 하지 않고 거주지역에서 훈련하는 지방군의 주력이었다. 1명의 보인이 배정된 속오군은 공·사천으로 편성되었다는 점에서 신분적으로 타 병종과 구분되었다. 속오군에게는 1명의 보인이 배정되었고 여기에 편성된 공천(公賤)은 신공전감(身貢全減), 사천(私賤)은 신공 1필 감면조치가 취해졌다. 유형원은 종모법과 고공제 도입을 통해 장기적으로 노비세습제를 폐지

46 『磻溪隨錄』 卷21, 兵制 諸色軍士

47 오종록(1996), 122면.

하고자 하였다. 지방군도 궁극적으로는 정병으로 통일하고자 했지만 노비제 개혁에 오랜 기간이 필요했던 만큼 일정기간 천인의 군역부담을 용인하지 않을 수 없었다.

당시에도 속오군은 대부분 천인으로 충당되었거니와 유형원이 이를 잠정적이나마 제도적으로 수용한 것은 양천이 뒤섞이면서 나타날 수 있는 '명분을 범하고 제도를 어지럽히는 폐해[犯分亂制之害]'를 우려했기 때문이었다.[48] 속오군이 왜란기 훈련도감과 함께 척계광의 속오법이 적용된 최초의 부대로 일정한 효용이 증명되었다는 점도 크게 작용한 듯하다.

셋째, 수군(水軍)이다. 삼면이 바다로 둘러싸인 한반도의 입지상 해방을 위한 수군의 양성은 유형원에게도 매우 중요한 문제였다. 이와 관련된 역종으로는 수군 외에도 능로군·조졸 등이 있었다. 수군·조졸에게는 보인 3명이 배정되었다. 입번이나 시재 없이 연 1회 수조(水

48 『磻溪隨錄』 卷1, 「分田定稅節目」; 『磻溪隨錄』 卷21, 兵制 諸色軍士. 임란을 계기로 창설되어 사실상 賤人으로 채워지다시피 한 속오군은 역 부담에 따른 반대급부가 거의 없었고 각종 요역·잡역 등에도 동원되는 등 과중한 부담에 시달리는데다가 役을 함께 부담하는 兼役으로 인한 문제가 심각했다. 속오군에 대한 給保·給復策을 추진은 이 때문이었다. 효종 5년(1654) 경상도 속오군에 대한 給保를 시작으로 같은 7년(1656)에 삼남지역 속오군에 대한 給復 및 신역 면제 조치가 단행된다. 우여곡절 끝에 영조 6년(1730) 「束伍節目」에 의해 '保人 1명을 지급하고 연호잡역을 견감하는' 형태로 급보가 제도화한다. 公田을 기반으로 保人에 의해 보완된 유형원의 속오군제는 당시 지방군제 운영의 현실에 대한 고민을 바탕으로 했던 만큼 이후 제도개편의 방향을 어느 정도 담고 있었음을 알 수 있다. 속오군과 속오군의 급보·급복책에 대한 구체적인 내용은 다음의 논고에 상세히 밝혀져 있다. 차문섭, 「속오군연구」, 『조선시대군제연구』 단국대출판부, 1973; 장필기, 「17세기 전반기 속오군의 성격과 위상」, 『사학연구』 42, 1990; 김우철, 「조선후기 속오군의 급보·급복책의 추이」 『전주사학』 4, 1996; 김우철, 『조선후기지방군제사』, 경인문화사, 2000.

操)에 참여하는 능로군은 '해리(海利)를 전업으로 삼기 때문에' 원칙적으로 보인을 지급하지 않았다. 수군은 연해민으로 획정(劃定)하고 육군의 첨방(添防)은 혁파하도록 하였다. 수군은 입번이나 교대를 용이하게 하고 유사시에 신속하게 집결할 수 있도록 인근지역의 거주민으로 충당하도록 하였다.

산군(山郡)에 오랫동안 거주한 수군은 해읍(海邑)의 육군과 바꾸도록 하였다. 영진별(營鎭別)로 수군은 2개 운(運), 각운(各運)은 다시 3번으로 나누어져 풍화(風和)·풍고(風高)에 따라 인원을 달리하여 입번(立番)하였다. 당시 토병(土兵)은 수군에, 천인과 무전자(無田者)는 능로군에 소속시켰는데 유형원도 이를 어느 정도 받아들여 수군 원액의 반을 차지하는 능로군에는 공사천을 채워 넣도록 하였다. 그 외에 조졸(漕卒)은 바닷가 본창 부근에 획정하고 보인 2명을 배정하도록 하였다. 전선(戰船)의 신조(新造)·개삭(改槊)에는 '경비(經費)'를 사용하고 군기(軍器)는 군자전 수입으로 충당하도록 하였다. 수군과 조졸에게도 기·보병과 마찬가지로 과거응시를 허용하였다.[49]

넷째, 군사통신을 담당한 봉수군은 봉수 인근에 획정하고 보인은 배정하지 않았다. 당시 봉수군은 노제(老除)되거나 병약한 군인으로 채워지는데다가 봉수대와 멀리 떨어진 곳에 거주하는 사람이 많아 폐단이 심각했다. 근무는 봉수 1개소 당 12명 6번으로 10일씩 이루어졌는데 인원도 일정하지 않았다. 더구나 당시 추가로 설치된 감관(監官)은 교생들을 대신 보내 번을 서게 하면서 봉수군과 감관은 한 명도 봉수를 지키

49 『磻溪隨錄』 卷21, 兵制 諸色軍士. 이 문제에 대해서는 송기중(2014); 문광균(2016)에서 상세히 다루었다.

는 자가 없는 실정이었다.[50]

이러한 현실을 감안하여 유형원은 봉수 1개소 당 극변지(極邊地)는 봉수군 33명과 오장(伍長) 8명, 내지(內地)는 봉수군 16명에 오장 8명을 배치하도록 하고 8번으로 나누어 15일 단위로 근무하도록 하였다[1번당 沿邊 4인, 內地 2인으로 구성]. 근무지에는 숙식과 취사가 가능하도록 건물과 식기·비품을 갖추어 놓도록 하였다. 아울러 불필요한 봉수는 모두 정리·통폐합하거나 진보의 성첩에 함께 설치하도록 하였다. 봉수에는 성을 높게 쌓고 호를 깊게 파서 유사시에 本軍이 집결하여 견고하게 방어할 수 있도록 하였다.[51]

이상 유형원은 기보병·속오군·수군·봉수군 등의 병종에 대한 임무와 입역방식을 상세히 제시했거니와 여기에서 특별히 주안점이 두어진 것은 기·보병으로 지칭되는 정병이었다. 복설한 5위를 구성하는 주력병종이 바로 정병이며 지방의 속오군도 노비세습제 폐지에 따라 장기적으로는 정병(正兵)으로 대체될 터였다. 규모가 그리 크지 않은 봉수군을 제외하면 유형원이 구상한 육군의 병종은 정병을 주축으로 하고 있었던 것이다.

조선전기의 정병은 서울로 번상하는 시위군(侍衛軍)과 지방에서 입역하는 영진군(營鎭軍)·익군(翼軍)이 세조대에 이르러 보법의 군호(軍戶) 편제를 바탕으로 양인의 단일한 병종으로 묶인 것이었다. 보법개정을 거치면서 정병은 번상정병(番上正兵)과 유방정병(留防正兵)으로

50 『磻溪隨錄』 卷21, 兵制 諸色軍士.

51 『경국대전』에는 봉수군을 沿邊은 所當 10명에 1인당 보인 2명, 내지는 所當 4명에 伍長 2명을 배정하도록 규정되었다. 봉수제에 대해서는 허선도(1986) 참조.

구분되어 갔다. 번상정병은 시위(侍衛), 유방정병은 국방에 종사하는 군인이었으나 실제 명목에 맞게 복무하는 것은 기정병(騎正兵) 뿐, 보정병(步正兵) 가운데 번상정군 및 보인은 과중한 부담에 시달리고 있었다.[52] 17세기에 접어들어서도 정병은 그 제도적 명맥을 이어갔다. 5위제의 구군액(舊軍額) 가운데 병조의 기·보병이 그것으로 보병은 수포, 기병은 상번하는 체제를 유지하고 있었다.

상대적으로 고중한 역에 속했던 병조 기·보병은 한정(閑丁)들의 기피대상이 되어 군안(軍案)은 허부화(虛簿化)하고 번상기병도 역졸화(役卒化)하는 추세였다.[53] 유형원이 이같이 잡다한 병종을 정병을 중심으로 통합 운영하고자 한 것은 공전제의 경부(頃夫)에 해당하는 균질적 소농이 군역체계의 주축을 이루는 표준단위로 설정되어 군제운영의 주력으로 상정되고 있음을 보여준다. 당시 군역의 호보편제와 입역방식이 적극적으로 원용되어 공전제와 표리를 이루도록 한데서 보듯 전제개혁의 기반 위에 당대 제도를 손질, 결합함으로써 고제의 취지를 살리고자 한 점은 개혁안을 관통하는 중요한 원칙이자 방법이었음이 다시 확인된다.

군적(軍籍)도 3년 단위로 이루어지는 전적개수(田籍改修) 시기에 맞추어 성적(成籍)하도록 하였다. 공전제 운영의 주기와 맞추기 위함이었다. 군적작성은 서울은 한성부, 지방은 각읍 단위로 이루어졌는데 이에 따라 종래 병사가 맡았던 군적 작성업무는 수령에게 넘어갔다. 수령이 만든 각읍별 군적은 병사가 취합하여 도적(都籍)=총적(總籍)이

52 오종록(1996).

53 김종수(1990), 134~144면.

되고 이는 다시 병조에 보내져 국왕에게 총수가 보고되었다. 수령→병사→병조가 군적행정의 기간라인이었던 것이다. 총적(總籍)은 병조 외에 감영과 제진(諸鎭)에도 1건을 보관하도록 하였다. 매년 이루어지는 도망·사망자에 대한 대정(代定)이나 새로 늘어난 군액도 동일한 방식으로 개부표(改付標)가 이루어졌다. 성명·나이·파기(疤記)·거주지 등 군적의 형식은 당시 제도와 동일했다.[54]

유형원은 당시 논의되던 대년군(待年軍) 제도와 도망자 3년 경과시 족린(族隣)이 한정(閑丁)을 망고(望告)하도록 한 규정을 긍정적으로 평가하면서 문제의 근원인 '병농분리'를 개혁하여 공전제를 실시한다면 문제는 자연스레 사라질 것이라고 낙관하였다.[55] 이같이 유형원은 공전제 운영에 군적개수 시기를 맞추고 그 업무를 각읍 수령에게 맡겨 병사·감사·병조가 공동으로 점검·관리하도록 하여 실무자 선에서 자행되는 부정과 농간을 방지함으로써 군사력의 내실을 기하고자 한 것이다. 군사들은 『기효신서』에 입각하여 소속처·역종·나이·용모·거주지·공전위치 등을 기재하고 낙인이 찍힌 요패(腰牌)를 차도록 했다.[56]

54 『磻溪隨錄』 卷21, 兵制 諸色軍士 一 諸色軍士.

55 『磻溪隨錄』 卷21, 兵制 諸色軍士. 待年軍은 숙종 2년 「良丁査覈節目十條」에서 定役年齡을 11세로 낮추고 5~10세의 良丁을 兒弱定軍 또는 待年軍으로 삼아 代定을 원활히 하고자 한 조치였다(『숙종실록』 권5, 2년 6월 15일 병인).

56 『磻溪隨錄』 卷21, 兵制 諸色軍士. 아울러 유형원은 당시 갖가지 형태로 부여되고 있었던 復戶를 원칙적으로 없애고 전사자나 공적인 일로 사망한 사람(3년 기한 원세 20두 면세)이나 향화인(10년 기한 군역면제, 5년 기한 원세 20두 면제)에 대해서만 인정해 주도록 하였다.

〈그림 2〉 公田制를 통한 正軍과 保人의 증가

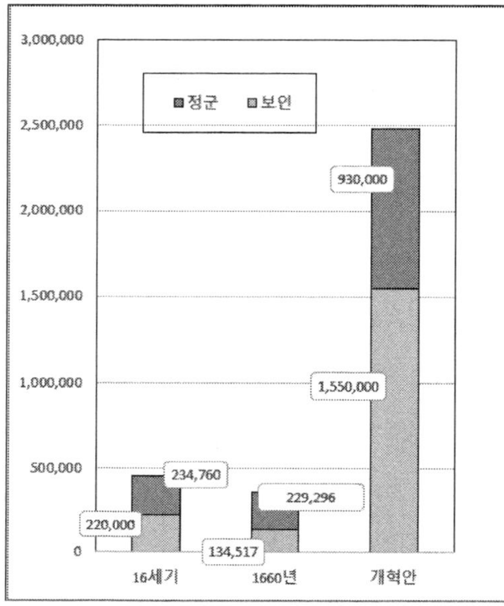

그렇다면 공전제에 기반한 군제개혁을 통해 확보할 수 있는 군병과 호보총액은 과연 어느 정도일까? 유형원은 총 1,440만 경의 토지 중 공전제를 통해 확보한 실전(實田) 288만경에서 공(公)·경(卿)·대부(大夫)·사(士)·이예(吏隸)·역(驛)·목(牧)·진(津)·참호(站戶)와 제색면병전(諸色免兵田) 40만 경을 제외한 출군(出軍) 대상 토지 248만경을 산정하였다. 이를 1정군+3보인=1전(佃 : 4경)의 호보편제를 기준으로 계산한다면 출군할 수 있는 병력은 산술적으로 62만 명이 되었다[248만경/4경=62만 정군]. 유형원은 이 가운데 반에 해당하는 31만 명[31만 佃]을 보인 3명이 지급되는 기보병·수군·조군으로 편성하고 나머지 31만 명에 해당하는 액수는 보인 1명만 배정되는 속오군으로 편제하여 62만 명을 확보하도록 하였다. 따라서 확보할 수 있는 총 군액은

93만 명으로 크게 늘어났다.

그렇다면 이것이 실제 어느 정도의 증가폭일까? 〈그림2〉는 유형원이 제시한 정군과 호보총수의 변화를 시기별로 나타낸 것으로 '평시'(16세기), '당대'(1660년)와 『반계수록』의 개혁안을 대비한 것이다.[57] 16세기 정군 18만 명, 보인 22만명 호보합 40만 명에 달하던 군액이 왜란·호란을 거치면서 반 이하로 줄어들어 1660년에 되면 호보수는 정군 5만 6천 175명, 보인 12만 7천75명으로 합 18만 3천 250명에 불과했다. 유형원은 공전제를 바탕으로 한 대대적인 군제개혁으로 확보할 수 있다고 한 정군 93만 명, 보인 155만 명 호보총수 248만 명의 군사력은 산술적으로 정군의 경우 16세기의 5배, 1660년의 16배, 호보총수의 경우, 16세기의 7배, 1660년의 13배를 웃도는 수치였다. 실로 엄청난 군사력의 증강이었다.

하지만 유형원이 제시한 군액의 수치를 면밀히 따져보면 몇 가지 문제가 발견된다. 우선, 16세기의 군액은 기·보병의 숫자에 국한한 것으로 충순·충찬·정로위 등과 수군은 포함되지 않은 수치이다. 1660년의 수치는 당해년 병조의 통계를 가져온 것인데 유형원은 어찌된 셈인지 당시 충순·충찬·정로 등 3衛 1만 5천27 명(호보 1만 5천 604명), 기보병 5만 6천 175명(호보 18만 3천258명), 속오제색군 16만 1천928명의 총 23만 3천 130명 가운데 기·보병 5만 6천 175명만 병력수로 산정하고 있다.[58] 이는 일차적으로 기·보병 이외의 병력수를 동일선상에서 비교할 수 있는 균질적 자료의 부족 때문으로 생각되지만 한편

57 『磻溪隨錄』 卷2, 田制 下 「打量出軍出稅式」.

58 『磻溪隨錄』 卷21, 兵制 諸色軍士 本國古今軍數(附).

으로는 유형원이 상정하고 있는 병력의 주력이 기·보병이었기 때문이 아닌가 생각되기도 한다. 어찌되었건 정군과 호보수의 증가폭은 실제보다는 크게 과장되었음은 분명하고 이에 따라 당시 현실과 통계의 문제를 감안하여 수치를 보정하면 정군과 호보총수의 증가폭은 1660년 대비 최대 3~4배를 넘지 않을 것으로 생각된다.[59] 증가폭이 줄어든다 하더라도 이만한 정도의 군사력 증강과 내실화가 이루어진다면 군제 개혁의 획기적인 성과로 '북벌'을 염원했던 유형원의 군비개혁 방안이 어떠한 것이었는지 보여주는 데는 부족함이 없다.

이상의 논의를 요약하면 다음과 같다. 유형원은 『경국대전』에 규정된 구군제와 왜란 이후 만들어진 신군제를 절충하여 새로운 군제를 구상하였다. 유형원은 '봉건'의 취지를 살려 경기 인근의 군사는 상번하고 그 외는 해당 지역의 병영·변진에 소속시키도록 하였다. 조선전기 정병의 계통을 잇는 기·보병은 상번군으로 3명의 보인이 지급되었다. 지방군은 공사천으로 편성된 속오군을 존속시킴으로써 노비제 폐지의 과도기에 양천혼성으로 인한 혼란을 막고자 하였다. 기타 수군과 봉수군도 임무와 입역방식에 손질을 가하였다. 이상의 병종 가운데 유형원이 가장 중시한 것은 기·보병으로 지칭되는 정병이었다. 정병은 복설한 5위의 주력병종이었으며 속오군도 노비세습제 폐지에 따라 장기적으로는 정병으로 대체될 터였다. 이는 공전제의 경부에 해당하는 균질적 소농이 군역체계의 주축을 이루는 표준단위로 설정되어 군제운영의 주력이 되고 있음을 보여준다. 군적의 개수주기도 공전제 운영에 맞추도록 하였고 업무는 각읍 수령에게 맡기도록 하였다. 전제개혁의

59 『磻溪隨錄』 卷2, 田制 下 「打量出軍出稅式」.

기반 위에 당대 제도를 손질하여 고제의 취지를 살리고자 한 점은 개혁안을 관통하는 중요한 원칙이자 방법으로 이를 통해 대략 3~4배에 달하는 군사력 증강의 성과를 기대하고 있음이 확인된다.

3. 군제개혁과 군비확충

1) 중앙군 : 오위복설과 훈련도감의 존치

유형원은 대대적인 관제개편을 통해 각종 기구와 직임을 통폐합하고 6조 예하 각급관서의 대부분을 각조(各曹)의 지휘·관할 하에 편입시켜 부문별로 통일적인 행정체계를 구축하고 관료인사에 대한 제도적 쇄신을 위한 방안을 제시하였다.[60] 중앙군의 개편도 이러한 원칙과 밀접하게 연동되었다. 우선, 훈련도감을 제외한 주요 군문을 폐지한 후 병조판서의 통제 하에 새롭게 개편한 5위를 소속시킴으로써 명령·지휘체계를 일원화하였다. 이에 따라 도총부·어영청·총융청·수어청·훈련원·포도청·수성금화사 등이 혁파되고 병조 예하에 5위(衛)·금오위(金吾衛)·내금위(內禁衛)·감문시(監門寺)·성문시(城門寺)·의순위(義順衛)·사복시(司僕寺)·군기시(軍器寺)·세자익위사(世子翊衛司) 등이 편제되었다. 기타 겸사복장(兼司僕將)·우림위장(羽林衛將)·선전관(宣傳官)도 폐지하였다.[61] 중앙군제 개혁의 핵심은 명목만 남은 5위를 복구하여 병조의 일원적 지휘체계 하에 둠으로써 명실상부한 중앙군영의 기간으로 삼고자 한 점이다. 당시 오위복구론은 관료와 지식인

60 송양섭(2018); 송양섭(2019).

61 『磻溪隨錄』 卷16, 職官之制 下 職官因革事宜.

들 사이에서 공통적으로 제기되고 있었다.[62] 하지만 유형원은 5위제 자체도 적지 않은 문제를 안고 있다고 하였다.

> 우리나라는 비록 5위를 설치하였으나 위장(衛將) 12명을 통틀어 오위장(五衛將)이라고 할 뿐 일찍이 임무를 맡겨 모위장(某衛將)이라고 하지 않아 매번 궐내에 입직할 때에 이르러 점고를 받고 근무처를 정하되 이를 3일만에 고친다. 감문순위(監門巡衛)에 이르러서는 모두 정해진 군사가 없고 정해진 장수도 없어서 병조가 대략 저녁이 되어서야 천망(薦望)하여 임명하고 몇 일만에 문득 고치며 기예를 단련하고 습진하는 것도 반드시 본장(本將)이 주관하지 않고 여러 장수 중 낙점하여 하니 이 때문에 군정이 자리잡지 못하고 모든 것이 문란해져 그 폐해를 이루 다 말할 수 없다.[63]

유형원은 5위제가 매우 불합리하게 운영되어 각위(各衛)의 정해진 책임자가 없고 위장(衛將) 12명이 오위장으로 통칭되면서 근무처도 궐내 입직 때가 되어서야 정해지고 이 조차도 수시로 변경된다고 하였

62 가령 인조 3년(1625) 신흠, 현종 원년(1660) 이유태, 숙종 2년(1676) 윤휴, 숙종 14년(1688) 박세채, 숙종 37년(1711) 우윤 박권, 숙종 44년(1718) 『단구첩록』의 찬자 최국량 등 많은 관료가 오위복구를 주장하였고(『승정원일기』 6책, 인조 3년 5월 7일; 『현종개수실록』 권3, 1년 5월 9일 계해; 『승정원일기』 250책, 숙종 2년 1월 23일; 『숙종실록보궐정오』 권19, 숙종 14년 6월 14일 을묘; 『숙종실록』 권50, 37년 12월 27일 신사; 『숙종실록』 권61, 숙종44년 6월 16일 계사) 이른바 실학자로 불리우는 그룹도 대체로 5위제에 긍정적인 인식을 가지고 있었다. 다만 이 가운데는 五軍營制가 이미 정착되어 있는 상태에서 5위를 복구하기 보다는 오군영의 문제점을 시정하여 중앙군제를 개혁하는데 초점을 맞추는 방안도 함께 제기되고 있었다(서태원, 2003). 유형원의 5위복구론도 이러한 조야의 폭넓은 공감대를 바탕으로 구상된 것이었음을 알 수 있다.

63 『반계수록』 권21, 병제. 오위급제위 오위.

다. 감문순위(監門巡衛)도 마찬가지로 당일 저녁이 되어서야 근무지를 정하고 이마저도 며칠 만에 변경되는 실정이었다. 기예 단련[鍊技]이나 습진(習陣) 등도 본장(本將)에 의해 이루어지지 않아 갖가지 문제가 발생하는 실정이었다. 5위의 각위는 고정된 지휘부와 지휘체계가 구성되지 않아 독립된 부대로 제 기능을 하기 어려웠고 이 때문에 유사시에 적절한 방어태세를 취하기 힘들었다. 갖가지 농간이 일어나는 원인도 여기에 있었다.

조선전기 5위는 중위(中衛 : 義興衛)에 갑사(甲士)・보충대(補充隊), 좌위(左衛 : 龍驤衛)에 별시위(別侍衛)・대졸(隊卒), 우위(右衛 : 虎賁衛)에 족친위(族親衛)・친군위(親軍衛)・팽배(彭排), 전위(前衛 : 忠佐衛)에 충의위(忠義衛)・충찬위(忠贊衛)・파적위(破敵衛), 후위(後衛 : 忠武衛)에 충순위(忠順衛)・정병(正兵)・장용대(壯勇隊)가 소속되었고 5부(衛)[長:衛將]-25부(部)[長:部長]-100통(統)[長:統將]로 지휘체계가 구성되었다.[64] 5위에는 대부분의 병종이 소속되었고 각 병종은 다양한 신분층으로 이루어졌다. 5위는 중앙군을 망라하는 부대조직이자 대열(大閱)에 번상군을 거주지의 진관별로 파악한 전국적 훈련체제로서 이중적 성격을 지녔다.[65] 하지만 후위(後衛)와 우위(右衛)가 서북지역 군사로 구성되어 상번하지 않고 현지에 남아 임무를 수행하였기 때문에 본 병

64 5위의 역종과 구성원에 대해서는 천관우(1979) 참조.

65 민현구(1983), 148~167면. 別侍衛・親軍衛・忠順衛・族親衛・忠義衛・忠贊衛는 양반이, 甲士는 양반・상층양인, 破敵衛・正兵(양반하층 포함)은 良人, 彭排・隊卒은 身良役賤, 壯勇衛・補充隊는 賤人이 주로 담당했던 것이다. 5위의 일부는 內禁衛・兼司僕 등 각처의 관원들과 함께 무반의 各級職窠를 受職할 수 있는 자격이 주어졌다.

력이 없고 편제도 혼란이 초래되었던 사례에서 보듯 많은 문제를 안고 있었다.[66]

유형원은 이러한 점을 고려하여 5위제에 대대적인 손질을 가하였다. 우선 '각기 그 장수를 정하고 각기 그 직임을 맡기'는 원칙에 따라[67] 각위(各衛) 책임자에 '충신명지하여 장재가 있는 대부[大夫忠信明智有將材者]'를 가려 임명하고 그 조직과 편제는 척계광의 『기효신서』에 규정된 속오법을 따르도록 하였다[속오법에 대해서는 뒤에서 상술]. 각위에는 대장군(大將軍) 1명, 장군(將軍) 2명, 부장(部將) 5명 등 지휘관과 군영 내 각종 사무를 담당하는 장사(長史) 2명이 배치되었다. 각위 예하에는 사(司)[長:司將], 사장(司將)의 통솔을 받는 초(哨)[長:哨官], 그 밑에 500명의 번군(番軍)이 편제되었다.[68] 아울러 복잡하게 섞여있던 5위제의 병종을 기병과 보병으로 단순화하여 각위의 구성을 균질화하고 훈련도감과 금오(金吾)·감문(監門)·성문(城門)·익위(翊衛) 등을 제외한 모든 군사를 소속시키도록 하였다. 유형원은 서울 인근 지역민을 대상으로 5위 상번군의 군현별 원정액(元定額)을 명확히 규정하고 각기

66 『반계수록』 권21, 병제. 오위급제위 오위.

67 『磻溪隨錄』 卷21, 兵制 五衛及諸衛 五衛.

68 『磻溪隨錄』 卷21, 兵制 五衛及諸衛 五衛. 「직관지제」에서 설명하는 5위 각위의 편제는 이와 약간 차이가 나서 지도부가 將軍(정3품) 1명, 副將(종3품) 2명, 司將(종6품) 5명, 長史(종7품) 2명으로 구성된 것으로 나타난다. 아마도 將軍이 大將軍, 副將이 將軍을 지칭한 것이 아닌가 생각된다. 이하 司長과 長史는 두 곳의 서술이 동일하다. 직관지제에는 각위에 실무·잡무를 담당한 서리 5명, 조예 48명, 소사 15명의 내역도 제시하고 있다. 「직관지제」의 서술을 종합하면 오위에는 장군 5명, 부장 10명, 사장 25명, 장사 10명의 직임이 있고 서리 30명, 조예 240명, 소사 75명의 인력이 배치된 셈이었다(『磻溪隨錄』 卷16, 職官之制 上 京官職).

궁성주변의 적절한 위치를 정하여 배치하도록 하였다.[69]

5위의 근무방식은 당시 가장 모범적인 군영으로 평가받고 있었던 어영청의 모델을 그대로 차용했다. 번상병으로 구성된 어영청은 병농일치가 불가능한 당시 상황에서 장번의 훈련도감보다 우수한 것으로 간주되었다. 확보한 정예병 중 일부를 번상숙위시키고 이 때만 농민들이 내는 군역세로 급료를 지급하면 재정절감과 정병양성이 모두 가능하기 때문이었다. 바로 번상급료제(番上給料制)였다.

어영청은 조선전기 기병(騎兵)과 마찬가지로 번상근무를 하였으나 급보와 함께 급료로 유지되었다는 점에 차이가 있었다. 어영군 1명에 배정된 3명의 보인 중 1명[資保]은 번상왕래 비용을 맡고 나머지 2명[官保]은 서울 체류 중의 비용을 담당하였다. 관보(官保)는 정군(正軍)과 직접적인 관련 없이 연간 포 2필=미 12두를 각 군현이나 소속 군영에 납부하였다. 이들이 낸 보포(保布)·보미(保米)는 경강(京江) 창고에서 관리하고 정군(正軍)은 입역기간 중 이로부터 급료를 지급받았다. 어영청은 국가재정에 부담을 주지 않고 자체적으로 급료와 경비를 해결할 수 있다는 점에서 이 시기 군영운영의 모범으로 평가받았다. 금위영도 이러한 어영청을 모방하여 설립된 것이다.[70]

송시열은 '이민양병(以民養兵)'의 훈련도감이 나라를 가난하게 하고 백성을 병들게 하는 데 반해 '이병양병(以兵養兵)'의 어영청은 병사와 백성을 모두 편하게 한다고 평가하였다.[71] 비슷한 시기 박세당도 어영

69 『磻溪隨錄』 卷21, 兵制 五衛及諸衛 五衛.

70 김종수(1990), 151~153면. 어영청의 번상급료제에 대한 본격적인 고찰은 김현동(2021) 참조.

청이 ① 호수(戶首)의 보인에 대한 침탈이 없는 점, ② 호수가 자신의 근거지를 떠나지 않는 점, ③ 상번(上番)과 휴번(休番)을 번갈아 하여 간완(奸頑)의 폐습이 없는 점과 함께 ④ 휴번(休番)·하번자(下番者)에게 징수한 미포를 호수에게 지급하여 재정을 스스로 해결함으로써 국가재정을 쓰지 않아도 되는 점 등을 장점으로 거론하였다.[72]

5위 기·보병의 운영도 어영청의 방식대로 보인 1명의 수미분(收米分) 12두는 정번처(定番處)에 납부하여 번상시 월 미 6두의 급료로, 나머지 2명으로부터 받은 미 24두는 자장(資裝)을 갖추는데 쓰도록 하였다. 보미(保米) 수납 과정의 부정이나 농간을 방지하기 위하여 100리 이내 지역은 보인이 보미(保米)를 직접 납부하고 그보다 먼 수변읍(水邊邑)은 선소(船所)에 납부하도록 하였다. 당시 보인의 납미(納米)가 부실하거나 보미를 받더라도 미리 써버리는 바람에 번상시에는 '쇠잔하고 피폐해져 죽는 자도 있고' 보인은 보인대로 납미를 위해 빚을 내고 전답과 농우를 모두 팔아 파산하는 경우가 허다하기 때문이었다.[73] 유형원이 동일한 번상이라 하더라도 번상군은 급료를 받고 보인은 납미할 뿐 첩역이 없다는 점을 들어 번상급료제가 가진 장점을 높이 산 것[74]은 어영청의 운영방식에 대한 당대의 평가와 일치했다.

---

71 『숙종실록』 권26, 20년 윤5월 11일 정축; 『宋子大全』 卷20 疏 (己巳 2月).

72 朴世堂, 『西溪全書』 上 卷5, 應求言疏 정미(1667). 이 가운데 재정적 부담을 크게 줄이면서 호수의 보인에 대한 침탈을 원칙적으로 차단한 것은 매우 중요한 조치였다. 15세기 正兵의 경우에도 軍戶의 우두머리인 正軍이 경제적·사회적으로 우월한 지위를 바탕으로 保人을 실질적으로 지배하면서 갖가지 침탈을 자행해 심각한 폐단을 야기했고(오종록, 1996, 125~126면) 이는 이후 군호운영에서도 끊임없이 지적되던 문제였다.

73 『磻溪隨錄』 卷21, 兵制 五衛及諸衛 五衛.

5위의 근무와 훈련에 대한 규정도 제시하였다. 궐내 숙위와 입직은 매위의 장군과 부장 중 한 명이 1사(司)의 군사를 거느리고 3일 단위로 섰으며 궐내(闕內) 순경(巡警)은 밤마다 장군·부장이나 사장이 군사 10인을 거느리고 시간을 나누어 시행하도록 하였다. 사장 1인과 장사 1인은 외영에 윤직(輪直)하고 군사들은 내직으로 근무하거나 교체되어 쉬는 자가 아니면 모두 영중(營中)에 모여 조련하도록 하였다. 훈련은 매월 상·하순의 시재(試才)와 중순의 습조(習操)가 있었다.[75] 이같이 유형원은 중앙군의 주력을 5위로 통일하여 단일한 지휘체계 하에 속오법을 적용, 균질적 부대로 편성하면서 당시 가장 우수한 제도로 평가받고 있었던 어영청의 모델을 가져와 입역원칙으로 삼고 있었다. 공전제의 바탕에 5위복설과 의무번상제 등 전기적 제도를 복구하면서도 당대의 제도적 효용을 감안하여 적절히 참용하는 방식은 여기에서도 확인된다.

이는 훈련도감에서 더욱 극명하게 드러난다. 앞서 언급한 바 있지만 유형원은 병농일치를 기본으로 하면서도 훈련도감만은 왕성수비의 정

74 『磻溪隨錄』 卷21, 兵制 諸色軍士.

75 『磻溪隨錄』 卷21, 兵制 五衛及諸衛 五衛. 試才는 매월 본읍에서 2차례, 操鍊은 춘추로 鎭管에 모여서 실시하였다. 赴番軍은 매월 上旬·下旬에 試才하고 中旬에 조련하였다. 이들에게는 성적에 따라 상벌이 주어졌다. 시재에 5회에 걸쳐 1등을 한 자는 營·邑·鎭에서 군관으로 특별보임하고 상번군은 邑軍官에 임명하였다. 그 중 뛰어난 자는 조정에 보고하여 서용하도록 하였다. 公賤은 免賤하고 私賤은 각사노비나 價布 20疋을 지급하도록 하였다. 군졸에 대한 試才의 원칙은 『기효신서』에 입각하여 騎兵은 騎射 5矢, 步兵은 砲手의 경우 鳥銃 3발, 射手는 立射 5矢로 하였다. 講書는 자원에 따라 실시하되 『紀効新書節要』 및 四書, 『武經四書』 중 원하는 것을 택하도록 하였다. 군사는 봄에는 조련을 하고 가을에는 打圍를 兼行하도록 하였다(『磻溪隨錄』 卷21, 兵制 諸色軍士).

예병으로 궁성 밖 북영(北營)에 그대로 존치하도록 하였다. 물론 어느 정도의 제도적 손질은 가해졌다. 유형원은 설치 초기 훈련도감에는 대신이 제조(提調)로 참여하였으나 인조 대 이후 점차 공신들이 대장을 차지하고 대신의 군임 기피로 모든 업무를 훈련대장이 독단하는 지경에 이르렀다고 하였다. 처음 서울사람을 대상으로 모집했던 도감군도 점차 지방민들로 채워져 갔고 경포보(京砲保)는 통상적인 역가 2필을 넘는 3필을 납부하는데다가 여보(餘保)를 남정(濫定)하는 등 이서들의 부정과 횡포도 극심한 상태였다. 도감군도 상리(商利)를 다투고 횡포를 일삼는 등 문제를 일으키고 있었다.[76]

이러한 문제를 개선하기 위해서는 재정확충과 도감군의 처우개선이 가장 중요했다. 포수(砲手)와 마대(馬隊)는 서울 인근민으로 모집하고 보포는 8필로 정하는 한편 지방의 군액은 줄여 그만큼의 보포를 확보하도록 하였다. 포수는 매달 미 15두, 마대는 미 15두·속미(粟米) 6두·황두(黃豆) 9두의 녹봉이 지급되었다. 춘추의 습진이나 상격(賞格)·군기(軍器) 보수 등에 들어가는 비용은 군자전의 소출로 충당하고 군기제조 등의 비용은 공식예산을 통해 지출하도록 하였다. 파총[종6품] 이상 군관은 대장이 천망(薦望)하여 병조에서 주의(注擬)·낙점(落點)하고 초관[종9품]은 파총이 대장에게 천보(薦保)하여 임명하도록 하였다. 근무일수는 다른 관직과 동일했다.[77]

유형원은 6조 중심의 관제개편에 수반하여 병조를 중심으로 중앙군 지휘계통을 일원화하면서도 훈련도감에 한해서만은 어느 정도 독립적

76 『磻溪隨錄』 卷21, 兵制 訓鍊都監.

77 『磻溪隨錄』 卷21, 兵制 訓鍊都監.

인 운영을 허용한 듯 하다. 번상의무병으로 구성되었던 5위와는 달리 급료병으로 이루어진 훈련도감은 도성방어의 핵심이라는 점에서 별도 운영이 필요했던 것이 아니었나 생각된다. 5위와 훈련도감 외에 유형원이 특별히 관심을 기울인 것은 국왕의 시위를 담당한 금군의 정비와 강화, 그리고 서울 도성의 치안문제였다. 우선, 내금위·겸사복 등 국왕 친위부대에 대해서도 제도개선을 가하였다. 유형원은 내금위 위사에 겸사복·우림위 등을 포함하면 금군(禁軍)에 해당하는 병력이 1,000명을 웃돌아 지나치게 많다고 하면서 내금위 위사의 무선(武選) 이외에 겸사복(兼司僕)·우림위(羽林衛)·친군위(親軍衛)·별시위(別侍衛)·파적위(破敵衛)·장용위(壯勇衛)·보충대(補充隊) 등에 대한 잡다한 시취(試取)를 모조리 없애고 인원을 200명으로 대폭 삭감하였다.[78]

유형원은 무과를 폐지하였으나 국왕 친위병의 특수성을 고려하여 내금위[정원 200명]에 한하여 활쏘기와 강서(講書)를 위주로 한 무선을 통해 매번 50명을 선발하도로 하였다. 무선 응시생은 공전 4경을 받았다. 무선의 절차는 당시 무과제도와 대동소이했지만 합격자는 공거제를 통해 선발된 일반관료와는 격에서 차이가 났다.[79] 위사에게는

---

78 『경국대전』에서도 내금위와 겸사복 등 시위군은 正兵을 비롯한 각종 병종이 모두 편성된 5위와는 별도로 취급되었다. 태종에 의해 제도화 한 內禁衛는 『경국대전』에 190명으로 인원이 규정되었고 국왕이 가장 신임할 수 있는 양반자제 가운데 무재가 특출난 자를 試才·鍊才를 통해 선발하였기 때문에 서반의 집현전이라고 할 정도로 정예부대였다. 이 때문에 내금위는 여타 특수병과 달리 長番遞兒職을 받는 등 대우가 상대적으로 좋았다. 국왕의 최측근에서 시위를 담당한 兼司僕(50명)도 武才가 뛰어난 자를 試取로 충당하여 長番勤務를 했다(차문섭, 1973; 민현구, 1983, 61면).

79 『磻溪隨錄』 卷21, 兵制 五衛及諸衛. 유형원은 貢擧制 개혁을 통해 武科를 폐지하고 관로와 승진체계를 단일화하였기 때문에 武選의 절차와 형식이 무과와 동일

말과 녹봉이 주어지고 국왕의 조회(朝會)·하례(賀禮)·행행시(幸行時)의 시위와 경호·사역 등을 담당하였다. 이들은 3번으로 나누어 숙위를 했고 입번할 때마다 활쏘기를 시험했다. 또한 춘추로 도시(都試)[무선과 동일한 방식]를 치러 녹봉을 올려주고 매년 성적우수자 1명을 선

하더라도 그 격은 확연히 차이가 나도록 하였다. 入選者를 本衛와 병조에 등록할 뿐 과거와 같이 방을 붙이거나(放榜), 연회·신참례 등의 행사는 일절 금한 것도 그 때문이었다. 유형원은 국가운영의 중추가 되는 관료엘리트는 文武를 겸전한 인물로 내치와 국방 공히 임무를 감당할 수 있는 '實學'을 한 자라야 된다고 하였다. 무과를 폐지하고 무선을 통해 무임층을 충당한 것은 무임을 전업으로 하는 것이 '한 졸병의 일'로 군사나 백성의 위에서 직임을 수행할 능력을 가지지 못했다고 보기 때문이었다(『반계수록』 권21, 병제. 오위급제위). 유형원은 '문은 붓에 물을 찍어 아로새기고 다듬고 하는 업이 되고 무는 활을 당기어 조잡하고 사납고 한 일을 하는 것이 될 뿐'으로 '武夫는 염치없이 민에게 사납게 굴고 文士는 전진에서 어린애나 계집애같이 구는' 현실을 비판하면서 인재를 양성하고 선발하는 제도에 대한 근본적인 개혁이 필요함을 역설하였다(『磻溪隨錄』 卷21, 兵制 各道營鎭管). 무과를 폐지하고 공거제를 실시하도록 한 것은 이러한 고민의 소산이었다(송양섭, 2018). 한편, 유형원이 제시한 武選의 절차는 다음과 같다. 초시 합격정원 500명은 토지와 호구의 규모에 따라 서울 154명(경기 포함), 충청 60명, 전라 70명(제주 3명), 경상 80명, 강원 30명, 황해 30명, 평안 40명, 함경 36명이 배정되었다. 당시 무과초시 선발인원이 190명이었던 것과 비교하여 크게 늘어난 셈이었다. 초시는 『소학』과 四書 중 하나를 講하여 粗 이상을 받아야 응시자격이 부여되었다. 시험과목은 步射·騎射·鳥銃射擊 등이었다. 步射의 경우, 240보 밖에서 木箭 3발을 쏘아 1발 이상, 80보 거리에서 철전 3발을 쏘아 한 발 이상, 120보 앞에서 편전 3발을 쏘아 1발 이상 명중해야 했다. 騎射와 鳥銃도 명중한 수에 따라 점수를 부여했다. 아울러 武經四書 중 한 가지, 四書 중 두 가지, 『小學』, 『經國大典』, 『紀効新書』 등을 講하여 모두 粗 이상의 성적을 받아야 이듬해 會試에 응할 수 있었다. 이듬해 치러지는 會試의 과목은 초시와 동일하며 講書 성적을 합산하여 최종 50명을 선발하였다. 武選에는 工商·市井人·무당·잡류의 아들, 공·사천, 徒 이상 범죄자, 마을에서 쫓겨난 자, 소속된 호적이 없는 자 등은 응시할 수 없었다. 응시자는 반드시 해당 지역의 관원·진사·향관·약정 등 2사람의 보증을 거쳐 하자가 없는 인물임을 증명해야했다. 시험에서 부정행위를 저지르거나 난동을 부린 자는 처벌하고 보증을 잘못한 자도 파직되거나 出齋停擧하도록 하였다(『반계수록』 권21, 병제 오위급제위).

발하여 관직에 서용하도록 하였다.[80] 아울러 왕자·공신의 자손이 소속된 충의위 및 9품 이상 관직자와 선사(選士)의 아들이 소속된 충순위는 통합하여 친군숙위(親軍宿衛)로 만들도록 하였다. 이들은 전마(戰馬)를 갖추고 서울로 상번하여 2개월 단위로 근무하였으며 월 미 9두와 황두 9두의 번록(番祿)을 받았다. 이들은 매월 연시(鍊試)에 참여하고 하번시에는 해당 도의 춘추 습진에만 참여하고 시재는 면제되었다. 이밖에 충찬위·족친위·정로위 등은 없애도록 하였다.[81]

이외에 유형원이 관심을 기울인 것은 수도 서울의 치안과 국왕의 경호를 담당한 금오위와 감문사·성문사 등의 정비였다. 유형원은 서울의 치안과 국왕의 순행·행군·사냥 등에 대한 경호를 담당한 당시 순장(巡將)은 그 임무가 막중함에도 전임자 없이 병조가 무직당상관을 전날 저녁 임명하고 3일 만에 교체하는 등 문제가 많다고 하면서 이를 전담할 금오위(金吾衛)를 설치하도록 하였다. 금오위 책임자는 순장(巡將)으로 장군과 부장[3인], 순관(巡官)으로 낭관(郎官)·산원(散員)으로 구성되었다. 금오위 입번군(立番軍)의 업무가 과중했던 만큼 이들은 여타 상번군[8번]과는 달리 10번으로 나누어 1개월 단위로 교대하도록 하였다. 이들은 2운(運)으로 나누어 번갈아 쉬고 월 미 9두의 급료를 받도록 하였다. 장군과 부장은 3일단위로 윤번 입직하였고 순경군(巡警軍)은 매운(每運) 200명씩 각포(各鋪)에 배치하고 그 나머지는 적절히 몇 대로 나누어 순관(巡官)의 통솔 하에 순행(巡行)하도록 하였다.[82]

80 『磻溪隨錄』 卷21, 兵制 五衛及諸衛 五衛.
81 『磻溪隨錄』 卷21, 兵制 五衛及諸衛 五衛.
82 『磻溪隨錄』 卷21, 兵制 五衛及諸衛 五衛.

연락체계는 포(鋪)-대(隊)-기(旗)로 이 또한 속오법이 적용된 흔적이 보인다.

일종의 경수처(警守處)인 포(鋪)는 궁성의 사면 밖의 1리반, 경중(京中)의 거리는 약 3리마다 1포(鋪)를 설치하였다. 포(鋪) 단위로 오장(伍長)의 주관 하에 군사 5인이 입직숙위하고 방(坊)에도 포를 설치하여 방민(坊民) 5인이 직숙(直宿)하도록 하였다. 한편, 궁성의 문을 수비하는 감문사는 대문 30인, 대문좌우의 협문 각 20인, 중문 20인, 중문좌우의 협문 각 10인, 소문 10인의 군사를 배치하도록 하고 30인씩 2운으로 나누어 번갈아 쉬도록 하였다.[83] 서울도성을 관리하는 성문사는 대문 30인, 나머지 문은 20인씩 배치하도록 하였다. 이들은 별부(別部)나 별대(別隊)의 형태로 5위의 군사들과 함께 조련하였다.[84] 감문사와 성문사에는 각각 33명[서리 6명, 조예 15명, 소사12명], 62명[서리 12명, 조예 26명, 소사 24명]의 인원이 배정되었다.[85]

이상을 요약하면 다음과 같다. 유형원 중앙군제의 핵심은 훈련도감을 제외한 주요 군문을 폐지한 후 명목만 남은 5위를 복구하여 병조의 일원적 지휘체계 하에 둠으로써 명실상부한 중앙군제의 핵심으로 만들고자 한 점이었다. 아울러 전기 5위제의 병종을 기병과 보병으로 단순화함으로써 각위의 구성을 균질화하고자 하였다. 유형원은 서울 인근 지역민을 대상으로 군현별로 5위 상번군의 원정액(元定額)을 명확히 규정하고 재정적으로나 운영방식에서 가장 우수하다고 평가받는

83 『磻溪隨錄』 卷21, 兵制 五衛及諸衛 五衛.
84 『磻溪隨錄』 卷21, 兵制 五衛及諸衛 五衛
85 『磻溪隨錄』 卷15, 職官之制 上 京官職.

어영청의 입역방식을 적극적으로 채용하였다. 아울러 5위의 근무와 훈련에 대한 규정도 제시하였다. 바로 공전제의 바탕에 전기적 제도를 복구하면서도 당대의 제도적 효용을 감안하여 적절히 참용하는 방식이다. 유형원은 병농일치를 기본으로 하면서도 훈련도감만은 왕성수비의 정예병으로 존치시키면서 어느 정도의 독립성은 인정한 듯하다. 아울러 국왕의 시위를 담당한 금군을 정비·강화하고 서울 도성의 치안문제에도 각별한 관심을 가지고 대폭적인 제도적 손질을 가하였다.

2) 지방군: 진관체제 복구와 읍성 중심 거점방어체제의 구축

국방의 실질적인 기능을 담당했던 지방군은 유사시에 효율적인 작전과 방어가 가능하도록 여러 차례 제도변화를 거치지 않으면 안 되었다. 조선왕조의 지방군제는 ① 태조 초[1392]~세조 초[1455]의 영진군(營鎭軍)·익군(翼軍)의 병존기, ② 세조 초~을미왜변[1555]의 진관체제기, ③ 을묘왜변~임진왜란의 제승방략기, ④ 임진왜란초~정묘호란[1627]의 진관체제복구기를 거쳐 유형원 당대인 17세기 후반에는 왜란·호란의 영향으로 ⑤ 속오군과 영장제를 중심으로 운영되고 있었다. 시기별로 복잡한 배경과 요인이 작용하였겠지만 ②의 시기 이후 왕조의 지방군제는 진관체제를 골간으로 부분적인 제도적 변개가 가해진 것으로 제승방략이나 속오군·영장제도 사실상 그 변형에 불과했다.[86]

세조 3년(1457) 성립된 진관체제(鎭管體制)는 군익도(軍翼道) 체제가 안고 있었던 지휘체계상의 중복과 혼란을 막고 전국을 일원적인 군사

86 허선도(1973·1974); 허선도(1974); 허선도(1991).

체제로 편성한 위에 각진을 독자적인 방어단위로 설정했다. 진관체제의 지휘계통은 주진(主鎭)의 각도 병사 예하에 주로 목사가 담당한 거진(巨鎭)의 첨절제사, 그 밑에 군수 이하가 맡는 제진(諸鎭)의 동첨절제사로 이어졌다.[87] 하지만 진관체제가 강력한 적의 공격에 대한 방어책으로는 한계를 가질 수밖에 없었다.

을묘왜변[1555]을 계기로 유사시 중앙의 순변사나 방어사 등 이른바 경장(京將)이 경병(京兵)을 이끌고 내려가 병·수사와 함께 특정 지역에 병력을 집중시켜 전력을 극대화하는 방안이 채택된 것은 이 때문이었다. 바로 제승방략(制勝方略)이다. 이는 진관별 자전자수(自戰自守)의 원칙을 벗어난 일종의 전술적 변형이었다.[88] 하지만 왜란을 거치면서 제승방략은 많은 문제점을 드러냈다. 유성룡은 이를 다음과 같이 지적했다.

> 가볍고 얕은 생각을 가진 사람들이 제멋대로 옛 제도를 전부 부수고 새로운 법을 마련하여 이름을 붙이길 '제승방략'이라고 했습니다. 그 처음에 을묘왜변을 보고 이러한 일시적 구급책을 썼으나 이것이 겨우 소소한 적들은 대응할 수 있을 뿐 큰 적을 제어할 수 있는 방법이 아닌 것은 알지 못했습니다. 그 후 양남의 감사와 병사들이 각자 자신의 소견을 가지고 좁은 안목으로 두찬(杜撰)하고 첨가하여 제승방략이라고 함부로 이름 붙여 모두 통행하였습니다. 국사(國事)가 이 지경에 이르게 된 것은 물론 다른 일의 잘못이 매우 많지만 대개 이 '제승방략'이 망쳐 놓은 것입니다.[89]

87 민현구(1983), 247~251면.

88 허선도(1973·1974), 39면~44면.

을묘왜변을 계기로 진관체제의 운영이 제승방략의 방식으로 변하였지만 이는 소규모 국지전투에서만 효용성을 인정받았을 뿐 대규모 외침에는 치명적인 한계가 있다는 것이다. 그럼에도 이를 『제승방략』의 책자로 만들어 통용시키니 이것이야말로 지방군 약화를 초래한 중대한 요인이라는 것이다. 유형원도 '수령이 모두 함부로 수토(守土)를 떠나 혹은 산에 숨고 혹은 바다로 피해' 도 단위이건 읍 단위이건 '주관하는 자가 없'어서 '한번 적병이 왔다는 소문을 듣고 적병이 널리 퍼지기를 기다리지도 않고 온 나라가 먼저 스스로 비어 버려 조정에 명령을 내리는 곳이 없고 싸우는 군졸은 더욱 거리낌 없이 오로지 궤산(潰散)을 일삼'는 지경이라고 제승방략을 비판하였다.[90] 실제로 제승방략은 1차 방어에 실패할 경우 사실상 추가적인 방어선의 구축이 어려운데다가 중앙에서 파견된 지휘관과 장졸간의 유대가 약하여 많은 문제를 드러내고 있었다.[91] 유형원이 제기한 지방군제 개혁의 첫 단계는 진관체제의 복구였다. 역시 유성룡의 발언이다.

> 평시에는 진관읍이 주진(主鎭)이 되어 그 속읍을 검칙하면 일체의 조병(操兵)・훈련(訓練)・군오(軍伍)에 대한 업무를 처리할 수 있습니다. 유사시에는 진관이 또한 각기 소속 군를 거느리고 차례대로 대오를 정비하여 주장(主將)의 지휘를 받는 것이 그 형세가 몸이 팔을 쓰고 팔이 손가락을 쓰는 것과 같아서 조종(操縱)・신축(伸縮)이 오직 장수가 하는 바에 달렸습니다. 또 한 진관의 군이 혹 패하여 흩어지더라도 다른 진관의 군

89 『磻溪隨錄』 卷21, 兵制 各道營鎭管.

90 『磻溪隨錄』 卷21, 兵制 諸色軍士

91 허선도(1973・1974); 서태원(2001).

이 각기 대병(大兵)으로 차례대로 굳게 지키면서 혹 앞을 차단하거나 혹 뒤를 습격하고 혹 좌우를 교란하면 적이 비록 승세를 탔다하더라도 감히 쉽게 충돌하지 못하니 그 형세가 그러한 것입니다.[92]

하나의 진관이 주진읍의 지휘·명령에 따라 독자적인 방어단위를 유지한다면 이웃 진관의 방어선이 무너지더라도 다른 진관이 순차적으로 적을 협공하여 적의 공세를 무디게 할 수 있다는 것이다. 따라서 진관제도를 폐지하지 않고 '진관별로 적임자를 배치하여 각기 소속 군대를 통솔하'면서 '평시에는 규정대로 훈련하며 유사시에는 군사를 정돈하고 대오를 통제하여' '대장의 명령을 따르고 싸우기도 하고 지키기도 한다면 내외의 형세가 반석 같이 견고해질 것'이라고 하였다.[93] 유형원의 진관체제복구론은 사실상 유성룡의 방안을 그대로 차용한 셈이었다.

도 단위 주진의 책임자인 병사와 수사는 각각 2명씩 두었는데 이는 지방관을 상관(上官)과 부관(副官) 2명을 두도록 한 원칙에 따른 것이었다. 전임병사 외 1명의 병사와 전임수사 외에 1명의 수사는 감사가 겸임하였다. 병영과 수영의 기타 직임은 당시 제도를 그대로 답습하도록 하였다.[94] 병영은 지역의 형편을 잘 헤아려 거읍(巨邑)에 설치하고

92 『磻溪隨錄』 卷21 兵制 各道營鎮管.

93 『磻溪隨錄』 卷21 兵制 各道營鎮管. 경상도를 예로 들면, 동래진관이 1차방어선을 구축하여 적을 막고 이것이 무너질 경우 대구진관이 차단하고 경주와 진주진관이 좌·우익으로 협력하여 방어선을 구축하도록 하였다. 이마저 여의치 않으면 상주진관이 수비태세에 들어가고 충청도의 충주진관이 새재의 길목을 차단하면서 후방을 막고 청주진관이 황간·영동·추풍령의 길목을 지키면서 우익을 이루도록 하였다. 그 사이 경기지역의 진관들도 군대를 정비하여 길목을 지킨다면 일부 방어선이 무너져도 순차적으로 다음 방어선과 마주하기 때문에 적이 쉽사리 수도 서울에 접근하지 못한다는 것이다.

병사는 가족과 함께 부임하여 장기 근무하도록 하였다(수사 · 첨사 · 만호도 동일). 병영의 경우, 충청은 홍주나 청주, 전라는 광주, 황해는 황주, 평안은 안주나 영변, 함북은 경성, 함남은 북청에 설치하도록 하였다. 경기와 강원은 감사가 병사를 겸하도록 하였다(경상좌우도는 불명) 이는 전라병영(강진) 외에 대부분 당시 병영 소재읍과 일치했다.[95]

연해와 변경의 진들도 요충지가 아니거나 쇠락한 곳은 통폐합하여 내실을 기하고 궁벽한 곳에 위치한 진보는 이설하도록 하였다. 권관(權管)이나 소모사(召募使)와 같은 소규모 보(堡)는 모두 없애고 정찰해야 할 곳은 병사가 병력을 나누어 지키거나 수령이 사람을 파견하여 看守하도록 하였다. 민생위협을 막고 군비의 효율을 높이기 위함이었다.[96] 당시 지방의 병 · 수사와 진장(鎭將)들은 정해진 수입이 없어 군졸에 대한 수탈과 방군수포를 자행하였고 입번군사는 잡역에 내몰려 정작 군사훈련은 뒷전이었다. 유형원은 군사는 자신의 직무에만 충실하고 잡역 · 잡무에 동원되어서는 안 된다고 하면서 각영의 진장에게 정해진 녹봉을 지급하고 군졸과는 별도로 차비군으로 통칭되는 실무인력을

94 『磻溪隨錄』 補遺 卷1, 郡縣制 各道. 유형원은 대대적인 군현제 개편에 수반하여 지방관의 직임을 上官-副官 2명을 두도록 하였다. 감 · 병 · 수사를 2인씩 배치한 것도 이러한 원칙의 소산이었다. 유형원은 중앙관직과 달리 1명의 지방관으로는 폭주하는 업무를 감당하기 어렵다고 하면서 대민업무의 중요성을 감안하여 '京衙門貳官之例'에 따라 開坐時 의결권과 문서행정에 대한 서명권을 上官守令과 副官守令이 공동으로 행사하도록 하였다. 아울러 상관수령의 부당한 지시를 미연에 막고 체임 · 출장이나 군사작전 등으로 인한 상관부재시에 인근 군현의 수령이나 장교에게 위임하지 않고 부관이 자체적으로 업무를 처리할 수 있도록 함으로써 업무공백을 최소화하도록 하였다(송양섭, 2014).

95 『磻溪隨錄』 卷21, 兵制 各道營鎭管.

96 『磻溪隨錄』 卷21, 兵制 各道營鎭管.

배정함으로써 이러한 문제를 해소하고자 하였다.[97] 지방군은 이상의 진관체제의 복구와 정비를 바탕으로 배치되었다.

유형원은 척계광의 『기효신서』를 지방군 편성의 기본으로 삼도록 하였다. 그는 『기효신서』가 부대의 편제와 명령체계에 대한 것이고 국가적 차원의 군제를 다룬 것이 아니기 때문에 이를 유연하게 적용해도 무방하다고 하였다.[98] 『기효신서』의 속오법은 영(營)–사(司)–초(哨)–기(旗)–대(隊)의 형식을 기본으로 하였는데 병사의 지휘 하에 전·후·중·좌·우의 5개 진영이 편제되고 1영(營)=5사(司), 1사(司)=5초(哨), 1초(哨)=3기(旗), 1기(旗)=3대(隊)로 구성되었다. 1대가 화병(火兵)을 포함, 통상 11명의 병사로 구성되었으므로 1영의 병력은 대략 2,500명 정도가 되는 셈이었다. 물론 이러한 편제는 실제 운영과정에서 많은 변형이 가해졌다. 속오법에 의한 부대 편제는 진관체제에서 각 지방의 정병이 평시에는 어떤 부대에 배속되지 않고 오로지 번상(番上)·유방(留防)·습진(習陣) 등으로 동원될 때에만 부대가 가동된 것과는 다른 방식이었다. 각영의 책임자인 영장은 진관체제 하 거진의 책임자인 첨절제사와 비슷한 존재로 영장제는 무신 전임의 영장을 별도로 파견함으로써 문·음관이 주로 겸임하고 있는 첨절제사를 유사시에 무신으로 대체할 필요 없이 바로 전투에 임할 수 있도록 한 것이었다. 영장 이하 사(司)는 파총(把摠), 초(哨)는 초관(哨官), 기(旗)는 기총(旗摠), 대(隊)는 대총(隊摠)이 각급부대별 책임자였다.[99]

---

97 『磻溪隨錄』 卷21, 兵制 各道營鎭管.

98 『磻溪隨錄』 卷21, 兵制 各道營鎭管.

99 허선도(1991); 차문섭(1973); 서태원(1999); 송양섭(2012). 애초에 속오법은 중앙군 편제부터 적용되었다. 속오법은 선조 26년(1593) 훈련도감에 최초로 적용되

〈그림 3〉 유형원 진관제와 진영제의 편제비교

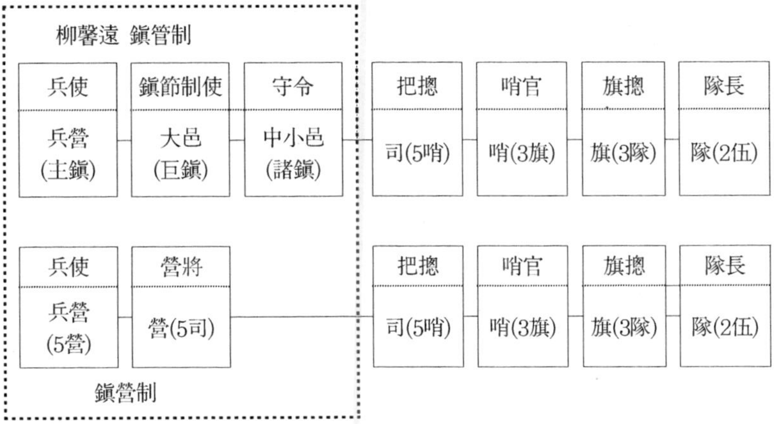

영장제도 진관체제의 변형이었기 때문에 사(司) 이하 단위부대의 편제는 별 차이가 없었다. 〈그림3〉의 테두리 영역이 유형원 진관제와 영장제에 입각한 진영제과 차이가 나는 부분이다. 도 단위의 병사 밑에는 사정에 따라 2·3~5·6개의 진관이 편성되었는데 그 책임자가 진절제사(鎭節制使 : 鎭使)로 당시 영장(營將)과 사실상 동일한 위상을 가진 존재였다. 유형원은 영장이 각읍의 군사와 민에게 폐해를 끼칠 뿐 아니라 그 임무를 담당할 병사·우후와 진관수령이 있어 '쓸데없는 관직[贅官]'에 불과하므로 혁파해야 한다고 하였다.[100]

었고 같은 왕 28년~30년 어간에 영장통제 하의 營 단위 속오군이 도별로 分置되면서 지방군 편제의 원칙이 되었다(류승주, 1969, 3~5면). 유형원은 중앙군의 속오법에 대해서는 그리 강조하지 않았으나 실제 5위와 훈련도감의 조직을 살펴보면 당시와 마찬가지로 '衛-司-哨'의 束伍分軍法이 적용되고 있음을 확인할 수 있다. 유형원이 복설하고자 한 5위제에서는 衛가 營의 역할을 한 셈이었다. 수군의 조련도 『기효신서』에 입각하였음이 확인된다.

100 실제로 영장제의 운영은 지역의 사족·토호에게는 커다란 부담이었다. 영장제의

진관편제의 기본 틀을 그대로 가져오되 당시 많은 문제가 지적되고 있던 영장제는 폐지하고 그 역할은 진절제사[진사]가 맡도록 했던 것이다. 도내 군정권이 병사에 전속되었으므로 감영의 중군도 없애도록 하였다[병사의 중군은 존치]. 진사 예하 제진의 경우, 군수 이상은 첨절제사, 현령은 절제도위가 되어 작전시 부장(副將)·차장(次將) 등의 직임을 수행하도록 하였다. 수령의 명령은 사(司)의 파총으로 전달되었다. 수령과 파총 사이에 있었던 천총은 정규직임이 아니므로 없애는 대신 진관읍에 중군을 두어 진사(鎭使)를 보좌하도록 하였다.[101]

유형원은 분군(分軍)에 따른 각급 단위부대별 책임자와 직임을 규정하고 이들의 임무와 선발방식·처우를 상세히 제시했다. 우선, 거진 진관읍에 해당하는 각영은 군병수에 얽매이지 말고 3,000~5,000명 수준의 병력을 형편에 따라 구성하도록 하였다. 5영제를 지키지 않을 경우 온전한 진법 운영이 어려울 수 있다는 우려에 대해서도 군의 훈련이나 전술은 그 책임자의 능력에 달린 것으로 반드시 5영의 형식에 구애될 필요는 없다고 하였다.[102] 영의 책임자인 진사는 진관수령으로 사실상 당시 겸영장과 동일한 형태였다. 진사 밑에 편제된 수령 장관과 부관 2인의 경우, 유사시에 장관은 전투를 수행하고 부관은 본성(本

실시로 사족·토호의 경제적 기반이자 물적 토대인 私奴와 挾戶가 속오군에 편성되어 영장 예하에 들어갔다. 심지어 사족·토호세력이 향촌민을 지배하기 위한 기구였던 鄕所에 대한 처벌권도 영장에게 부여하였다. 영장에게는 사족·토호의 동태를 파악하는 권한도 주어졌다. 이 때문에 지역의 사족·토호세력은 향소의 직임을 기피하거나 영장제에 대한 반대여론을 주도하였고 영장의 點閱을 방해하는 등의 책동을 벌이기도 하였다(서태원, 1993).

101 『磻溪隨錄』 卷21, 兵制 各道營鎭管.

102 『磻溪隨錄』 卷21, 兵制 各道營鎭管.

城)을 거수(居守)하도록 하였다.[103]

다음, 영 이하에 편제된 사(司)는 5초[1초=100명]를 기본으로 그 책임자인 파총은 읍의 사정에 따라 1·2명에서 7·8명까지 유연하게 둘 수 있었다. 주장(主將)의 명령을 집행하는 파총은 초관을 통솔하며 군사 훈련을 감독하고 춘추 훈련 시 해당 부대를 인솔하였다. 여기에는 6품직을 지내고 장재(將才)가 있는 자를 수령이 천망하고 절도사가 심의하여 임명하도록 하였다. 적임자가 없을 경우 향관(鄕官)을 지냈거나 면번내사생(免番內舍生) 중 장재(將才)가 있는 자 또는 유능하고 오래 근무하여 품계가 높은 초관을 선발하도록 하였다. 분기별로 3곡의 녹봉과 사후(伺候) 8명이 주어졌으며 근무 연한 2년을 기준으로 1계씩 품계를 높여주도록 하였다. 사(司)의 군병수도 사정에 따라 다를 수 있지만 남은 군졸을 다른 읍에 소속시키는 것은 엄격히 금하였다. 사 예하의 각초는 3기(旗)씩 기병·보병·속오군 등 병종별로 구성되었다.[104]

---

103 『磻溪隨錄』 卷21, 兵制 各道營鎭管. 鎭使 예하에는 旗牌官(4人)·號銃手(3人)·哱囉手(2人)·喇叭手(2人)·號笛手(3人)·鼓手(8人)·鉦手(1人)·鑼手(1人)·五方旗手(5人)·高招手(5人)·角旗手(4人)·認旗手(2人)·巡視旗手(6人)·令旗手(6人)·軍牢(18人) 등의 직임이 배치되었다. 유형원은 특히 기패관의 역할을 중시했다. 主將의 측근에서 行令과 布陣의 실행(掌承主將行令布陣之事)을 담당했던 만큼 훈련과 작전의 성패가 기패관의 능력 여하에 크게 관련되었기 때문이다. 유형원은 당시 만연한 기패관 천시 풍조를 비판하면서 영진의 일을 잘 알고 숙련된 자(諳練營陣者)를 초관의 예와 동일한 방식으로 선발하여 초관과 같은 액수의 녹봉을 배정하고 근무연한 2년을 기준으로 1階를 올리도록 하였다. 인원은 병영·진관읍에 4명, 郡·府에 3명, 현·첨사진에 2명, 만호진에 1명을 배정하였다. 병영과 수영의 기패관은 상시적으로 輪直待令하도록 하고 녹봉은 각읍 기패관의 2배를 주도록 하였다. 수군은 水營鎭의 경우 戰船當 1인의 기패관을 할당하였다. 통영은 7인, 수영은 5인, 첨사진 3인, 만호진 2인을 배정하였다. 수군의 특성을 감안한 것이었다.

사 밑에는 초(哨)가 편제되었는데 그 책임자인 초관에는 무선(武選)·면번외사생(免番外舍生)·유음유친세적(有蔭有親世嫡)·충의위(忠義衛)·충순위(忠順衛) 중 임무를 맡을 만한 능력이 있는 자를 파총이 천망하여 수령이 임명하고 이를 병사에게 보고하였다. 보병의 초관은 번상시 해당 기관으로 소속병사를 인솔하여 주장의 점검을 받았고 제위(諸衛)의 초관은 사장(司將)의 통제를 받고 소속 부대의 입직 때 이들의 영솔 책임을 맡았다. 현능한 초관은 승진시키고 수령도 포상했으며 문제가 있을 경우 해당 수령이 추궁을 받았다.

초관에게는 분기별 미 1곡 5두의 녹봉과 사후 4명이 부여되었고 서울 제위(諸衛)의 초관은 매월 쌀 12두, 콩 9두의 녹봉을 받았다. 초관도 근무연한 2년을 기준으로 1계씩 품계를 높여주었는데 이들의 근태를 병사가 일일이 파악하기 힘들기 때문에 향관과 마찬가지로 포폄제를 적용하지 않고 근속연수를 기준으로 승진시키는 방식으로 인사를 운영하도록 했다.[105]

초 밑에는 3대(隊 : 2伍)가 편제되었다. 1오(伍)가 5명이므로 1대(隊)는 화병(火兵)을 더해 11명, 1기는 33명이 되는 셈이었다. 이는 당시 한 도가 5영을 기본으로 1영=5사, 1사=5초, 1초=3기, 1기=3대를 원칙으로 했던 점과 비교해 일견 통일성이 결여된 것으로 비칠 수 있었

104 『磻溪隨錄』 卷21, 병제. 各道營鎭管 把摠. 파총 밑에는 書記(1人)·號銃手(1人)·鼓手(2人)·哱囉手(1人)·喇叭手(1人)·摔鈸手(1人)·鑼手(1人)·認旗手(1人)·高招手(1人)·巡視旗手(2人)·令旗手(2人)軍牢(6人)·馬夫(1人)·廚役(1人) 등의 직임이 배치되었다.

105 『磻溪隨錄』 卷21, 兵制 各道營鎭管. 哨官밑에는 書記1人, 認旗手1人, 軍牢2人, 馬夫1人, 廚役1人 등이 배치되었다.

다. 하지만 유형원은 『기효신서』의 분군법을 기계적으로 적용하는 것보다 생활공간과 부대편제를 일치시킴으로써 군현단위의 자기완결적 방어시스템의 구축하는 것이 무엇보다 중요하다고 하였다.

> 군사의 조발과 번상은 반드시 그 장수로 하여금 영솔(領率)토록 해야 하는 것이니 이것은 군정(軍政)의 큰 줄거리에 관계되므로 불가불 착실히 규정해야 한다. 하물며 이 군제의 분번(分番) 규정은 반드시 전읍전초(全邑全哨)로 하고 남거나 잘게 부수지 않도록 한다면 더욱 마땅히 이와 같아야 한다.[106]

유형원은 군사의 조발과 번상을 반드시 해당 부대의 책임자가 영솔해야함을 강조하면서 군제의 분번(分番)은 반드시 '전읍전초(全邑全哨)', 즉 해당 군현의 전체 초를 단위로 하고 병력을 남기거나 쪼개지 않도록 하였다. 만약 편성원칙을 억지로 적용한다면 각읍별 군정수가 모두 다르기 때문에 남은 군정은 인근 읍의 사(司)와 초(哨)로 넘어갈 수밖에 없고 그 과정에서 잡다한 병종을 인근 읍의 동일한 병종에 맞추어 편입시켜야만 했다. 이 경우, 군졸의 거주지와 지휘관의 소재지가 달라 서로 알지 못하기 십상이고 전시에 이루어지는 지휘체계와 평시에 수령이 행하는 훈련체계가 분리됨에 따라 여러 가지 혼선이 빚어질 수 있었다.[107] 따라서 기병·보병·속오 등 병종별로 작대(作隊)하고 토지를 기준으로 洞里의 차례에 따라 부대를 편성하여 병사들 간의 결속력을 높임으로써 강한 전투력을 이끌어내고자 한 것이 유형원 주

106 『磻溪隨錄』 卷21, 兵制 各道營鎭管.
107 『磻溪隨錄』 卷21, 兵制 各道營鎭管.

장의 핵심이었다.[108]

'향리의 차례를 잃지 않도록' 동리를 단위로 한 인보단위의 부대편성 또한 유성룡의 주장과 일맥상통하거니와, 유형원은 '법을 쓰되 법에 빠지지 않는 것[用法而不泥乎法]'이 중요하다는 척계광의 말을 인용하여 원칙과 형식에 지나치게 얽매이지 않고 인구·지리, 그리고 시의의 적절함을 따져 각읍의 사정에 따라 행정체계와 군사제도를 일체화시키는 것이 중요하다고 역설하였다.[109] 병농일치의 원칙에 따라 각읍 단위의 자기완결적 방어 및 전투기능을 강조한 것이었다. 이제 각읍은 자체의 수비전략과 관방시설 등을 갖춘 독자적 방어단위로 자리매김 되었다.

유형원은 각읍 단위의 축성을 강력히 주장하였다. 그는 당시 산성입보책이 주거가 어려운 산성에 읍거(邑居)하는 군정(軍丁)을 뽑아 들어가기 때문에 많은 혼란이 야기되고 읍 창고의 곡식이나 기르던 가축이 적의 수중에 떨어지는 결과를 가져올 뿐이라고 비판하였다. 따라서 주거가 용이하거나 전략적으로 중요한 곳 외에 산성을 모두 없애고 전국적으로 읍성을 축조하여 방어의 거점으로 삼는 것이 훨씬 효과적이라고 하였다.[110]

읍성의 신·증축이 여의치 않을 경우 아예 읍을 이설하도록 하였다.

---

108 『磻溪隨錄』 卷1, 田制 上 「分田定稅節目」.

109 『磻溪隨錄』 卷21, 兵制 各道營鎭管. 유성룡은 중국고대의 鄕徒作契나 鄕里團結와 유사한 거주지 중심의 병농일치적 속오군제를 입안하였다. 이는 왜란 전 정병이 番上과 留防 공히 자신의 생활공간을 떠나 입역함에 따라 심각한 군사력의 저하가 초래되었던데 대한 반성이었다(허선도, 1974, 136~137면).

110 『磻溪隨錄』 補遺 卷1, 郡縣制 各邑.

당시 대부분의 읍성이 지나치게 협소하여 민거(民居)를 수용하는데 한계가 있기 때문에 확장 개축하거나 산악지형을 활용하여 축성하고 적절한 곳에 못과 호를 파서 방어시설로 만들도록 하였다. 성의 규모는 지나치게 크거나 작지 않은 적절한 수준으로 중국의 고제를 참작하여 산악지대가 많은 우리나라의 특성을 잘 활용하면서 최대한 많은 수의 민호(民戶)가 수용될 수 있도록 하였다.[111] 이는 유형원이 구상한 지방제도 개편과 표리를 이루는 것으로 유형원은 이를 다음과 같이 표현하였다.

> 열읍(列邑)으로 하여금 토지와 백성이 넉넉히 군(郡)이 될 만하게 하고 백성의 상산(常産)을 만들어주고 정교(政敎)를 수명(修明)하고 성지(城池)를 수선하고 난에 임해서 반드시 지킨다면 열성(列城)이 서로 바라보고 형세가 서로 잇닿아 비록 백만의 강구(强寇)가 있어도 어찌 마음대로 하도록 내버려두어 한 나라를 무너지게 하겠는가?'[112]

〈표 1〉『반계수록』과 대동법의 월과총약환 배정액 비교

반계수록	대동법	鳥銃(柄)	鉛丸(箇)	火藥(斤)
大都護府	大邑	24	4800	96
府		18	3600	72
郡	中邑	12	2400	48
縣	小邑	6	1200	24
	殘邑	2	400	8

111 『磻溪隨錄』 補遺 卷1, 郡縣制 各邑.

112 『磻溪隨錄』 補遺, 卷1 郡縣制 各邑.

군현제 개편을 통한 경제적인 안정과 효율적 교화를 토대로 읍성을 유사시 방어의 거점으로 삼아 효과적인 대응을 꾀하자는 것이다. 읍성이 하나의 완결적 작전단위가 됨에 따라 각읍의 내부에 군사적 임무를 담당할 기구와 시설·장비를 갖추어 놓는 것도 중요했다. 각읍에는 군사·치안 업무를 담당한 군관층의 기구를 장관청(將官廳)이라는 이름으로 통일하여 제도화하고 훈련을 담당하는 연무청(鍊武廳)과 화약을 제조하는 염초국(焰硝局)을 설치하도록 하였다. 각 영진에는 군자전을 배정하여 군수(軍需)·시상(施賞)·호군(犒軍)·무기제조 등의 비용에 충당하도록 하였다.[113] 각읍에는 재솔군관(在率軍官)을, 영진(營鎭)·변읍(邊邑)에는 제솔군관 외에 추가로 대변군관(待變軍官)을 두도록 하였다.[114]

조총(鳥銃)·화약(火藥)·연환(鉛丸) 등은 각읍의 월과미로 지출하는

113 『磻溪隨錄』 補遺 卷1, 郡縣制; 卷15, 職官之制 上 外官職 ; 卷19, 祿制 外方官祿磨鍊.

114 軍官에는 武選·前銜官·有親·有蔭·忠義衛·忠順衛와 기타 적당한 사람을 해당 主將이 뽑아 천망하면 병조에서 심의하여 임명하도록 하였다. 在率軍官의 경우, 감·병·수영 각 5명, 평안·함경도 및 통영에는 각 10명을 두고 월봉 3곡을 지급하도록 하였다. 서북의 極邊邑에는 2명씩 배정하도록 하였다(의주·강계·회령·제주·동래 등 堂上僉使鎭에는 3명). 첨사진에는 2명(부산·만포 등지에는 3명), 만호진에는 1명씩 배정하고 매월 3곡의 녹봉을 지급하도록 하였다. 待變軍官의 경우, 감·병·수영에 10명, 평안·함경도 및 통영에 20명, 大府·都護府에 10명, 기타 府에 8명, 郡에 6명, 縣에 4명씩 배정하도록 하였다. 서북의 極邊邑과 동래·제주 등지에는 인원을 2배로 늘려 배정하였다. 또한 우후에게는 3명(북병영·통영의 우후에게는 6명), 첨사에게는 6명(당상 첨사는 8명, 만호는 2명)이 배정되었다. 일반군현의 대변군관에게는 녹봉이 지급되지 않았기 때문에 관청에 상근하지 않고 시사에 참가하거나 사무가 있을 때만 대기하도록 하였다(『반계수록』 권21, 병제. 各道營鎭管).

것이 당시의 규정이었는데 그 기준은 조총 1병에 미 50두, 연환 100개에 미 5두, 화약 1근에 미 10두로 당시 절가식을 적용하였다. 활·화살·창·칼·갑옷·투구·깃발 등속들도 적당히 규정을 정하도록 하였다.[115] 〈표〉는 유형원의 방안과 당시 대동법의 규정을 비교한 것이다. 대동법으로 각읍월과통약환가(各邑月課銃藥丸價)가 대동미(大同米)에 공식 계상(計上)되었는데 유형원 당대에는 충청도와 전라도 연읍에 대동법이 실시되고 있었다. 종래 대부(大府)·도호부(都護府)·부(府)·군(郡)·현(縣) 등 관위(官位)의 차등에 기준을 두고 있었던 각읍월과군기법(各邑月課軍器法)과 달리 월과총약환가(月課銃藥丸價)는 전결수에 따라 대·중·소·잔읍으로 나누어져 대동미로 지출되었다. 이는 기존의 군현분등이 가진 불합리성을 크게 개선하여 각읍의 읍세(邑勢)에 준하는 원칙으로 자리 잡았으며 배정액도 전반적으로 차감 책정되었다. 〈표〉에서 보는 바와 같이 유형원의 월과총약환 배정내역은 군현제 개편으로 통폐합된 잔읍(殘邑)이 사랖니고 새롭게 편제된 부(府)의 조총·연환·화약의 액수가 새롭게 책정된 것을 제외하고 다른 내용은 대동법의 규정과 완전히 일치한다. 다른 부문과 마찬가지로 대동법의 규정은 적극적으로 원용되고 있었던 것이다.[116]

한편, 유형원은 수군제도에 대해서도 개혁방안을 제시하였다. 유형원은 수군에게 공전을 지급하고 호수-보인의 군호편제를 강화하는 한편 번차제(番次制) 등을 개선하여 입역부담을 줄여주도록 하였다. 아울

115 『반계수록』 권21, 병제. 各道營鎭管. 月課銃藥丸의 조달에 대해서는 柳承宙(1976·1978·1978); 李旺茂(1998).

116 유형원 재정개혁안과 대동법의 관련에 대해서는 송양섭(2018) 참조.

러 공식재정인 '경비(經費)'의 배정을 통해 급료, 전선(戰船)의 개삭(改槊)·개조가(改造價), 각종 물품 등을 조달하면서 그 지출규정도 구체적으로 제시하였다. 수군의 생계와 수군진 재정의 안정을 통해 진관체제 전반을 정비하여 강력하고도 효율적인 해안 방어체제를 구축하고자 한 것이 유형원 수군제 개혁의 골자였다. 이러한 방안도 당대 수군제 운영에 대한 구체적인 진단을 통해 이루어졌던 만큼 이후 수군제도 변화의 방향을 일정하게 예시하고 있었다.[117]

이상의 내용을 요약한다. 유형원은 제승방략이 지방군 약화를 초래한 중대한 요인이 되었다고 비판하고 진관체제의 복구를 주장했다. 다만 당시 많은 문제가 있었던 영장제는 폐지하고 그 역할은 진절제사[진사]가 맡도록 했다. 유형원은 분군(分軍)에 따른 각급 단위부대별 책임자와 직임을 규정하고 이들의 임무·선발·처우 등에 대한 규정을 상세히 마련하였다. 유형원은 『기효신서』의 분군법을 기본으로 하면서도 이를 기계적으로 적용하지 않고 생활공간과 부대편제를 일치시켜 군현 단위의 자기완결적 방어시스템을 구축하고자 했다. 아울러 병농일치의 원칙에 따라 기병·보병·속오 등의 방식으로 병종별로 작대(作隊)하고 토지를 기준으로 동리의 차례에 따라 인보단위로 부대를 편성함으로써 병사들 간의 결속력을 높여 강한 전투력을 끌어내고자 했다. 이러한 방안에도 유성룡의 영향은 깊숙이 스며들어 있었다. 각읍은 자체의 수비전략과 관방시설 등을 갖춘 독자적 방어단위로 설정되어 전국적으로 읍성을 축조하여 유사시 방어의 거점으로 삼도록 했다. 이는 군현제 개편과 표리를 이루면서 안정적 경제기반과 효율적 교화

117 유형원의 수군제 개혁의 구체적인 내용은 송기중, 앞의 글 참조.

를 토대로 읍 단위의 행정체계를 군사조직과 일치시키고자 한 것이었다. 각읍에는 장관청·연무청·염초청 등 군사적 임무와 군수를 조달한 각종 기구와 시설을 설치하고 각 영진에는 군자전을 배정하여 군비를 조달하도록 하였다. 월과총약환의 배정은 대동법의 규정을 준용하였다. 수군제도에 대해서도 당시 제도의 문제점을 진단하고 나름의 개혁방안을 제시하였다.

4. 맺음말

17세기 왕조를 둘러싼 국제정세는 여전히 긴장감이 가시지 않았고 이러한 대외적 위기의식과 호란에서의 치욕적 패배에 대한 반성으로 북벌의 담론은 사회적으로 광범위하게 확산된 상태였다. 병자호란기에 갖은 고초를 겪었던 유형원은 부안에 내려가서도 대륙의 정세를 예의 주시하며 북벌의 염원을 간직하고 있었다. 그의 군제개혁안은 이러한 시대상황과 복잡한 개인사가 얽혀 강한 규정력이 되면서 하나의 체계로 완성되었다. 다른 모든 부문도 마찬가지지만 『반계수록』의 군제개혁안도 공전제를 기반으로 했다. 그것은 병농일치를 기본으로 하면서도 15·16세기의 제도를 일정하게 답습하고 고법의 취지를 살린 체계적이면서도 독창적인 구상이었다.

왜란·호란을 거치면서 당시의 군제는 『경국대전』에 규정된 구제와 임진왜란 이후 나타난 신제가 뒤섞여 운영되고 있었다. 이 과정에서 적지 않은 모순과 문제점이 드러나던 참이었다. 임란 이후 새로 개편된 군제에 대해 유형원은 당시 군역의 물납화 진전과 대립제의 광범위한 확산으로 인한 군제운영의 난맥상을 심각하게 인식하고 공전제를 바탕으로 민의 재생산 기반과 군제를 일체화한 개혁안을 구상했다. 이는 당시 제기된 다양한 형태의 병농일치론 가운데에서도 가장 근본적인 방안으로 공전농민은 호수보인제에 의하여 역종에 따라 호보(戶保)로 편제되어 다양한 형태의 군호(軍戶)를 구성하였다. 왜란 때 채택된 속오분군법(束伍分軍法)은 부대편성의 기본원칙으로 동리를 중심으로 한 인보단위의 부대로 조직되었다. 이는 공전제에 입각한 마을 단위의 생활공동체를 군대편성의 기준으로 채택함으로써 강한 결속을 통해 전투력을 극대화할 수 있는 방안으로 유성룡의 주장에 크게 영향 받은 것이었다. 다만 당시 병농분리의 대표적 군영인 훈련도감만은 왕도 수비의 정예병으로서 그대로 존속시키도록 하였다. 병농일치의 원칙을 기본으로 하면서도 경험적으로 효용성이 증명된 제도는 그대로 채용하는 유연한 태도였다.

유형원은 『경국대전』에 규정된 구군제와 왜란 이후 만들어진 신군제를 절충하여 새로운 군제를 구상하였다. 유형원은 '봉건'의 취지를 살려 경기 인근의 군사는 상번하고 그 외는 해당 지역의 병영 · 변진(邊鎭)에 소속시키도록 하였다. 조선전기 정병의 계통을 잇는 기 · 보병은 상번군으로 3명의 보인이 지급되었다. 지방군은 공사천으로 편성된 속오군을 존속시킴으로써 노비제 폐지의 과도기에 양천혼성으로 인한 혼란을 방지하고자 하였다. 기타 수군과 봉수군도 임무와 입역방식에 손질을 가하였다. 여러 병종 가운데 유형원이 가장 중시한 것은 기 · 보병으로 지칭되는 정병(正兵)이었다. 정병은 복설한 5위의 주력 병종이었으며 속오군도 노비세습제 폐지에 따라 장기적으로는 정병으로 대체될 터였다. 이는 공전제의 경부(頃夫)에 해당하는 균질적 소농이 군역체계의 표준단위로 설정되어 군제운영의 주력이 되고 있음을 보여준다. 군적의 개수주기도 공전제 운영에 맞추도록 하였고 업무는 각 읍 수령에게 맡기도록 하였다. 전제개혁의 기반 위에 당대 제도를 손질하여 고제의 취지를 살리고자 한 점은 개혁안을 관통하는 중요한 원칙이자 방법으로 이를 통해 대략 3~4배에 달하는 군사력 증강의 성과를 거두고자 했음이 확인된다.

유형원 중앙군제의 핵심은 훈련도감을 제외한 주요 군문을 폐지한 후 명목만 남은 5위를 복구하여 병조의 일원적 지휘체계 하에 둠으로써 명실상부한 중앙군제의 핵심으로 만들고자 한 점이었다. 아울러 여러 가지 병종이 분속된 데다가 다양한 신분이 포함되어 있었던 전기 5위제의 병종을 기병과 보병으로 단순화함으로써 각위의 구성을 균질화하였다. 유형원은 서울 인근 지역민을 대상으로 군현별로 5위 상번군의 원정액(元定額)을 명확히 규정하고 재정적으로나 운영방식에서 가장 우수하다고 평가받는 어영청의 입역방식을 적극적으로 채용하였다. 5위의 근무와 훈련에 대한 규정도 제시하였다. 유형원은 병농일치를 기본으로 하면서도 훈련도감만은 왕성수비의 정예병으로 그대로 존치시키면서 어느 정도의 독립성을 인정해준 듯 하다. 아울러 국왕의 시위를 담당한 금군과 서울 도성의 치안문제에도 각별한 관심을 통해 대폭적인 제도적 손질을 가하였다.

유형원은 진관체제의 변용인 제승방략이 지방군 약화를 초래한 중대한 요인이 되었다고 비판하고 진관체제의 복구를 주장했다. 다만 당시 많은 문제가 있었던 영장제는 폐지하고 그 역할은 진절제사[진사]가 맡도록 했다. 유형원은 분군(分軍)에 따른 각급 단위부대별 책임자와 직임을 규정하고 이들의 임무·선발·처우 등에 대한 규정을 상세히 마련하였다. 그것은 『기효신서』의 분군법을 기본으로 하면서도 이를 기계적으로 적용하지 않고 생활공간과 부대편제를 일치시켜 군현 단위의 자기완결적 방어시스템의 구축하는 방향이었다. 아울러 병농일치의 원칙에 따라 기병·보병·속오 등 병종별로 작대(作隊)하고 토지를 기준으로 동리의 차례에 따라 인보단위로 부대를 편성함으로써 병사들 간의 결속력을 높여 강한 전투력을 끌어내고자 했다. 이러한 방안도 유성룡의 주장에서 크게 영향을 받은 것이었다. 각읍은 자체의 수비전략과 관방시설 등을 갖춘 독자적 방어단위로 전국적으로 읍성을 축조하여 유사시 방어의 거점으로 삼도록 했다. 이는 군현제 개편과 표리를 이루면서 경제적인 안정과 효율적 교화를 토대로 읍 단위의 행정체계를 군사조직과 일치시키고자 한 것이었다. 각읍에는 장관청·연무청·염초청 등 군사적 임무와 군수를 조달한 각종 기구와 시설을 설치하고 각 영진에는 군자전을 배정하여 군비를 조달하도록 하였다. 월과총약환의 배정은 대동법의 규정을 준용하여 이루어지도록 하였다. 수군제도에 대해서도 당시 제도의 문제점을 진단하고 나름의 개혁 방안을 제시하였다. 공전제의 바탕에 전기적 제도를 복구하면서도 당대의 제도적 효용을 감안하여 적절히 참용하는 방식이 시종 관철되고 있었던 것이다.

유형원의 부안 우반동 이주와 『반계수록』 편찬*

이동희
예원예술대학교 교양학부 교수

1. 머리말

실학의 문을 연 반계(磻溪) 유형원(柳馨遠)은 1622년(광해 14)에 서울 정릉에서 태어나 32살 되던 1653년(효종 4) 겨울에 전라도 부안현 우반동으로 이거하였다. 이후 반계는 우반동에서 20여 년을 살면서 『반계수록(磻溪隨錄)』을 편찬하고 1673년(현종 14)에 52세로 생을 마감하였다.

『반계수록』 편찬은 반계가 우반동으로 이거 하기 1년 전인 1652년(효종 3) 31세 때에 구상되기 시작하여 18년만인 1670년(현종 11) 49세에 완성되었다. 『반계수록』은 그의 실학사상을 집대성하여 국가 전반에 대한 방대한 개혁을 구상한 개혁서로 조선 후기 실학의 본격적 출범을 의미한다.

---

* 본 글은 한국실학학회에서 2021년 12월 22일에 개최한 "반계 유형원 탄신 400주년 대비 국제학술대회(2)" 발표문을 수정 보완한 것임.

반계는 이 책에서 토지제도를 개혁하여 민생과 국가재정을 안정시키고 이를 토대로 조선 사회 전반을 개혁하고자 하였다. 반계는 토지를 국유화하여 농민들에게 재분배하는 공전제(公田制)를 실시하고,[1] 토지를 기준으로 군역을 부과하는 병농일치의 군제로 개편하며, 관리 등용 시험인 과거제를 천거제인 공거제(貢擧制)로 개편하고, 노비세습제 또한 혁파하는 등 국가재조론(國家再造論)적인 개혁을 구상하였다.

18세기 『청장관전서(青莊館全書)』 등 많은 저작을 남긴 이덕무는 이서구에게 보낸 편지에서 조선의 세 가지 훌륭한 저술로 도학(道學)에 이이의 『성학집요(聖學輯要)』, 경제에 유형원의 『반계수록』, 의학에 허준의 『동의보감(東醫寶鑑)』 등을 꼽았다. 조선 최고의 경세가 자리에 반계를 올려놓은 것이다.[2] 제임스 팔레는 『반계수록』을 이때까지 한국의 경세서 중에 가장 위대한 저서로 볼 수 있다고 하면서 이를 토대로 조선 사회 전반을 규명하는 대작을 남겼다.[3]

반계 개혁론에 관한 연구는 그 깊이를 더해가고 있지만, 반계와 부안 우반동의 관계에 대해서는 연구가 일천하다. 근래에 들어와서야 이에 관한 관심이 일어나고 있다.[4] 그러다 보니 반계 개혁론에 그 산실인 부안 우반동이 보이지 않는다. 반계의 실학사상도 다각적이고 새로운

1 公田制에 대해서는 송양섭(2013); 최윤오(2001); 김준석(1996) 참조.

2 李德懋, 『雅亭遺稿』 6, 「與李洛瑞書」; 박철상(2006), 219면.

3 제임스 팔레 저, 김범 역(2008), 11면. 제임스 팔레의 이 저작을 분석한 논고로는 정두희(1999), 정호훈(2015)의 연구가 있다.

4 이러한 연구로는 이동희(2013), 이의강(2013). 부안의 향토사학자 유종남 편(1999)은 반계 연보와 언행록 등을 옮긴 것으로, 여기에 부안의 문인 김민성이 반계골을 소개한 글도 실려 있다. 반계와 호남실학에 대해서는 하우봉(2013) 참조.

시각의 접근이 필요하다. 『반계수록』이 편찬된 부안 우반동과 반계 유형원의 연관성에 대한 연구가 그 하나가 될 것이다.

본고는 이런 취지로 작성된 것이다. 반계가 우반동으로 왜 내려오게 되었고, 우반동은 어떤 곳이었으며, 그의 우반동에서 생활은 『반계수록』 편찬과 관련해서 어떠했는지 추적해 볼 것이다. 이런 것들이 심도 있게 밝혀질 때 반계 실학의 산실로서 부안의 지역사적 의미가 공고해지고 반계 실학에 대한 이해의 폭이 넓어질 수 있을 것이다.

2. 반계의 부안 우반동 이주

유형원은 이마가 넓고, 키가 크며, 골격이 준수하였다.[5] 본관은 문화(文化)이며, 어렸을 때 이름은 덕창(德彰), 자(字)는 덕부(德夫), 호는 반계·둔암(遁庵)이다.[6] 광해군 14년(1622) 서울 정릉에 있는 외숙 이원진(李元鎭)의 집에서 태어났다.[7] 이원진은 외할아버지 이지완의 큰아

5 오광운, 「반계선생행장」.

6 이현일이 『반계수록』 서문을 찬하면서 유형원의 호를 둔암이라 하고 있다.(이현일, 『葛庵集』 부록 1)

7 이하 반계 집안에 대해서는 반계의 문인 金瑞慶의 「반계유선생행장」(1674, 『澹溪遺稿』); 楊暹, 「반계선생행장」(1675, 『文化柳氏夏亭公派家乘譜』); 柳載遠, 「반계선생언행록」(1711, 『문화유씨세보총목』); 吳光運, 「반계선생행장」(저작년도 미상, 『반계수록』 부록); 洪啓禧, 「반계선생전」(1747, 『반계수록』 부록); 안정복, 『磻溪先生年譜』. 연보는 반계의 증손 秀村 柳發(1683~1775)이 초록한 원본을 順庵 安鼎福(1712~1791)이 修輯한 手筆本이다. 이 연보를 李家源이 약간의 校勘을 더해 淨寫하고, 해제를 붙여 『인문과학』 32(연세대 인문과학연구소, 1974)에 실었다. 본고에서 양섬, 유재원, 오광운, 홍계희가 지은 반계 행장은 임형택외 편역(2017), 『반계유고』를 이용하였다.

들로 반계가 태어날 때는 이지완이 사망하고 이원진이 대를 이어가고 있었다.

반계의 9대조 유관(柳寬)은 조선 건국 후 개국원종공신에 책봉되고 세종대 우의정에 올랐으며 청백리로 뽑혔다. 유관은 태종 때 전라도관찰사를 지내기도 하였다.[8] 8대조는 문과에 급제하고 형조판서를 역임한 유계문(柳季聞)이다.[9] 7대조는 현감 유조(柳晀), 6대조는 신천군수 유담수(柳聃壽), 5대조는 병절교위(秉節校尉) 유능(柳陵), 고조부는 종사랑(從仕郎) 유충록(柳忠祿), 증조부는 창평현령 유위(柳湋)이다. 반계의 할아버지는 용양위부호군 유성민(柳成民)으로 병조참판에 증직되어 참판공이라고 부른다. 반계의 아버지는 문과에 급제하고 예문관 검열을 역임한 유흠(柳欽)이다.

반계의 외할아버지는 의정부 우참찬을 지낸 여주이씨 이지완(李志完)이다. 반계의 처부는 철산부사(鐵山府使) 풍산심씨 심항(沈閌)이고, 처의 증조부가 우의정을 지낸 심수경(沈守慶)이다. 숙종비 인현왕후의 여흥민씨 민유중은 반계의 종숙(從叔)이다. 민유중의 어머니와 반계의 할머니는 자매로 이조판서를 지낸 연안이씨 이광정(李光庭)의 딸이다.[10] 반계 유형원은 한양에 세거한 전형적인 사대부 명문가의 후예이다.[11]

---

8 유관은 태종 5년(1405)부터 이듬해까지 전라감사를 역임하였다. 『호남도선생안』(전북도청 소장)과 『태종실록』에 이름자가 '觀'으로 나오는데, 이는 초명이다.

9 유관의 장자는 柳孟聞으로 그의 후예가 전라도 나주 모산(현 영암군 신북면)출신으로 영의정에 오른 柳尙運이다. 유상운의 아들이 또 소론 4대신의 하나로 노론 처단에 강경파였던 좌의정 柳鳳輝이다. 모산리에는 유관이 전라감사로 있으면서 이곳의 경치에 반하여 아들 유맹문에게 명해 지었다는 詠八亭(도기념물)이 있다. 유상운이 1680년(숙종 15)에 현재 규모로 영팔정을 중건했다.

10 정만조(2003), 212~213면.

반계는 5세에 취학하여 12세까지 외숙 태호(太湖) 이원진(李元鎭)과 고모부 선산김씨 동명(東溟) 김세렴(金世濂)에게 수학하였다. 이들은 모두 당대의 이름 있는 학자였으며, 대외관계에도 밝았던 인물이다. 이원진은 문과를 거쳐 강원도관찰사를 역임한 인물로 하멜표류사건 당시에 제주목사를 지냈다. 이원진은 성호 이익의 재종숙이 되기도 한다. 김세렴은 동인 김효원의 손자로 문과에 장원급제하고 호조판서에 올랐으며 통신사행의 부사로 일본에 다녀온 적이 있다.

반계 집안의 당색은 북인계열이었으나, 인조반정 이후 북인이 몰락하면서 남인계열로 흡수되었다. 그 당색이 과거의 북인에 연결되는 남인계통이라는 점에서, 학풍 역시 북인계열의 남인실학이라 할 수 있다. 반계의 집안이 북인계열이기는 하였으나, 광해군대 폐모론에 참여하지는 않았다. 이원진과 김세렴 모두 인목대비를 폐하자는 폐모론에 반대하다가 유배되었다. 그런가 하면 이이첨의 며느리 여주이씨 이지완의 딸이 성호 이익의 당고모이자 반계의 이모가 된다.

반계와 남인들의 교류는 『반계선생연보』에서도 확인된다. 1665년(현종 6) 반계가 44세 때 남인의 영수인 미수 허목을 연천(漣川)으로 찾아가 뵙고 며칠간 머물다 돌아왔다. 이듬해에는 반계가 허목에게 서신을 올려 그의 스승이자 고모부 김세렴의 문집 『동명집(東溟集)』 서문과 명문(銘文)을 부탁하였다. 47세 때 다시 연천에 있는 허목을 배알하고 김세렴의 비문을 지어줄 것을 청하였으며, 수일간 머무르면서 도리를 논하였다. 이때 허목이 반계를 "군주를 도와 왕정을 이룰 인재[王佐才]"라며 탄복하였다.

11 반계 가문의 가계와 혼맥 전반에 대해서는 김승대(2017); 정호훈(2020) 참조.

반계의 개혁론 내지 학풍은 당색으로부터 상당 부분 자유스러운 가운데 형성되었다.[12] 그렇지만 그의 삶은 당색과 직결되어 있다. 1624년(인조 2) 그가 2세 되던 해에 아버지 유흠은 폐위된 광해군을 복위하려 했다는 유몽인(柳夢寅)의 옥사에[13] 연루되어 28세라는 젊은 나이에 고문을 받다가 죽었다.[14] 유흠은 18세에 생원시에 합격하고, 1616년(광해군 8)에 매우 이른 나이인 21세 때 별시 문과에 을과 3등으로 급제하여 예문관 검열 한림직에 오른 촉망받는 엘리트였다.

반계의 가문은 유몽인의 모역에 연루되어 돌이키기 힘든 파경을 맞이하였다. 반계가 30대 초반의 나이에 명문가의 자제임에도 서울을 떠나 부안으로 내려온 것은 그 가문의 정치적 몰락에 배경이 있다. 반계는 조부 유성민의 명으로 29세와 30세 때 과거시험에 두 차례 응시했으나 모두 실패하였다. 부안으로 낙향한 이듬해인 1654년(효종 5) 그의 나이 33세 때에 조부의 유명(遺命)을 받들어 사마시(司馬試)에 응시해 진사(進士)가 되었다.

12 반계를 조정에 추천한 사람은 서인의 실력자였던 민유중 형제였으며, 政制論에서 많이 인용한 선유의 견해 역시 남인계가 아니라 서인으로 분류되는 이이와 조헌의 것이었다. 즉 율곡 이이와 중봉 조헌의 실천적 철학사상과 국정개혁론에 많은 영향을 받았다. 그런가 하면 유형원 사상의 핵을 이루는 公田論의 기본 구상은 남인계 실학자 한백겸의 영향을 강하게 받았으며, 理氣論 또한 한백겸의 견해와 가까웠다.

13 유몽인은 역모로 몰려 아들 약(瀹)과 함께 사사되었다. 인조반정세력들이 유몽인을 中北派로 부르며 끝내 반대파로 몰아 죽인 것이다. 『어우야담』의 찬자 유몽인은 광해군 때 도승지를 지내는 등 중추적 역할을 담당하였으나 인목대비 폐모론이 일어났을 때 참여하지 않고 도봉산에 은거하며 성안에 발을 들여놓지 않았다. 그렇지만 인조반정 후에 끝내 죽임을 당하였다. 유몽인의 옥은 무고로 밝혀져 정조 때 신원되고 이조판서에 추증되었다.

14 『인조실록』, 인조 1년 8월 2일 경신.

반계의 가문과 부안 우반동의 인연은 조선초로 올라간다. 반계의 9대조 유관은 개국원종공신으로 부안 우반동 일원의 땅을 사패지(賜牌地)로 받았다.[15] 부안 우반동에 이러한 반계 선대의 땅이 있어서 반계가 부안으로 낙향할 수 있었다.

반계가 부안으로 내려올 수 있었던 직접적인 계기는 그의 조부 유성민과 관련이 있다. 유성민은 오랫동안 묵혀져 있던 부안 우반동에 처음 들어와 논밭을 일구며 살면서 그 터를 닦아 놓았다. 다음에 소개할 토지매매문기에서 보듯이 유성민은 1612년(광해군 4)에 우반동에 처음 들어가 전답을 일구기 시작하였다.[16] 이때는 반계가 태어나기 전으로, 반계의 아버지 유흠이 벼슬에 나가기도 전이다. 유흠이 생원시에 합격한 때가 1613년이다.

유성민이 우반동으로 내려와 묵혀진 땅을 논밭으로 일군 것은 경제적인 이유가 작용하였다. 양섬이 지은 반계 행장에 보면 "집이 가난하여 봉양에 곤란을 당하는 일이 종종 있었지만 자손으로서 마땅히 해야 할 일은 힘써 행하였다."라고[17] 하였다. 오광운이 지은 반계 행장에서도 "집이 가난한데 힘을 다해 좋은 음식을 구했으며"라고[18] 하였으며,

15 부안 우반동이 유관이 받은 賜牌地라는 것은 유성민이 부안김씨 김홍원에게 전답과 가옥 등을 팔면서 작성한 매매문기에 나온다. 이에 대해 조선시대 과전법 하에서 어떤 명목으로든지 경기도 이외의 땅은 관리들에게 지급되지 않았기 때문에 유관이 사패지로 받았다는 땅도 사실은 그 후손 중 누군가가 황무지를 개간해 이룬 땅일 것으로 보는 설이 있다. 조선시대 사패지라고 알려진 대부분의 땅이 사실은 이와 유사한 과정을 통해 형성되었다고 한다.(전경목, 2001, 36면)

16 한국정신문화연구원(1983), 『扶安金氏愚磻古文書』, 토지문기 16, 176~177면.

17 楊暹, 「반계선생행장」(1675); 임형택외 편역(2017), 345면. 양섬은 유형원 여동생의 둘째 아들로 반계의 조카이자 문인이다. 이 행장은 반계의 아들 유하의 요청으로 반계 사후 2년째에 지었다.

반계의 6촌 동생이자 문인인 유재원이 엮은 「반계선생언행록」에도 "젊었을 때 나(반계)는 집이 가난하여 모친께 맛있는 음식을 제대로 드리지 못해 늘 걱정이었다."라고[19] 하였다. 반계 가문이 경제적으로 넉넉하였다면 시골에까지 내려와서 직접 농장을 일구지 않았을 것이다.

유성민이 내려올 때 우반동 상황은 그가 1636년(인조 14) 부안김씨 김홍원에게 전답과 가옥 등을 매각한 토지매매문기에 잘 나타나 있다. 1636년은 병자호란이 일어난 해로 반계가 15세의 어린 나이에 연로한 조부모와 가솔을 이끌고 원주로 피난길에 올라서 험난함을 겪던 때이다. 이 매매문기에 증인이 학생(學生) 덕창(德彰)으로 되어 있는데, 덕창이 바로 반계 유형원이다. 덕창은 유형원의 아명(兒名)이다. 이 매매문기의 중요 대목을 옮기면 다음과 같다.

> 내가 긴히 돈 쓸 일이 있기 때문에 부안 입석리(立石面) 하리(下里) 우반(愚磻)에 있는 전답을 김홍원(金弘遠)에게 판다. 이 전답은 나의 6대 조이신 우의정 문간공(文簡公, 柳寬)께서 태조조에 개국공신으로 책봉되어 왕으로부터 받은 사패지(賜牌地)이다. 그런데 이곳이 서울로부터 아주 멀리 떨어져 있어서 직접 관리하기가 어려울 뿐만 아니라 궁벽한 골짜기에 있어 …… 농사를 짓지 않고 방치해 둔 지가 어언 수백 년이나 되었다. 그러다가 지난 임자년(1612) 가을에 내가 비로소 이곳으로 내려와 …… 논과 밭을 만들었는데 …… 그 후 지금까지 20여 년 동안 아무 탈 없이 이 땅을 경작해오고 있다. 마을 한가운데에 장천(長川)이 …… 있다.

18 吳光運, 「반계선생행장」; 임형택외 편역(2017), 357면. 오광운은 영조대 탕평론자로 『반계수록』의 서문을 지은 인물이다.

19 柳載遠, 「磻溪先生言行錄」; 임형택외 편역(2017), 372면. 유재원은 6종 동생 재종제이자 제자이다.

> 이 천을 기준으로 그 서쪽은 그대로 두어 나의 농장으로 삼고, 내의 동쪽에 있는 집과 전답은 모두 김홍원에게 방매한다. …… 새로 지은 기와집 20칸과 집 뒤 정자터, 누른 대나무 밭[黃竹田] 및 가노 삼충(三忠)의 집 뒤에 있는 대나무 밭[竹田]을 아울러 주되 가격은 목면(木棉) 10동(同)으로 흥정하고 서로 주고받은 후 영영 방매한다.[20]

위 매매문기에서 보듯이, 유성민은 병자호란이 일어난 해에 장천 서편 전답은 놓아두고, 장천 동편 전답과 새로 지은 20칸짜리 기와집,

20 한국정신문화연구원(1983), 『扶安金氏愚磻古文書』, 176~177쪽; 전경목(2001), 32~33면; 임형택외 편역(2017), 482~483면.

崇禎九年丙子三月十七日 通政大夫前行潭陽府使金弘遠前明文

右明文事段, 要用所致以, 扶安立石面下里愚磻伏田畓, 亦六代祖右議政文簡公, 太祖朝開國功臣賜牌以, 去京甚遠, 收拾不得叱分不喩, 窮谷之中人民或聚或散, 田畓段置, 亦爲猪鹿所害, 廢棄數百年爲有如乎, 去壬子秋始爲下來, 誅茅伐木, 作田作畓, 辛苦重設, 今至二十餘年, 耕食爲在果.

大槩此地, 四山圍抱, 前面開豁, 潮生滿浦, 印案出沒, 奇巖恠石, 列在左右, 如拱如揖, 或進或退, 狀非其一, 朝雲暮靄, 亦自呈態, 眞羽衣棲息之所, 非俗客來遊之處, 中有長川, 出北向南, 自別東西之區, 此亦奇絕之一助.

自川以西, 仍存舊業, 自川以東, 家舍田畓全數放賣, 而其中不得自擅者, 家奴三忠之金允祥處買得畓六斗落只十五卜, 其家前代田二十六卜三束, 元居人奴弼伊田十七卜畓七斗落只十六卜, 又畓三斗落只十卜段, 金司諫處利租全六石, 壬申年三月受食, 其年七月, 爲厥上典之所捉, 洪州上去, 他無償債之物.

右田畓成文進呈, 自前年之所出乙, 司諫家輸送爲有齊, 其餘田畓段, 全數放賣, 畓之時起落種者, 全八石落只, 時陳未起者, 全四石落只并五結田, 則或起或陳, 結卜未能詳知, 而計其元數, 則不下三十餘結.

新造瓦家二十間, 家後亭子代黃竹田及奴三忠家後竹田并以, 價折木綿拾同, 交易捧上爲遣, 永永放賣爲乎矣, 本文記段, 他田畓并付乙仍于許與不得爲去乎, 後次吾子孫中, 或有雜談, 則此文記, 告官辨正者.

財主通訓大夫前行工曺正郎 柳成民(手決)

證 長孫學生 德彰(手決)

筆執 外孫朝散大夫前別坐 趙松年(手決)

대나무밭 등을 부안김씨 김홍원에게 목면 10동(5백필)에 매각하였다. 어떤 이유로 매각했는지 알 수 없지만, 많은 토지를 한꺼번에 매각한 것은 집안에 경제적 어려움이 가중되었기 때문으로 생각된다. 『반계선생연보』에 유성민이 병자호란 때부터 우반동으로 내려가 거주하였다는 것도 이런 상황을 보여준다.

위 토지매매문기에, 몇백 년간 경작되지 않고 묵혀져 있던 유관의 사패지 우반동 땅을 유성민이 1612년에 내려와 논밭으로 일구고 경작을 시작하였으며, 이후 20여 년 동안 아무 탈 없이 경작해 왔다고 하고 있다. 또 『반계선생연보』에는, 유성민이 병자호란(1636년 12월)이 일어난 후에 부안으로 옮겨가 살았으며, 1637년 반계가 16세 때 조부 유성민을 뵙기 위해 부안 땅에 다녀갔다고 되어 있다. 이는 곧 유성민이 1612년에 농장을 만들고 한양과 부안을 오가며 살다가 병자호란이 일어난 이듬해 1637년에 부안으로 아예 이주해 우반동에 터를 잡고 살기 시작하였음을 말해준다.

이상을 정리해 보면 반계 가문이 부안 우반동 땅을 소유하게 된 것은 조선초 유관이 사패지로 이 땅을 받으면서이고, 우반동의 버려진 땅을 일구어 논밭을 치고 농장을 만들어 경작하기 시작한 것은 1612년 반계의 조부 유성민 때부터이며, 병자호란이 일어난 이듬해 1637년부터는 유성민이 아예 부안에 내려와 살면서 전답을 직접 경작하였다.

반계가 부안으로 내려올 수 있었던 것은 이렇게 해서 조성된 집안의 농장과 삶의 터전이 부안 우반동에 있었기 때문이다. 그리고 반계도 32세 때 처음 부안에 내려온 것이 아니라 그 이전부터 이미 부안에 왕래하고 있었다. 이처럼 반계가 부안에 내려온 것은 갑자기 이루어진 것이 아니라 반계 집안과 부안 우반동의 오랜 인연을 토대로 한 것이었다. 즉 부안 우반동에 반계 집안의 경제적 기반이 이미 구축되어 있었고, 반계도 이주하기 이전에 이미 우반동을 오가고 있었다.

이와 함께 반계의 부안 이주와 관련해 주목되는 또 하나는 우반동 인근 마을 주산(舟山)에 사는 송시추(宋時樞)의 존재이다. 송시추는 반계의 6촌 재종제(반계의 종숙부 柳愍의 아들)이자 문인인 유문원(柳文遠)의 외삼촌이다. 송시추는 부안 청계서원에 주벽으로 배향된 송세정(宋世貞)의 현손이다. 송세정의 조부 송미수(宋彌壽)는 부안김씨 김진(金璡)의 사위이며 여산송씨의 입향조이다.[21] 송시추는 1637년 처음으로 반계의 얼굴을 보았다고 하며, 1653년 반계가 우반동으로 이주한 후 20여 년을 가까이 지냈다.[22]

이처럼 반계 집안은 부안에 인적인 기반도 있었다. 유문원은 반계를 주벽으로 배향한 부안 동림서원(東林書院)에 같이 배향된 인물이다. 또 동림서원에 반계와 같이 배향된 김서경(金瑞慶)은 송시추의 평생의 벗 부안김씨 김윤필(金胤弼)의 아들이다. 김서경은 반계의 문인으로 반계 행장을 지었다.[23] 부안 우반동에서 홍길동전을 지었다는 허균은 김세렴의 고모부이다.[24] 반계 집안은 반계 이전에 이미 부안 우반동에 물적, 인적으로 기반을 구축하고 있었다.

이런 배경하에 반계가 1653년에 우반동으로 내려오게 된 것은 조부 유성민의 죽음과 직결되어 있다. 반계가 두 살 되던 해 당쟁의 소용돌

21 김승대(2017), 214면.

22 김서경 저, 박완식 역(2004), 「代宋淑時樞祭柳先生文」.

23 김서경에 대해서는 이형성(2016) 참조.

24 김승대(2017), 209·214면; 정호훈(2020), 61면.

이에 부친을 잃고, 성장해서는 23세 때 조모를, 27세에 모친을 여의었다. 그리고 집안을 끌어 오던 조부 유성민마저 세상을 뜬 것이 1651년(효종 2) 그의 나이 30세 때이다. 조모와 모친, 조부를 연달아 여의고, 반계가 부안으로 들어간 것은 조부의 3년상을 마친 32세 때이다. 반계는 조부 유성민의 상(喪)을 마친 1653년(효종 4), 그해 겨울 「귀거래사」를 읊으며 가솔을 데리고 전라도 부안현 우반동(지금의 전라북도 부안군 보안면 우동리)으로 낙향하였다.[25]

이는 곧 반계가 우반동으로 이거한 직접적인 동기가 조부 유성민이 경작해온 우반동 농장을 경작하기 위한 것임을 말해준다. 반계는 아버지 유흠이 역모에 몰려 죽음으로써 출사길이 막혔다. 이에 반계는 낙향을 생각하였다. 연보에 27세 때 영남의 산천을 두루 살피고 살만한 땅을 찾았다는 기사는 이를 말해준다. 그러나 그가 우반동으로 내려온 것은 부안 농장을 경영하던 조부에 이어 농장을 경영하기 위한 현실적 차원이 컸다.

『반계수록』 저술을 구상한 것이 우반동에 내려오기 한 해 전인데, 이 시점은 조부가 졸한 이듬해이다. 반계는 조부가 세상을 뜨자 우반동에 내려와 농장을 경영하면서 개혁론을 펼칠 구상 하에 3년상을 마치자 곧바로 우반동으로 내려온 것이다. 반계가 우반동으로 내려온 직접적인 요인은 당쟁으로 혼탁해진 세상을 피해 숨은 은둔이 아니라 집안의 경제를 이어가기 위한 현실적인데 무게가 실려 있다.

---

25 오광운이 찬한 「반계선생행장」에, "喪禮를 마치고 나서 陶淵明의 「歸去來辭」에 화답하는 글을 짓고, 남쪽으로 부안현 우반동으로 내려가 살았으니 공의 뜻을 가히 알만하다."라고 하였다.

반계 가문은 우반동 개척의 선구자들이기도 하다. 유성민은 앞서 소개한 토지매매문기에서 다음과 같이 말하였다.

> (우반동이) 궁벽한 골짜기에 있어서 사람들이 (살기 위해) 간혹 모였다가도 금방 흩어졌다. 그래서 전답도 멧돼지와 노루에 의해 피해를 당해 농사를 짓지 않고 방치해 둔 지가 어언 수백년이나 되었다. 그러다가 지난 임자년(1612) 가을에 내가 비로소 이곳으로 내려와 띠풀과 잡목을 베어내어 논과 밭을 만들었는데 그때의 고생이란 이루 다 말할 수가 없을 정도였다. 그 후 지금까지 20여 년 동안 아무 탈 없이 이 땅을 경작해오고 있다.

유성민이 들어올 때 우반동은 띠풀이 우거지고 잡목이 무성해 마을이 형성되어 있지 않았다. 거의 버려지다시피 한 땅을 유성민이 들어와 논밭으로 일구면서 사람들이 우반동에 모여들어 살기 시작하였다. 그러다가 우반동에 본격적으로 마을이 형성되어 살기 시작한 것은 부안김씨들이 이곳으로 들어온 숙종초 무렵부터였을 것으로 추정된다.[26] 반계 가문은 부안김씨와 함께 우반동 마을 형성의 주역이었다.

3. 우반동과 『반계수록』 편찬

반계는 부안 우반동으로 이주하기 1년 전인 1652년(효종 3) 그의 나이 31세 때에 『반계수록』을 처음 구상하기 시작하여,[27] 죽기 3년 전인

26 전경목(2001), 23면.

1670년(현종 11) 그의 나이 49세 때 총 13권으로 완성하였다. 19년에 걸쳐 『반계수록』을 완성한 것으로, 첫해를 제외하고 18년간을 부안 우반동에 살면서 집필하였다. 부안 우반동은 곧 『반계수록』이 구상되고 쓰인 반계 실학의 산실이다.

우반동은 풍수지리적으로 옥녀봉(玉女峰, 434m) 아래 형성되어 있고, 옥녀봉은 감불 마을 위쪽 상여봉(398m)과 연결되어 있다. 상여봉에서 내려온 줄기가 동편으로 남포리와 경계를 형성하며 우반동을 감싸 안아 좌청룡을 이루고, 서편으로 진서리와 경계를 이루면서 매봉(264m)을 만들어 우백호를 이루고 있다. 남쪽에는 천마산이 안산(案山)을 형성하고 있다. 천마산과 남포리 산 사이의 낮은 부분이 수구(水口)로 이곳에 장천(長川, 만화천)이 흐른다.[28]

우반동은 이처럼 삼면이 높은 산으로 둘러 있고, 그 안으로 너른 들녘이 자리하고 있으며, 그 앞으로는 바다가 펼쳐져 있다. 허균은 「중수 정사암기(重修靜思巖記)」에서, 우반동에 대해 산자락 밑으로 너른 평야가 자리하고 있으며, 그 앞으로는 바다가 펼쳐져 있다고 하였다.[29] 유성민이 김홍원에게 토지를 매매한 문기에도, "대저 이곳은 사방이 산으로 둘러싸여 있으나 앞은 탁 트여 있으며 조수가 흘러들어 포를 이룬다."라고 하였다. 지금은 바다가 멀리 떨어져 있지만, 예전에는 바닷물이 현재의 만화동 위 반계 집터 쪽으로 100m 정도까지 들어왔다고 한다.[30]

27 「반계선생연보」에 31세 때 "隨錄始草"라고 되어 있다.
28 유종남 편(1999), 139~140면.
29 허균, 『惺所覆瓿藁』, 「重修靜思巖記」.

〈그림 1〉 반계서당에서 바라본 우반동 전경

우반동은 높은 산으로 둘러쳐진 너른 들녘이 있는 포구였다. 반계서당에 올라가 보면 이런 마을의 형세가 한눈에 들어온다. 우반동은 바다와 들과 산이 어우러져 물산도 제법 풍부한 곳이었다. 반계는 여기에서 20년을 살면서 농업과 어업, 산중 생활 전반을 살펴볼 수 있었다.

우반동은 또 세상을 피해 살면서 새 세상을 구상하기에 적합한 땅이었다. 우반동이 위치한 변산(邊山) 자락은 예로부터 숨어 살기 좋은 깊은 산중이다. 임진왜란이 일어나 전주사고의 『조선왕조실록』과 전주 경기전(慶基殿)의 태조어진(太祖御眞)을 피신시킬 때 후보지로 물색된 곳이 부안 변산과 정읍 내장산이다.[31] 우반동 마을 뒷편 산자락에 굴

30 우동리 김종규씨(81세)의 구술에 의하면, 바닷물이 만화동 위까지 들어왔으며, 그 근거로 큰물이 져서 뚤이 떠내려가 절반 밑에까지 파였는데 거기서 참나무 같은 시커먼 나무가 나왔다고 한다.

바위로 불리는 큰 굴이 있다.

부안 변산의 호암(壺岩)은 조선조 중엽 남사고(南師古)가 꼽은 십승지지(十勝之地) 중의 하나이다.[32] 변산은 산이 깊고 수목이 울창하며 바다로 돌출되어 있어, 일찍부터 기근과 병란의 염려가 없는, 피난과 보신처(保身處)로 적절한 십승지의 하나로 꼽혔다. 더욱이 변산은 비옥한 들녘을 끼고 있어, 세상을 등지고 새로운 사회를 꿈꾸는 자들이 숨어 살기 좋은 땅이었다. 이런 변산에서 가장 으뜸인 명당이 우반동(반계골)이라고 한다.[33]

우반동 골짜기, 선계폭포(仙溪瀑布)가 있는 산자락에 위치한 정사암(靜思巖)은 허균이 『홍길동전』을 지은 곳으로 알려져 있다.[34] 허균이 공주목사로 있다가 광해군 즉위년 파면된 후 이곳에 머물렀다.[35] 허균은 일찍이 호남 고을의 암행어사로 다니면서 이곳의 아름다움을 들은 바 있어 머물게 되었다고 한다. 허균이 역모죄로 몰려 1618년(광해군 10) 49세의 나이로 처형된 후 35년이 지난 1653년에 반계가 이곳에 들어와 조선 사회 개혁론을 펼친 것이다. 앞에서 언급했듯이 반계의

31 黃胤錫 撰, 「蹈庵先生傳」(吳希吉, 『蹈庵文集』)

32 십승지지란 전쟁이나 天災之變이 일어나도 안심하고 살 수 있다는 열군 데의 땅을 말한다. 옛부터 민간에 전해져 왔는데, 그 중에서도 조선중엽 南師古가 선정한 십승지가 가장 유명하다. 그가 말한 십승지란, 풍기의 金溪村, 안동의 奈城, 보은 속리산 산록의 蒸項 근처, 운봉 頭流山 산록의 銅店村, 예천의 金堂洞 북쪽, 공주의 維鳩川과 麻谷川 사이, 영월의 正東 상류, 무주의 茂豊 북쪽의 德裕山,부안 변산의 壺岩, 가야산의 萬壽洞이다.

33 유종남편(1999), 139면. 이 책 3편 「실학의 메카 반계골 예감」에서 김민성이 그렇게 평하였다.

34 위의 책, 148~151면. 허균은 또 부안의 명기 매창과 10여년간 교류하였다.

35 허균, 「重修 靜思巖記」.

고모부인 김세렴의 고모부가 양천허씨 허균이다. 허균과 반계는 이렇게 연결된 사돈지간이다.

우반동에는 현재 4개의 자연마을이 있다. 마을을 관통하는 장천을 기준으로 서편마을과 동편마을로 나뉘고, 그 뒤 산자락 쪽으로 감불(甘佛)마을, 앞 바닷가 쪽으로 만화동(萬花洞)이 자리하고 있다. 그 서편마을이 지금의 우신(牛新)마을로 반계가 살았던 곳이고, 동편마을 동변리가 지금의 우동(牛東)마을로 숙종 때 부안김씨들이 들어와 살았던 곳이다.

반계는 32살의 나이에 서울을 떠나 멀고 낯선 전라도 부안현 우반동 바닷가 골짜기에 들어와 새로운 삶을 시작하였다.

외진 남쪽 땅에 와서	避地來南國
몸소 밭 갈며 물가에 사노라.	躬耕傍水垠
창을 열면 어부의 피리 소리	開窓漁篴響
베개 베고 누우면 노 젓는 소리.	攲枕櫓聲聞
이별의 포구는 다 바다로 통하고	別浦皆通海
먼 산은 반쯤 구름 속에 들었다.	遙山半入雲
모래밭 갈매기 놀라 날지 않으니	沙鷗莫驚起
내 장차 너희와 동무하리라.	將與爾爲羣

반계가 우반동에 들어와 읊은 「부안에 당도하여[到扶安]」라는[36] 시로, 부안으로 낙향한 그의 심정과 변산 자락의 포구 우반동의 형세가 잘 나타나 있다.

36 임형택외 편역(2017), 90면.

반계는 우반동 소나무 언덕 아래 대숲 속에 초가집을 짓고 수천 권의 책을 모아놓고 거처하였다.[37] 「나의보가 시로 우반동의 은거 생활을 묻기에 그 운을 따라 수답하다[羅宜甫以詩問愚皤幽居 次其韻酬之]」라는 시에서 반계는 우반동에서의 생활, 일상과 정취를 다음과 같이 말하고 있다. 반계의 나이 37세, 곧 우반동에 은거한 지 5년째 되던 1658년(효종 9) 봄에 지은 것이다.[38]

초가집엔 삼면으로 소나무가 푸르고	茅齋三面萬松靑
구름 속 흘러오는 샘물에 새벽별을 길어온다.	雲裏通泉汲曉星
밭 갈고 낚시하며 안성명(安性命)을 뒤늦게 알았고	耕釣晩知安性命
참동계(參同契)로 새로이 연단술을 시험해 본다.	同新試錬精形
대나무는 맑은 이슬에 젖고 베개는 서늘하며	竹滋晴露凉生枕
꽃은 봄바람에 피어나고 달빛은 뜰에 가득하다.	花發春風月滿庭
화로에 단약이 완성되기를 기다려	待得金爐丹九轉
곧장 벗을 불러 선계(仙界)를 찾아가리라.	直須招友訪瑤欞

반계는 삼면이 소나무가 우거진 산자락으로 둘러쳐져 있고, 주변으로 대나무가 숲을 이룬 초가집에 거처하면서 학문연마와 저술활동에 매진하였다. 논밭을 경작하며 틈틈이 포구에 나가 낚시하고 마을 뒤 선계폭포를 찾았다. 반계는 바람이 훈훈하고 햇살이 따사로운 날이면 죽장(竹杖)을 짚고, 짚신을 신고서 송대(松臺)를 찾아서 바람을 쐬고 죽림(竹林)을 거닐었다.[39]

37 김서경 저, 박완식 역(2004), 「반계선생행장」.
38 이의강(2013), 83면.

반계의 농장은 우반동에만 있었던 것이 아니다. 부안의 상서면과 동진면 등에도 있었다. 반계가 「상서면 농장에서[十月往上西農庄 臨夕獨立園上待月]」라고 읊은 시가 있는가 하면, 「동진농장에서 벼베는 일을 감독하며[往東津農場 監刈禾]」라는[40] 아래와 같은 시가 있다.

금년 여름에 농사일을 제대로 못하여	今夏農功闕
가을에 벼가 반도 익지 못했구나.	秋禾半不成
벼 베기 감독한다고 풀밭에 앉아	監刈籍草坐
제 홀로 춘추를 읽고 있노라.	猶自讀獜經

상서면은 우반동이 속한 보안면에 접해 있는 지역이고, 동진면은 저 멀리 부안읍 치소를 지나 김제군과 접해 있는 곳이다. 우반동과 동진면은 부안현의 각각 서쪽 끝, 동쪽 끝이다. 위 시는 반계가 가을에 동진농장에서 추수를 감독하며 지은 것이다. 농사일을 제대로 못해 가을에 벼가 반도 안 익었다 하고, 벼베기를 감독하면서 춘추를 읽고 있다고 읊었다.

이처럼 반계는 부안 우반동에 살면서 인근의 상서면, 멀게는 동진면 농장에까지 나가 벼베기를 감독하는 등 농장을 직접 경영하였다. 반계의 생활반경은 이러한 농장의 규모로만 보아도, 우반동 산골에만 묻혀 있었던 것이 아니라 부안 전역에 걸쳐 있었다.

반계는 경기도에도 농장이 있었다. 거기서 나온 수확물은 누이에게 주었다. 『반계선생연보』 33세 때 기록에, "누이 하나가 서울에 살고

39 김서경, 『澹溪遺稿』, 「반계유선생행장」.

40 임형택외 편역(2017), 172·179면.

있었는데, 의식을 함께하지 못함을 한스럽게 여기고, 경기도 농장에서 거둔 곡식을 누이에게 주어 살아 가는데 밑천이 되도록 하였다."고 하였다.

그렇다고 반계의 개혁론이 궁벽한 시골에서만 구상된 오활한 것은 아니다. 반계는 20대 초반에 이미 전국 곳곳을 두루 돌아다녔다. 『반계선생연보』에 보면 22세에 함경감사인 고모부 김세렴을 함흥으로 가서 뵙고, 김세렴이 평안감사로 전직되자 따라가서 평안도지역 산천까지 둘러보았다. 23세 때는 김세렴의 사위 이가우(李嘉雨)와 함께 한 달여간 산을 답사하였으며, 26세 때는 금천 안양동(衿川 安養洞)을 유람하였다. 27세에 금산(金山) 수령에 임용된 외형(外兄) 조송년(趙松年)을 찾아갔다가 영남 일원의 산천을 두루 살피고 세상을 피해 살 땅을 찾았다. 29세에는 경기 남부와 호서지역을 유람하고 이어 원주와 지평(砥平)까지 돌아보았으며, 30세에 금강산을 유람하였다.

부안으로 이거한 후에도, 36세에는 호남지역을 두루 유람하고 남쪽 연변을 둘러보았으며, 37세에는 남방을 돌아보고 담양 추월산(秋月山) 등을 유람하였다. 38세 때는 호남지역을 유람하고, 40세에 또 영남과 호남지역을 유람하였으며, 42세에는 호남의 담양 등지를 유람하였다.[41]

그런가 하면 반계는 32세 때 우반동에 내려온 후 서울 일원에 자주 왕래하였다. 『반계연보』에 나타난 것을 정리하면, 그가 33세(서울 진사시), 34세(서울), 36세(서울), 37세(서울 정청천묘 조문), 39세(서울), 41세(서울, 경기 선영), 44세(서울 이원진 喪, 연천 허목 배알), 45세(서울 고모 喪), 46세 서울, 47세(서울 동명선생묘소 참배, 연천의 허목 배알), 49

41 안정복, 『磻溪先生年譜』.

세(서울) 때 등 모두 11차례에 걸쳐 서울 일원을 다녀왔다. 『반계수록』이 49세 때 완성되었으니 평균적으로 1.5년에 한 번 정도 서울에 다녀온 셈이다.

서울에 머무르는 기간도 짧지 않았다. 39세에는 8월에 서울에 올라왔다가 겨울에 돌아왔다. 41세 때는 11월에 서울에 올라가 정릉동에 머물렀으며 이듬해 봄에 선영을 돌아보고 부안으로 내려왔다. 44세 때는 9월에 상경하여 이원진의 장례에 참여하고, 10월에 연천에 가서 며칠 머물며 허목선생을 배알하였으며, 이듬해 45세 되던 정월에 부안에 내려왔다가 3월에 고모의 상을 당해 바로 또 올라갔다. 46세 때는 11월에 서울에 올라가서 이듬해 정월 동명선생 산소를 참배하고 연천에 가서 허목선생을 배알하였으며 2월에 부안에 내려왔다.

반계는 서울을 왕래할 때 같은 길로 다니지 않고 다른 길을 택하여 다녔다. 연보에 보면 36세 때 봄에 서울에 다녀왔다고 하면서 부기하기를, "선생은 우리나라의 지세(地勢)에 유의하여 왕래할 때마다 다른 길을 택해 다니면서 산천을 두루 살피고, 그 길의 원근과 경계, 방비의 평탄함과 험준함을 요약하여 기록하였다."고 하였다. 그의 실학자로서의 자세와 열정을 엿볼 수 있다.

반계는 시골에 있었지만 한양도성을 잊은 것은 아니었다. 「동진에서 나그네 회포를 읊다[東津客懷]」라는[42] 시는 그런 일면을 보여준다.

10월이라 추위 더욱 심해졌는데	十月寒猶重
남쪽땅 나그네 돌아가지 못하네.	天南客未歸

42 임형택외 편역(2017), 91면.

바닷가에는 파도가 거친데 波濤海國闊
마을에 안개 낀 나무 드문드문. 煙樹野村稀
한양엔 언제쯤 가게 될는지 京洛何時達
정분이 타관이라 맞지 않네. 情親異地違
밤 깊어도 잠들지 못하는데 夜深仍不寐
북두성은 점점 희미해지는구나. 星斗轉依依

반계가 당쟁과 역모사건으로 정치적 진출이 막히고 남쪽 바닷가 우반동 시골에 내려와 살고 있지만 그가 세상에 나아가고자 하는 뜻과 의지가 없었던 것은 아니다. 반계는 위 시에서 한양에 언제쯤 가게될지 정분이 타관이라 맞지 않다고 하였다.

반계의 이런 심사는 「황려마(黃驪馬)」라는[43] 시에도 잘 나타나 있다.

말이여, 말이여, 황려마여! 有馬有馬黃驪馬
처음부터 서역에서 전래된 뛰어난 종자였다네. 初自月窟傳神種
자태가 의젓하고 다양한 모습인데 意態稜稜合變化
눈동자엔 불꽃이 일고 골격은 우뚝하구나. 紫瞳生燄毛骨聳
연산 변방 요동 벌 가을 하늘 드넓은 곳 燕塞秋高鶴野闊
북풍이 불어오면 머리를 쳐들고 길게 울리라. 矯首長鳴北風起
내 아노라, 네가 태어난 이상 반드시 소용이 있어 吾知爾生必有須
한 번 사해를 내달리게 되면 원근의 구분이 없을 것을. 一騁四海無遠邇

이 시는 반계가 천리마 황려마를 빗대어 재주를 지녔음에도 모역자

43 위의 책, 83면; 이의강(2013), 77면.

집안으로 몰려 쓰임 받지 못하는 자신의 처지를 시를 빌어 토로한 것이라고 할 수 있다. "한 번 사해를 내달리게 되면 원근의 구분이 없을 것"이라는 구절에서, 세상에 나가 큰 뜻을 펼치고자 하는 반계의 의지가 엿보인다.

반계는 궁벽한 시골에만 묻혀, 밖의 형편을 모르고 중앙과 단절된 채 『반계수록』을 구상한 것이 아니다. 그는 전국 곳곳을 돌아보고, 서울을 자주 왕래하면서 견문을 넓히고 현실정치의 상황을 접했으며 이런 경험과 식견이 우반동에서의 농촌생활과 함께 개혁론의 토대가 되었다.

반계는 현실적으로 정치참여를 접었지만, 기회가 오면 정치에 참여해 큰 뜻을 펼쳐보려는 의지마저 버린 것은 아니었다. 이는 반계가 구상한 개혁 방안이 현실정치에 어둡고 동떨어진 개혁이 아님을 시사한다. 그의 개혁이 현실성 없는 오활한 것이라는 평을 받기도 하지만, 그것은 더 큰 개혁의 의미를 담은 것이라고 할 수 있다.

반계는 70권이 넘는 저술을 남긴 뛰어난 저술가이다.[44] 이 저작들의 대부분이 부안 우반동에서 집필되었다. 『반계수록』은 이런 반계의 저술을 대표한다. 그러나 오랫동안 간행되지 못하다가 홍계희(洪啓禧)가 출간을 청하여 1769년(영조 45) 영조가 마침내 수록의 간행을 명하였다. 반계 사후 100여 년 만의 일이다. 그리하여 왕명으로 1770년(영조 46)에 대구 경상감영에서 『반계수록』을 목판으로 출간하여 널리 보급하기에 이르렀다.[45] 현재 널리 전하고 있는 책은 이때 간행된 것과

44 박철상(2006), 219면; 김서경 저, 박완식 역(2004), 「반계유선생행장」 참조.
45 안정복, 『磻溪先生年譜』; 이선아(2015) 참조.

1783년(정조 7)에 경상감영에서 간행된 것이다.

반계는 1622년(광해군 14)에 서울에서 태어나 1673년(현종 14) 52세 되던 해 2월에 병이 들어 3월 19일에 전라도 부안 우반동에서 졸하였다. 두 달 뒤인 5월 5일 우반동 집 뒤에 임시로 장사를 지냈다가 10월 27일에 반계의 유명에 따라 경기도 죽산 용천(竹山 湧泉, 현 용인시 백암면 석천리 황석마을) 정배산(鼎排山) 선영에 옮겨 장사하였다.[46] 아버지 유흠의 묘소 아래에 유형원의 묘소가 있다.

현재 반계의 흔적은 우신마을에 몇 가지가 남아 있다. 우신마을을 가로질러 산자락으로 오르는 길 좌편 산자락에는 반계가 학동을 가르쳤다는 서당이 복원되어 있고, 그 옆자락으로 반계 사후 임시로 장사지냈던 고총(古塚)이 정비되어 있다. 지역민들이 최근까지도 이 임시 묘소를 찾아 제사를 지내 왔다.[47]

그 도로 우편으로 반계가 팠다는 우물이 있다. 우물 아래 논이 있는데 여기가 반계가 살았다는 집터로 전해온다. 현재 반계유적비가 세워져 있는 앞쪽 논이다. 반계유적비는 1974년 우동마을에 세웠던 것을 근래 이곳 우신마을 반계 집터 부근으로 옮겨 놓은 것이다. 마을 사람들이 반계 집터를 "큰 선생님 집터"로 불렀고,[48] 1992년 경지정리 전에만 해도 담장 등 흔적이 남아 있었다고 한다.

46 김서경 저, 박완식 역(2004), 「반계유선생행장」.

47 故 김민성에 의하면, "용인으로 이장하기까지 그 시신을 임시 가매장했던 장소가 있는데, 이곳을 잊지 않고 지방민들이 326년이 지난 지금까지도 열성과 극성으로 분묘처럼 받들고, 보살피며 해마다 제사를 모시고 있다."고 하였다. (유종남 편, 1999, 154면)

48 이동희(2017), 422면.

우동마을 논 가운데 돌기둥이 서 있는데 마을 사람들에 의하면 반계가 병사들을 훈련시키기 위해 만들어 놓은 여러 개의 돌기둥 중 하나라고 한다. 부안 상서면 동림리에는 1693년(숙종 19)에 반계를 주벽으로 하여 창건된 동림서원(東林書院)[49] 터에 유허비와 주춧돌이 남아 있다.

4. 맺음말

반계 유형원은 한양 명문가의 후예였다. 그러나 그는 아버지 유흠이 유몽인의 역모설에 연루되어 옥사함으로써 벼슬길이 막혔다. 유몽인 사건은 폐위된 광해군을 복위시키려 하였다는 것으로, 반계 집안은 이에 연루되어 정치적으로 재기가 어려운 상황에 빠졌다.

전라도 부안현 우반동(지금의 전라북도 부안군 보안면 우동리)은 서해안 남쪽 변산 자락으로, 산자락 안쪽에 너른 들녘이 자리하고, 그 앞으로 바다가 펼쳐진 포구이다. 우반동은 은둔하여 개혁론을 펼치기에 적절한 땅이었다. 반계에 앞서 허균이 우반동 정사암에서 홍길동전을 집필하였다고 전한다.

우반동에는 반계의 9대조 개국원종공신 유관의 사패지가 있었다. 이 땅은 오랫동안 묵혀져 있었는데, 반계의 조부 유성민이 논밭을 일구고 경작을 시작하였다. 병자호란 직후 1637년에는 유성민이 아예 우반동으로 내려와 농장을 직접 경영하였다. 부안에는 또 반계의 인적 기반도 있었다. 우반동 인근에 반계 집안과 사돈지간인 여산송씨 송시추가

49 동림서원에 대해서는 김승대(2020) 참조.

살고 있었다.

우반동 전답을 경작하던 조부 유성민이 사망하자 그를 대신해 농장을 경영할 사람이 필요했다. 이에 반계는 조부의 3년상을 마치고 그해 1653년(효종 4) 겨울, 32세 때에 우반동으로 식솔을 이끌고 내려왔다. 반계가 낙향한 것은 정치적 진출이 막힌 것에 배경이 있지만, 그 직접적인 이유는 조부에 이어 부안 우반동과 그 일원의 전답을 경작하기 위한 것이었다. 반계의 우반동 이거는 은둔이 아니라 현실의 문제였다.

반계는 20대 무렵부터 전국 방방곡곡을 돌아다녔다. 우반동에 낙향한 후에도 호남과 영남 곳곳을 찾아다녔다. 우반동에 내려온 후에는 서울을 자주 왕래하였다. 『반계수록』이 완성될 때까지 11차례 서울 일원을 왕래하였는데, 1.5년에 한 번 정도 왕래한 것이다. 서울에 머무르는 기간도 짧지 않았다. 반계는 전국을 다니며 견문을 넓혔고 중앙과 소통하면서 자신의 개혁론을 완성하였다.

반계는 부친이 광해군 복위 사건에 연루되어 관직 진출이 막혔지만, 세상으로 나가서 개혁을 펼치고자 하는 의지를 버린 것은 아니었다. 현실적으로 정치참여가 불가했지만 그렇다고 뜻마저 꺾은 것은 아니었다. 반계는 현실정치에 참여해 개혁을 펼쳐보고자 하는 뜻을 가지고 개혁론을 구상하였다.

반계는 농장경영이라는 현실적 이유로 우반동에 내려왔고, 전국을 다니며 견문을 넓히고 중앙과 소통하면서 현실정치 참여 의지를 가지고 『반계수록』을 집필하였다. 부안 우반동은 이런 반계 실학의 산실로, 조선후기 실학이 시작된 개창지(開創地)로서 위상을 지니고 있다.[50]

50 반계 실학은 부안과 전북의 정체성을 담은 전북학의 큰 주제이다. 필자는 호남실

참고문헌

유형원, 『磻溪隨錄』.

안정복, 『磻溪先生年譜』.

임형택외 편역(2017), 『磻溪遺稿』, 창비.

김서경 저, 박완식 역(2004), 『國譯 澹溪遺稿』, 이회문화사.

한국정신문화연구원(1983), 『扶安金氏愚磻古文書』.

김승대(2017), 「반계 유형원의 가계 분석」, 『한국실학연구』 34, 한국실학학회.

______(2020), 「부안 동림서원의 건립과 변천에 대한 연구 -『동림서원지』를 중심으로-」, 『한국실학연구』 40, 한국실학학회

김준석(1996), 「柳馨遠의 公田制 理念과 流通經濟育成論」, 『인문과학』 74, 연세대학교 인문학연구원.

박철상(2006), 「반계 류형원이 엮은 『陶靖節集』과 그의 逸民意識」, 『한국실학연구』 11, 한국실학학회.

송양섭(2013), 「반계 유형원의 公田制論과 그 이념적 지향」, 『민족문화연구』 58, 고려대학교 민족문화연구원.

______(2018), 「반계 유형원의 敎選論과 貢擧制 구상」, 『한국사연구』 182, 한국사연구회

유종남편(1999), 『실사구시의 횃불 -반계 유형원의 실학과 인생』, 고글.

이동희(2013), 「반계 유형원의 생애와 부안 우반동」, 『반계 유형원의 실학사상과 그 계승방안』, 전북사학회.

______(2017), 「부안지역 반계 유형원 유적보존과 지역문화 활성화 방안」, 『한국실학연구』 34, 한국실학학회.

이선아(2015), 「남인 經世書 『반계수록』의 傳認過程과 탕평정국의 영향」, 『전북사학』 46, 전북사학회

이의강(2013), 「반계 유형원의 부안 우반동 은거를 전후한 한시 작품의 정서」, 『한국고전연구』 26, 한국한문고전학회.

학원을 부안에 설치하여 반계의 실학과 함께 전북정신사를 규명해 나갈 필요가 있음을 피력한 바 있다.(이동희, 2017, 424~427면)

이형성(2016), 「담계 김서경의 반계학 계승과 경세의식」, 『퇴계학논총』 27, 퇴계학부산연구원

전경목(2001), 『고문서를 통해서 본 우반동과 우반동 김씨의 역사』, 신아출판사.

정두희(1999), 「유교적 전통과 실학사상 -반계 유형원 사상의 새로운 해석」『미국에서의 한국사연구』」, 국학자료원.

정만조(2003), 「담와 홍계희의 가계 분석」, 『조선시대의 정치와 제도』, 집문당.

정호훈(2015), 「20세기 미국에서의 실학 연구— 제임스 팔레의 『반계수록』연구를 중심으로」, 『한국사연구』 168, 한국사연구회.

제임스 B. 팔레저, 김범역(2008), 『유교적 경세론과 조선의 제도들 -유형원과 조선후기』, 산처럼.

최윤오(2001), 「반계 유형원의 정전법과 공전제」, 『역사와 현실』 42, 한국역사연구회.

하우봉(2013), 「반계 유형원과 호남실학」, 『건지 인문학』 10, 전북대학교 인문학연구소.

반계 유형원 관련 금석문 고찰

김진돈
전북도문화재위원

1. 머리말

『반계수록』의 저자인 반계 유형원에 대하여 학문적 접근을 하는 전문가는 아니지만, 관련 금석문을 찾고 반계의 흔적을 찾아 다닌지 여러 해이다. 처음에는 부안 우반동의 반계서당을 중심으로 고택지와 서당을 여러 번 오르내렸고, 우반동 주변에서 족보를 통하여 손자들의 묘소를 찾아다녔다. 사실 부안과 정읍 지역에 반계의 후손들이 살고 있지만 자신들이 반계의 후손인지를 제대로 인지 못하는 경우가 있었다.

그리고 용인에 있는 반계와 아버지의 묘소를 시작으로 동명 김세렴, 미수 허목, 청하자 권극중, 만학당 배상유, 양득중의 비문 등을 탁본했고, 여기서 반계와의 관련성을 찾기 위한 노력을 기울였다. 사실 비석 속에서 반계 유형원이란 이름이 정확하게 나오지 않는다. 왜냐면 자신의 실적을 넣는 것도 벅찬데, 교유관계까지는 일반적으로 넣지 않고 있었다. 그래서 반계(磻溪)라는 글자를 찾는 것은 하늘의 별따기였다.

그렇지만 비석 속에서 혼인관계를 파악하고 또 반계의 흔적을 찾기 위한 노력을 계속했다.

반계의 친구 나용보 비문에서는 반계(磻溪)라는 이름을 찾을 수 있었고, 제자 담와 김서경의 비문에서는 반계에게 많은 영향을 받았다는 구체적인 내용이 기술되어 있었다. 또 나용보의 고조인 나응삼효자비문을 보면 유형원(柳馨遠)이 직접 찬한 글이 비문에 기록되어 있는 것이 아닌가. 사실 반계는 『반계수록』을 저술하느라 온 정성을 집필에만 쏟았기에, 대외활동이 많지 않은 편이며, 또 제자들을 기르는데도 인연이 많이 닿지는 않은 것 같다. 그렇지만 전국적으로 사승관계와 교유관계를 면밀히 검토한다면 많은 자료가 나올 것으로 사료된다.

이번 금석문을 통하여 반계의 깊은 사상에 접근하지는 못했지만, 반계 관련 금석문을 통하여 반계의 인맥관계를 알아보고 반계의 사상과 학문이 어떻게 전파되었는가를 간접적인 방법으로 시도해 보았다. 앞으로 좀 더 적극적으로 사료적 접근을 하고 노력한다면 많은 자료를 찾을 것으로 기대하는 바이다.

2. 학적기반 관련 인물의 금석문

1) 스승이자 고모부인 동명 김세렴

반계의 고모부인 김세렴(1593~1646)과 외삼촌 이원진(李元鎭, 1594~1665)은 함께 스승이자 아버지 같은 분이었다. 반계의 삶 철학(哲學)에 하나의 이정표 역할을 했고 자아(自我) 형성에 밑거름이 되어 준 인물이다. 김세렴의 본관은 선산(善山), 자는 도원(道源), 호는 동명(東溟)

이다. 홍우(弘遇)의 증손으로, 할아버지는 영흥부사(永興府使) 효원(孝元)이고, 아버지는 통천군수 극건(克鍵)이며, 어머니는 양천 허씨로 홍문관전한(弘文館典翰) 봉(篈)의 딸이다. 허봉은 아버지 허엽의 2남으로 바로 여동생 난설헌 허초희가 있고 동생 허균으로 이어진다. 특히 허균은 부안 우반동과 깊은 관련이 있고 정사암에 산 흔적이 있는 인물이다.

그리고 김세렴의 부인은 증 병조참판 유성민(반계의 조부)의 따님으로 장남 김익상, 차남 김필상, 삼남 김준상이 나왔다. 여기 김세렴묘소 바로 위에 서쪽으로 있는 묘소가 장악원첨정 김필상의 묘소이다.

〈그림 1〉 김세렴 묘소 및 신도비 위치 위성사진(충북 충주시 앙성면 본평리)

김세렴의 묘소는 충주시 앙성면 본평리 산 6-46이고 신도비는 묘소 앞 앙성면 본평리 316-25에 위치하고 있다. 예전에는 신도비에서 바로 묘소로 올라갔는데, 지금은 길이 막혀 오른쪽으로 돌아서 올라가야 묘소에 갈 수 있다. 신도비는 1747년(병인)에 세워졌는데 비신의 높이가 2미터가 넘는 거대한 비석이다. 갓석과 좌대가 화려하지 않지만 웅장함을 느낄 수 있다. 현재 신도비는 어찌된 연유인지는 몰라도 개인 소유의 울타리 안에 있어 탁본을 하는데 집 주인의 허락을 받아야만 가능하다. 추후 신도비의 기능을 할 수 있는 곳으로 이건되기를 희망하는 바이다. 이 신도비는 춘추관사 허목이 찬하고 오시복이 음기는 썼으며 두전은 이서우가 썼다. 허목과 오시복은 남인으로 함께 김준용 신도비를 찬서한 경력이 있는 인물이다. 오시복은 글씨로 이름을 날렸는데 이조참판을 거쳐 이조판서 때 김세렴신도비를 썼다.

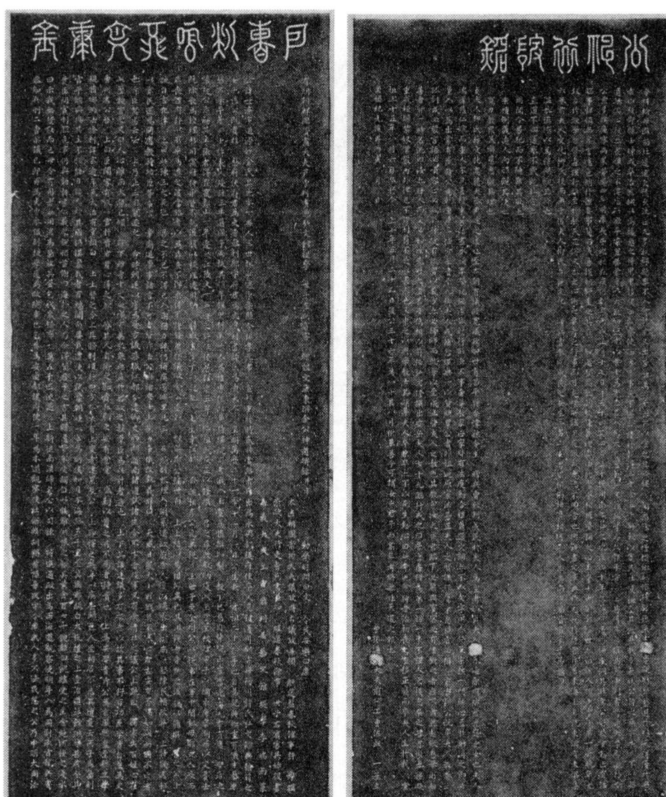

〈그림 2〉 김세렴 신도비(전면, 후면)

이서우가 쓴 두전은 호조판서겸문강김공신도비명(戶曹判書兼文康金公神道碑銘)이라 써졌는데 미수체의 흔적이 나타나고 있어 허목의 영향이 컸음을 알 수 있다. 이러한 것을 볼 때 김세렴신도비와 묘비를 찬서한 사람들이 모두 남인계열과 연관되어 있었음을 알 수 있다. 송곡 이서우(松谷 李瑞雨 1633~1709)의 문하에는 이하진의 아들 성호 이익이 배출되어 유명한 성호사설을 편찬한 인물로 반계 유형원과는 외6촌 동생으로 서로 학통이 연관되어 있음을 알 수 있다. 이 부분은 뒷쪽에서 더 부연하고자 한다. 음기에서 가장 먼저 제목을 쓰고 그 아래 근학호문왈문(勤學好問曰文: 근학하며 호문하는 것이 문이고) 영민안락왈강(令民安樂曰康:백성들로 하여금 안락하게 하는 것이 강이다)이라 적고 있다. 이 말은 김세렴 신도비의 내용을 포괄적이며 함축적으로 표현한 말이기도 하며, 시호 문강공(文康公)을 싯구로 표현하고 있는 것이다. 이렇게 제목 아래 공간이 있는 부분에 시호를 넣어서 글을 새기는 것은 처음 본 사례이다. 신도비를 보면 김세렴은 1641~42년에 안변 도호부사와 본도 관찰사를 역임하면서, 대동법을 시행하고 조세를 함부로 걷지 못하게 하면서 향약을 실정에 맞게 군현에 반포하였다. 이때 1643년경 반계 유형원은 함경도를 유람하면서 북방지역의 곤궁에 처한 실정을 간파한다. 이러한 것이 『반계수록』의 저술에 많은 도움이 되었을 것으로 사료된다.

동명 김세렴의 묘비는 양천 미수 허목이 찬서(撰書, 撰仍書) 했는데, 간지가 숭정기원후제갑자년으로 기록되어 1744년에 썼음을 알 수 있다. 즉 신도비보다 3년 먼저 글을 짓고 썼음을 알 수 있다. 묘비의 전면은 예서로 썼는데, 호조판서홍문제학 시문강동명선생세렴지묘 정부인문화유씨(戶曹判書弘文提學 諡文康東溟先生世濂之墓 貞夫人文化柳氏)

부좌(祔左)로 되어 있다. 전면의 글씨는 현재 누가 썼다고 표시되어 있지 않아서 서자를 알 수 없고, 음기를 보면 직접 미수의 필획이 잘 나타나고 있다. 미수 허목은 전서체로 유명한 서예가이다. 특히 하우전(夏禹篆)과 대전(大篆)에 근간을 두면서 전통적인 옛 서법을 연마하여, 탈주자학파로 하은주(夏殷周) 삼대의 복고를 주장하였다. 그러기에 동해척주비에서 나타나고 있는 고전체의 옛스런 서체가 자연스럽게 탄생되었다. 특히 작은 해서 부분에서는 글씨의 자형이 좀 길고 약간 행기를 넣어 가늘게 운필하는 특징을 가지고 있다. 매 획마다 중봉을 사용하면서 음과 양을 적절히 조화시키는 운필법과 결구가 기존의 왕희지나 조맹부를 추종했던 사람들의 서체에서는 볼 수 없는 독특한 서체이다.

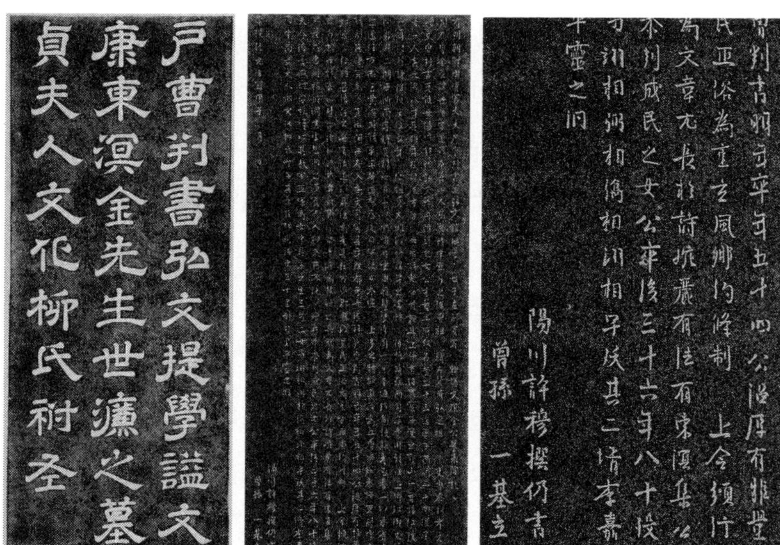

〈그림 3〉 김세렴 묘표 전면(左), 미수 허목이 쓴 후면 글씨(中), 후면 부분 확대(右)

미수체로 쓴 김세렴 묘비에서는 신도비처럼 구체적인 내용이 나오는 것이 아니라, 김세렴의 관직을 기록함과 동시에 관직 생활 중 현풍 향약을 제정했다는 내용이 나오며, 묘소는 충주 복성동(福成洞)에 장사했다는 내용이 나온다. 또 부인은 문화유씨 성민의 딸이라는 내용과 아들들이 적혀 있다.

김세렴의 신도비와 묘비를 볼 때 비석을 세운 사람은 증손 일기(一基)가 세웠다고 기록되어 있다. 김세렴의 신도비를 보면 1636년 통신사를 일본에 파견할 때 그가 부사로 다녀오며, 그 뒤 사간을 거쳐 황해도관찰사로 부임한다. 1638년 동부승지를 거쳐 병조참지와 병조·형조·이조참의, 부제학을 역임하였다. 그는 이처럼 국내와 해외를 돌아다니면서, 견문이 넓은 『근사』·『소학』·『성리자의(性理字義)』·『독서록(讀書錄)』 등을 간행하고 향약을 실시하는 등 주민의 교화에 힘썼다. 1644년에는 평안도관찰사로 옮겼다가 대사헌으로 조정에 들어가 홍문관제학을 겸임했고, 바로 도승지를 거쳐 호조판서로 군현방납(郡縣防納)의 폐단을 시정하였다. 만년에는 경서 연구에 전력했고, 문장이 아름다웠으며 특히 시문에 능하였다. 시호는 문강(文康)이며 저서로는 『동명집(東溟集)』·『해사록(海槎錄)』 등이 있다. 사실 해외견문과 국내 정치의 어려움을 속속들이 전수받은 사람이 바로 반계 유형원이다. 아마도 아들처럼 사랑하며 하나하나 꼼꼼히 해외 물정과 국내의 사정을 이야기해 주었을 것으로 본다.

2) 학문적 스승인 미수 허목

미수 허목은 남인의 영수로 잘 알려져 있으며 고향은 경기도 연천이다. 이 지역은 인근 파주의 율곡 이이(栗谷 李珥:1536~1584)를 중심으로 형성된 기호학파(畿湖學派:경기도와 호서지방을 중심으로 한 학파)가 서인(西人)의 당파를 형성하고 있었으나, 미수의 집안은 소북계(小北係)로서 엄격한 성리학을 추구하며 주자학 외에 다른 해석을 인정하지 않았던 서인과 달리 다양한 학문과 사상을 절충하는 개방성과 포용성을 추구했으며, 이는 집안에서 화담 서경덕(花潭 徐敬德:1489~1546)의 학맥을 이어받았기 때문이다. 한편, 그는 전라도 나주 회진 외갓집에서 태어나 외조부 백호 임제(白湖 林悌: 1549~1587)의 은자(隱者)적 처세의 영향을 받아 초야에 묻혀서 성리학뿐 아니라 도가(道家) 사상도 수용하는 열린 자세로 학문을 했다.

〈그림 4〉 연천 미수 허목이 살았던 은거당 터

반계는 1653년(효종 4년) 큰 뜻을 품고 전라도 부안으로 거처를 옮겨 경독(耕讀)했고, 1654년인 33세에 진사과에 합격하지만 관직에 나아가지 않고 우반동 자락에서 『반계수록』을 저술한다. 부안에 있을 때로 『반계수록』이 한참 중간단계를 지났고 그의 나이 45세였으니 학문의 깊이가 무르익을 무렵이었다. 이때 외숙부 이원진의 장례를 치르고는 남인의 영수인 미수 허목을 만나기 위하여 경기도 북부인 연천을 가기 위하여 강서리 미수나루(연천 임진강에 있음)를 넘어간다. 허목은 임진강가에 괘암(卦嵒)이라 미수체로 쓰고는 호는 미수(眉叟)라 해서로 썼다고 한다. 현재는 물이 잠겨 육안으로는 가서 보기가 어렵다고 한다. 임진강을 건너면 허목이 기거하는 은거당이 있다. 미수는 연천군 왕징면 강서리 소재 초가집에서 살았다. 이 집은 나중에 실화로 없어져 현재 터만 남아 있다. 그리고 묘소는 북쪽으로 약간 떨어진 지점에 부인과 앞 뒤로 있다. 묘비의 석질을 보면 조선돌이 아닌 듯하다. 이쪽 포천에 있는 이항복의 비석돌과 비슷하여 아마도 중국에서 넘어온 것이 아닌가 생각된다. 반계를 미수에게 소개시켜 준 사람은 친구 정동직이다. 미수의 간찰을 모아 놓은 기언별집 제6권 서독편을 보면 반계(유형원 덕부)에게 쓴 편지가 기록되어 있다.

> 아, 문옹(文翁: 정동직의 자)이 살아 있을 적에 나에게 고문(古文)을 써 달라고 하면서 "낭주(浪州: 부안의 별칭) 유군(柳君)이 청하는 것입니다."라고 하였는데, 내가 일찍이 문옹을 통하여 명성을 오랫동안 들어 왔기 때문에 서로 만나 본 사람처럼 여겨져서 즉시 허락하였소. 그러나 노쇠하고 게을러서 오래도록 부응하지 못했더니, 문옹이 병중에 편지를 보내어 "먼 곳 사람의 부탁을 잊지 말아 주십시오." 하였소. 내가 그때 마침 찬술(撰述) 중이던 일을 마치지 못한 상태였기 때문에 이런 사정을 적어 답장을 보냈는데, 얼마 되지 않아서 문옹이 죽었소. 그의 죽음을 슬퍼하며 그 말을 더욱 잊을 수 없었으니, 생각하면 참으로 괴롭소. 그를 애도한 글에서도 누차 말한 만큼 슬프고 한스러운 심정을 잘 알 수 있을 것이오. 이번에 쓴 '연비어약무불경(鳶飛魚躍無不敬)' 일곱 글자는 모두 한 장에 한 자씩 썼으며, 작은 종이에 쓴 것은 「억계(抑戒)」 12장(章)이오. 이것

을 대하니 사람을 더욱 슬프고 그립게 하는구려. 나는 천성적으로 창힐(倉頡)의 고문을 지독히 좋아하지만, 세상에 소용되는 바가 없으니 쓸모없는 것인 줄을 스스로 알고 있소. 더구나 해서(楷書)는 특히 내가 잘하지 못하는 바이니, 서첩(書帖)을 만드는 것은 원하는 바가 아니오. 고문 가운데 결락(缺落)된 글자와 고친 글자가 있는 것은 모두 빼고 쓰지 않았소. 종이는 반이 넘게 사용했으며, 쓰고 남은 것은 백지로 돌려보내오. 어느 때나 한 번 서로 만나 문옹을 보는 듯이 할 수 있을지 모르겠구려.[1]

반계가 가장 친하게 지낸 사람은 정동직(鄭東稷, 1623~1658)과 김천의 배상유로 셋은 모두 친구이다. 정동직의 본관은 해주(海州), 자는 문옹·우경(虞卿)이고 미수보다 28년 연하이다. 부친은 희성(希聖)으로 미수와 함께 총산(蔥山) 정언옹(鄭言㝘)에게 수학한 인연이 있다. 위의 내용으로 볼 때 미수가 반계에게 써준 글자는 고문(전서) 미수체로 썼을 것이다. 편지의 내용을 보면 미수가 반계에게 남긴 글자는 '연비어약무불경(鳶飛魚躍無不敬)' 일곱 자를 한 장에 글자 하나씩 쓰고 '억계(抑戒)'는 열두 장(章)이나 써 주었다. 즉 19장의 미수체 작품을 써 준 것이다. 여기에서 미수가 반계에게 써준 '연비어약무불경(鳶飛魚躍無不敬)'과 '억계(抑戒)'라는 글귀는 고민해서 써 주었을 것으로 본다. '연비어약무불경(鳶飛魚躍無不敬)'이란 문장은 잘 쓰지 않고 연비어약(鳶飛魚

1 『기언』. 별집 제6권, 서독(書牘) 유형원 덕부에게 주다, "與柳馨遠德夫嗟乎.文翁在時.爲求古文曰.浪州柳君請之.僕嘗因文翁.久聞風聲如相見.卽許諾.以僕衰懶久不副.文翁病中寄書曰.遠人之托.毋相忘也.僕適有撰述之.業未卒以此復之.未久文翁死.憐其死.其言益不可忘.思之良苦.其哀悼之文.亦屢言.不一言悲恨可知.今書鳶飛魚躍無不敬七字.皆一張一字短紙書者.抑戒十二章也.對此尤令人愴懷.僕性苦篤好倉頡古文.無所售於世.自知無用.況楷書尤非所能也.作帖非願也.古文有落字改字.皆去不用.所費太半.其餘以空紙歸.何時願得一相見.如見文翁也.

躍)은 주로 학자들이 자주 사용하는 문장이다. 연비어약은 우주의 질서와 자연현상의 심오한 법칙이 담긴 말이다. 이 성어(成語)는 시경(詩經) 대아(大雅) 한록편(旱麓篇)에 나온다.

> 깨끗한 옥 술잔에 황금 잎이 가운데 붙어 있네. 점잖으신 군자님께 복과 녹이 내리네. 솔개는 하늘 위를 날고 고기는 연못에서 뛰고 있네. 점잖으신 군자님께서 어찌 인재를 잘 쓰지 않으리오?(瑟彼玉瓚 黃流在中 豈弟君子 復祿攸降 鳶飛戾天 漁躍于淵 豈弟君子 遐不作人)

솔개가 하늘에서 날고 고기가 연못 속에서 뛰고 있다는 것은 성군(聖君)의 다스림으로 정도(正道)에 맞게 움직여지는 세상을 표현한 것이다. 새는 하늘에서 날아야 자연스러운 것이며, 물고기는 물에서 놀아야 순리이다. 이는 천지의 조화 바로 그 자체인 것이다. 연비어약은 「시경」에 나오는 '연비여천 어약우연(鳶飛戾天 漁躍于淵)'이라는 말을 요약한 것이다. 즉 '솔개는 날아서 하늘을 치받고 물고기는 연못에서 뛰 논다.'라는 뜻입니다. 이 세상에 태어난 모든 만물은 자기만의 생명권리가 있음을 강조하고 있다. 즉 연비어약이 추구하는 자연법칙이고 생명철학인 것이다. 미수는 이러한 연비어약에 무불경(無不敬)을 붙여 자연법칙, 더 나아가 우주질서에 대한 것이 경외(敬畏)스럽지 않은 것이 없다는 것을 강조하고 있다. 이 글자를 받고 반계는 어떻게 생각했을까. 아마도 반계의 실천철학에 대한 끝없는 관심으로 받아들였을 것이다.

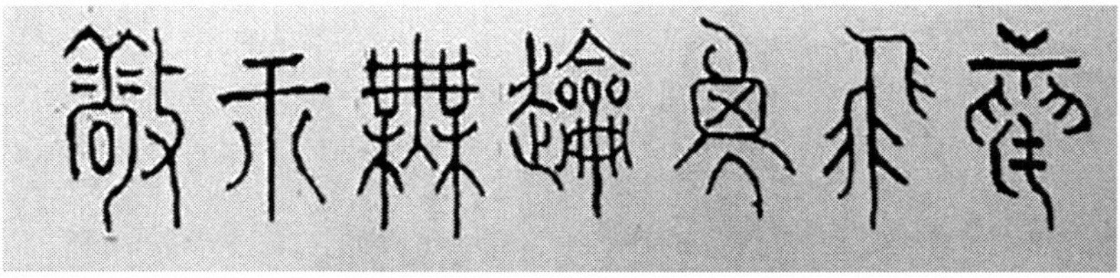

〈그림 5〉 연비어약무불경(鳶飛魚躍無不敬)을 미수 고문운율초에서 집자함

또 12장이나 써준 억계(抑戒)는 어떤 의미를 가지고 있을까? 억계(抑戒)도 『시경(詩經)』에 나오는 문장이다. 『시경집전(詩經集傳)』에 따르면, 위 무공(衛武公)이 「억(抑)」이라는 시를 지어 사람을 시켜 날마다 곁에서 외우게 하여 스스로를 경계하였다(衛武公作此詩 使人日誦於其側以自警)는 고사가 있다. 억(抑)은 『시경(詩經)』 「대아(大雅)」에 실린 것으로, "치밀한 위의(威儀)는 덕의 단면이라, 사람이 또한 말을 하되 현철한 사람 치고 어리석지 않은 이가 없다 하니, 서인(庶人)들의 어리석음은 또한 기질의 병통 때문이거니와, 철인의 우매함은 이 떳떳한 도리에 위반된다.…(抑抑威儀維德之隅人亦有言靡哲不愚庶人之愚亦職維疾哲人之愚亦維斯戾…)"는 첫 단락으로 시작된다. 즉 사람은 맡은 직분에 따라 경계해야할 것이 있는데, 본인의 자화자찬(自畵自讚)에 빠져서는 안 되고 능히 사람의 도를 다하고 사방을 다 교훈 삼고, 덕을 깨달아 온 나라를 구하라는 뜻으로 써 주었을 것이다. 이 억계라는 문장은 반계의 외숙뻘 되는 이하진이 글씨를 썼다고 조선왕조실록에 기록되어 있다. 반계는 외숙인 이원진에게 수학했는데 성호의 부친인 이하진도 같이 공부했던 것이다. 그러므로 성호사설을 쓴 성호 이익도 반계와 가까운 사이이다. 왕조실록에 다음과 같은 내용이 확인된다.

주강(晝講)에 나아갔다. 윤휴(尹鑴)가 억계(抑戒)를 병풍에 써서 좌우에 두고 살피기를 청하고 김석주(金錫胄)가 이하진(李夏鎭)이 잘 쓴다고 말하니, 임금이 써서 바치라고 명하였다."[2]

그 당시 임금이나 선비들을 시경 공부를 많이 했으며, 시경의 문장을 작품으로 남겨 항상 자기를 경계하는 대상으로 삼았을 것으로 본다. 현재 이 작품은 세상에 전하지 않는다. 만약 이 작품이 전한다면 얼마나 소중할까 하는 생각에서 미수의 고문운율초[3]로 집자를 해 보았다. 아마도 미수가 썼다면 편액을 쓰듯 굵게 획을 구사했을 것으로 생각된다. 모두 필획이 고전에서 나온 글자이다. 요즘 사람들은 이해하기가 어렵다. 미수체를 연구해야만 알 수 있는 글자들이다. 그렇지만 반계는 이 글자를 받고 매우 흥분했을 것이다. 필자는 생각할 때 이 미수체는 조선조 동국진체를 형성하는 단초를 제공한 글씨체이다.

3) 고부 출신 청하자 권극중

권극중(1585~1659)의 비석(구비)에는 반계 유형원과 교류가 깊은 사계와 신독재를 비롯하여 김제 학자인 백석(白石) 유즙(柳楫)을 비롯해서 봉곡(鳳谷) 김동준(金東準), 기옹(畸翁) 정홍명(鄭弘溟), 동명(東溟) 정두경(鄭斗卿) 등이 거론되고 있다. 권극중은 13세부터 석계 최명룡(부안 후손이 많이 살고 있음: 석동산)에 수학했으며, 22세 무렵에 김장생

2 『조선왕조실록』, 숙종 1년 2월 18일 병오,"丙午御晝講.尹鑴請以 抑戒書諸屛, 置座右觀省. 金錫胄 言, 李夏鎭 善書, 上命書進."

3 허목, 「고문운율초」.

에게 역경의 이치에 대하여 문답을 하였다.

권극중 구비에 나오는 기옹 정홍명은 송강 정철의 넷째 아들로 송익필과 성혼 그리고 김장생의 문인으로 대제학을 지낸 인물이다. 그렇기 때문에 학문의 수준이 비슷한 사람끼리는 모두 연결되면서 교유하고 학문의 깊이를 더해갔다. 정두경은 권극중을 “그의 학문은 삼교(三敎)를 넓게 섭렵하였으며 단학(丹學)수련에 더욱 깊었다.”라고 했으며, 택리지를 쓴 이중환은 그를 “단학과 방술의 대가”로 지목했으며, 고창 황윤석은 “우리나라 단학 이론의 개창자”로 평가했다. 또 이규경은 단학파의 저서로서 후대에 전해질 목록을 거론할 때 『참동계주해』를 언급했다. 여기에서 권극중의 구비와 신비가 2개 있는데 구비만 여기서는 옮겨 본다. 권극중의 묘소가 있는 곳은 정읍시 소성면 주천리 산 2-20으로 부대건물 뒤에 있는데 약간 동남쪽을 바라보며 내장산 불출봉(바로 옆이 서래봉)을 정면으로 바라보고 있다.

권극중묘비문(權克中墓碑文: 舊碑)

공은 만력 을유년(1585,선조18) 3월 13일에 예천부원군(醴泉府院君) 시호는 문탄(文坦), 호는 일재(一齋), 한공(漢功)의 11대손으로 태어났다. 만력 임자년(1612)에 진사에 합격하고 효종 기해년(1659) 4월 1일에 졸하였다. 사계 김장생, 신독재 김집 두 선생의 문하에서 수업하였으며, 상촌(象村) 신흠(申欽), 현주(玄洲) 조찬한(趙纘韓), 백석(白石) 유즙(柳楫), 봉곡(鳳谷) 김동준(金東準), 택당(澤堂) 이식(李植), 기옹(畸翁) 정홍명(鄭弘溟), 제호(霽湖) 양경우(梁慶遇), 동명(東溟) 정두경(鄭斗卿) 선생 등과 도의로써 사귀었다. 도암(陶菴) 이재(李縡)가 행장을 지었으며, 전 검열 조문명이 비갈명을 지었고, 단암 조진원(閔鎭遠)이 문집을 간행하였다. 묘갈명을 새김이 마땅하나 문장의 내용은 많고 비는 작아,

능히 다 새길 수 없어 잠시 기다렸다가 후일에 다시 세우려 한다. 계미년 4월 17일에 세움[4]

〈그림 6〉 권극중 묘비(구비)와 탁본

구비 속에는 위에서 살펴보았듯이 부안의 있는 친구 나용보 비문에서 발견된 인물이 두 명이 나온다. 백석 유즙[5]과 봉곡 김동준[6]이다. 이

4 「靑霞權公諱克中之墓」, "配宜人昌寧曺氏同兆 乾坐 公生于萬曆乙酉三月十三日醴泉府院君謚文坦公號一齋諱漢功十一代孫萬曆壬子中進士 孝廟己亥四月初一日卒受業于沙溪愼獨兩先生之門與申象村趙玄洲柳白石金鳳谷李澤堂鄭畸翁梁霽湖鄭東溟諸先生爲道義之交陶菴李公縡撰行狀前檢閱趙公文命撰碑碣銘丹巖閔公鎭遠刊文集墓碣銘當刻□□而文多碑劣不能刻載姑竢後日改竪 癸未四月十七日立."

5 김광적(1798), 『정묘거의록』, 국립중앙도서관, 55면.

6 봉곡 김동준의 문집 봉곡집이 후손가에만 전한다.(진묵조사와 교분이 있으며 병자

2명은 김제와 전주에 사는 인물로 반계 친구이다. 김동준도 원래 태어나 자란 곳은 김제이다. 특히 청하자 권극중의 손록(孫錄)이 아주 간단하게 기록되어 있고, 교우관계의 인맥 명단을 모두 넣은 것이 특이하다 하겠다. 이 비문 속에 나오는 인물들의 문집과 청하자의 문집을 통하여 그의 사상적 접근이 이루어지기를 기대한다.

3. 교유 관련 인물의 금석문

1) 벗이자 사돈인 만학당 배상유

배상유는 반계 유형원과 친구이자 사돈이다. 유형원의 아들 유하(柳昰)는 배상유의 딸을 아내로 맞이하게 된다. 만학당(晩學堂) 배상유(裵尙瑜: 1622~1686)는 반계(磻溪) 유형원(柳馨遠)이나 갈암(葛庵) 이현일(李玄逸) 등 17세기의 저명한 학자들과 각별한 교분을 나누었던 인물이다. 그는 유형원이 저술한 『반계수록』의 전파에 상당한 기여를 했다는 점에서도 주목할 만한 인물로 판단된다. 배상유는 『반계수록』을 편찬할 때 사위인 유하와 함께 초고(草藁)를 교정하였고, 갈암 이현일에게 『반계수록』의 서문을 부탁하는 등 『반계수록』 편찬사업에 적극적으로 노력하였다. 전 참봉 배상유의 상소문을 보면 유형원의 저술 『반계수록』 전제와 병제 등을 시행해 달라고 글을 올린다.

> 전(前) 참봉(參奉) 배상유 (裵尙瑜)가 상소(上疏)하여, 심학(心學)·성

호란 때 참전)

리(性理)의 요체와 당론(黨論)을 억제하고 현재(賢才)를 선용(選用)한 말을 진달하였다. 또 고(故) 진사(進士) 유형원(柳馨遠)이 저술한 『반계수록(磻溪隨錄)』 속의 전제(田制)·병제(兵制)·학제(學制) 등 7조목을 진달하며 차례로 시행하기를 청하므로, 묘당(廟堂)을 내렸더니, 묘당에서 그 말이 오활(迂闊)하다 하여서 내버려 두었다.[7]

배상유는 유형원의 저술 『반계수록』 속의 전제와 병제 그리고 학제 등에 대한 시행을 적극적으로 권하고 있음을 알 수 있다. 이러한 배상유 문집은 수백 년 동안 사장(私藏)되었다가 고종 36년에 이르러서야 『만학당집(晩學堂集)』 6권 3책으로 간행되었으나, 그나마 널리 배포되지 못했다.

유형원의 외아들이자 배상유의 사위인 유하는 『만학당집』 서문에서, "선생의 심학(心學)은 무오봉사소(戊午封事疏)에서, 역행은 서찰에서, 성정(性情)은 시(詩)에서, 지기(志氣)는 잡저(雜著)에서, 입교(立敎)는 칠서변의(七書辨義)에서, 정론(正論)은 이학잡설(異學雜說)에서, 박학(博學)은 사례고증(四禮考證)에서, 출처(出處)는 년보(年譜)에서 각각 나타나고 있다."고 언급하였다. 배상유의 아들 배태래(1651~1701)와 배태휘(裵泰彙)는 모두 반계의 문하에서 실학과 경학을 공부한 인물들이다. 배상유의 묘소는 김천시 구성면 송죽리 산 40에 있으며 글은 강세황의 아버지인 강현이 찬했는데, 글씨의 필획이 좋다. 묘소에는 묘표석과 상석 그리고 문인석이 자리하고 있다. 이 비석에는 반계와 관련된 내용이 기록되어 있지 않다.

---

7 『조선왕조실록』, 숙종 4년 무오 6월 20일, "『반계수록』의 전제·병제·학제의 시행에 관해 전 참봉 배상유가 상소하다."

〈그림 7〉 배상유 묘소와 묘비

2) 부안에서의 친구, 만학재 나용보

나용보 묘비는 부안군 부안읍 연곡리 412에 있다. 나용보 비문은 후대에 세워졌는데, 전주인 금재 최병심이 찬하고 유재 송기면이 글씨를 썼다. 비석은 좌대와 갓석이 화강암이고 비신은 오석으로 되어 있다. 바로 동쪽에는 전주최씨와 부안김씨의 묘역인 석동산이 자리하고 있다. 반계가 늘 다니던 길로 부안 읍내로 가는 길이다. 큰 길가 재실에서 조금 들어가면 묘소가 있는데, 비석 앞면은 만학재나공용보지묘(晩學齋羅公用輔之墓)라 되어 있으며 후면에는 손록이 나오고, 반계와 교유한 내용이 있다. 또한 같이 교유한 봉곡 김동준, 화곡 홍남립, 만암 이상진 등과 교유한 사실이 비문에 기록되어 있어 재미있다. 만학재 나용보는 반계의 친구인 만학당 배상유와 호가 비슷하여 서로 연관성이 있을 것으로 사료된다.

나용보는 김제 구산을 집성촌으로 하는 씨족으로 나주나씨들이다. 김제에는 나씨 중에서 효자 8명이 배출되어 모시는 사당 팔효사가 있다. 이 팔효사를 기록한 「팔효집」 속에는 반계 유형원이 지은 시 「선

(扇)과 어(魚)」 편[8]이 수록되어 있다. 반계 유형원이 지은 구산처사 나응삼 절효공의 행록에 이르기를 '절효공 나응삼의 증손 용보(用輔)가 나와 더불어 좋게 지내고, 또 그 집으로 가서 공의 자상한 실상을 얻어 들으니……'라는 구절이 있어 나용보와 절친한 사이임을 글에서 나타내고 있다. 즉 구산처사 나응삼정려비의 주인공은 나용보의 고조이다. 즉 친구인 나용보가 고조의 비문을 반계 유형원에게 부탁하여 썼던 것으로 보인다. 나응삼정려비와 정려각은 전북 김제시 옥산동 334-1에 있는데 바로 구산이 위치하고 있어 바로 이곳이 나응삼이 살았던 지역임을 알 수 있다. 그러나 아쉽게도 정려비는 당시 세워지지 않고 후대에 강암 송성용이 예서로 전후면을 모두 썼다.

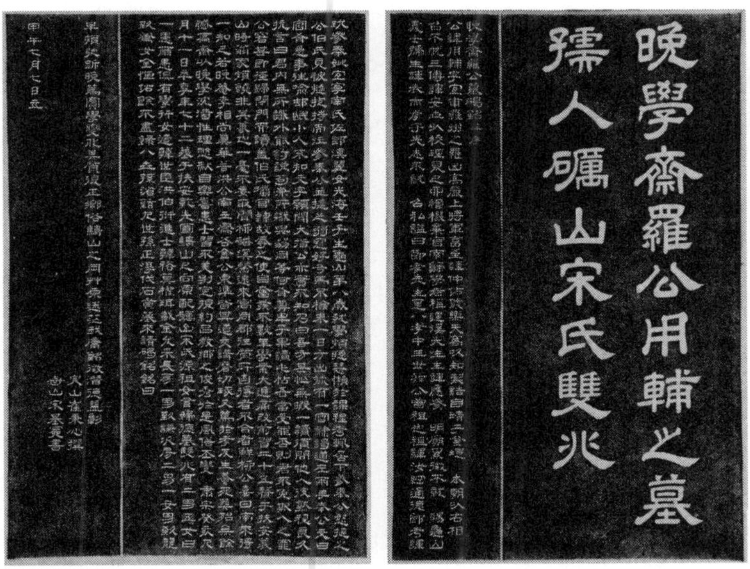

〈그림 8〉 나용보 묘비 탁본(최병심 찬, 송기면 서)

8 효자 나안인의 효행이 조정에 알려져 참봉을 제수했으나 불응하고, 오직 부모께 고기를 잡아 봉양하고 하절에는 부채로 시원하게 한 효행을 기록한 글이다.

나용보의 묘비 형태는 일반적인 평범한 형태를 취하고 있는데, 건립 연대는 1954년이며 석질은 오석이며 규격은 높이 148㎝, 너비 55㎝, 두께 30㎝이다. 글을 지은 금재는 이 지역에서 최학자로 불리며 호남 지방의 대표적인 유학자로 알려져 있으며, 유재 송기면은 석정 이정직과 간재 전우의 제자로 시서화 삼절로 알려져 있는 인물이다. 그의 아들 수용과 성용 그리고 손자 강암 등이 이 지역 서화의 맥을 잇는 가족이다.

나용보의 비문 글씨는 유재 송기면 특유의 예서체로 보기 드문 수려한 필획을 구사하고 있다. 비문 내용을 보니 추호도 들은 바를 거짓되지 않게 기록하는데, "반계 유형원은 부안군에 와서 우거하였는데, 왕래하면서 질적으로 부합되는 자가 적었으나, 유공은 기쁘게 말하기를 "남쪽으로 와서 한결같이 친구를 얻으니 만암 이상진, 화곡 홍남립, 봉곡 김동준이다. 그들은 모두 도로써 강마하며 절차탁마하였다. 또 효우가 돈독(敦篤)했다."라고 기록하고 있다.

> 一毫不妄取聞"柳磻溪馨遠來寓同郡, 往質所自得者不合者鮮柳公喜日南來得一知已若晩庵李相尙眞華谷洪公南立鳳谷金公東準. 皆其道交講磨切磋又篤於孝友……"

만학재 나용보는 정여립 사건의 피해자로 그동안 그의 업적이 남아 있지 않고 묻혀 있었으나, 그의 묘비문을 통하여 교류한 인물들이 밝혀져 앞으로 나씨문중에서 가지고 있는 자료들을 집중 조사한다면 많은 자료들이 나올 것으로 기대된다. 즉 나주나씨 족보, 집안의 문집, 팔효집 등을 조사해보니 팔효사 인물의 행장 중 일부를 반계 유형원이 쓴 사실을 밝혀 낼 수 있었다.

3) 유문원의 외숙인 송시추

1659년 기해년 봄에 쓴 '사산 송씨의 서재'는 반계가 살고 있었던 우반동에 가까운 현 부안군 주산면 사산리에 살았던 송시추(유문원의 외숙)의 서재에 반계가 방문한 내용으로 보인다. 송시추(宋時樞, 1620~1670)는 부안 주산(舟山)의 사산(簑山)에 살았는데, 인근 우반동에 살았던 반계 유형원과 20년간 교유한 것으로 보인다. 이것은 반계의 고제인 김서경의 문집인 『담계유고』에 실려 있다. 이를 통해 우반동의 반계 유형원, 동림리의 김윤필(김서경의 아버지), 사산의 송시추와 깊이 사귀고 교류했음을 알 수 있다. 이를 통해 김윤필의 아들 김서경, 송시추의 조카이자 반계의 6촌 동생인 유문원, 유재원에게 학문적 영향을 크게 미쳤을 것으로 판단된다.

사산 송씨의 서재 기해(己亥, 1659)년

사산 처사의 댁에 다시 들렀는데 주인의 높은 의기 구름처럼 높더라.
향기로운 차 잔에 넘치고 송주松酒도 향기롭다 상 위에 채소며 해물이 그득하네.
논밭에 봄비가 흡족히 내리고 문전에 버드나무 녹음이 푸르러라.
밭 갈고 김매는 일 게을리 하지 마소. 이슬 서리 내릴 적에 곡식이 저절로 풍족하리.

반계는 우반동에서 그리 멀지않은 사산의 송씨서재에 들러 시를 남긴다. 사산처사로부터 아주 근사한 대접을 받는다. 채소와 해물 그리고 향기로운 송주는 애주가라 아니라도 군침돌게 하는 냄새이다. 송주를 코 끝에 대고 입술에 약간만 적셔도 깊숙이 파고 드는 솔향기는 반계의 입맛을 사로잡기 충분했을 것이다. 이 지역에서는 전통적으로 양반들은 송주를 담아서 귀한 손님이 오면 대접하는 전통임을 알 수 있다. 그리고 송시추의 격조 있는 인품을 높이 칭찬하는 부분이 있다. 송시추(宋時樞, 1620~1670)는 유형원의 제자인 유문원, 유제원의 외숙이다. 아버지는 유문원의 외조부는 송함이며, 아들은 송시주(宋時周)의 아들을 양자로 들였다. 송시추 묘갈의 내용은 다음과 같다.

> 공의 자는 기중(機仲)이니 정열공(貞烈公) 송례(松禮)의 13대 손이다. 증조는 조봉대부(朝奉大夫)로 습독관(習讀官)을 지낸 견(堅)이시며, 할아버지는 사재감주부(司宰監主簿)를 지낸 곤(錕)이시고, 아버지는 처사(處士) 함(涵)이다. 어머니는 통정대부(通政大夫) 최굉(崔宏)의 딸이다. 아내는 봉사(奉事) 김남선(金南銑)의 딸이다. 딸 셋을 낳았으니 큰딸은 생원(生員) 이여모(李汝模)에게 출가하였고, 다음 딸은 급제(及第) 고수일(高守一)에게 출가하였으며, 그 다음 딸은 좌랑(佐郎) 이세현(李世賢)에게 출가하였다. 형의 아들 명위(明瑋)로써 후계를 삼아서 통덕랑(通德郎) 황일청(黃一淸)의 딸에게 장가보냈다. 천계(天啓) 원년(元年, 1621) 신유 5월 11일에 공이 태어났으니, 공은 자품(姿稟)이 순수하였고 실천함에 독실하였다. 선조(先祖) 받들기를 예의를 다하였고, 어버이를 봉양함에 그 정성을 다하였으며, 형을 섬김에 조금도 소홀함이 없었으니 같은 상에서 식사를 하고 이불을 함께 덮고 잠을 잤다. 집안을 다스림에는 법도가 있었으며, 친족간의 화목에는 멀고 가까움이 없었다. 사람을 대하고 사물을 접함에 있어서 믿음과 덕으로써 하였고, 너그러운 마음으로 효도하고 우애하며 화목을 돈독히 하니 이웃 사람들이 기쁘게 따랐다. 경술(庚戌,1670년) 정월 8일에 집에서 돌아가니 향년 50이다. 병인(丙

寅, 1686년)에 사산(蓑山)의 경태룡(庚兌龍)에 유좌(酉坐) 묘향원(卯向原)으로 조부 곤(錕)의 무덤 곁에 합폄하였다. 崇禎紀元後89년(1717) 丁酉 3月 日 기록하다.[9]

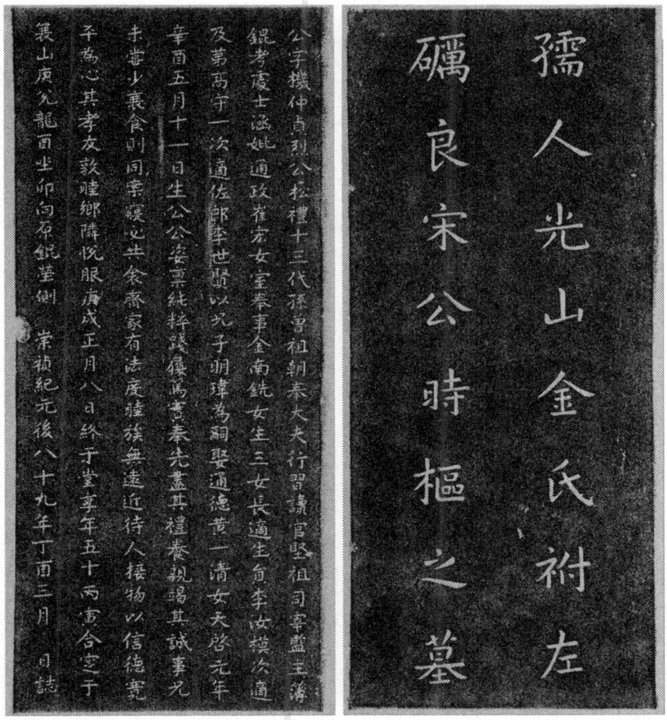

〈그림 9〉 송시추 묘갈 탁본

9 礪良宋公時樞之墓孺人光山金氏祔左 公字機仲貞烈公松禮十三代孫曾祖朝奉大夫行習讀官堅祖司宰監主簿錕考 處士涵妣通政崔宏女室奉事金南銑女生三女長適生員李汝模次適及第高守一次適佐郎李世賢以兄子明璋爲嗣娶通德黃一淸女天啓元年辛酉五月十一日生公公姿稟純粹踐履篤實奉先盡其禮養親竭其誠事兄未嘗少衰食則同案寢必共衾齊家有法度睦族無遠近待人接物以信德寬平爲心其孝友敦睦鄕隣悅服庚戌正月八日終于堂享年五十丙寅合窆于蓑山庚兌龍酉坐卯向原錕塋側 崇禎紀元後八十九年丁酉三月 日

4) 홍계희가 쓴 반계 유형원 묘비문

반계 유형원 묘소는 원래 1673년 3월 19일 반계가 세상을 떠나자 부안 반계서당 뒤쪽 야산에 안치했다. 이후 용인 정배산으로 이장을 하였다. 이곳은 경기도 용인시 처인구 백암면 석천리 산 28-1로, 반계 묘소와 바로 위쪽에 반계 아버지 묘소가 함께 있다. 일설에는 반계의 아들 유하의 묘소도 이곳에 있다고 하나 찾을 수 없다. 반계의 묘소 밑으로 약간의 있을 만한 곳은 있으나 비석이나 표지석이 없어 찾지 못하는 것이 아쉽다. 반계 유형원과 아버지 유흠의 묘소 모두 문인석과 비석 그리고 상석을 갖추었다. 뒤쪽으로 곡장을 둘렀고 반계의 묘비는 모두 담와 홍계희가 찬서하였다.

유명조선국 진사 증집의겸진선 반계유선생형원지묘 증숙인 풍산심씨 부좌

반계 유선생이 돌아가신 지 30년 뒤에 저서인 『반계수록』이 출간되었다. 아아! 선생은 참으로 뛰어난 재질을 갖고 있었다. 선생의 전체 대용이 이 책에 모두 실려 있으니 천덕왕도에서 발원하여 우활하지도 비루하지도 않아 성인에게 질정하여도 부끄러움이 없다 하여도 옳다. 비록 당시에는 쓰임을 보지 못하였으나 백세 뒤에는 반드시 법으로 취하는 자가 있을 것이니 참으로 위대하도다. 주례는 주공의 만년에 쓰인 책이다. 그러나 선유들은 이 속에 천리가 원만하게 활용되고 있어 아무리 많은 물이 가득 채워졌다 하더라도 새지 않는다고 평하였다. 선생의 글도 오로지 천리를 주로 하여 범례를 만들었으니 강목이 찬연하여 고금을 저울질함이 마치 손금 들여다보듯 하였다. 진실로 가슴속이 영롱하고 심산이 진밀하여 백대의 전장을 엎었다 뒤집었다하며 한 왕의 제도를 지어붓고 만들고 할 사람이 아니면, 어떻게 능히 이같이 난만하게 배열하여 하나의 틈새도

없이 할 수 있단 말인가?

선생은 천계 임술년(광해군 14, 1622년)에 태어나 숭정 후 계축년(현종 14, 1673년)에 졸하였으니 우리 인조, 효종, 현종의 3대를 살아온 셈이다. 그동안 명유와 석보들이 조정에 제제하였지만 유독 현사를 불러 등용하는 일이 반계에 이르렀다는 말만 듣지를 못하였으니, 어쩌면 선생은 잠룡지덕이 굳세어 뽑히지 않아 오직 문달을 두려워하였기에 그랬단 말인가? 선생은 명가의 후예로 서울에서 5백여리나 떨어진 곳에서 살다가 포의(布衣)의 한사람으로 호해의 물가에서 일생을 마쳤으니 선생으로서는 별 경중이 없는 일이겠지만 대도를 지키는 나라에서 들으면 참으로 수치스러운 일이다. 선생은 일곱 살 되던 해에 우공을 읽었는데 기주의 대목에 이르러서는 영탄도 부족하여 일어나 춤을 추었으니 이미 그 대의를 알아차린 것이다. 열서너살 때에는 성현의 학문에 마음을 두고 전기와 백가를 빠짐없이 꿰뚫어 사장과 자경을 지었다. 갑신년(1644년) 뒤로는 당세에 뜻이 없어 가사를 정리하여 남으로 내려가 부안의 반계에 숨어 살았다. 그동안 꼭 한번 과거에 응시하여 진사에 합격하였으니 조부의 유명에 따른 것이었다. 이로부터는 다시는 나가지 않고 문을 닫아걸고 가만히 앉아 전심하여 힘써 공부하였다. 글 뜻을 그대로 받아들이지 않고 전인들의 장구를 반드시 현실에 맞추어 보고 옛날에 근거를 더듬어 보았으며 마음으로 이해하고 사물에 참조하여 보면서 생각하고 또 생각하여 지정지미한 곳까지 파헤쳐 하나라도 얻은 바가 있으면 아무리 밤중이라도 반드시 일어나 불 밝히고 적어두었다. 매양 날이 저물면 문득 위연히 탄식하기를 "오늘도 헛되이 보냈구나." 하였으니 그 정밀하고 독실함이 이와 같았다. 주야로 부지런히 노력하고 진리를 쌓고 오래도록 힘쓰니, 자연 의심이 없던 곳에서 의심이 있게 되고 의심이 있던 곳에서 의심이 얼음 녹듯 풀리는 경지에 이르게 되었다. 이에 이욕의 경계와 사물의 본말이 마음속에 밝게 드러나지 않는 것이 없어 스스로 기뻐하고 즐기며 개연히 탄식함을 깨닫지 못할 지경이었다. 세상을 구원해 보고픈 강개한 마음은 천성에서 얻어진 바여서 평생의 정력과 공부를 글에 적었으니 이로써 『반계수록』이 나오게 된 것이다. 그 책은 정전을 근본으로 삼았으나 그 형상을 취하지 아니하고 그 실질을 구하여 교사·선재·명관·분직·반록·제병·설군·치현의 법을 모두 이것에서부터 확대하여 갔으니 규모는 광대하고 절목은 섬세하고 다 갖추었다. 일찍이 말하기를 "천하의 도리는 본말과 대소가 처음부터 떨어진 것이 없다. 별이 그 자리를 잃으면 형이 형의 구실을 할 수 없고, 촌이 제 치수를 잃으면 자가 자의 구실을 못한다." 하였다. 또 말하기를 "예나 지금이나 천지는 이 천지요, 사람은 이 사람이다. 선왕의 정치가 하나도 행하지 못할 것이 없건만 저들은 고금이 행하기가 다르다 하니 망령된 말이다." 하였으며, 또 말하기를 "고인들은 법을 만들 때 도리로써 일을 헤아렸기에 근본이 간이하여 행하기 쉬웠으나 후세에는 혼탁하여 사리를 염두에 두고 법을 만들었기에 백방으로 교묘하여져 더욱 어지럽게만 된다." 하였다. 또 말하기를 "천하를 다스리는데 공전과 공거로 하지 않으면 구차할 따름이다. 공전이 행하여지면 빈부가 저절로 고르게 되고 호구가 저절로 밝아지며 군오가 저절로 정돈이 되는 것이니, 이런 뒤에라야 교화도 행해지고 예악도 일어날 것이다. 그렇지 않으면 본말이 뒤엉켜 그 이상은 더 말할 수조차 없다." 하였다. 이로 볼때 공은 오직 왕패의 분수를 밝게 보고 고금의 마땅함을 통찰하였다고 볼 수 있다. 그렇기 때문에 그 말은 천리에 근저를 두고 있으며 아울러 인사에도 통달하였다. 이로써 손익을 짐작하고 포서를 비추어 크기로는 우주에 참여하고 적게는 호망에도 들어갈 수 있도록 하였으며, 그 논리는 착착 제 항오에 맞고 질서를 맞춰 문란하지 아니하였다. 또 반드시 옛날 선왕이 만든 제도의 극치와 만나 이를 실행하고자 하였던 것이니, 이것은 어찌 후세에 억지로 끌어다 붙이고 미봉이나 하는 공리적 편파적인 패도의 학술로는 만에 하나라도 흉내낼 수 있는 일이겠는가?

선생의 휘는 형원이고 자는 덕부로 본관은 문화이다. 고려 대승 차달의 후손으로 문간공 휘 관은 조선조에 들어와 세종 때에 정승이 되고 청백으로 이름이 있었다. 육세를 내려와 휘 위는 현령을 지냈는데 선생의 증조이다. 조부는 휘 성민으로 정랑을 지냈고 참판에 증직되었다. 아버지는 휘 흠으로 예문검열을 지냈고, 어머니는 여주 이씨로 우참찬을 지낸 지완의 따님이시다. 선생은 얼굴빛은 희고 키는 컸으며 눈빛이 사람을 쏘는 듯 하였고 등에는 검은 사마귀 일곱 개가 있어 북두칠성의 모양을 하고 있었다. 가정에서의 행실은 매우 독실하였다. 두 살 때에 아버지를 여의고 어머니와 조부모를 섬김에 효성을 다하였고 상을 당하자 거상을 매우 잘하였다고 일컬어졌다. 총명이 다른 사람보다 뛰어나 천문·지리·복서·산수는 한번만 보고도 훤히 알았다. 일찍이 우리나라의 분야에 대하여 논하기를 "한수 이북은 당연히 연경과 같은 미, 기가 되고 이남은 기, 두가 된다." 하였는데 식자들은 이를 능히 홀로 깨우친 탁견이라고 칭송하였다. 또 일찍이 혜성을 보고 신해년(1671년)에 큰 흉년이 들 것을 알고 절식하며 곡식을 비축하였다가 굶주린 사람을 구원하기도 하였다. 더욱이 춘추의 복설의 뜻에 철저하여 현종 임인년(1662년)에 청인들이 영력황제가 망하였다 하였으나 우리나라에서는 허실을 알지 못하자 선생이 탄식하기를 "황조의 존몰이 어찌 적은 일이기에 막연히 모르고 지낸단 말인가?" 하였다. 정미년(1667년) 여름에는 복건인 정희 등이 표류하여 압송되었다는 말을 듣고는 달려가 화어로 수작하여 황통이 끊어지지 않음을 알고는 역서를 꺼내어 그해가 영력 21년임을 확인하고는 희비를 이기지 못하여 시를 지어주기까지 하였다. 사는 곳은 큰 바닷가였는데 일찍이 배 4,5척을 극히 편리하게 만들어 두었고 하루면 수백리를 달릴 수 있는 준마를 길렀으며 양궁과 미전 및 조총을 보관하고 있으면서 가동들에게 가르쳤고 수로로 명나라에 갈 수 있는 지도를 모아 모든 병참지를 기록하고 어디는 험하고 어디는 안이한 지도 차착없이 역력히 기록하여 두었으니 선생의 뜻을 알 수 있다. 『반계수록』 외에도 저술이 거의 70여 상자나 집에 보관되어 있다. 지금 임금의 좌참찬 권적, 좌의정 조현명, 승지 양득중이 전후하여 선생의 학행과 재식의 훌륭하였음을 임금께 아되어 정묘년(1687년)에는 임금께서 홍계희에게 선생의 전을 지어 올리라 명하였고 또 『반계수록』을 가져오라 명하여 나는 이 기회에 간행할 것을 청하였으나 이루지 못하였다. 나는 어릴 적에 『반계수록』을 읽고 여러 해를 두고 음미해 보면서 선생의 고심을 더욱 느꼈다. 선생의 깊은 학문과 높은 재주와 넓은 지식은 탁연히 우리 동방의 여러 세대 중 드물게 있는 인물이다. 감히 스스로 후세의 양자운이나 소요부에게 비겨볼 수는 없지만 고상한 덕행을 우러러 보고 따르고 싶은 마음만은 지금도 변함이 없다. 계유년(1693년)에 집의 겸 진신에 증직되었으니 선생의 덕행과 존주의 뜻을 표창한 것이다. 선생은 풍산심씨 부사 심은의 따님을 부인으로 취하였는데, 부인께서는 경신년(1620년)에 태어나 89세에 세상을 마쳤고 숙인에 증직되었다. 아들 하는 위수를 지냈고, 딸은 정광시, 박삼, 백광저, 송유영, 윤유일, 신태제, 진사 정신에게 출가하였다. 손자는 응린·응룡·응봉·응붕이다. 증손 발은 현임 동중추부사로 올라 이로써 하에게는 승지를, 응린에게는 참판을 증직하게 되었고 발의 아우 훈은 문과에 급제하여 지평을 지냈다. 선생의 묘는 죽산부 서북 정배산 유좌에 있으며 숙인을 합장하였다. 현 부사 유언지가 선생의 덕의를 사모하여 도임하자마자 제문을 지어 제사를 올렸고 또 돌을 채벌하여 묘도에 세우려 하니 전신들 중에 찬조한 사람이 많이 나섰다. 중추공이 나에게 이르기를 "마땅히 한마디 있어야 하지 않겠느냐?" 하니 어찌 감히 사양하리오? 삼가 전기 중에서 간추려 부탁에 응하니, 이 돌에 이름을 붙이게 된 것을 참으로 다행스럽게 여긴다. 숭정 세 번째 무자년(1768년) 여름 행 판중추부사 치사봉조하 홍계희 근지.[10]

10 有明朝鮮國進士贈執義兼進善磻溪柳先生馨遠之墓贈淑人豐山沈氏祔左磻溪柳先生卒三十年而所著隨錄出噫先生王佐才也全體大用盡於是書蓋發源於天德王道不迂而不陋謂之質諸聖人而無媿可也雖不能見施於當時而百世之下必有來取法者嗚呼偉哉周禮周公晩年之書也先儒稱之以爛用天理盛水不漏若先生之書專以是爲主發凡起例綱目燦然秤量古今若數掌紋苟非胷次玲瓏心筭縝密掀翻百代之

典章陶鑄一王之制作夫豈能若是之爛漫排張無一罅漏哉先生生於天啓壬戌卒於崇禎後癸丑實歷我仁孝顯三朝其閒名儒碩輔濟濟朝著而獨未聞旌招之擧及於磻溪豈先生潛龍之德確然不拔惟恐其聞達而然歟先生固名家所居去京師五百餘里而以一布衣終於湖海之濱在先生豈有輕重而亦不可使聞於大道之國也先生生七歲讀禹貢至冀州咏歎之不足至於起舞蓋已見大意矣自十三四留心於聖賢之學傳記百家貫穿無遺著四箴自警甲申後無意當世盡室南歸隱於扶安之磻溪閒一赴擧中進士以王父治命也自是不復就杜門靜坐專心力學其於書未嘗死守前人章句必度之於今而質之於古會之於心而參之於事思之又思究極精微苟有所得雖夜必興明燭疾書每日暮輒喟然曰今日又虛度矣其精篤如此孜孜夙夜眞積力久自無疑至於有疑自有疑至於渙然冰釋理欲之界分事物之本末莫不瞭然於心目不自覺其欣然而樂慨然而歎至於救世惻怛之念得之天性平生精蘊筆之於書於是乎隨錄成矣其書以井田爲本不畫其形只求其實敎士選才命官分職頒祿制兵設郡置縣之法皆自此推去規模廣大節目纖悉嘗曰天下之道本末大小未始相離星失其當衡不得爲衡寸失其當尺不得爲尺又曰古與今此天地也此人物也先王之政無一不可行者彼謂古今異宜者妄耳又曰古人制法以道揆事故本自簡易易行後世皆緣私爲法百般防巧愈益亂矣又曰治天下不公田不貢擧苟而已公田一行貧富自定戶口自明軍伍自整如此而後敎化可行禮樂可興不然大本紊矣無復可言惟其灼見王霸之分洞察古今之宜故其言根於天理達於人事斟酌損益照耀鋪舒大而參於宇宙細而入於毫芒鑿鑿中窾井井不亂又必會其有極於古昔先王之制此豈後世牽補架漏功利偏霸之學所能萬一哉先生諱馨遠字德夫文化人高麗大丞車達之後文簡公諱寬入 本朝相 世宗以淸白聞六世而有諱湋縣令爲先生曾王父王父諱成民正郎 贈參判考諱欽文檢閱妣驪州李氏右參贊志完女先生白而長身眼采照人背有七黑子如北斗狀內行甚篤二歲而孤事母及王父母極其誠及沒以善居喪稱聰悟絶人天文地理卜筮筭數一過洞然嘗論本國分野曰漢水以北當與燕京洞爲尾箕以南當爲箕斗知者以爲獨得之見嘗見彗星知辛亥必大饑節食蓄穀以賙窮乏尤於春秋復雪之義睠睠焉 顯廟壬寅北人稱永曆 皇帝亾我國未知虛實先生歎曰 皇朝存沒豈是細故而漠然不知耶丁未夏聞福建人鄭喜等漂海押赴馳往見之以華語酬酢知 皇統未絶取見曆日驗其爲永曆二十一年不勝悲喜作詩贈之所居濱大海嘗置船四五制極便利蓄駿馬日可行數百里藏良弓美箭及鳥銃以敎家僮裒聚水路朝天記兼記諸站孰險孰夷歷歷不差先生之志可見矣隨錄外所纂殆七十餘筴藏于家當守朝左參贊權左議政趙顯命承旨梁染得中後先白上稱先生學行才識丁卯上命啓禧作先主傳以進且命取隨錄內入啓禧仍請刊行而竟未果啓禧少嘗讀隨錄玩繹累年愈見先生之苦心邃高才廣識卓然爲我東閒世人物非敢自附於後世之子雲堯夫而若其高山景行之心至今未能已也癸酉命贈執義兼進善表章先生德行及尊周之義也先生娶豐山沈氏府使閔女庚申生壽八十九而終 贈淑人男

〈그림 10〉 유형원 묘표 탁본(경기 용인)

이 비석은 담와 홍계희 찬서한 것이다. 그의 석비로 현재 확인되는 비문은 총 4개가 있다. 이 중 3개가 전북지역에 1개가 경기도에 소재한다. 전라북도 남원에 있는 「양사형묘갈」, 완주군 고산면에 있는 대둔산 「안심사사적비」, 아버지 「홍우전신도비」, 경기도 용인에 있는 「유형원 묘표」 등이다. 이들 대부분 비석들은 서체가 거의 동일한 안진경체를

昰衛率女適鄭光疇朴森白光著宋儒英尹惟一申泰濟▨申進士孫應麟應龍應鳳應鵬曾孫發今爲同中樞　贈昰承旨應麟參判發弟薰文持平先生墓在竹山府西北鼎排山坐西淑人祔今府使俞彦摯慕先生德義甫下車操文以酹又伐石以表墓道搢紳諸公有助之者同樞公謂啓禧宜有一言顧何敢辭謹撮傳中所載以應之誠以託名玆石爲幸云　崇禎三戊子夏行判中樞府事致仕奉朝賀洪啓禧謹識

사용하고 있으며, 정갈하게 글씨를 써 거의 명필의 수준이라 해도 지나치지 않을 것이다. 또 목판을 발행하면서 서문을 쓴 판각본을 보면 거의 비석과 같은 안진경체를 사용하고 있어 글씨를 어렸을 때 서첩을 보고 직접 사사받았을 것으로 생각된다. 특히 『삼운성휘』는 홍계희가 직접 저술한 책으로 뒤에 발문이 나오는데 안진경체를 사용하고 있어 비석 글씨와 흡사함을 느낄 수 있다.

4. 반계 후학 관련 금석문

1) 반계의 문인, 담계 김서경

김서경 묘소는 부안군 상서면 동림서원 터 뒷산인 부안군 상서면 가오리 55-1에 소재한다. 이 묘비는 1924년 세웠으며 규격은 높이 158㎝, 폭 64㎝, 두께 28㎝이다. 찬자는 정헌대부 예조판서 강시영이고, 서자는 통정대부 오위도총부 도총관 승정원 우부승지겸 춘추관 수찬관 권영수이다. 비신은 오석이며 좌대와 이수는 화강암이며, 여기에 돌을 올려 비각을 세웠다. 반계를 모셨던 동림서원 터도 김서경의 집안과 깊은 관련이 있을 것이다. 실질적으로 반계가 부안에 거주할 때 수제자는 담계(澹溪) 김서경(金瑞慶)이다.

반계 유형원(1622~1673)의 부안지역 내 학맥을 조사하기 위해서는 담계 김서경의 아버지 김윤필과 그리고 부안군 주산면 소재의 여산송씨 송시추(1620~1670)와 관련이 있다. 김윤필과 송시추는 벗으로 사귀고 서로 막역한 사이로 확인된다. 따라서 반계 유형원과 깊은 교유를 통해 부안지역에 활동한 것으로 파악된다. 송시추의 매제인 유감

〈그림 11〉 김서경 묘갈명 탁본

(1612~1671)은 유형원의 당숙이 되는데, 당시 주산면에 거주한 것으로 파악된다. 그의 아들 유문원, 유재원도 아마 부안에서 거주한 것으로 보인다. 송시추의 사촌 매제인 나용보도 역시 반계와 깊은 학문적 교유를 나눈 인물로 확인되는바, 나용보와 교유한 화곡 홍남립, 만암 이상진, 봉곡 김동준에 대한 연구도 이어져야 한다. 다음은 김서경 묘갈명의 일부이다.

(김서경)은 여러 문사들과 종유하며 경사를 변론하고, 백 번을 읽지 않은 책이 없었다. 반계 유형원 선생에게 수학할 적에, 반계가 일찍이 원대한 그릇이 되리라고 기대하였다. 성리학에 전심하였으며, 여러 현인의 영정을 그려놓고 첨앙귀의(瞻仰歸依)하였다. 하도락서(河圖洛書)로부터 송

> 유(宋儒)의 격언(格言)까지 손수 베껴 벽에 걸어 놓고 깊은 사색을 가졌다. 저술한 것으로 유고(遺稿) 2권이 있으니 심학도설(心學圖說), 천군본기(天君本紀), 인심도심변(人心道心辨), 양심명(養心銘), 선기명(璿璣銘), 치란문답(治亂問答) 등의 편(篇)은 모두 화기롭고 담박하여 정밀하고 순수하다. 이는 문집 가운데 훌륭한 문장이다.[11]

담계 재실의 이름은 영모재인데 개국 545년 병자(1930)년에 세웠고, 솟을대문과 재실을 갖추고 담장을 둘렀다. 비문 내용에는 담계 김서경이 1668년 16세에 반계문인으로 입문하여, 1672년 25세에 향시장원했다는 내용이 있으며 반계원에 배향되었다는 기록이 있다.

담계 묘소 바로 아래에 있는 동림서원은 부안군 상서면 가오리 동림마을에 있다. 마을 이름이 동림이여서 서원이름으로 정한 것이다. 이 서원은 1694년(숙종 20)에 창건되어 초당(草堂) 김회신(金懷愼), 반계(磻溪) 유형원(柳馨遠), 담계(澹溪) 김서경(金瑞慶), 삼우당(三友堂) 유문원(柳文遠)의 네 분을 연벽으로 배향하였다. 지금은 서원터만 남아 예전의 모습을 말해주고 있으며 가까스로 원촌이라는 이름이 남아 과거의 흔적을 간직하고 있다. 동림서원 터에는 비석이 사현유허비가 있는데, 서원이 철폐될 때 세운 비로 4현(김회신, 유형원, 유문원, 김서경)의 이름이 새겨져 있고 음기에 초당(草堂) 김선생(金先生) 16대손 동태(烔泰) 근식(謹識)이라 새겨져 있다.

---

11 김서경 저, 박완식 역(2004), 『국역 담계유고』, 이문문화사, 287면,"從遊諸文士辨論經史讀無不百遍及受學於磻溪柳先生馨遠也. 磻溪嘗許以遠大之器專心性理之學至畫諸賢圖像而瞻依焉自河洛圖書以至宋儒格語手書揭壁而思賾焉所著有遺稿二卷心學圖說天君本紀人心道心辨養心銘璿璣銘治亂問答等篇皆和澹精粹此其文之著也."

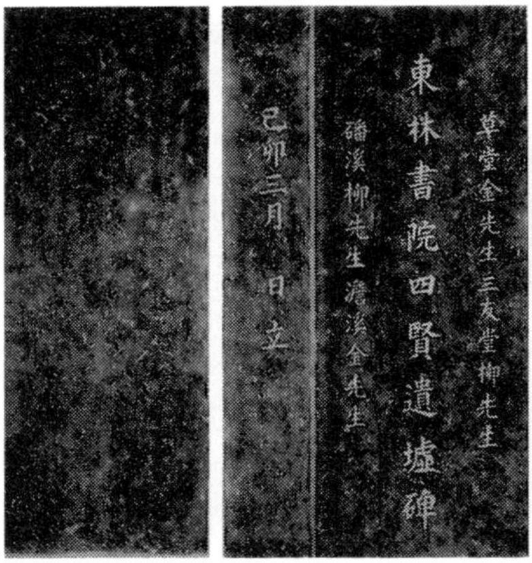

〈그림 12〉 동림서원사현유허비(동림서원 터)

〈그림 13〉 동림서원터 전경

초당 김회신은 1460년(세조 6)에 문과에 급제한 인물로 본관은 부안(扶安)이다. 반계 유형원은 『반계수록』의 저자로, 반계가 부안과 인연을 맺게 된 것은 우반동(愚磻洞)에 옮겨 살았기 때문이다. 담계 김서경은 5살 때 이미 사략(史略)을 읽었으며, 16살 때 반계 문하에서 깊은 학문의 이치를 배워서 대유(大儒)가 되었다. 담계는 과거에 응시하지 않고 오로지 자기 몸을 닦는 이른바 위기지학(爲己之學)에만 전념하였다. 또한 담계는 반계의 아들인 유하(柳昰)의 부탁으로 장문의 '반계 유선생 행장(磻溪 柳先生 行狀)'을 남기기도 했다.

삼우당 유문원은 반계 유형원의 재종제(再從弟)이다. 송시추의 조카이자 유제원의 형이다. 반계의 문인으로 부안, 함열에서 활동하였다.

2) 옥동 이서와 성호 이익의 사상적 배경 고찰

반계 관련 금석문조사를 하면서 원래 계획이 없는 한 단락으로 잡았다. 이것이 바로 옥동 이서와 성호 이익의 문제다. 즉 옥동과 성호는 모두 반계 유형원을 존중하고 있음이 명확하게 보인다. 유형원은 손수 직접 세상과의 문제에서 반계라는 저술을 남겼는데, 성호는 성호사설을 남김으로 다산 정약용으로 이어지는 경세치용학파의 징검다리 역할을 했다.

성호 이익의 당숙인 이원진은 반계 유형원의 외숙이자 스승이다. 그러므로 성호는 반계의 외6촌이 된다. 또 성호의 부친 이하진은 종형 이원진에게 수학하면서 이원진의 생질인 유형원과 가까운 사이이고, 유형원도 외가에서 태어나 외숙인 이원진에게 글을 배웠기에 왕래가 있었을 것이다. 옥동과 성호의 아버지인 이하진은 조선중기 17세기의 문인으로 1666년 문과에 급제하여, 여러 관직을 거쳤으며 대사간·대사성·예문관제학·병조참판 등을 지냈다. 아들 옥동(玉洞) 이서(李漵, 1662~1723)[12]는 학자이며 명필이었고, 이서의 이복동생 성호(星湖) 이

12 옥동 이서는 필법에서도 묘처(妙處)에 깊이 이르렀는데, 대체로 매산공 이우진이 연경에 사신으로 갔을 때 왕우군(왕희지)의 친필인 악의론(樂毅論)을 사 온 이후이다. 그러므로 이서는 실제 여기서 필력을 얻었다 . 대자(大字)와 해서, 행서, 초서가 모두 진정(眞正)으로 정체(正體)이니 글자가 크면 클수록 획이 더욱 웅걸하여 은구철삭(銀鉤鐵索)이 가로놓였으나 뒤섞이지 않고, 태산교악이 하늘처럼 우뚝 홀로 서 있는 것과 같아서 기세는 웅장하고 체상은 엄정하여 나라 사람들이 이를 얻으면 글자마다 매우 보중히 여기며 옥동체(玉洞體)라 불렀으니, 동국의 진정한 정체는 선생이 실제로 시작하였으며 그 후로 공재 윤두서·백하 윤순·원교 이광사는 모두 그 뒤를 이은 사람인데, 원교는 일찍이 말하기를 옥동의 필의론은 감히 도달할 수 없다고 하였다.; 『옥동(玉洞) 행장(行狀)』, 허전 찬, "先生於筆法亦深造其妙, 蓋梅山公使燕時, 購王右軍親筆樂毅論以來. 故先生實得力於此也. 大字如楷體與行書與窠草, 皆眞正正體. 而字愈大而畫愈雄傑, 如銀鉤鐵索, 橫而不錯, 泰山喬嶽, 竣天而特立, 氣勢雄壯, 體像嚴正, 國人得之, 字字寶重, 號爲玉洞體, 東國眞體, 先生實創始, 而其後尹恭齋斗緖, 尹白下淳, 李圓嶠匡師, 皆其緖餘, 而圓嶠嘗曰玉洞筆議論, 不敢到也."

익(李瀷, 1681~1763)은 성호사설을 쓴 집필한 실학자로 유명하다.

보물로 지정된 '이하진의 필적 천금물전(李夏鎭 筆蹟 千金勿傳)'은 10첩으로 되어 있고, 이 서첩에는 여러 크기의 해서·행서·초서로 쓰여 있다. 먼저 해서는 왕희지의 소해(小楷)를 기본으로 하고 있다. 이하진의 서풍은 아들 이서와 이익 형제 및 제자 공재(恭齋) 윤두서(尹斗緖, 1668~1715) 등에 이어진다. 옥동 이서는 아버지의 영향을 매우 많이 받는다 . 아버지 이하진은 1678년(숙종 4년) 3월, 진향정사(進香正使)로 연경에 갔다 오면서, 그곳에서 왕희지의 '낙의론(樂毅論:소해)'을 사와서 두 아들에게 교육을 시켰다.

옥동은 미수와 반계 그리고 아버지 영향을 받은 후 왕희지의 필첩을 통하여 옥동체를 완성하는데, 그는 주역에 기초한 옥동필결을 지어 제자들에게 교육시켰다. 옥동필결은 조선시대 가장 먼저 정립된 서예 이론서이다. 옥동은 말하길 "글씨는 심법을 궁구해야지 자획(字劃)을 모방해서는 안 된다"고 하여 글씨의 외형만 본뜨려는 태도를 경계하며 심획(心劃)을 강조했다. 즉 외형에 만족하는 조맹부체나 관청의 사자관 글씨를 매우 비난하고 있는 것이다.

이서의 동생 이익은 '성호사설'에서 시문이나 회화에서 형체를 온전히 묘사해야만 정신을 표현할 수 있다고 보았다. 따라서 옥동이나 이익이 말한 '심획'이나 '사실성'은 결코 외형의 혹사(酷似)에 그치는 것이 아니라 내면에 감추어진 정신세계를 사실적으로 표현해 낸 것을 말한다고 볼 수 있다.

이렇듯 동국진체의 전체적인 흐름은 18세기인 숙종에서 정조에 이르는 시기로, 조선 중기 외부로부터 커다란 전쟁을 겪으면서 우리 조선의 본래의 모습을 찾는데 주력하였다. 미술에서는 조선의 산하를 그리는 진경산수화가 나타나기 시작했고, 윤두서는 오우가 같은 시조를 지어 우리 강토를 표현한다. 이때 글씨에서도 중국의 영향에서 벗어나 조선의 필획을 드러내는데, 가장 먼저 선두주자로 나온 사람이 옥동 이서이다. 즉 이서는 남인의 영수인 미수 허목의 영향을 받아 우리 전통적인 서체에 왕희지체를 부분적으로 수용하여 옥동체를 만든다. 동국진체는 창시자인 이서는 윤선도의 녹우당에 편액을 남긴다.

〈그림 14〉 윤선도 녹우당 편액(옥동 이서 글씨)

동국진체의 확산성은 대단했다고 본다. 과거를 보기 위한 글씨 연습도 중요했지만, 우리 조선의 글씨체를 만들어 계승하고 발전시켰다는 것은 매우 의미가 있다고 본다. 녹우당 편액을 보면 록(綠)자의 실사변에서 중국글씨체에서 볼 수 없는 자유분방한 필획을 느낄 수 있고, 당(堂)자에서도 첫 번째 기필과 두 점의 흐름이 탈속(脫俗)의 미(美)를 보여주고 있다.

서예는 어려서 집안의 서풍을 어깨 너머로 보고 학습하는 것이다. 명필은 다른 학문과 다르게 왕대 밭에서 왕대가 나온다. 즉 명필이 되려면 눈으로 학습되고 가슴으로 쓰는 것이다.

이처럼 이하진의 학문과 서풍은 아들 옥동과 성호에게 계승됐는데, 옥동 이서는 옥동필결을 지어 한국서예사에서 말하는 동국진체의 발원지가 되었고, 성호는 성호사설을 지어 다산 정약용으로 이어진다. 즉 옥동의 글씨는 윤두서를 거쳐 백하 윤순으로 이어지고 원교 이광사

(원교서결)와 창암 이삼만(창암서결)으로 계승된다.

5. 맺음말

반계를 연구하는 데 반계관련 금석문은 혼맥과 학맥연구에 필수적인 자료이다. 반계에게 영향을 미쳤던 이원진과 김세렴 그리고 허목 미수와 청하자 권극중 등의 금석문 자료를 찾아가서 탁본을 하였다. 이들은 사물을 보는 관점이 냉철한 사람으로 철학적 관점이 남달라 반계에게 삶의 지표가 되었을 것이다. 미수 허목은 남인의 영수로 송시열과 예법으로 오랜 기간 정쟁을 했으며, 그가 써준 연비어약무불경(鳶飛魚躍無不敬)과 억계(抑戒)는 아마도 반계서당 중앙에 늘 게첨(揭瞻)해 놓고 마음을 다 잡았을 것이다. 억계는 시경 대아편의 탕지십(蕩之什)에 있는 내용으로 위나라 무공이 늙어서도 억계시 12장을 지어 항상 곁에서 외우게 함으로써 마음을 깨우치고 신하들로 하여금 늙었다고 멀리하지 말 것을 경계하였다는 내용이다. 이를 통하여 볼 때 미수와 반계 그리고 남인들은 주례(周禮)에 치중하고 고대의 문자로 귀착하여 미수체를 완성하고 있다. 또 청하자 권극중은 『주역참동계주해』를 통해 내단사상을 체계적으로 확립하는 등 우리나라 도교에서 매우 중요한 인물이 되고 있다.

반계의 친구이며 사돈이 된 배상유와 그리고 아들들은 『반계수록』을 편찬하는데 지대한 도움을 주었고, 부안에 살았던 송시추 그리고 나용보 등의 비문에서는 학연과 혼맥 등을 유추해 볼 수 있었다.

이번 조사에서 옥동 이서와 성호 이익에 대하여 깊이 들어가지 못했지만, 동국진체가 남인에서 어떻게 발생되고, 이서는 옥동필결을 지을 때 주역 관점에서 어떻게 서법을 전개했는가가 연구대상이다. 또 이서는 허목의 글씨를 어떻게 발전시킬 것인가를 화두로 삼아 서론을 정립하였고, 이서의 글씨는 윤두서를 거쳐 원교 이광사와 창암 이삼만에 빛을 보는 조선의 동국진체가 되었다.

반계의 금석문적 접근은 하루 아침에 이루어 지는 것은 아니라고 본다. 문헌과 금석문을 통하여 반계가 찬한 나응삼(나용보 고조) 정려비문 같은 내용들이 더욱 발굴되기를 기대하는 바이다.

참고문헌

『조선왕조실록』

김광적(1798), 『정묘거의록』, 국립중앙도서관.

김서경 저, 박완식 역(2004), 『국역 담계유고』, 이문문화사.

허목, 『記言』

부안 동림서원의 건립과 변천에 대한 연구*

―『동림서원지』를 중심으로

김승대
전북도청 학예연구관

1. 머리말

최근 들어 반계 유형원이 『반계수록』을 저술하며 국가 개혁을 꿈꾸었던 부안 우반동에 대한 연구와 조명이 본격화되고 있다.[1] 특히, 반계가 후학을 양성하고 저술활동에 매진한 학문의 현장으로서 우반동과 삶의 현장으로서의 부안 지역은 '반계학' 연구의 시작점이라고 할 것이다. 부안지역에는 우반동의 반계 집터, 반계 서당, 그의 농장터 등 반계 관련 유적들이 많이 남아 있고, 최근에는 반계의 후학들과 그가 교유했던 호남지식인에 대한 발굴이 진행되고 있어 더욱 주목된다.

---

* 본 논문은 2020년 10월 23일에 개최된 '반계 유형원 국제학술대회'에서 발표한 논문을 수정·보완한 것이다. 논평자인 김진돈 선생님과 투고 후 심사를 맡아준 익명의 심사위원들께 감사드린다.

1 이동희(2017), 「부안지역 반계 유형원 유적보존과 지역문화 활성화 방안」, 『한국실학연구』 34, 한국실학학회; 김승대(2018), 「지역학으로서 반계학 연구」, 『한국사상사학』 60, 한국사상사학회.

필자는 이 중 반계 사후 반계 배향의 중심지였던 동림서원(東林書院)의 유적과 그 연혁에 대한 궁금증이 자못 컸다. 동림서원은 반계 유형원을 배향한 유일한 서원이었다. 현재 주춧돌과 기념비만 덩그라니 남아 있는 동림서원의 옛 터는 부안군 상서면 소재지에서 우반동으로 가는 길, 오른쪽 가오리 원촌마을에 위치한다. 동림서원은 반계가 죽은 지 20년이 되는 1693년(숙종 19)에 반계를 배향한 '반계사(磻溪祠)'라는 사우(祠宇)에서 출발하였다. 『연려실기술』에 보면 '파산서원(巴山書院)' 이란 명칭도 쓰고 있다. 이후 반계를 비롯해 유문원(柳文遠), 김서경(金瑞慶), 김회신(金懷愼)이 추가 배향되어 운영되다가 1868년 서원철폐령에 의해 훼철되었다.

최근 필자는 부안김씨 담계 종중에서 『동림서원지』 등 고문서 4건을 발굴함에 따라 동림서원에 대한 새로운 사실을 확인하게 되었다. 특히, 『동림서원지』에는 서원의 건립과 변천을 알 수 있는 내용이 기록되어 있고, 『재임안』, 『서재 유생안』, 『양사재 계안』은 19세기 동림서원의 양상에 대한 내용으로 향후 심층적인 연구가 요망된다. 본고에서는 우선 이번에 발굴된 고문서에 대한 개략적인 내용을 먼저 소개하고. 발굴된 사료를 토대로 한, 동림서원의 건립 배경과 과정, 서원의 이건과 변천 과정을 개괄적으로 다뤄 보고자 한다. 발굴자료가 동림서원에 대한 부분적인 문헌 자료라서 서원과 관련한 전모를 확인할 수는 없지만, 발굴된 사료를 통한 '반계학' 연구에 새로운 전기가 되기를 소망해 본다.

2. 『동림서원지』의 발굴

필자는 최근 부안 현지조사 과정에서 『동림서원본지(東林書院本誌)』 등 동림서원과 관련한 고문서를 발굴하였다. 담계 김서경 가문(부안김씨 시직공파)의 종종에서 소장하고 있는 이 고문서의 개략적인 목록과 내용을 기재하자면 다음과 같다.

〈표 1〉 담계 종중 소장 동림서원 관련 고문서 목록

문서명	분량(면)	주요내용
① 東林書院本誌	48	서원 건립, 이건, 강당 창건의 연혁, 배향인물의 행적
② 齋任案	9	1836~1849년까지 7회에 걸친 서원의 임원 명부
③ 東林書院西齋儒生案	12	1845년 동림서원 서재 유생(16명) 명단
④ 東林書院養士齋契案	21	1862년 동림서원 양사재 계안(96명 명단)

『동림서원본지(東林書院本誌)』, 『재임안(齋任案)』, 『동림서원서재유생안(東林書院西齋儒生案)』, 『동림서원양사재계안(東林書院養士齋契案)』의 4책 90면으로 확인된다. 되는 데, 4책 모두 필사본으로 이 중 『동림서원본지』가 48면으로 가장 많은 분량을 차지하고 있다. 먼저, ① 『동림서원본지』는 표지에 '동림서원본지'라 기재되어 있고, 첫장에는 '부안동림서원본지(扶安東林書院本誌)'라고 시작하고 있다. 내용은 '서원본지(書院本誌)'와 '제선생행적(諸先生行績)'으로 구분된다. '서원본지'는 3면으로 소략하지만, 동림서원의 건립과 이건, 강당 창건, 배향인물의 향사 위차(位次)가 자세히 실려 있어 서원의 건립연혁과 관련된 중요한 사료로 평가된다. 원문 내용은 다음과 같다.

建祠實記

崇禎紀元後六十六年 我肅廟癸酉 三月二十一日 以館學及列邑通章 創建 磻溪祠 于所山面巴山 生員羅景遇 製六偉文 後十八年辛卯 又館學及道內章甫之論齊發 以磻溪先生之高弟 柳三友 金澹溪 兩賢 配享 于本祠

移建實記

崇禎紀元後百有十年 我英廟丁巳 四月二日 以本鄕儒論 移建于上西面東林 生員柳龍齡 製六偉文 正廟己酉 館學及道內章甫之論齊發 以金草堂 追享 于本祠

講堂創建建實記

正廟甲寅 三月三日 創建講堂 士人崔鎭圭 製六偉文 又設請額廳 道內多士累陳請額疏 姑未蒙允

享祠諸先生位次

西壁主享 磻溪柳先生諱馨遠 文化人 東壁主享 草堂金先生諱懷愼 扶安人 配享 三友堂 柳先生諱文遠 文化人 配享 澹溪金先生諱瑞慶 扶安人

위 글을 통해 보면, 동림서원은 처음 1693년(숙종19) 3월 21일에 부안 소산면(所山面) 파산(巴山)에서 반계 유형원을 배향하기 위한 사당으로 '반계사(磻溪祠)'가 창건됨으로서 시작되었다. 또한 당시 상량문은 생원 나경우(羅景愚)가 썼음을 알 수 있다. 이후 18년 뒤인 1711년(숙종 37) 유림의 논의에 따라, 반계 선생의 고제(高弟) 삼우당 유문원과 담계 김서경을 추가 배향하였다.[2] 또한 서원의 이건은 1737년(영조 13)에 상서면(上西面) 동림(東林)으로 옮겼고, 당시 상량문은 생원 유용령(柳龍齡)이 썼음을 알 수 있다.

2 『담계유고』 연보에 의하면, 담계 김서경의 반계사 배향은 1730년(영조 6)으로 기록하고 있다.

이후 1794년(정조 18) 3월 3일에 강당이 창건되었는데, 이 때 상량문은 사인(士人) 최진규(崔鎭圭)가 썼으며, 또한 전라도 여러 사림들이 서원의 '사액(賜額)'을 상소하였으나 정조의 윤허를 얻지 못했음을 기록하고 있다. 또한 향사(享祀) 제선생(諸先生)의 위차(位次)는 서벽(西壁)에 주향(主享)으로 반계 유형원을 모셨고, 동벽(東壁)의 주향으로 초당 김회신을 모시고, 삼우당 유문원, 담계 김서경을 함께 모셨음을 알 수 있다.

'제선생행적'은 이 책 48면 중 41면을 차지하며 많은 내용을 할애하고 있다. 순서는 '반계유선생행적(磻溪柳先生行蹟)', '반계유선생축(磻溪柳先生祝)', '초당김선생행적(草堂金先生行蹟)', '초당김선생축(草堂金先生祝)', '배향축문(配享祝文)', '삼우당유선생행적(三友堂柳先生行蹟)', '배향반계사제문(配享磻溪祠祭文)', '담계김선생행적(澹溪金先生行蹟)', '배향반계사제문(配享磻溪祠祭文)', '고반계유선생문(告磻溪柳先生文)' 등 총 10편으로 구성되어 있다. 대체로 서원지가 쓰여질 당시의 배향 순서에 따라 반계 유형원, 초당 김회신, 삼우당 유문원, 담계 김서경 순으로 행적과 축문, 제문이 실려 있다. 여기에서 '반계유선생행적'은 반계의 우반동 시절의 제자인 김서경이 지은 것으로 기록되어 있는데, 현존하는 김서경의 문집인 『담계유고(澹溪遺稿)』의 '반계선생행장(磻溪先生行狀)'과 많은 부분 일치하고 있음을 확인하였다. 또한 '담계김선생행적'도 역시 『담계유고』의 '담계선생행장(澹溪先生行狀)'과 많은 부분 일치하고 있음을 확인할 수 있다.

하지만, '초당김선생행적'과 '삼우당유선생행적'은 처음 공개되는 사료로서 가치가 있다고 판단된다. 특히, 삼우당 유문원의 행적은 부안 사산에서 태어나 살았으며 반계의 문인으로 호학(好學)으로 이름이 난 인물로, 그의 학문활동의 구체적인 내용을 알 수 있어 주목된다.

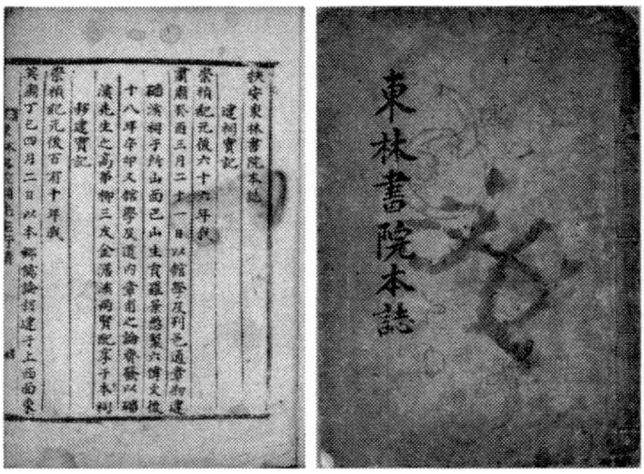

〈그림 1〉 담계 문중 소장 『東林書院本誌』

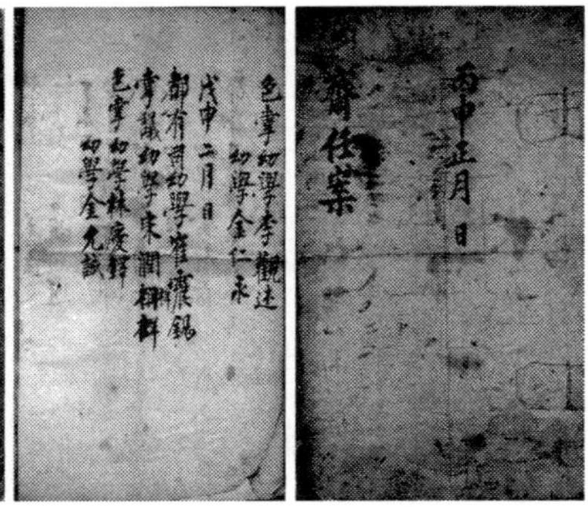

〈그림 2〉 담계 문중 소장 『齋任案』

『동림서원본지』는 간행년도가 명확히 기재되어 있지 않으나, 창건(1693년)과 이건(1737년), 삼우당과 담계의 추배(1711년), 초당의 추배(1789년), 강당의 창건(1794년)까지 기록된 바에 의하면 대체로 1794년 이후 어느 시점인 1800년대 초로 추정된다.

② 『재임안(齋任案)』은 1836년(헌종 2)부터 1849년(헌종 15)까지 동림서원에서 작성한 서원 재임들의 명단이다. 원장(院長)과 원이(院貳)는 기록되어 있지 않고, 도유사(都有司), 장의(掌議), 색장(色掌)의 명단이 병신(丙申) 1836년(헌종 2), 무술(戊戌) 1838년(헌종 4), 임인(壬寅) 1842년(헌종 8), 계묘(癸卯) 1843년(헌종 9), 을사(乙巳) 1845년(헌종 11), 병오(丙午) 1846년(헌종 12), 정미(丁未) 1847년(헌종 13), 무신(戊申) 1848년(헌종 14)등 7회에 걸쳐 기재되어 있다. 원문의 내용은 다음과 같다.

丙申 正月 日 院長 院貳 搢紳 都有司 掌議 幼學 許奎 色掌 幼學 金𤍞 幼學 李東植

戊戌二月十四日 都有司 幼學 金錫臣 掌議 幼學 金禮運 色掌 幼學 李源達 幼學 金履學

都有司 幼學 閔漢相 掌議 幼學 金光奎 幼學 金吉相 色掌 幼學 尹一炳 都有司 幼學 朴明壽 掌議 幼學 崔煥容 色掌 幼學 金善黙 幼學 許鏞

壬寅二月十八日 都有司 幼學 金鍰 掌議 幼學 高文奎 色掌

癸卯二月 日 都有司 幼學 閔一相 掌議 幼學 崔震錫 色掌 幼學 李益述 幼學 高學鎭

乙巳正月 日 都有司 幼學 李時錫 掌議 幼學 金履欽 色掌 幼學 金錫永 幼學 朴日鎭

丙午二月 日 都有司 幼學 李源正 掌議 柳正煥 色掌 李源文 黃道運

丁未二月日 都有司 幼學 崔存中 掌議 幼學 金斗豊 色掌 幼學 崔煥國 幼學 金智源 都有司 幼學 李馨善 掌議 幼學 梁玉永 色掌 幼學 李觀述 幼學 金仁永

戊申二月日 都有司 幼學 崔震錫 掌議 幼學 宋潤祥 色掌 幼學 林慶鐸 幼學 金允誠

③ 『동림서원서재유생안(東林書院西齋儒生案)』은 1845년(헌종 11) 8월에 부안 동림서원에서 작성한 서재 유생안으로, 표지에 "구안(旧案) 동림서원 서재 유생안"이라고 적혀 있다. 책의 머릿 부분에 '관문(關文)'이 실려 있는데, 이것은 왕의 결재를 받아 예조에서 보내온 공문이다. 이 관문의 내용은 "지난 해 8월 13일에 비국(備局)의 당상(堂上)들이 국왕과 협의하여 서원의 유생(儒生) 액수(額數)를 사액서원은 20명, 미사액서원은 15명, 문묘종향유현서원(文廟從享儒賢書院)은 30명으로 결정하였으니 이를 시행하라"는 내용을 담고 있다. 이어서 김성량(金成良) 등 16명의 유생 명단을 싣고 있는데, 인명과 함께 어영군(御營軍), 파정(疤丁), 고(故), 대자(代子) 등도 함께 기재하고 있다. 명부의

끝에는 '을사팔월(乙巳八月) 일(日) 재임(齋任) 유(柳)' 등 작성년대와 당시 재임을 맡았던 사람의 성씨와 수결(手決)이 적혀 있다. 부안현감[3]이 날인한 관인이 찍혀 있어 공적인 문서임을 알 수 있다. 이 유생안을 통해서 당대 부안지역의 재지사족과 성씨 등 다양한 내용을 확인할 수 있는 사료로 평가된다. 원문내용은 다음과 같다.

> 關文 兼使爲相考事節付 禮曹關內 節啓下敎啇啓辭去 八月十三日 大臣備局堂上引見時 書院下儒生額數 多小酌定事 榻前定頃矣 已賜額書院二十名 未賜額書院 則十五名 文廟從享儒賢書院 則三十名 定式施行事 啓下是置 啓下辭緣 相考道內各邑書院 良中知委施行關是置 亦關內辭緣相考儒生 額數依定式施行爲乎矣 書院良中亦知委施行事當者 金成良 ○○ 徐納孫 代子一鎭 徐一鎭 黃文玉 故 金勝業 御營軍 李得弼 疤丁 洪宅實 移居蝟島 李福甲 韓龍圭 疤丁 金順玉 以代子聖秋 金聖秋 金碩仁 御營軍 尹碩悅 故 金應悅 故 徐大者 故 崔致善 文範 故 林德烈 官邨 乙巳八月 日 齋任 柳(着名) 官

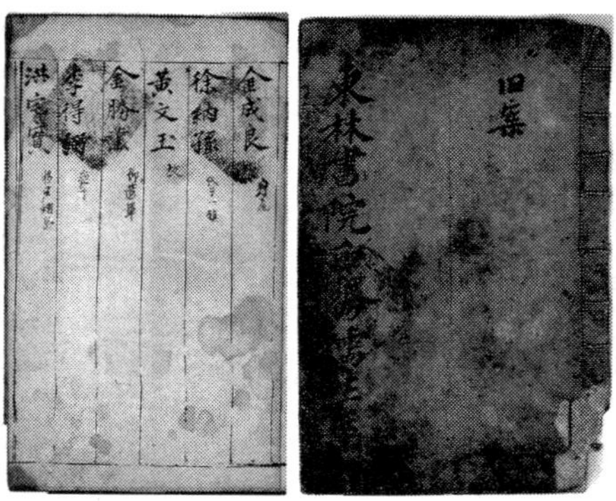
〈그림 3〉 담계 문중 소장『東林書院西齋儒生案』

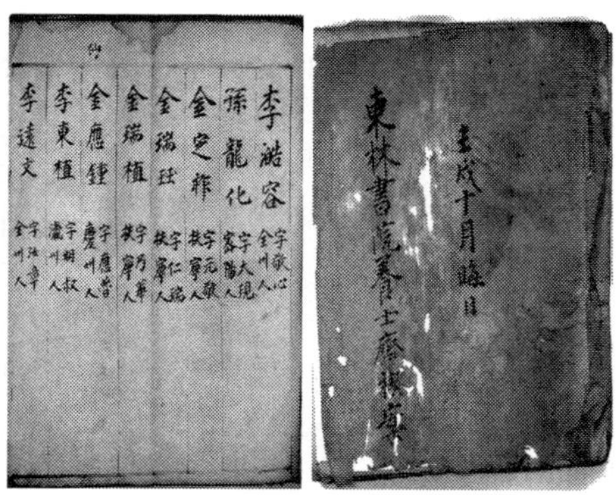
〈그림 4〉 담계 문중 소장『東林書院養士齋契案』

3 당시 부안현감은 沈宜冕으로 재임기간은 1843년 12월~1845년 9월이다.

④ 『동림서원양사재계안(東林書院養士齋契案)』은 1862년(철종 13년) 동림서원에 수학하는 유생들이 거처하는 공간인 양사재의 계안이다. 표지에 '임술십월회일(壬戌十月晦日)'이 부기(附記)되어 있어 1862년 10월 30일에 작성된 것으로 보여진다. 책의 머릿 부분에 동림서원 양사재의 '중창(重刱) 수계안(修契案)' 서문이 있는데, 이 글은 이관술(李觀述)[4]이 작성하였다. 이관술은 당시 55세(1808년생) 나이의 진사(進士)로 확인된다. 이관술은 동림서원의 양사재가 많은 선비를 길렀으며, 더욱 문학에 정진할 것을 강조하고 있다. 또한 30냥을 거출하여 계(契)을 만들어 유생들의 면학에 뒷받침을 하고자 하는 계획도 피력하고 있다.

계안의 본문은 이호용(李澔容)을 비롯한 96명의 유생명단이 자세히 적혀 있다. 명단에는 자(字)와 성씨 본관(本貫)이 기록되어 있어 부안지역 사족 및 성씨 관련 연구에 의미가 있는 자료로 판단된다. 마지막 발문(跋文)은 1862년 11월 상순에 원손(院孫) 김성영(金誠永)이 쓰고 있다. 김성영은 양사재가 반계 선생의 뜻을 기려서 인재를 기르고 학문을 흥하는 곳으로 나아갔으면 하는 바램을 적고 있다. 또한, 이를 뒷받침하기 위해 재력을 갖추어 계를 만들고 있음을 강조하고 있다. 원문의 내용은 다음과 같다.

東林書院養士齋重刱修禊案序

夫鄕之有 院所以尊 先賢樹風敎之道也 院之有齋所素養多士興文學之義也 然則鄕不可無院院不可無齋然而如乏 其財則雖欲養其士興其學其

4 『崇禎紀元後五丙子式司馬榜目』, 한국학중앙연구원 장서각, 李觀述은 古阜李氏(瀛州李氏)로 1808년(순조 8) 부안에서 출생하여, 자는 光國이다. 1876년(고종 13) 진사에 합격하였다. 아버지는 李源祜, 동생은 李泰述, 李漸述이다.

於供億之節 將何以需用耶 今玆之禊所以所設也 本院刱立之初齋亦刱焉 而生徒於是乎 藏焉誦聲於是乎作焉 而朱夫子鹿洞之規竹林之制 幸不墮於千載之後矣 逮夫中年院 儲漸耗俎豆之供至於難支則 揆以輕重之體緩急之勢齋中所貯 不可不屬之本院 故因屬於院而養士之方 從此闕如簠簋廢而不舉絃歌斷而無聞則 斯豈非本 院之一大欠典耶一院之欠典卽一鄕之不幸也於是乎 鄕議齊發出院中財三十緡銅鳩 鄕中如干財修而立禊目下之財 雖日甚微凡事 莫不自近而及遠積小而成大主 其事者勤懇於斯漸致數爻之敷衍復 其舊而增其新則 院貌光焉士林幸矣 惟願同志 勉旃哉 勉旃哉 院之運仍金斯文錫永甫命 余而序顧余寡陋固不敢立言於後而辭 不獲已遂爲之序 崇禎四周甲壬戌十月 下澣 李觀逑 謹稿 元年

李澔容 字敬心 全州人 孫龍化 字大現 密陽人 金乏祚 字元敬 扶寧人 金瑞珏 字仁瑞 扶寧人 金瑞植 字乃華 扶寧人 金應鍾 字應魯 慶州人 李東植 字明叔 瀛州人 李遠文 字汝章 全州人 金基洪 字允甫 義城人 金喜錫 字士國 扶寧人 蔡源恭 字仁叟 平康人 金應璇 字三光 扶寧人 崔沃 字仲心 全州人 金之□ 字正魯 蔚山人 李觀逑 字光國 瀛州人 金錫永 字乃極 扶寧人 金應植 字國甫 慶州人 閔周爀 字聖邦 驪興人 金埴永 字化國 扶寧人 金誠永 字德彦 扶寧人 金相一 字春長 扶寧人 李東顯 字汝明 瀛州人 金相殷 字乃仁 扶寧人 李秉一 字乃永 慶州人 金學奎 字鳴九 扶寧人 柳錫洪 字應文 文化人 金洛鏞 字瑞中 義城人 李東麟 字季瑞 瀛州人 金錫斗 字聖標 慶州人 金學永 字成祿 扶寧人 蔡龍夏 字時中 平康人 金相翼 字大現 扶寧人 閔致鉉 字敬昌 驪興人 金龜永 字洛瑞 扶寧人 金相鎬 字周都 扶寧人 李源寅 字聖樞 瀛州人 金相學 字遠章 扶寧人 閔炳鎬 字士國 驪興人 金相黙 字希伯 扶寧人 崔永權 字乃錫 全州人 李廷魯 字性順 瀛州人 金相垕 字應五 扶寧人 金相祿 字聖佐 扶寧人 鄭鴻奎 字景弘 溫陽人 張鳳爀 字汝明 扶安人 金致一 字道執 扶寧人 崔源 字福汝 全州人 金洛斗 字鎭汝 扶寧人 金相燁 字光叔 扶寧人 李相讃 字乃仲 廣州人 金琪炳 字瑞玉 扶寧人 金愚鎭 字士中 扶寧人

金奎炳 字正玉 扶寧人 李基白 字再靑 廣州人 金聖烈 字希仲 扶寧人 張錫龍 字致雲 仁同人 金永澤 字四滿 義城人 李在根 字仲固 咸安人 金應淳 字雲汝 扶寧人 鄭南奎 字允長 溫陽人 崔瀅 字允兼 全州人 李源燮 字汝賢 瀛州人 崔正權 字必中 全州人 李豊夏 字致雲 全州人 金洛三 字榮中 扶寧人 金洛龜 字致瑞 慶州人 崔秉權 字用平 全州人 張仁弼 字德良 扶安人 崔恒權 字聖久 全州人 金基翼 字子翊 扶寧人 金基灝 字世智 扶寧人 金用鐸 字遠鳴 扶寧人 金瓛九 字德明 扶寧人 許鏞 字衍汝 詩山人 許鑄 字汝用 詩山人 許繕 字允繡 詩山人 許澳 字希靈 詩山人 金光旭 字慄之 扶寧人 金聲國 字振華 扶寧人 金聲豊 字致德 扶寧人 金維鑑 字德玄 扶寧人 金有浩 字順則 扶寧人 金秀璜 字使雲 扶寧人 金奎爀 字正三 扶寧人 金秀範 字乃洪 扶寧人 金仁黙 字元仲 扶寧人 金懿黙 字伯信 扶寧人 金世黙 字季仲 扶寧人 金基源 字 扶寧人 高學鎭 字士習 濟州人 高鎭五 字利見 濟州人 奇師榮 字榮秀 幸州人 奇師雲 字正汝 幸州人 崔鳴岳 字克秀 耽津人 崔鳴昊 字元五 耽津人 韓日新 字 淸州人

夫養士者邦國之盛典也 校院之通儀也 養士而求賢 譬猶琢玉而求文鍊金而取精也 故國置太學而敎之以術鄕設庠序而養之以禮爲 其本院何獨無敎養之義乎 惟我扶風之鄕 素稱文憲之方名□繼起紋章輩出斯 莫非先儒敎育之致也 歟本院乃柳先生金先生同享之所也 人皆仰其儒風士皆慕其餘韻刱院之初齊亦刱焉 養其士興其學矣 往在中年院財漸一耗齊儲因屬久不聞絃誦之聲此 豈非本院之欠典乎 賢院之欠典乃士林之所恥也 儒論齊發同心鳩財修稧取息以爲養士之資春絃夏誦而濟濟之多士於是乎休焉 秋禮冬詩而彬彬之文學於是乎興焉 則上可以慕先生之德下可以遂後學之工也 然則磻谷先生追往啓來之學由是而益彰矣 草堂先生道性孝質之德由是而益明矣 然而若無其資雖欲養士何以具供億之節乎 何以供簠簋之需乎 玆稧之設所以由也 惟願僉員同心而修稧協力而取殖以爲養士之方 其志豈不盛而美乎 勉哉 勉哉 顧余不文固不敢立言而爲其院孫不

覺欽慕記數行於卷尾 崇禎四壬戌十一月上澣不肖 院孫 金誠永謹跋

특히, 96명의 계원 명단은 조선후기 부안지역 사족과 성씨 등의 사회사를 연구하는 의미있는 사료라 판단된다. 대체로 扶寧金氏(부안김씨)가 43명으로 가장 많은 비중을 차지하고 있으며, 다음으로 전주최씨(全州崔氏) 7명, 瀛州李以(고부이씨) 7명, 경주김씨(慶州金氏) 5명, 詩山許氏(태인허씨) 4명 순으로 나타났다. '선(仙)'이라 표시된 사람은 4명으로 이미 고인(故人)이 된 사람이고, 나머지 92명은 1862년 당시에 생존하고 있는 인물로 확인된다.

〈표 2〉 동림서원 양사재 계안 명단의 성씨별 분류

성씨	명	성씨	명	성씨	명	성씨	명	성씨	명
부령김씨	43	의성김씨	3	부안장씨	2	밀양손씨	1	함안이씨	1
전주최씨	7	전주이씨	3	평강채씨	2	울산김씨	1	청주한씨	1
고부이씨	7	여흥민씨	3	평강채씨	2	경주이씨	1		
경주김씨	5	광주이씨	3	행주기씨	2	문화유씨	1		
태인허씨	4	온양정씨	2	탐진최씨	2	인동장씨	1		

3. 동림서원의 건립

1) 부안에서의 반계의 삶과 반계학단

동림서원의 건립 배경을 살펴보기 위해서는 먼저 부안지역에서의 반계의 삶과 재지적 기반의 확대, 부안 지역의 반계학단 등에 대해서 먼저 살펴 볼 필요가 있다. 반계는 1653년 겨울에 부안현 우반동으로 이사하였다. 할아버지 상을 마치고 도연명의 귀거래사(歸去來辭)를 읊조리며, 반계는 이 곳 부안 땅으로 이사한다. 아버지의 처참한 정치적 죽음, 임진왜란·병자호란으로 찢겨진 산하, 명청 교체의 거대한 물줄기 앞에서 반계가 택한 삶의 지향점은 은일(隱逸)과 치유(治癒), 그리고 또 다른 개혁의 준비였다. 우반동 이 곳은 봉래산(변산)에 있는 반곡(磻谷)으로 계곡 중간에 평평한 땅이 펼쳐져 있고 냇물 하나가 흐르며 복사꽃이 길가에 가득히 피어 있고, 높고 푸른 소나무, 회나무가 하늘을 덮었다. '반계(磻溪)'라는 자호(自號)는 여기서 자연스럽게 나온 것이라 생각된다. 반계는 이 곳에 몇 칸 남짓의 초가(草家)를 짓고 집 뒤에는 큰 대나무 천 그루를 가꾸었다. 반계는 아침 일찍 일어나 의관을 바르게 하고 가묘(家廟)에 나아가 인사한 뒤에 돌아와 밝은 창 옆에 자리잡고 앉아 조용히 두 손을 모으고 단정히 앉아 종일토록 독서를 하였다. 또한, 서재에는 만권의 책을 비치하고 『반계수록』 집필에 온 정력을 쏟았다.

대나무 사립문은 항상 닫혀 있고 사슴들이 낮에도 다녔는데 선생은 그런 것을 돌보고 즐겼다. 47세 때는 새 끼 밴 사슴이 사냥꾼에 쫓겨 선생이 누워 있는 방안으로 뛰어 들어왔는데 선생은 끈으로 옷 시렁에 매놓았다가 다음날 놓아준 일도 있었다. 또한, 우반동은 바닷가라 생선과 게를 배불리 먹을 수 있었는데, 서울에 사는 누이(양응순의 처)와 함께 의식을 못함을 안타깝게 여기며 해산물도 보내고 경기도 농장에서 거둔 곡식도 누이에게 주어 생활하도록 하였다.

우반동 마을에는 음사(淫祠)가 세 곳이나 있었는데 많은 사람들이 무당에게 와서 굿을 하고 빌자 선생은 그 사당과 나무를 헐고 베어 버렸다. 지방 사회의 풍속을 바로잡는 활동을 전개하였던 것이다. 반계의 말년인 1671년에는 향음주례의 절목을 정하기도 하였다.[5] 아이러니하게도 현재 우반동 초입에는 '우동리 당산'이 있다. 당산나무 옆으로 돌무더기와 솟대가 있으며 매년 정월 대보름 날 당산제를 지내고 줄다리기를 한다. 세월의 무상함과 반계가 꿈꾸던 지향점이 무엇인가 다시 한 번 생각보는 현장이라 할 것이다.

또한 반계는 명이 망하고 남한산성의 치욕을 씻지 못한 것을 매우 한스럽게 여겼다. 우반동에서 '매번 달밤에는 거문고를 연주하며 한음(漢音)으로 노래를 불렀는데 소리가 금석(金石)에서 나오는 것 같았다. 항상 설욕할 계책을 강구하였는데 바닷가에 비선(飛船)이라 부르는 큰 배 4~5척을 준비해 두었고, 집에는 하루에 300리를 달리는 준마를 길렀으며 활과 조총을 집안의 노복과 마을사람들에게 가르쳐서 한가로운 날을 택해 연습을 하였고 그 중에 200여 명은 묘수였다.'고 전해진다.

반계는 화창하고 따뜻한 봄날 죽장망혜(竹杖芒鞋)로 소나무 언덕에 올라 바람을 쏘이고 대숲을 서성이며 "너희들이 바람과 서리를 이기는 절의를 좋아하노라."고 하였으며 동산에 '소나무 길, 대숲 길, 국화 길' 세 길을 냈다. 선생은 산수를 사랑하여 국내의 명승지에 발길이 닿지 않은 곳이 없었고, 우반동 산수풍광을 좋아하여 '때때로 흥이 일어나면 앞 포구에서 배를 빌려 타고 즐기며 갈매기를 바라보고 푸른 물결에 떠서 어부를 따라 위아래로 돌아다니다가 노래하며 돌아왔다'고 한다.

반계는 1651년 할아버지 상을 마치고 평생의 지병을 얻었는데 부안 우반동에서 와서 몸의 요양과 저술 활동에 집중하였던 것으로 보인다.

5 「반계선생년보」, 12년 신해(1671), 50세.

제자들이 병문안 하면 “내가 병을 낫게 하는 방법은 열흘 동안 문을 닫아걸고 혼자 지내며 고요히 수양하는 것이다. 그러면 묵은 병이 차츰 나을 뿐만 아니라 뜻과 생각을 오로지 고요히 한 까닭에 학문에 있어서도 자못 얻는 바가 있다.”라고 말하곤 했다. 1658년 봄에 나용보(나의보)에게 쓴 편지에 보면 폐병으로 고달픈 반계가 참동계(參同契)로 몸과 정신을 수련하는 모습이 그려져 있다.

초옥에 만 그루 소나무 둘렀는데
구름 속 샘물, 샛별 아래 물을 긷노라.
밭 갈고 낚시질하고 노경에 마음 편한 줄 알겠고
참동계 시험하여 몸과 정신 수련하노라.
대숲에 이슬이 맺어 베개머리 시원하고
꽃은 봄바람에 피어나고 달은 뜰에 그득하네.
금로에 단약 아홉 번 구워놓고
친구 불러 요령을 방문하노라.
동산의 소나무, 동청수 둘러 사철 푸른데
남쪽으로 내려 온지 오년이 지났구나.
병을 안고 달팽이처럼 칩거해 있으니
문채를 이루는데 어찌 표범이 제 모습 감추는 것 본뜨리오.
섬돌 아래 이슬 머금은 꽃, 향기가 문틈으로 들어오고
산 위에 뜬 달이 사람 따라 그림자 뜰에 머무네.
맑은 시에 힘입어 메마른 폐가 다시 살아나니
봄날 난간에 앉아 홀로 읊조린다.[6]

6 「나의보에게 답하여」, 『반계유고』(2017), 140~141면.

또한 그는 변산의 높은 봉우리의 작은 절에 자주 가서 책을 읽었는데 한 도승(道僧)이 유불도(儒佛道)에 대해 묻자 "유가의 도가 큰 길이라면 불교와 도교는 작은 샛길이다."라고 답했다.

1665년 44세 때 반계는 당시 전라감사 민유중에게 '호남의 제방인 벽골제, 눌지, 황등제를 수리하고 흉년에 백성을 구황(救荒) 할 것'을 논의하였다. 민유중은 반계의 아버지인 유흠과는 이종사촌간으로 반계를 관직에 추천하였으나 선생은 끝내 거절하였다.[7] 반계는 백성에 대한 구민(救民)활동도 남달랐는데 일명 '신창진 구명(救命)'과 '신해년 구휼(救恤)'이 대표적이다. 1655년 겨울, 반계는 부안에서 서울 가는 만경강 신창진(新倉津(새챙이나루터))에서 배를 건너다 배가 부서져 사람들이 모두 물에 빠지는 상황에서 9명의 목숨을 건지는 구명활동을 하였다. 또한 1671년 신해년 여름에 기근이 심했는데 반계는 그 전년부터 전답과 소, 말 등을 팔아 많은 곡식을 사들이고 이 때 백여 명의 백성을 구제하였다.

7 「반계선생년보」, 6년 을사(1665), 44세.

〈그림 5〉 반계의 부안지역 연혼 및 학맥도

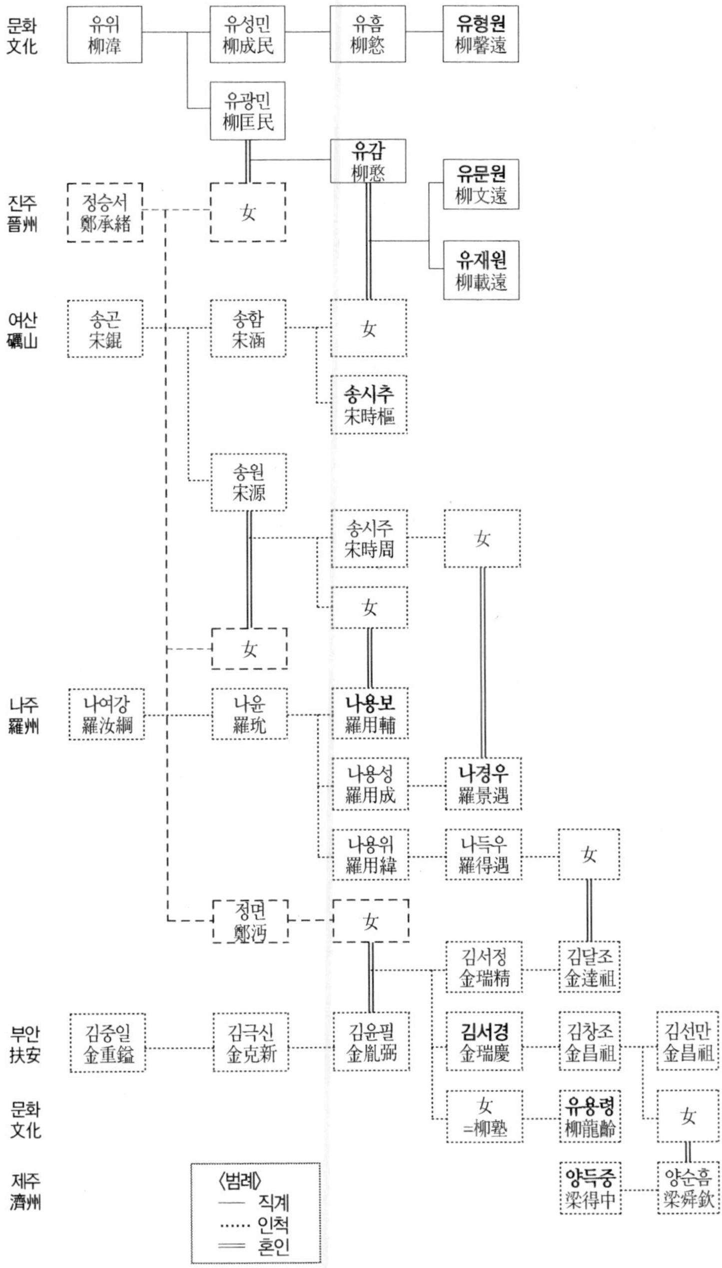

반계는 부안 우반동에 내려왔지만, 아무 연고도 없는 땅은 아니었다. 9대조 하정 유관의 사패지로 우반동 농장 터 이외에 분명 인근 부안지역의 사회적 기반은 존재했다. 가장 먼저 살펴볼 수 있는 사람은 당숙인 유감(柳憨)이다. 〈그림 5〉에서 보듯이 유감의 처가는 우반동 인근 주산면 사산마을의 여산송씨이다. 유감은 이 곳의 송함의 딸과 혼인하여 여기에서 살았던 것 같다. 유감의 아들인 유문원과 유재원도 여기서 출생하였고 반계가 우반동으로 이사를 오자 아들들을 보내 가르침을 받았던 것으로 여겨진다. 부안지역의 반계학단 기반이 되는 것은 사산마을의 여산송씨와 당숙 유감 집안이 그 출발점이었다.[8] 특히, 반계의 고제(高弟)로 평가되는 유문원과 그의 동생 유재원은 반계 사후에도 반계의 추숭에 주역으로 나섰을 것으로 보인다.

유문원(1638~1717)은 반계의 고제이자, 6촌 동생이다. 그의 학행이 뛰어나 사후에 반계와 함께 부안 동림서원에 배향되었고, 유무가 배향된 충청도 논산의 휴향서원(休享書院)에도 배향되었다. 삼우당 유문원은 부안에서 출생하여 부안 사산마을에서 살다가, 말년에는 함열 도촌으로 이주해 살다 죽은 것으로 파악된다. 유재원(1652~1713)은 유문원 동생이다. 1705년(숙종 31) 문과에 급제하여 사헌부 감찰, 해미현감을 지냈다. 특히, 그는 1711년 3월에 반계의 언행을 모아 『반곡선생언행록』을 완성하였으며, 자신이 완성한 자료와 『반계수록』을 가지고 노성현에 살고 있는 명재 윤증에게 『반계수록』 발문을 요청한다. 이를 탐독

8 김승대(2017), 「반계 유형원의 가계 분석」, 『한국실학연구』 34, 한국실학학회, 213 ~216면; 김승대(2018), 「지역학으로서의 반계학 연구」, 『한국사상사학』 60, 한국사상사학회, 17~23면.

한 명재와 명재의 고제 덕촌 양득중(1665~1742)이 반계선생의 『반계수록』에 매료되어 1741년 양득중의 상소 등을 통해 결국, 『반계수록』이 세상을 빛을 보내는 중간 역할을 수행한 인물로 평가된다.

또한, 유문원의 외숙인 송시구(宋時樞, 1620~1670)는 반계와 20년간 벗으로 살았다. 1659년 반계가 쓴 '사산(簑山) 송씨의 서재'라는 글에서 보면 반계가 찾아간 봄날의 사산마을의 풍경과 송시추와 만남을 선명히 그리고 있다.

> 사산 처사의 댁에 다시 들렀는데
> 주인의 높은 의기 구름처럼 높더라.
> 향기로운 차 잔에 넘치고 송주(松酒)도 향기롭다.
> 상 위에 새소며 해물이 그득하네.
> 논밭에 봄비가 흡족히 내리고
> 문전에 버드나무 녹음이 푸르러라.
> 밭 갈고 김매는 일 게을리 하지 마소.
> 이슬 서리 내릴 적에 곡식이 저절로 풍족하리.[9]

유형원이 죽자 김서경은 송시추를 대신해 반계에게 제문을 올리는데 "만권의 책은 누구를 위해 즐겁게 하고, 천 그루의 우거진 정원은 누구로 하여 감상할 수 있으랴"며 애통해 하였다. 또한 반계가 '천식을 앓은 여생으로 많은 일에 이끌려 천리 먼 길로'라고 하고 있어, 반계가 기관지 계통의 폐병으로 죽었음을 암시하고 있다.[10] 한편 송시추는 김

9 「사산 송씨의 서재」, 『반계유고』(2017), 142면.

10 「代宋叔時樞祭柳先生文」, 『국역 담계유고』(2004), 170~173면.

서경의 아버지 김윤필, 사촌 처남 나용보와 함께 변산의 묘암사를 유람하기도 하였다.[11] 이처럼 반계는 우반동를 중심으로 인근 동림 마을의 김윤필과 사산마을의 송시추 등과 깊이 교유하였고, 김윤필의 아들 김서경, 송시추의 조카이자 반계의 6촌 동생인 유문원, 유재원 등을 제자로 두고 있었다.

〈그림 5〉의 '반계의 부안지역 연혼 및 학맥도'에서 보면 유감의 외조부는 정승서(鄭承緖)이며, 처숙모(송원의 부인)는 이모가 되는 겹사돈 구조이다. 또한 정면(鄭沔(정승서의 아들))은 유감의 외숙이자, 김서경의 외조부가 되기도 한다. 나용보는 유감의 사촌 처남이 되고, 반계와 김서경은 유감으로 맺어진 사돈의 인척관계이다.[12]

김서경(1648~1681)은 부안 출신의 대표적인 문인이다. 반계의 제자가 대부분 그의 가문과 연계된 비해 김서경은 특별한 의미를 갖는다. 그는 부안의 대표적인 명문인 부안김씨로 반계가 살았던 우반동 인근의 동림 마을에서 살았는며, 아버지 김윤필은 반계의 벗이었다. 그의 자는 길부(吉夫), 호는 담계(澹溪)로 10세 때부터 반계에게 찾아와 10여 년간 수학하였다.

> 불초한 저 서경은 시골 태생으로 어린 나이에 처음 선생을 찾아가 뵈오니 저를 불초하다 여기지 않으시고 이끌어 주고 가르쳐 주시길 곡진히 하시니 십년을 가까이 모시어 묻고 배운 것이 어찌 적었으리오?[13]

---

11 「得鐵燧齋還柳叔憨說」, 『국역 담계유고』(2004), 77면.

12 『부령김씨족보(시직공파)』(1960); 『여산송씨판서공파보』(2003); 『나주나씨대동보』(1984).

13 「祭磻溪柳先生文」, 『국역 담계유고』(2004), 167면.

그의 문집인 『담계유고』는 스승인 반계에 대한 많은 내용을 담고 있어 주목된다. 반계의 우반동, 김서경의 동림 마을, 송시추와 유문원의 사산마을 등 당대의 부안을 의미있게 조망할 수 있는 기록으로 평가된다. 특히 그의 집안 족보에는 덕촌 양득중과의 관계가 확인되어 흥미롭다. 덕촌은 명재 윤증의 대표적인 제자로 『반계수록』의 가치를 영조에게 상소하여 간행해 국가경영에 반영할 것으로 제기한 인물이다. 덕촌은 김서경의 아들 김창조와 깊이 교유하였는데, 김창조의 외동딸을 며느리로 삼았고, 아들 김선만을 제자로 삼았다.[14] 당시 허위에 가득 찬 조선사회를 개혁하기 위해서 우리 역사상 처음으로 '실사구시(實事求是)'를 본격 주창한 양득중이 유형원과 김서경의 실학정신을 이어갔음을 향후 연구를 통해 더욱 밝혀져야 할 숙제라 할 것이다.

특히, 『반계유고』를 보면 반계는 나용보(羅用輔, 1612~1683)와 매우 절친한 사이로 확인된다. '제갈량의 시에 화답하며(奇來武侯詩)', '직연 폭포에서', '나의보(羅宜甫)에 답하여'의 3수의 싯구가 남아 있다. 나용보의 자는 의보(宜輔)이며 호는 만학재(晩學齋)이다. 그는 대표적인 김제지역 유명가문인 나주나씨 나응삼의 현손으로 증조인 나표와 할아버지 나여강이 정여립의 기축옥사에 연루되어 처형되자 이후 처가인 부안으로 내려와 살았던 것으로 보인다. 반계는 나용보의 선대인 나응삼 효자각 비문, 나표의 행장 등을 지었고 현존하는 나주나씨 문집은 『팔효집(八孝集)』에서 반계가 지은 시 '선어(扇魚)' 한편이 확인되고 있다. 나용보의 묘는 부안읍 석동산 아래(현 부안읍 연곡리 412)에

14 김승대(2020), 「덕촌 양득중의 가계과 추숭에 관한 연구」, 『양명학』 58, 한국양명회, 42면.

있다. 그의 묘비명에는 '반계와 왕래하며 반계가 친구를 얻으니 만암 이상진, 화곡 홍남립, 봉곡 김동준 등이 그들이다.'라고 반계의 호남 지식인과 교유를 적시하고 있다.

또한, 부안의 반계와 종유한 인물로 인근 고부에 살았던 권극중(權克中, 1585~1659)도 주목되는 인물이다. 그는 반계가 부안으로 내려온 후, 호남 지식인 중 반계에게 가장 많은 영향을 끼친 인물로 평가된다. 1657년, 36살 반계는 호남을 두루 유람 중에 영암의 마원석실(馬原石室)에 은거하던 권극중를 찾아가 그의 저술인 『참동계주해(參同契註解)』를 얻어 공부하였고, 다시 이를 정정하여 『참동계초(參同契抄)』를 저술하였다. 또한 반계는 권극중이 저술한 사회개혁안인 『중흥십조(中興十條)』을 기초로 『중흥위략(中興偉略)』을 저술하다가 미완성으로 세상을 등졌다. 권극중의 호는 청하자(靑霞子)이며 고부 송산리 출신이다. 그의 스승은 최명룡(崔命龍)이며 김장생 문하에도 출입하기도 하였다. 그는 인목대비가 폐출되었다는 소식을 듣고 관직에 나가지 않고 은둔하며 평생 도가사상에 몰입하였다. 권극중은 선술에 능통하였으며 연금술, 단학에도 밝았다. 반계는 폐병의 아픈 몸으로 부안 우반동으로 은거하면서 그의 참동계 단약(丹藥) 등으로 심신을 치유하였다. 권극중은 유형원을 비롯 흥덕의 백홍원(白弘遠) 등과 교유하였고, 『청하집(靑霞集)』 등을 남겼다. 반계는 '청하자의 부음을 듣고'라는 시에서 '동국의 청하자, 도가서(道家書) 참동계 해석을 남기고 신선과 짝하다'라며 그를 추모하고 있다. 권극중의 묘는 현재 정읍 주천삼거리 인근 군부대 뒤편(소성면 주천리 산 2-20)에 소재한다.

2) 반계사와 동림서원 건립

이러한 부안지역의 반계학단이 토대가 되어 반계 사후 반계사와 동림서원의 건립이 본격화된다. 특히, 반계 사후 이러한 추숭의 중심에는 그의 자손과 문인들이 중심에 있었다. 먼저 반계의 외아들 유하(柳昰, 1642~1697)와 부안 출신의 문인인 담계 김서경을 살펴 볼 수 있다. 유하는 32세 때인 1673년(현종 14) 3월 19일 아버지 반계가 우반동에서 죽자, 반계서당 뒤편에 초장(初葬)하였다가, 다시 5월에 반계를 용인 선산으로 안장하였다. 다음해인 1674년(현종 15) 5월에 유하는 "선생의 사적을 가장 많이 알고 있는 셈이니 의리로 볼 때 끝내 사양하지 말라"며 자신이 엮은 기록을 토대로 그의 벗인 김서경을 찾아가 아버지의 행장을 부탁한다.[15] 행장을 쓴 김서경은 반계가 졸한 당해인 1673년 10월 11일에 이미 '반계 유선생에게 올린 제문'을 짓기도 하였다.[16] 이처럼 서로 친한 벗 사이인 유하와 김서경은 반계 사후 우반동과 인근 동림마을에서 지우(知友)로 지냈음을 확인할 수 있다.

유하의 호는 초창(蕉窓)이며, 그는 아버지 반계가 죽은 2년 후인 1675년(숙종 1) 부안에서 생원시에 합격한 후, 부안에 살면서 음직으로 세마(洗馬)·위솔(衛率) 등의 벼슬을 지내기도 한다. 그는 생원에 합격한 1675년에 고종사촌인 반계의 생질이자 문인인 양섬에게 행장을 요청하였다. 그의 장인이자 반계의 벗인 배상유는 1678년(숙종 4)에 『반계수록』의 전제, 병제, 학제의 시행을 상소하였다.[17] 또한 유하는

15 「磻溪柳先生行狀」, 『국역 담계유고』(2004), 225면.

16 1673년 10월 경기도 죽산부 정배산 묘역(현 용인시)으로 返葬할 때 지은 것이다.

17 『숙종실록』, 숙종 4년(1678) 6월 20일 기축.

1689년(숙종 15) 가을에 장인 배상유를 통해 갈암 이현일에게 『반계수록』의 서문을 요청하여 받기도 한다. 이처럼 반계의 아들 유하는 부안에 살면서 반계의 행장과 『반계수록』 발간에 전력을 쏟았음을 알 수 있다.

하지만, 이에 비해 김서경은 스승인 반계가 졸한지 불과 8년 후인, 1681년 34살의 젊은 나이에 세상을 뜨고 만다. 유하와 함께 부안에서 반계의 추숭을 중추적으로 담당할 중심 인물이 사라진 셈이 되었다. 또한, 반계의 또 한 명의 고제(高弟)인 삼우당 유문원의 반계에 대한 추숭 노력도 현재까지는 명확한 사료가 확인이 되지 않고 있다.

이번에 발굴된 『동림서원본지(東林書院本誌)』의 '삼우당유선생행적(三友堂柳先生行蹟)'에 보면, 유문원은 부안(扶安) 사산리(簑山里) 집에서 태어났고, 선생의 집에 '뜰에는 소나무(松), 대나무(竹)를 심고 논밭에는 연(蓮)을 심어, 이들 셋을 친구 삼아 살았다'고 하여 그의 호를 '삼우당(三友堂)'이라 지었음을 알 수 있다.[18]

다만 삼우당과 담계가 반계 선생의 문인으로, 그 유훈을 받들어 부

---

18 「三友憂堂柳先生行蹟」, 『東林書院本誌』, "先生諱文遠字實甫號三友堂 …… 崇禎戊寅誕先生于扶安簑山里第 …… 從磻溪先生而受業焉 磻溪先生亟稱之曰 此第天資慈詳所見明晤處事多出人 意表苟率是志以充 其在將何遠之不到 先生旣受學於磻溪之門 爲學用功之方 …… 辛亥丁外艱甲子丁內艱前後執喪一依朱子家禮 …… 且吾家世守儉約 未曾服此等物汝輩 何敢衣乎 園有雜植 松竹又種蓮於門外方塘 每讀書之暇逍遙 於松竹蓮之間 因稱之謂 三友焉 先生之號盖以此也…咏歸之趣 先生屛跡山樊獨善 其身韜光旣久華 聞自著權公尙游巡撫湖南 以先生誼聞于朝日 枕籍經籍至老不倦居家極臻孝悌之道處 鄕人多觀感之行特下復戶恩典 嘗有疾病盧其身後命製深衣幅巾幎握等以麻布黑紬爲之仍謂子弟曰昔我磻溪先生臨歿也 □□有遺稿藏于家 肅廟辛卯以士論配享于本祠." 유문원이 松,竹,蓮의 三友堂 옛 집은 현재 부안군 주산면 사산리 송정마을로 추정된다. 이 마을에는 소나무 군락과 앞에는 커다란 연지가 현존한다.

안학단에 정통의 맥을 계승하였음을 확인할 수 있다.[19] 삼우당 행적을 보면, 1671년에 아버지, 1684년에 어머니의 상을 당했으며, 권상유(權尙游)가 전라도순무사로[20] 재직하면서, 삼우당을 칭송한 1710년(숙종 36) 정도까지는 부안에서 강학 활동한 것으로 했던 것으로 보여진다. 『호남읍지(湖南邑誌)』 부안지하(扶安之下) 학행(學行), 『부안현읍지(扶安縣邑誌)』, 『부안읍지(扶安邑誌)』에는 "유문원은 학행이 고명하다. 호는 삼우당(三友堂)이며, 동림서원에 배향이 되었다."고 기록되어 있다. 또한 말년의 기록으로 보이는 『호남읍지』, 『함열현읍지(咸悅縣邑誌)』[21] 등에서는 삼우당이 부안에서 함열현 남일면 도촌(島村(현 익산시 황등면 죽촌리))으로 이주해 살다가 80세에 죽은 것으로 파악된다. 학행으로 국가적 부담을 면제하는 복호(復戶)를 주는 급복(給復)을 받는 기록도 확인된다.[22]

반계사는 명칭에서 알 수 있듯이, 반계 선생을 배향하기 위한 사당이다. 반계사는 반계가 졸한지 20년 만인 1693년(숙종19) 3월 21일에 소산면(所山面) 파산(巴山)에 창건된다. 여기에서 소산면 파산은 1910년대 이전 지형도에서 파산제(巴山堤)가 확인이 되는데 이 일대의 지명을 일컫는 것으로 확인된다. 『부안 땅 이름』에도 파산제는 '사산 서남쪽에 있는 못'으로 기록되어 있다.[23]

---

19 「告磻溪柳先生文」, 『국역 담계유고』(2004), 291면.

20 『숙종실록』, 숙종 36년(1710) 11월 8일 무술.

21 『함열현읍지』, "學行 柳文遠 昧爽而起冠帶必飾端莘跪坐 終日不解所講者 格物致知誠意正心 修身齊家之道教人不倦又而以爲庭實之人 號曰 三友堂 事聞復給而入 扶安書院."

22 『함열군읍지』(광무 9년), "柳文遠 給復 南一面 島村洞".

현재 이 곳은 주산면 사산리 934번지 일대로 추정된다. 〈그림 6〉의 1910년도 이전 지형도에 '파산제'라고 선명히 써 있는 곳은 북쪽으로는 사산(簑山(높이 106m)), 서쪽으로는 구산(龜山), 동북쪽 송정(松亭)까지는 500m 남짓한 거리에 위치한다.

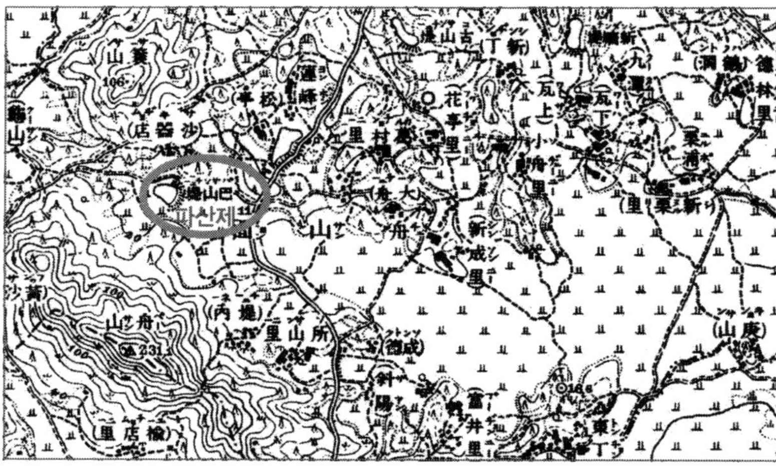

〈그림 6〉 '所山面 巴山'에 있던 '磻溪祠' 추정지 '파산제'(1910년 이전 지형도)

특히, 이 사산리 송정마을은 유문원이 소나무(松), 대나무(竹), 연(蓮)의 삼우(三友)를 친구삼아 살았다고 비정되는 곳으로 파산에 있는 '반계사'까지는 지근거리로 확인된다. 또한 반계사 창건 당시 상량문은 쓴 생원 나경우(羅景愚, 1648~1711)는 〈그림 5〉의 학맥도에서 보듯이, 반계의 절친한 벗이었던 나용보의 조카(나용성의 아들)이자 송시추의 사촌 송시주의 사위로 확인된다. 『나주나씨대동보』에 나경우는 '호가

23 『부안 땅 이름』(2016), 153면.

둔옹(遯翁)이고, 처가인 부안에서 살았고, 부안 선비들이 추천 있었다.' 고 기록되어 있다.[24] 나용보와 조카 나경우는 부안 사산의 여산송씨인 처가로 들어와 살았고, 반계와 특별한 인연을 가진 인물로 여겨진다. 특히, 나경우와 같은 경우 반계사 창건 상량문을 쓴 중요한 역할을 수행하였기에 서원지에 인명이 기재된 것으로 판단된다. 아마도 나경우도 반계의 문인일 개연성도 충분히 있어 향후 연구가 요망된다.[25]

1693년 파산에 반계사 건립을 주도했던 부안 유림과 반계학단의 핵심은 당시 파산 인근 사산리에 살고 있는 여산송씨 가문, 유문원(송정마을, 당시 56세), 나경우(당시 46세)로 판단된다. 당시 우반동의 반계의 아들 유하(당시 52세) 역시 반계사 건립에 적극 협조했을 것이라 여겨진다. 1693년(숙종19)은 기사환국(1689년)으로 남인이 정권을 잡고 있을 시기이다. 당시 반계사의 건립은 부안지역에서 남인계열의 사우가 출발했음을 의미한다.

반계사가 건립된 지 1년 만인 1694년(숙종 20) 3월에 서울과 지방의 유생 진사 노사효(盧思孝) 등이 소를 올려 사액을 청하고, 또 선생이 편찬한 『반계수록』을 올렸다. 숙종은 "상소를 살펴보니 그 내용을 충분히 알겠다. 해당 부서에 품의하여 처리하도록 했다. 올린 책은 내가 마땅히 조용한 때 살펴보겠다."는 비답을 내렸다.[26]

24 『나주나씨대동보』 1권(1984), 39~40면; '公移居扶安本縣邑誌云公趾八孝美行服五世庭調孝友純篤永謝科恭取遯字居遯溪作四松亭琴書自樂世稱純孝吉士八於諸章甫薦牘登於外史官抄啓'.

25 김서경의 동생인 김서정도 반계의 문인으로 추정되며, 나용보의 조카인 나득우(나용위의 아들)는 김서정의 아들 金達祖(1691~1768)를 사위로 맞는 연혼관계를 갖고 있다.

26 「반계선생년보」, 肅宗 章文大王 19년 계유(1693); 『磻溪隨錄』 附錄 '京外儒生進

노사효(1650년생)는 충주 출신으로 본관은 광주, 아버지는 사헌부감찰을 지낸 노경명(盧景命)이며, 영의정 노수신(盧守愼)의 증손이다.[27] 반계사가 건립된지 1년만에 노사효를 소두(疏頭)로 하여 반계사의 사액 청원과 『반계수록』 숙종께 올린 경위와 상소함 함께 참여한 유생들의 명단은 아직 확인되지 않는다. 다만, 경외유생(京外儒生)이 함께 반계의 추숭에 본격적으로 첫 상소를 올렸다는 데 그 의미가 있다 할 것이다. 당시 부안 지역에서는 반계의 아들 유하, 문인 유문원, 나경우 등이 있었고, 그 밖에 경외지역에는 사돈이자 벗인 배상유, 문인인 유재원, 양섬, 배태래, 배태휘 등이 적극 협력했을 것으로 생각된다.

『동림서원본지』 '건사실기(建祠實記)'에 의하면, "반계사가 창건된지 18년 뒤인 1711년(숙종 37)에 관학(官學) 및 도내(道內) 유림들의 논의에 따라, 반계 선생의 고제(高弟) 삼우당 유문원과 담계 김서경을 추가 배향하였다."고 기록하고 있다. 아울러 『동림서원본지』 '삼우당유선생행적'과 '담계김선생행적'의 말미에도 각각 '숙묘신묘이사론배향우본사(肅廟辛卯以士論配享于本祠)'와 '숙종신묘사론추모배우반계원(肅宗辛卯士論追慕配于磻溪院)'이라고 쓰여 있어 1711년 두 사람에 대한 추배(追配)가 이루어졌음을 알 수 있다. 또한 이러한 사실은 『동림서원본지』 '고반계유선생문(告磻溪柳先生文)'의 사실을 통해서도 확인된다.

> 삼우당 유문원 선생과 담계 김서경 선생은 모두 반계 선생의 문생으로, 일찍이 반계 선생의 이끌어 도와주심을 받았고 유서를 받들었으며 정통

士盧思孝等疏 甲戌三月 封進.'

27 「司憲府監察盧公墓碣銘」, 『眉叟記言』.

의 맥을 능히 계승하였습니다. 이에 배향의 예를 거행하여 감히 삼가 고합니다.[28]

반계 선생에게 드리는 이 제문의 작자는 알 수 없고, 제작시점은 반계사에 유문원과 김서경을 추가 배향한 1711년으로 추정된다. 삼우당과 담계가 반계의 고제로 인정받고, 그 유지를 받들어 반계학단이 정통의 맥을 가장 잘 계승하고 있음을 말하고 있다. 또한, 1711년은 반계의 문인이자 유문원의 동생인 유재원이 명재 윤증에게 『반계수록』의 발문을 요청한 해이다. 83세의 명재는 발문에서 "유형원의 사상과 식견 그리고 방법을 높이 평가하고, 그가 제시한 대로 실행한다면 저술한 공로가 실효를 얻을 수 있을 것"이라고 찬사하고 있다. 이처럼 반계의 위상이 한층 높아져 가던 때에, 반계사의 위상 또한 커져 갔을 것으로 보인다. 따라서, 부안현의 유림뿐만 아니라 전라도 도내 유림까지 두 사람의 반계사 추배에 적극적으로 나왔던 것으로 보여진다.

특히, 이무렵 주목해 볼 수 있는 것으로 담계 김서경 후손들의 담계에 대한 추숭 노력을 들 수 있다. 담계가 비록 젊은 나이에 세상을 떠나, 반계에 대한 본격적인 추숭작업을 하지 못했지만, 그의 후손들의 반계와 담계에 대한 추숭 노력을 지속적으로 전개하였다. 그 대표적인 작업이 담계의 반계사 추배와 담계의 문집인 『담계유고』의 간행으로 보여진다. 담계의 반계사 추배에 대한 후손들의 구체적인 노력은 확인

28 「告磻溪柳先生文」, 『東林書院本誌』, '三友堂柳先生, 澹溪金先生, 俱以門生, 早承誘掖, 丕紹遺緖, 克傳正脈. 玆擧配儀, 敢伸虔告.'; 이 글은 『담계유고』 권 4의 '告磻溪柳先生文'의 내용과 일치한다.

되지 않지만, 『담계유고』의 간행에 대한 내용은 개괄적으로 확인된다. 『담계유고』의 서문은 경암(敬菴) 윤동수(尹東洙, 1674~1739)가 지었다. 윤동수는 명재 윤증의 종손(從孫)이자 문인으로 덕촌 양득중과 절친한 벗으로 지낸 인물이다. 윤동수가 서문을 쓰게 된 동기는 김서경의 손자인 김선만(金選萬, 1700~1759)의 부탁 때문이었다. 김선만은 윤동수와 양득중의 문인으로 확인된다.[29] 윤동수는 서문에서 "반계선생은 경국제세의 재주가 있는 호걸스러운 선비로, 명재 선생이 칭찬하였고, 담계선생은 그분에게 사사를 받았다."는 점을 강조하고 있다.[30] 또한, 『동림서원본지』 '담계선생행적'에 보면, 1712년(숙종 38)에 덕촌 양득중이 담계의 행장을 지었고, 『담계유고』가 간행되었음을 기록하고 있다.[31]

하지만, 현재 국역되어 간행된 『담계유고』(2004)의 '담계선생행장'은 김서경의 생질인 유용령(柳龍齡, 1679~1738)이 근장(謹狀)한 것으로 기재되어 있어 행장을 지은 인물이 누구인지는 불분명한 상태여서 향후 재해석이 필요하다. 또한, 이 『담계유고』에 수록된 '담계공 묘갈명'은 강시영(姜時永)이 짓고, 권영수(權永秀, 1808~1867)가 글씨를 썼다. 강시영은 남인 계열로 철종대 예조판서를 지낸 인물이고, 권영수는 고종대 호조참판을 했던 인물이어서, 이 국역된 『담계유고』는 19세기

---

29 『扶寧金氏侍直公譜族譜』(1960), "選萬 …… 資品甚高志操堅確. 出入於梁德村尹敬菴兩先生之門. 文學大進. 限無留縮之□凶徒應良, 艶公碩望踵門要見公絕而不交盖先知之明也."; 김승대(2018), 「지역학으로서 반계학 연구」, 『한국사상사학』 60, 20면.

30 「澹溪遺稿序」, 『澹溪遺稿』.

31 「澹溪先生行績」, 『東林書院本誌』, "事載梁承旨得中撰狀中有遺稿刊行于世先生卒後三十一年 肅宗辛巳士林追慕配享于磻溪院."

후반에 가필되어 목판본으로 인쇄된 문집으로 생각된다.

> 요사이 건강은 어떠신지 몹시 궁금합니다. 편지를 가져가는 금산(錦山)의 이생(李生)은 이병연(李炳然)의 조카입니다. 반계사우에 초옹(草翁)을 봉안하려 하는데 執事(양득중)에게 제문을 지어달라고 청하고 싶어 저에게 중개해달고 합니다. 멀리서 일부러 왔으니 그 성의가 매우 깊습니다. 사양하지 마시기 바랍니다. 사문(斯文)의 중요한 일을 살피시고, 사림(士林)의 지극한 바램에 부응하시길 빕니다. 병신년(1716)[32]

또한, 1716년(숙종 42)에는 윤동수가 양득중에게 편지를 보내 반계사에 '초옹(草翁)'을 봉안하려고 제문을 요청하는데, 여기서 '초옹'은 아마도 초당(草堂) 김회신(金懷愼)으로 보이는데, 초당은 이후 1789년에 동림서원에 추배된다. 이처럼, 반계사 추배와 『담계유고』 간행에 소론계열 양득중과 윤동수가 관여하고 있는 것으로 보아, 두사람의 문인이자 담계 장손인 김선만이 주도적으로 활동하였음을 생각해 볼 수 있다. 양득중은 1724년(경종 4)에 부안에서 가까운 김제군수를 1년간 역임한다. 이 무렵 자신의 며느리(양순흠의 부인) 집안인 문인 김선만과 종유하였을 것으로 여겨진다.

이와함께, 담계 집안에서 더 주목할 가문으로 안동권씨를 들 수 있다. 김서경의 부인은 안동권씨 권대민(權大敏, 1626~1691)의 딸이다. 권대민은 예조판서를 지낸 권협(權悏)의 증손으로 완주군 용진면 구억

32 「與梁德邨」, 『敬庵遺稿』, "邇來道候如何. 區區仰溯. 此去錦山李生. 卽炳然之姪也. 以磻溪祠宇奉草翁. 欲請祭文於執事. 要弟爲介. 遠儒委來. 其意甚勤. 幸勿辭搆送. 以相斯文之重擧. 以副其處士林之至望. 幸甚. 丙申."

리 출신이다. 권협의 손자로 1679년 전라감사를 역임한 권대재(權大載, 1620~1689)와 같은 집안이다. 특히, 권대재는 허목계열의 청남(淸南)으로 담계를 금오랑(金吾郎)에 천거하기까지 하였다. 또한 같은 안동권문(安東權門) 유회당(有懷堂) 권이진(權以鎭, 1668~1734)은 1730년(영조 6년) 2월 18일에 '배향반계사제문(配享磻溪祠祭文)'[33]을 짓고, 반계를 숭모하며 담계를 반계사에 배향하고 있다.[34] 그는 남인 계열이지만 송시열의 외손이자 윤증의 문인으로 알려져 있다.

반계사에 배향한 제문(配享磻溪祠祭文)
경술년(1730) 2월 18일 배향. 판서 권이진(權以鎭)이 짓다.
반계사 남쪽이여 우리의 도가 함께 하네
문하의 어진이여 어느 누구도 뛰어넘을 수 없으리
효제(孝悌)을 근본으로 삼고 명리 때문에 변하지 않았으며
격물치지와 성의정심 진실로 부지런히 힘썼다네.
기운은 엄숙하고 목소리 온화하니 바로 덕의 표상이고
자신의 있는 힘을 다하여 정자(程子)와 주자(朱子)를 뚫고 올라갔네.
서책에 마음을 쏟아 영정 보며 상상하였네.
『소학』 한 책을 온갖 일 실행함에 이용했다네.
한훤당을 추종하닌 가죽고 살갗이 아니네.
숙도(叔度)는 수(壽)을 누리지 못해 계통을 찾고자 했지만 할 수 없었고
자국(子國)은 드러난 것이 있어 여러 선비들 나아가 본받았네.

33 『東林書院本誌』와 『澹溪遺稿』은 같은 내용이 실려 있다.

34 『澹溪遺稿』 권4, 연보에 '영종대왕 6년 경술(1730년) 사후 49년 2월 18일에 반계사에 배향하다.'라는 내용으로 보아, 같은날 권이진은 담계를 배향하며 제문을 짓고 있음을 알 수 있다.

그 스승에 그 제자라 같은 걸음을 함께 나게셨네.
우리 무리 돌아가 의지하여 자유(子游)를 제사지냈네.
의례상 철식(腏食) 마땅하니 공의(公議)가 모두 모였다네.
길일 택하니 사당에서 의식 성대하네.
반옹(磻翁) 의젓이 임했는데 선생은 그 옆에 있네.
정중히 제기를 진설하여 우리들 화합하고 미쁘길 바라네.

이처럼 반계를 주배향한 반계사는 남인 계열의 사우로서 1693년 숙종 중반에 부안지역의 문화유씨, 나주나씨, 여산송씨를 중심으로 세워졌다. 이후 1711년 숙종 말에 삼우당과 담계를 추가 배향하며 위상이 높아진 반계사는 1737년(영조 13)에 상서면(上西面) 동림(東林)으로 확대되어 자리를 옮겨간 것으로 판단된다. 이는 서원을 이건하면서, 기존의 '반계사', '파산서원'이란 명칭에서 '동림'이라는 지명을 따 '동림서원'으로 불려지기 시작하지 않았나 생각된다.

이건할 당시 서원의 상량문은 생원 유용령(柳龍齡)이 썼다. 〈그림 5〉의 '반계의 부안지역 연혼 및 학맥도'에 보면, 유용령은 담계 김서경의 생질로 확인된다. 유용령의 본관은 반계와 같은 문화유씨(文化柳氏)로, 반계는 하정공 유관의 후예이며, 유용령은 충경공(忠景公) 유량(柳亮)의 후손이다. 유용령은 부안 출신으로 1721년(경종 1)에 부안에서 생원시에 합격하는데,[35] 그의 묘갈명에는 "만년에 동향의 팔진사(八進士)와 더불어 학문을 강론하고, 시도 읊고 풍류도 즐기면서 여생을 마쳤

35 『辛丑聖上卽位增廣別試司馬榜目』, 성균관대학교 존경각; 아버지는 柳塾, 형은 柳龜齡, 柳麒齡, 柳鳳齡이 있다. 부인은 남원양씨 楊洙의 딸이며, 아들이 없자 柳溟을 양자하였고, 딸은 豊壤 趙大鎭과 羅州 羅纘後에 출가하였다.

다."[36]고 기록되고 있다. 앞서 말했듯이, 『담계유고』에 유용룡이 지은 '담계선생행장'이 확인된다. 또한, 『부령김씨족보』(1960)에도 '담계공가장(澹溪公家狀)' 역시 그가 짓고 있으며, 족보의 김서경 부분에서는 '생원 유용령이 행장을 짓고, 유고(遺稿) 2권을 세상에 간행하였다.'고 기록되어 있다.[37]

현재로서는 동림서원이 소산면 파산에서 상서면 동림으로 이건하게 된 구체적인 내용은 알 수 없다. 다만, 김서경의 출생지이고 부안김씨 시직공파 김서경 가문의 집성촌인 동림마을로 서원을 이건하고, 상량문을 쓴 인물이 담계의 생질이자 문인으로 보이는 유용령인 점으로 보아서 담계의 후손을 중심으로 한 부안김씨 가문이 서원 이건에 주도적인 역할을 하였을 것을 판단된다.

특히, 이 시기에는 사산마을에서 반계사 건립을 주도하고, 건립 상량문을 썼던 나경우도 1711년에 죽었고, 삼우당 유문원과 반계의 아들 유하도 이미 죽은 후라서, 더 이상 파산마을에 서원의 입지에 큰 의미가 없었을 것으로 생각된다.

36 「成均生員龍齡芝川進仕公墓碣銘」; 묘갈명은 우암 송시열 直孫이며, 연재 송병선의 嗣孫인 述菴 宋在晟(1902~1972)이 지었다. 유용령의 사당인 晩翠齋는 부안군 하서면 송림길 143-53에 있다.

37 『扶寧金氏侍直公譜族譜』(1960), "瑞慶……生員柳龍齡撰狀有遺稿二卷行于世參議尹東洙撰序文".

4. 동림서원의 변천

1) 초당 김회신의 추배

동림서원이 1737년 상서면 동림으로 이건을 전후한 시점, 조야(朝野)에서는 반계와 『반계수록』의 가치가 날로 높아져 갔다. 1737년 오광운은 『반계수록』의 서문을 썼고, 또한 '반계선생 행장'을 썼다. 한편, 1741년 덕촌 양득중은 영조에게 『반계수록』을 강독하고, 지침으로 삼을 것을 상소하였다. 1747년 담와 홍계희는 영조의 명을 받들어 「유형원전」을 짓고, 1768년에는 따로 묘비문을 작성하고 글씨까지 썼다. 반계가 죽은지 80년 후인 1753년 유형원은 '집의겸진선'으로 추증되었고, 『반계수록』은 결국 1770년에 간행되었다. 성호 이익은 '반계선생전'에서 "뒤에 사림이 의논을 모아 서원을 세우고, 향사를 올리고 있다."고 하면서, 동림서원에서의 반계 배향을 강조하였다.

이러한 결실에는 반계 후손들의 노력도 한 몫을 하였다. 특히, 서울에 살고 있는 반계의 증손인 백흥(伯興) 유발(柳發, 1683~1775)[38]은 성호 이익과 순암 안정복, 약산 오광운 등과의 친분을 토대로, 특히 『반계수록』 간행에 적극 매진하였다.

> 그의 저서 중 『반계수록』이란 책은 왕정(王政)의 대체를 논한 것으로서 바로 성인(聖人)이 나라를 다스리는 도구인데, 대행조(大行朝) 경인년(1770, 영조 46)에 영남 감영에서 간행하도록 하였다. 선생은 당론이 유

38 유형원의 아들 유하의 종손(유응린의 장자)이다. 음직으로 사옹원주부, 수운판관, 제릉 참봉 등을 지냈다.

> 행한 뒤에 태어났는데도 피차의 어느 당 사람들을 막론하고 모두 '반계 선생'이라고 일컬었고, 심지어는 부안의 동림서원에 배향하기까지 하였으니, 그분의 훌륭함을 알 수 있다.[39]

이 유발의 행장을 기록한 순암 안정복은 반계의 업적과, 반계가 동림서원에 배향할 정도의 훌륭한 선생이라는 점을 강조하고 있다. 하지만 반계의 증손 유발은 『반계수록』 간행에는 적극적이었지만, 현재까지 사료상으로 보면 부안 동림서원에 반계를 배향하고 추숭하는 작업에는 그리 크게 관여하지 않았던 것으로 보여진다. 또한, 당시 우반동에 살고 있었는 반계의 손자(응린, 응룡, 응봉, 응붕)들의 반계 추숭 활동도 그리 크게 나타나지 않고 있다. 다만, 고창에 살고 있는 반계의 외손 수촌(壽村) 백시덕(白時德, 1681~1750)은 그의 문집인 『월장보집(越章甫集)』에서 『반계수록』의 가치를 높게 평가하였고, 서울의 유발과 부안에 살고 있는 외사촌 운거(雲擧) 유응붕(柳應鵬, 1681~1743)와 교유하며 지냈다 특히, 백시덕이 지은 '차이희파산서원운(次李喜巴山書院韻)'은 파산서원(동림서원)에 대한 시귀를 쓰고 있어 주목된다.[40]

백시덕이 쓰고 있는 '파산서원'이란 명칭은 이긍익의 『연려실기술』에서도 발견된다. 이긍익은 18세기 전반 부안의 서원을 4개소로 소개하고 있다.[41] 여기에서 파산서원은 계유년인 1693년에 세웠는데, 지금

39 「崇祿大夫行知中樞府事秀村柳公行狀」, 『順菴集』.

40 「次李憙巴山書院韻」, 『越章甫集』, "格致工深造陶鎔澤可施鳳來雖瑞世獜出奈非時王政始經界明誠自愼思立言嘉惠後夢協尊楹儀." 이 시는 李憙가 지은 파산서원에 대한 오언시를 차운한 것으로 공부와 덕을 칭송하는 내용이다.

41 「祀典典故」, 『연려실기술』 별집 제4권, 書院 全羅道 扶安.

의 이름은 동림서원이며, 반계 유형원, 삼우당 유문원, 담계 김서경을 배향하고 있음을 적시하고 있다.

> 道洞書院(嘉靖 甲午建) 金坵(麗平章事 文貞公) 金汝孟(坵子 文翰 學士) 崔秀孫(固窮堂 進士) 成重淹(戊午禍籍) 金錫弘(瓮泉 郡守) 洪翼漢 崔弼成(秀孫 子) 金啓(雪江 參判)
>
> 巴山書院(癸酉建 今名 東林) 柳馨遠(磻溪) 柳文遠(三友堂 進士) 金瑞慶(澹溪)
>
> 柳川書院(肅宗 壬辰建) 許震童(東湘 判官) 金宅三(襲巖 主簿)
>
> 淸溪書院(戊子建) 宋世貞 (道峰 進士) 李承幹(石湖)

또한, 『부안읍지(扶安邑誌)』 서원조에서 "동림서원은 읍 남쪽 15리에 있는데, 유형원의 위패를 모셨고 유문원과 김서경을 배향하였다. 원생(院生)이 15명이며, 아직 사액(賜額)을 받지 못하였다."라고 기록하고 있다. 따라서, 『연려실기술』이나 『부안읍지』에 기록된 동림서원 부분은 최소한 초당 김회신을 추배한 1789년 이전에 작성된 내용으로 판단된다.

1789년(정조 13) 동림서원에서는 초당 김회신을 추가 배향한다. 김회신은 부안김씨로 고려말 문정공 지포 김구의 8세손이다. 〈그림 7〉 가계도에서 보듯이 담계 김서경의 8대조이다. 그는 군사공(軍事公) 김광서(金光敍)의 손자이며, 대호군(大護軍) 김당(金瑺)의 아들로 부안김씨 시직공파(侍直公派) 파조이다. 그의 동생은 김회윤(金懷允(通禮公派))이며, 김회윤의 아들 김직손(金直孫(承旨公派)), 김차손(金次孫(持平公派)), 김후손(金後孫(司直公派))이 부안김씨의 한 틀을 이룬다.

김회신(金懷愼)의 자는 근여(謹汝), 호는 초당(草堂)이다. 부인 신천강씨 강생민(康生敏)의 딸과의 사이에서 아들 김선(金銑(直長公))을 두었다. 그는 양촌 권근의 문인으로 1450년(세종 32)에 진사에, 1460년(세조 6)에 문과에 급제한 후 벼슬이 시강원 시직(侍直)에 이르렀다. 그러나 벼슬에 오래 머물지 않고 낙향하여 거문고와 책을 벗 삼으며 '초당'이라는 집을 짓고 여생을 보냈다고 한다. 세상 사람들은 그를 '초당선생'이라 불렀다고 한다. 그의 부인 신천강씨 집안은 세조에 반대되는 세력으로 아마도 1453년 계유정난 이후 세조의 집권에 반대하는 입장에 있었던 것으로 여겨진다. 초당의 행장은 화담 서경덕의 문인인 박지화(朴枝華)와 태인 출신 한정(閒亭) 김약회(金若晦)가 썼다.

〈도 7〉 扶安金氏 金懷愼 家系圖

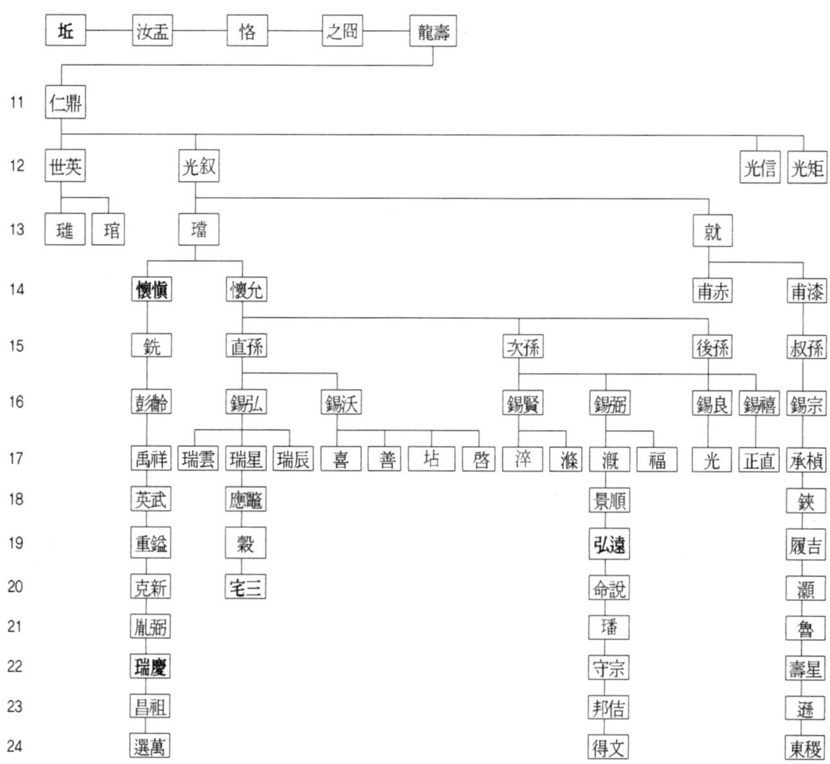

『동림서원본지』의 '초당김선생행적'에 보면, "1789년(정조 13) 관학 및 향당의 유림의 논의 따라 동림서원에 추배하였다."고 적고 있는데, 대체로 담계 김서경의 8대조인 부안김씨 시직공파 파조인 그를 추모하기 위해 문중에서 적극 노력하였을 것으로 보여진다. 또한 당시 부안현감 이우진(李羽晋)[42]이 봉안문(奉安文)과 정향축문(丁享祝文)을 쓰며[43] 추향에 적극적으로 함께 하고 있음을 알 수 있다. 이우진은 노론 시파 계열 인물로 보이는데, 정조 때 지평, 교리, 부안현감을 지내고, 순조 초기 노론 벽파의 공격을 받아 유배갔다가 병조참의까지 오른 인물이다. 이우진은 1791년 부안현감을 마치고 부수찬으로 있으면서, 부안의 검포진과 격포진을 하나로 합쳐 통제하도록 청하기도[44] 할 정도로 부안에 깊은 관심을 가진 인물로 판단된다.

이우진이 부안김씨 시직공파의 담계 가문과 어떤 인연으로 초당에 대한 추배에 적극적을 나섰는지는 현재로서 확인할 바가 없으나, 현직 현감의 적극적인 도움은 동림서원의 성장과 운영에 큰 도움이 되었을 것으로 보여진다.

또한 이보다 조금 앞선 1770년~1771년경 표암 강세황이 쓴 변산 기행록인 「유우김암기(遊禹金巖記)」에도 동림서원이 등장한다. 표암은 부안현 서문(西門)을 나서 너른 부안 평야를 지나 동림서원을 거쳐 청

42 이우진은 1788년(정조12) 9월부터 1791년 5월까지 2년 8개월간 부안현감을 역임하였다.; 이동희(1993),「조선시대 전라도 부안현감의 임용실태」,『전라문화논총』 6, 전북대학교전라문화연구소, 35면.

43 『扶寧金氏侍直公譜族譜』(1960), 25면, "正廟己酉于東林院 縣監李羽晋 製奉安及丁享祝文."

44 『정조실록』, 정조 15년(1791) 8월 10일 임자.

계서원에 이르는 여정을 적고 있다.[45] 당시 그의 둘째 아들 강흔(姜俒)은 부안 현감으로 재직 중이었기 때문에 이 여정이 가능했다.

2) 강당의 창건과 사액서원 청원

『동림서원본지』 '건사실기(建祠實記)'에 의하면, "1794년(정조 18) 3월 3일에 강당이 창건되고, 당시 상량문은 사인(士人) 최진규(崔鎭圭)가 썼다."고 기록하고 있다. 당시 1770년 『반계수록』이 간행되어 배포되어 반계에 대한 위상이 높아졌다고, 1789년 초당 김회신의 추배에 따른 부안김씨 문중의 전폭적인 지원을 있었을 것으로 보이는 동림서원은 부안지역 유림의 중심지 중 하나로 성장한 것으로 보인다.

대체로 서원의 강당은 사당이 맨 뒤쪽에 배치하였고, 유생들이 공부하며 기숙하는 서재, 동재가 그 앞에 있으며, 또 그 전면에 유생들의 강학공간인 강당이 만들어지는 것이 일반적이다. 아직 동림서원터의 발굴조사가 이루어 지지는 않았지만, 강당은 현재 주초석이 있는 사당터로 추정되는 곳에서 남쪽 어느 지점에 위치했을 것으로 판단된다.

이번에 발굴된 『동림서원본지』는 간행년도가 명확히 나와 있지 않지만, 1794년 강당의 창건이 가장 나중 년도로 기록되는 것으로 보아, 강당 건립 시점 후인 19세기 초반 정도에 작성된 것으로 보인다. 특히, '제선생행적'의 순서가 반계 유형원, 초당 김회신, 삼우당 유문원, 담계 김서경 순으로 되어 있고, 제선생의 향사(享祀) 위차(位次)도 이와 동일한 형태로 보여 초당의 추배 후인 이 시점정도에 작성된 서원지로

45 「遊禹金巖記」, 『豹菴遺稿』.

생각된다.

또한, 강당이 창건된 9개월 후인 1794년 12월 29일에는 전라도 유림들 중심으로 한 445명이 동림서원의 '사액(賜額)'을 본격 상소하였다.

> 전라도 유학(幼學) 이유곤(李維坤) 등 445명이 상소한 데 대해, 비답을 내렸다. 상소의 대략에, "삼가 고(故) 유현(儒賢)인 증(贈) 이조 참판 유형원(柳馨遠)이 왕좌(王佐)의 재주를 지녔고 선대 성인의 도를 밝혔으되 재주를 감추고 자취를 숨겨 산림에 은거하며 유묵(遺墨)과 저작을 매몰하여 향기가 다해 가고 소리가 잦아들듯 차츰 사라져 세상에 저절로 드러날 수 없었습니다. 그런데 성조(聖朝)에 와서 특별히 칭찬하여 장려하신 것은 천고에 드문 일이며 저승에 있는 사람에게 곧바로 세 품계나 초자(超資)하여 증직(贈職)하였으니 어찌 조금이라도 여한이 있겠습니까. 그러나 실제로 속에 깊이 간직한 것은 아직 다 드러나지 않았고 시호(諡號)를 내려 주는 은전을 바라는 여망(餘望)이 아직 있습니다. …… 다만 삼가 들으니, 국법에 유현(儒賢)은 자급(資級)을 따지지 않고 특별히 시호를 사급한다고 하였고, 또 삼가 들으니 사우(祠宇)를 두 곳 이상 설치한 곳의 사액(賜額)을 금지하는 조항을 근래에 비록 거듭 밝혔으나 유현의 원우(院宇)를 하나 설치한 곳에도 사액을 허락한다고 하였습니다. 이것은 진실로 지금 조정의 아름다운 뜻이자 사문(斯文)의 성대한 일입니다. 그런데 유형원의 경우에는 사우를 건립한 지 오래되었으나 아직도 편액 내리는 일을 보류하고, 추증이 거듭 내렸으나 아직까지 시호를 내리는 은전이 없습니다. 이는 신등이 미처 챙기지 못하여 그렇게 된 것이지 결코 성상께서 마음이 없어 그리된 것이 아닙니다. 특별히 저희들의 의견을 받아 주셔서 아름다운 시호를 먼저 내려 주시기를 삼가 바랍니다." 하였는데, 비답하기를, "내가 증(贈) 처사 유형원과는 세상에 드물게 생각이 같은 점이 있는데 만나 보지 못한 게 애석하다. 나의 뜻은 관직을 추증

하는 윤음에 모두 다 보였으니 처사가 안다면 그도 원하지 않을 것이다. 이렇게 하는 것이 규례를 뛰어넘어 시호를 내려 주고 격식을 뛰어넘어 편액을 주는 것보다 더 낫지 않겠는가. 너희들은 물러가서 학업을 닦으라." 하였다.[46]

전라도 유학(幼學) 이유곤(李維坤) 등 445명은 『승정원일기』에 자세한 명단이 기재되어 있다. 참여한 인물에 대한 구체적인 성격은 알 수 없으나, 당시 전라도 지역 유림들이 전체적으로 참여하고 있음을 알 수 있다. 이들은 반계 유형원의 위상과 『반계수록』의 가치를 다시한번 상기시키고, 이전의 민유중, 이상진, 허목, 권적, 노사효, 윤증, 양득중, 이간, 이성중, 이익, 김지행, 이지렴 등 명현들의 반계 존숭을 강조하며, 동림서원의 사액과 반계의 시호를 정조에게 간곡히 상소하였다. 정조는 유형원을 세상에 드문 인물로 생각하며, 만나보지 못한 점을 애석해 하면서도 사액과 시호를 내리는 것은 윤허하지 않았다. 정조는 반계의 진가(眞價)를 충분히 이해하면서도, 당시 서원의 남설, 사액(賜額)으로 인한 국가 재정의 어려움 등을 충분히 고려하여 이러한 사액서원에 대한 결정을 유보했을 것으로 생각된다.

숙종대인 17세기 중반 이후 조선 사회는 친족 구성에서 큰 변화를 겪는다고 할 수 있다. 종법제가 정착되면서 부계친(父系親) 중심의 가문의식이 심화되었다. 부계 중심의 족보나 집성촌이 확산되는 추세와 더불어 서원이 문중을 결속하기 위한 하나의 기구로 변신하게 됨은 당연한 일이었다. 입향조나 현조(顯祖)를 제향하는 풍조가 일어나면서

46 『일성록』, 정조 18년 갑인(1794) 12월 29일 임오.

흔히 문중(門中)서원이라 부르지만, 이는 서원이 사회의 요구에 적응하여 변용을 한 조선 서원 특징을 나타난 것으로 할 수 있다.[47]

이러한 측면은 부안지역에서 확인이 되는데, 부안김씨 대종파의 서원으로 볼 수 있는 도동서원, 남인계 반계를 배향하고 부안김씨 시직공파 초당과 담계를 중심으로 한 동림서원, 노론계 서원인 유천서원 등을 들 수 있다.

따라서, 동림서원은 반계 유형원을 주배향한 반계사에 출발한 남인계열 사우에서, 삼우당 유문원과 담계 김서경을 추배하고, 파산에서 동림으로 옮기면서, 부안김씨 문중서원의 성격을 많이 내포하게 되었을 것으로 판단된다. 특히, 초당 김서경의 추배는 더욱 이를 가속화하는 계기가 되었을 것으로 보여진다.

3) 19세기 동림서원의 양상

동림서원은 정조와 순조대를 기점으로 하는 1800년대 이후인 19세기에도 지속적인 활동을 전개하였다. 이러한 사실은 최근에 발굴된 사료를 통해서 더욱 구체화된다. 『재임안(齋任案)』, 『서재유생안(西齋儒生案)』, 『양사재계안(養士齋契案)』은 19세기 동림서원의 양상을 잘 나타내 주고 있는 사료로 평가되는데, 서원의 임원 명단, 유생 명단, 후원 명단이 구체적으로 나타나고 있어 주목된다.

『재임안』은 1836~1849년까지의 7회에 걸친 임원 명부이고, 『서재유생안』은 1845년이 서재 유생 명단 16명을 알 수 있다. 또한 『양

47 정만조(2012), 「호남사림과 부안지역 서원」, 『부안의 유교문화』 학술대회자료집.

사재계안』은 1862년 동림서원 양사재 중창 수계안으로 유생들이 면학을 뒷받침하는 후원 역할로서 재력을 갖추고 계를 운영하고자 노력하는 내용을 담고 있다. 아울러 96명의 계원 명단은 부안지역 사족과 성씨 등을 파악할 수 있는 지역 사회사 연구에 귀중한 자료로 평가된다.

이밖에 19세기 동림서원 관련 고문서는 소략하게 2건 정도가 확인되고 있다. 우반동 부안김씨에서 소장하고 있는 1854년 '동림서원 망기(望記)'와 1867년(고종 4) 동림서원에서 발간한 『부안김씨사마문과록(扶安金氏司馬文科錄)』이다. '동림서원 망기'는 1854년 7월에 동림서원에서 부안현 일도면 당북 중리에 사는 김병헌(金炳憲)을 축관(祝官)으로 추천한 망기이다. 축관은 제사지낼 때 축문을 읽는 사람이다. 김병헌은 현 동진면에 살았던 부안김씨 종중 문인이다. 망기의 내용은 "동림서원청장(東林書院請狀) 축(祝) 김병헌(金炳憲) 갑인중칠월(甲寅重七月) 일(日) 원중(院中)"이라 기재되어 있다.

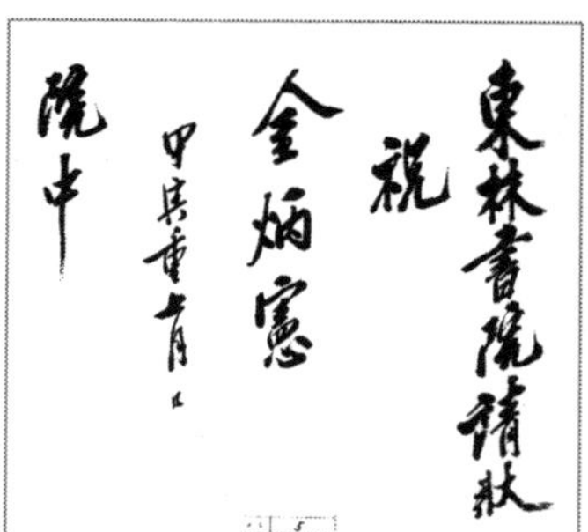
東林書院請狀
祝
金炳憲
甲寅重七月日
院中

〈그림 8〉 '東林書院 望記'
(1854년, 우반 부안김씨 소장)

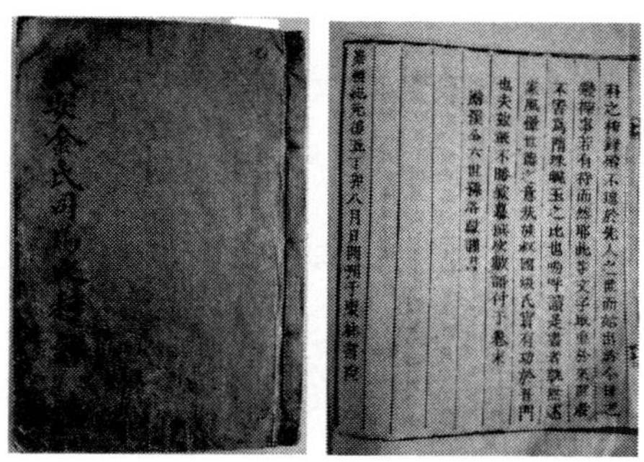

〈그림 9〉『扶安金氏司馬文科錄』
(1867년 동림서원 간행)

또한, 1867년(고종 4) 동림서원에서 발간한 『부안김씨사마문과록』도 주목된다. 1868년(고종 5) 흥선대원군의 서원 철폐령이 내려지기 1년 전에 간행된 이 책자는 목활자본 1책이다. 이 책은 고려, 조선조에 소과 사마시와 대과에 등과하여 국조방목(國朝榜目)에 등재된 부안김씨 선조들을 중심으로 만들어졌다. 부안김씨 종중에서는 1936년 음사륜(蔭仕綸)을 증편하여 『부안김씨과환록(扶寧金氏科宦錄)』으로 재간(再刊)하였다.

이 책의 권두(卷頭)에는 김양묵(金養默, 1805~1871)이 쓴 서문이 있고, 권말에는 '숭정기원후오정묘팔월일간행우동림서원(崇禎紀元後五丁卯八月日開刊于東林書院)' 간기(刊記)가 써 있는데 발문은 김낙헌(金洛獻, 1827~1881)이 썼다. 서문을 쓴 김양묵은 부안김씨 지평공파 김차손(金次孫)의 12세손이며, 농암(聾巖) 김택삼(金宅三, 1619~1703)의 7세 방손이다. 김택삼은 부안 유천서원에 배향된 인물로 우반동의 반계와 종유하였다. 그는 반계에게 "일이 지나간 뒤에 스스로 반성하여 병이 없으면 마음에 편안함을 얻을 수 있지만 조금이라도 불안함이 있으면 그 일은 반드시 의리에 맞지 않는 것이다."라고 말하자 반계가 이 말에 매우 탄복하였다고 한다. 저술로는 『농암유고』가 있다. 농암은 송시열의 문인으로 현재 순창에 있는 묘소 밑에는 우암이 쓴 암각서가 남아 있다. 이상(李翔), 이숙(李䎘), 이민서, 김수항, 민유중, 민정중, 박세표, 이상진, 이경억, 김여흠, 송광연 등 당대 명인들과 교유하였다. 특히, 농암은 우봉이씨와 연결되어 유천서원을 노론 계열의 서원으로 분류할 수 있다. 김양묵은 호는 서명(西溟), 문과에 급제하여 사간원 정언, 사헌부 장령 등이 관직을 지냈고, 조만영, 조인영 등과 교유하였다. 김양묵은 부안김씨 출신의 과거 급제자의 명단을 총망라한 책의 서문을 쓴 것으로 보아 당시 부안김씨를 대표하는 인물로서 평가된다. 그는 이 책의 서문을 쓴 다음해인 1868년(고종 5)에는 『부안김씨세보(扶安金氏世譜)』 3책를 저술하기도 하였다.

김낙헌은 '담계공육세손낙헌근서(澹溪公六世孫洛獻謹書) 김낙헌(金洛獻)'으로 책 끝에 표시되어 있는 것과 같이 담계 김서경의 6세손이다. 그는 동림서원이 있는 동림마을 출신으로 동림서원에서 이 책이 발간되는데 그 역할을 한 것으로 여겨진다. 그의 호는 상학재(尙學齋)이고, 노사(蘆沙) 기정진(奇正鎭)과 종유하였다.

이와같이 『부안김씨사마문과록』은 현재까지 동림서원에서 서적을 간행한 유일한 자료로 평가된다. 또한 훼철되기 1년전에 동림서원 부안김씨 문중서원의 성격을 띄고 있음도 확인할 수 있겠다.

이처럼 19세기 동림서원의 다양한 모습은 부안지역의 사회사를 이해하는 중요한 사료로 판단된다. 다만 서원이 가지는 사림(士林)을 위한 강학(講學)과 장수(藏修), 제향(祭享)의 본질적인 기능이 조금이 쇠퇴하고 있는 듯한 성격도 내포하고 있다. 초기 반계를 주배향하며 군자를 지향하는 부안 유림들의 인격완성에 초점이 맞춰진 부분에서 후대로 오면서 부안 향촌사회의 문중 서원적인 성격으로 변모하는 일면도 확인되고 있기 때문이다. 하지만, 동림서원의 위상에 비해 사액과 시호가 내려지지 않고, 서원의 운영에 대한 제반 뒷받침이 어려운 상황에서 이루어진 한계점이 크다 할 것이다. 결국 동림서원은 1868년(고종 5) 서원 철폐령으로 역사 속에 사라져 갔다.

4) 서원 철폐 후 남겨진 유산

동림서원은 현재 훼철 된 후 그 터만 남아 있다. 부안군 상서면 가오리 907번지 일대에 소재하는 이 터에는 현재 주춧돌과 2기의 기념비만 확인된다. 옛 서원이 있던 곳이라 원촌마을로 불리는 이 곳은 변산 자락 동북쪽 우금산성 북쪽에 소재한다. 또한, 동쪽으로 뻗은 산줄기 끝자락에 위치한 동림서원에서 앞으로 툭 터진 상서 들녘을 3km 남짓 지나면 사산마을과 파산마을의 반계사 옛 터가 자리한다. 마을 어귀에서 원촌길로 접어들면, 원촌길 중앙부에 서원터는 자리한다. 원촌길 왼쪽으로 끝가지 올라가면 담계 김서경을 모신 사당과 묘갈이 나오고, 산 뒷자락에 담계의 묘소가 자리한다.

〈그림 10〉 동림서원터 원경(下), 김서경 묘소(上)

동림서원터에 남아 있는 주초석은 현재 약 10기 정도가 있다. 대지 위에 조성된 주초석과 방형의 석재 유구로 보아 정면 3칸, 측면 3칸의 건물이 있었던 것으로 보인다. 정면의 주칸거리는 각 210㎝, 측면의 주칸거리는 중앙 220cm 전후 각 150cm로 보인다.[48] 건물의 규모와 이 터 위에 기념비가 있는 것으로 보아 동림서원의 사당이 있던 유구로 추정된다. 사당은 서원의 맨 뒤쪽에 배치한 공간으로 파산마을의 '반계사' 형태가 그대로 이전했는지는 알 수가 없다. 그 앞으로 있는 민가와 도로 부분은 유생들의 학문과 기숙의 공간인 서재, 동재가 있었을 것으로 보인다. 또한 1794년에 창건된 강당은 〈그림 10〉의 아래 방향의 공간에 위치했을 것으로 비정된다.

사당 건물로 추정되는 주초석과 방형 석재의 한 가운데 2기의 기념비가 세워져 있는데 1908년, 1939년에 각각 세워진 '동림서원 사현(四賢) 유허비'이다. 1908년 무신(戊申)에 세워진 기념비는 높이 110㎝, 너비 43㎝, 폭 14㎝의 규격으로 마모가 심한 상태로 글씨을 확인하기 어렵다. 탁본을 통해 내용을 확인할 수 있는데, 정면에는 '동림원향사현유허비(東林院享四賢遺墟碑)'라 석각이 되어 있고, 좌측면에는 '戊申五月十三日 都有司 金□植 有司 金烔泰'라고 쓰여 있다. 1939년 기묘(己卯)에 세워진 기념비는 높이 137㎝, 너비 52㎝, 폭 22㎝의 규격으로 1908년 기념비보다 상대적으로 큰 형태이다. 탁본을 통해 내용을 확인할 수 있는데, 정면 가운데는 '동림서원향사현유허비(東林書院享四賢遺墟碑)'라 쓰여 있고, 좌로는 '반계유선생(磻溪柳先生) 담계김선생(澹溪金先生)' 우로는 '초당김선생(草堂金先生) 삼우당유선생(三友堂柳先

48 『부안군지』(1991), 1011면(東林書院址).

生)'이라 석각이 되어 있다. 좌측면에는 '을묘삼월(己卯三月) 일(日) 립(立)'이라고 쓰여 있고, 후면에는 '四先生書院遺墟改竪碑也 後裔合議今又未能雖緣勢使追習前日能不□□把筆至此 草堂金先生十六代孫烱泰根識'이라 새겨져 있다.

〈그림 11〉 동림서원터 전경

〈그림 12〉 동림서원 '四賢遺墟碑'(1908, 1939년)

이를 통해 부안지역의 후학들이 주도가 되어 동림서원이 철폐되고 40년이 지난 1908년에 1차로 유허비를 세우고, 그로부터 다시 31년후인 1939년 일제강점기에 2차로 유허비를 세우고 있음을 알 수 있다. 특히, 두 번에 걸친 동림서원 유허비 건립에 참여한 인물로 김형태(金烱泰, 1878~1938)임이 확인되는데, 그는 호는 강재(剛齋), 초당 김회신의 16대손이자, 담계 김서경의 8세손이며, 앞서 본 1867년(고종 4) 동림서원에서 발간한 『부안김씨사마문과록(扶安金氏司馬文科錄)』의 발문을 쓴 김낙헌의 손자이다. 따라서, 1939년 유허비 후면에 써 있는 기록과 같이 동림서원에 배향되었던 사현(四賢)의 후예가 합의하여 비석을 건립하고, 동림서원을 기억하는 추숭의 자리는 마련하지 못한 것으로 보인다. 이는 파산에서 동림으로 서원이 이전하고, 초당을 추배한 이래 부안김씨 시직공파 종중 중심의 문중 서원적 성격이 후대에 이르러 더욱 커졌고, 이러한 상황이 서원이 훼철된 이후에도 지속되고 있음을 짐작해 볼 수 있다.

동림서원이 있는 원촌의 서북쪽에 위치한 곳에는 담계 김서경을 배향한 사당인 '영모재'가 있고, 사당 앞에는 담계 김서경의 묘갈이 세워져 있다. 1924년에 세운 이 묘갈은 『담계유고』에 수록된 '담계공묘갈명'(姜時永 撰, 權永秀 書)의 내용이 확인된다. 이 사당의 뒤편에는 담계 김서경의 묘(가오리 산 55-1)가 있다. 이 묘역 내에는 그의 아버지 김윤필, 동생 김서정, 아들 김창조, 후손 김낙헌 등의 묘도 함께 있다.

5. 남겨진 과제

본 연구는 『동림서원지』 등의 고문서 발굴을 통해 유일하게 반계를 배향한 서원이었던 동림서원의 건립 배경과 변천, 그리고 오늘날의 과제에 대해서 논의해 보고자 하였다. 본고를 통해 향후 본격적으로 연구해야 할 과제를 몇가지 제언하자면 다음과 같다.

첫째, 이번에 발굴된 『동림서원지』 등에 대한 본격적인 연구이다. 먼저, 이를 위해서는 4책 90면으로 된 이 고문서에 대한 번역작업이 선행되어야 할 것이다. 아울러 반계와 반계의 문인, 교유인물로 확인되는 반계학단에 대한 연구와 논의가 지속적으로 필요하다고 생각한다. 이를 위해서 부안지역 등 관련 문헌의 심층 조사, 유적 조사 등이 가일층 요망된다.

둘째, 반계사와 파산서원에 대한 위치 비정과 유적 조사가 필요하다. 1693년(숙종 19)에 건립된 반계 사당인 반계사는 일명 '파산서원'으로 불렸다. 반계의 고제인 유문원이 살았던 사산마을의 지근거리에 있었다. 당시 기사환국 직후 남인이 정권을 잡고 있던 시기에 건립된 반계사는 사림들의 반계 배향의 중심공간이었다.

셋째, 동림서원 관련 본격적인 고증 연구와 문화재 지정에 대한 검토이다. 『부안군지』(1991)에는 동림서원과 관련된 고문서가 이번에 발굴된 사료 이외에 심원록(정유 3월), 담계선생유고, 열휴당유고, 담계가장, 성학십도, 담계선생문집, 담계선생묘갈 등이 더 있었던 것으로 기록된다. 따라서, 관련 고문서를 시급히 찾는 작업이 요청된다. 또한 이러한 심층적인 문헌 고증조사와 아울러 현 동림서원터에 대한 발굴조사도 필요하다. 사유지에 따른 학술발굴조사의 한계성은 있으나, 기초적인 지표조사, 개략적인 시굴조사를 통해 동림서원지의 전체 규모를 확인하는 작업이 중장기적으로 요망된다. 이 부분은 동림서원터의 문화재 지정과도 연계된다. 반계를 배향한 유일한 서원이자 기초 유구 등의 문화재적 가치를 보유한 동림서원의 특성을 충분히 고려한 문화재적 가치의 여부의 검토가 필요하다.

넷째, 동림서원의 가치 활용방안에 대한 검토이다. 부안은 반계와 관련된 선명한 유적지로 우반동의 반계서당(반계유적지, 전라북도 기념물 제22호), 반계고택지가 있으며, 동림마을의 동림서원지, 문인 김서경 묘소 등이 있다. 또한 반계와 교유한 사산마을 송시추 묘소, 석동산 자락에 나용보 묘소 등이 있으며, 반계 소유의 상서농장터, 동진농장터 등도 확인되고 있다. 우반동 전체는 반계의 삶의 공간이고, 변산은 반계의 휴식 공간으로서 훌륭한 문화자산이다. 특히, 『반계유고』에는 우반동, 변산에서 읊은 시귀와 송시추, 나용보, 권극중 등과 교유했던 시귀 등도 확인되고 있는데, 이러한 문화콘텐츠를 활용한 '부안의 반계길', 반계 유적지 답사 등 사료와 문화유적을 연계한 가치활용을 충분히 검토해 볼 수 있겠다.

참고문헌

『東林書院本誌』, 『東林書院齋任案』, 『東林書院西齋儒生案』, 『東林書院養士齋契案』 『磻溪隨錄』, 『澹溪遺稿』, 『敬庵遺稿』, 『眉叟記言』, 『順菴集』, 『燃藜室記述』, 『青霞集文集』, 『豹菴遺稿』.『越章甫集』, 『扶安邑誌』, 『咸悅縣邑誌』, 『扶安金氏司馬文科錄』

『扶寧金氏侍直公譜族譜』(1960). 『羅州羅氏大同譜』(1984). 『文化柳氏夏亭公派譜』(2005).

『고문서집성2 -부안 부안김씨편-』(1998), 한국정신문화연구원).

『부안 땅 이름』(2016), 부안문화원 『부안군지』(1991).

김서경 저·박완식 역(2004), 『國譯 澹溪遺稿』, 담계선생문집간행회.

유형원 저·임형택외 역(2017), 『반계유고』, 창비.

김승대(2017), 「반계 유형원의 가계 분석」, 『한국실학연구』 34, 한국실학학회.

김승대(2018), 「지역학으로서 반계학 연구」, 『한국사상사학』 60, 한국사상사학회.

김승대(2018), 「부안지역 유교문화유산의 현황과 과제」, 『한국사상과 문화』 95, 한국사상문화학회.

김승대(2020), 「덕촌 양득중의 가계와 추숭에 관한 연구」, 『양명학』 58, 한국양명학회.

이동희(1993), 「조선시대 전라도 부안현감의 임용실태」, 『전라문화논총』 6, 전북대학교전라문화연구소.

이동희(2017), 「부안지역 반계 유형원 유적보존과 지역문화 활성화 방안」, 『한국실학연구』 34, 한국실학학회.

이형성(2015), 「반계 유형원의 저술 재검토와 후학의 관련자료 고찰」, 『한국사상과 문화』 79, 한국사상문화학회.

이형성(2016), 「담계 김서경의 반계학 계승과 경세의식」, 『퇴계학논총』 27, 퇴계학부산연구원.
정구복(2017), 「반계 유형원의 학문세계와 그 영향」, 『한국실학연구』 34, 한국실학학회.
정만조(2012), 「호남사림과 부안지역 서원」, 『부안의 유교문화』 학술대회자료집.

지역학 저변을 통해 본 반계 유형원

–남겨진 관련 유적을 중심으로

김승대

전북도청 학예연구관

1. 머리말

조선후기 실학자 연구에 있어 지역과 연계한 지역학의 저변을 폭넓게 확장하려는 연구는 다양하게 전개되고 있다. 대표적인 연구로는 부안 일원의 반계 유형원, 안산 일원의 성호 이익, 강진 일원의 정약용, 천안 일원의 담헌 홍대용 등을 들 수 있다. 아울러 실학연구의 심층적인 저변 확대를 위해 '근기실학', '호남실학'의 광의적인 지역적 범주에 대한 논의도 외연을 확장하고 있는 추세이다.[1] 특히, 최근들어 반계 유형원이 『반계수록』을 저술하며 국가 개혁을 꿈꾸었던 부안 우반동을 중심으로 한 지역학적 차원의 '반계학' 연구가 본격화되고 있다.[2]

1 정성희(2017), 「근기실학과 반계 유형원」, 『온지논총』 50, 온지학회; 하우봉(2018), 「호남실학의 전개양상과 성격」, 『한국실학연구』 36, 한국실학학회.

2 이동희(2017), 「부안지역 반계 유형원 유적보존과 지역문화 활성화 방안」, 『한국실학연구』 34, 한국실학학회; 김승대(2018), 「지역학으로서 반계학 연구」, 『한국사상사학』 60, 한국사상사학회; 김승대(2020)b, 「부안 동림서원의 건립과 변천에

필자는 본고에서 '반계학' 연구의 필수적인 요소라 할 수 있는 반계 유형원의 유적에 초점을 맞추고자 한다. 특히, 반계와 관련된 삶의 현장이자 공간으로서 반계 유적의 중요성을 재조명하고 이를 부각해 연구하는데 그 주안점을 두고자 한다. 따라서, 그동안 부안 지역 중심의 반계학의 지역학적 접근에서 좀더 외연을 확장하고자 그가 태어나고 자란 서울, 세거지를 옮겨 살았던 경기, 반계 연구의 활동 반경이 미치는 그 밖의 충청, 경상 일대까지 지역적 범주를 넓혀 연구를 진행하였다. 이러한 전국적 범위의 지역학적인 외연 확장은 반계학 연구의 다양한 플랫폼 설정과 문화콘텐츠 활용 차원에서 향후 크게 주목될 수 있을 것으로 기대된다.

본고에서는 이러한 기초작업의 일환으로 반계 관련 유적을 지역학 저변의 확대 차원에서 접근해 보고자 한다. 첫째, 서울, 경기 지역의 유적은 과천·연천·포천 등을 포함한 서울 일원과 지평·여주·죽산 일대, 둘째, 전라도 부안 일대의 유적은 우반동과 부안 일원, 부안 인근 호남 지역, 셋째, 충청, 경상 지역의 유적을 구체적으로 살펴보고자 한다.

2. 서울, 경기 일대의 유적

1) 서울 일원

서울 일원의 유적은 소정릉동, 과천 삼현, 광주 세촌, 비우당, 파주

대한 연구」, 『한국실학연구』 40, 한국실학학회.

이광정 유적, 연천 미수 허목 유적 등을 들 수 있다. 반계의 52년 생애 중에 32세부터의 후반기 20년을 부안 우반동에서 살았다면, 삶의 전반기 30여 년의 대부분은 서울이었다. 그만큼 반계의 출생과 생장의 중심 공간으로서 서울 지역에 대한 무게는 크다. 유형원은 1622년(광해군 14) 1월 21일 丑時에 서울 서부 소정릉동의 큰 외숙 태호 이원진의 집에서 태어났다. 소정릉동은 현재 서울 중구 정동의 덕수궁 일대이다. 「수선전도(首善全圖)」에 보면 한성부 서부 황화방 일대의 大貞洞(대정릉동), 小貞洞(소정릉동)이 확인되는데, 소정릉동은 소정동 일원으로 현재 덕수궁 뒤편 서울시의회 인근 지역으로 추정된다.

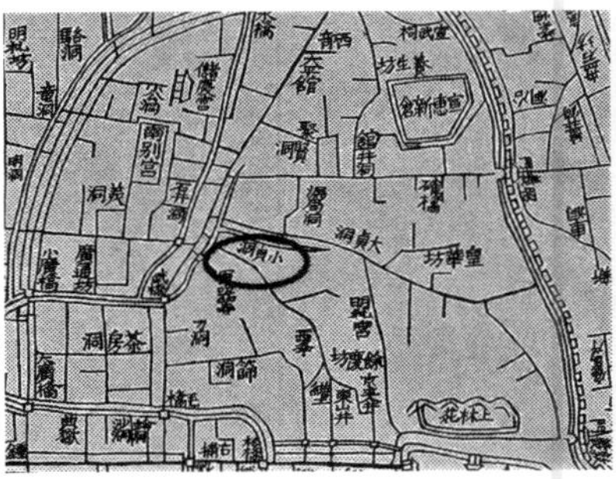

〈그림 1〉「수선전도」 황화방 소정동 일원
(반계 출생지)

〈그림 2〉 소정릉동 추정지
(서울 중구 정동 덕수궁 인근)

소정릉동은 반계의 외증조인 이상의(李尙毅, 1560~1624)의 호가 소릉(少陵)인 것과 무관치 않다. 이상의는 여주이씨 중시조로 추앙받는 인물이다. 그가 죽기 2년 전에 자신의 집에서 반계가 태어난 것으로 보인다. 소릉의 아들이자 반계의 외조부 이지완(1575~1617)은 반계가 태어나기 4년 전에 이미 죽었다. 외가에서 태어난 반계는 2살 때인

1623년(인조 즉위년) 8월에 아버지 유흠(1596~1623)이 역모에 연루되어 옥사하고, 3세 때에 외증조 소릉까지 죽자, 실제적으로 외숙인 이원진이 아버지와 같은 역할을 했을 것으로 여겨진다. 반계의 외조부인 이지완은 형조판서를 지냈고 시문에 능하여 1606년 중국 사신 주지번이 왔을 때 허균, 이호민과 함께 접반했던 외교적 경륜의 소유자였다.

또한, 반계의 스승인 외숙 이원진(1594~1665)은 실사구시적인 학문의 전통을 유지해 온 여주이씨 가학의 후계자였다. 이원진은 다시 당질인 성호 이익에게로 가학을 전했고 기호남인의 학문 전승을 잇는 가교 역할을 한 인물로 평가된다. 태호는 1630년(인조 8) 문과에 급제, 순천부사, 동래부사를 거쳐 1653년(효종 4)에는 제주목사로 부임해 『탐라지(耽羅志)』를 편수하였다.[3] 태호는 다음해 벼슬에서 물러나 경기 광주진(光州鎭) 태호(太湖) 둔지(芚地)에 집을 짓고 '태호어은(太湖漁隱)'이라 자호(自號)하였다.[4] 이후 1665년(현종 6) 소정릉동 집으로 돌아와 죽는다. 그의 묘소는 임진강가인 삭녕군(朔寧郡) 부압산(鳧鴨山(현 북한 철원군))에 소재한다. 성호는 「반계선생전」에서 반계의 학문적 연원을 이원진에게 두고 있다.[5]

반계는 어린 시절을 소정릉동에서는 보낸 것으로 보인다. 그는 1626년(인조 6) 5세 때부터 외숙 이원진과 고모부 김세렴에게 수업을 받았다. 1631년(인조 9) 10세 때에는 토론을 하다가 두 스승이 반계에게

---

3 『星湖全集』 67권, 「從祖叔父太湖公行錄」.

4 『東國輿地誌』 2권, 京畿 左道 廣州鎭; 둔지는 현 하남시 선동 지역으로 미사리 한강변 일원이다.

5 李瀷, 「磻溪先生傳」.

감탄하며, "옛날에도 이런 사람이 있었을까? 유씨 가문이 뒤가 좋겠구나."라고 말했다.[6] 1633년(인조 11) 12세 때에는 「동해부(東海賦)」 수백 구를 지었는데, 택당(澤堂) 이식(李植, 1584~1647)이 이를 기특하게 보았다.[7]

반계는 1636년(인조 14) 15세 때에 병자호란을 겪으면서 혹독한 어려움에 직면해, 12월에는 조부모, 어머니, 두 분의 고모를 모시고 원주로 피난하기도 했다. 이무렵 이원진은 순천부사로, 김세렴은 일본에 통신사 부사로 각각 나가 있었다. 또한 이 해 3월에는 할아버지 유성민이 우반동 토지를 김홍원에게 매매하는데, 이때 증인으로 반계의 수결도 문서에서 확인된다. 유성민은 1612년(광해군 4) 이래 부안 우반동에 농장을 경영[8]하면서 서울을 자주 왕래하였다. 반계 연보에는 1637년에 유성민이 부안으로 내려가 살았으며, 반계 역시 조부를 뵙기 위해 부안에 왕래하였음을 기록하고 있다. 18세 때인 1638년(인조 16)에는 철산부사 심항(沈閌)의 딸과 혼인하여 가정을 꾸렸다. 이후 1642년(인조 20) 21세 때에는 지평현 화곡리에 있는 증조부 유위의 묘소 아래로 옮겨가 살았고, 다음해에는 여주 백양동으로 옮겨 살기도 했다. 이처럼 반계의 유년시절은 외가인 소정릉동에서, 생장기인 15세 이후에는 가장으로서 가족을 이끌고 원주, 지평, 여주 일대로 옮겨 가며 살았다.

반계의 20대 삶도 순탄치 않았다. 23세 때인 1644년(인조 22) 7월에는 할머니 이씨가 죽었고, 다음해에는 지우(知友) 이가우가 죽는다. 27

6 安鼎福, 「磻溪先生年譜」.

7 柳載源, 「磻溪先生言行錄」.

8 한국정신문화연구원(1983), 『扶安金氏愚磻古文書』, 176~177면.

세 때인 1648년(인조 26) 4월에는 어머니 이씨의 상을, 30세 때인 1651년(효종 2)은 할아버지 유성민마저 죽는 아픔을 겪는다. 이처럼 반계는 유년시절과 생장기에 겪었던 아버지의 억울한 옥사, 할머니·어머니·할아버지의 연이은 죽음, 병자호란 이후 명·청 교체의 거대한 물줄기 앞에서 반계가 택한 삶의 지향점을 은일과 치유, 그리고 또 다른 개혁의 준비였다. 그는 이무렵 전국을 유람하며 이러한 울분을 달랬는데, 이가우와 산천을 답사하였고, 동명 선생의 임지인 함흥, 외형 조송년의 임지인 金山, 금강산, 호서·호남 등 전국을 유람하였다. 특히, 그는 이 시기 풍수설에 많은 관심을 보여 선조들을 여주(유성민), 죽산(유흠) 등에 장사하였고, 산천을 두루 살피고 세상을 피해 숨을 만한 곳을 찾았다. 마침내 반계는 조부의 3년상을 마친 1653년(효종 4년) 32세 겨울에 부안현 우반동으로 결정하고 이사한다.

> 공은 젊었을 적부터 옆으로 풍수설에 통하여 죽산·여주 등지에 선조들의 장지(葬地)를 얻어 장사를 다 잘 마쳤다. 이후로 다시는 풍수설에 관심을 두지 않았다. "근래에는 산천을 보아도 예전과 같은 생각은 다시 일어나지 않는다." 한편으로 공은 웅도(雄都)·대읍(大邑)·거방(巨防)·명성(名城)을 두루 돌아 다녀보고, 각기 연혁과 개수(改修) 방도에 대해 기록하였다. 또 풍속·물산·인재·도덕 등에 대해 두루 물어 기록하여 충효와 학행을 지닌 선비가 후세에 한명이라도 민멸되는 일이 없도록 힘썼다. 토지의 비옥도, 산천의 험이(險夷), 별자리의 소속, 고금의 자취에 대해 한 가지라도 빠뜨리는 일이 없었으며, 팔도를 주유하고 유적을 방문하여 알게 된 사실이 있으면 종이에 기록하기도 하고 직접 실행해보기도 하였다.[9]

9 柳載源,「磻溪先生言行錄」.

반계는 부안 우반동으로 내려온 이후에도 서울을 자주 왕래했다. 연보를 보면 36세 때인 1657년 봄, 37세 때인 1658년 지우 정동직의 장례, 39세 때인 1660년 장녀와 정동직의 아들 정광주의 혼인 등에서 확인된다. 특히, 41세 때인 1662년 11월에는 서울 정릉동에 머물며 『중흥위략(中興偉略)』을 집필하였는데, 이 정릉동이 반계의 외가인지, 본인의 서울 집이었는지 명확하지 않는다. 44세 때인 1665년에는 이원진의 장례에 참석하였고, 1667년에도 서울에 올라왔던 기록이 확인된다. 『반계유고』에는 '동작나루를 건너며(渡銅雀)', '한강에서 누구에게 줌(漢上有贈)', '서울을 떠나 한강에 이르러 거경에게 부치다(出京至漢江, 寄擧卿)', '서울의 벗에게 부치다(寄京中親友)', '서울에서 나와 한강을 건너며(出京渡漢江有作)', 戴恩亭에서 벗들과 작별하고 떠나며(戴恩亭留別諸益) 등의 시구를 통해 서울을 왕래하며 읊은 내용도 확인된다.

또한, 반계는 서울 지우인 정동직, 배상유와 사돈으로 인연을 맺어 장녀와 장남을 각각 혼인시켜 각별한 관계를 유지하였다. 1658년 봄에 '대은정에서 벗들과 작별하고 떠나며' 시구에 보면 한강에서 배를 타고 부안으로 떠나면서 권영숙(權永叔), 이자응(李子膺), 이자인(李子仁), 황성구(黃星耉), 정언숙(鄭言叔) 등의 친구들과 작별을 했는데, 서울에 사는 반계 벗들의 면모를 확인할 수 있다. 특히, 절친한 벗인 영숙(永叔) 권수(權脩)는 부인 풍산심씨의 고종사촌이었다. 그는 미수 허목의 문인으로 숙종때 황해감사를 지냈다. 『반계유고』에는 권수와 관련해 '두 벗을 생각하며(憶兩友)', '권영숙에게(酬永叔, 兼柬文翁) 등의 시구가 기재되어 있다. 또한 숙옥(叔玉) 허순(許珣)과의 편지, 동국지지(東國地志)에 대해 논한 진사(進士) 박자진(朴自振(겸재 정선의 외조부)) 등 서울 선비들과 교유도 확인된다.

반계는 1651년 5월에 유성민이 죽자 서울을 떠나 과천현(果川縣) 삼현리(三峴里)에 우거하며 상을 마칠 때까지 이 곳에서 지냈다.[10] 이를 통해 부안 우반동 이전 반계 집안의 중심 공간도 확인할 수 있다. 과천 삼현은 관악산 아랫자락으로 과천 읍내에서 관양동(冠陽洞) 사이에 고개가 셋이 있어서 삼현이라 불린 곳으로, 현재 경기도 안양시 동안구 관양 1동 지역으로 보인다.[11] 이 곳은 반계의 고조 유충록의 묘소(果川西二十里三峴里壬坐)가 있던 곳이다.

과천은 반계가 부안으로 이사가기 전인 1653년 12월까지 3년간 살았던 곳이다. 이 무렵 이 곳에서 음운서인 『정음지남(正音指南)』을 짓고, 『반계수록』을 처음 쓰기 시작했다. 또한 반계는 이 무렵 할아버지 상을 치르며 폐병이라는 평생 지병을 얻게 된다. 반계는 삼현 뒤편의 관악산 정상 영주대를 자주 왕래하기도 했다.[12]

연보에는 26세 때인 1647년에 "금천(衿川) 안양동(安養洞)을 유람하고 불사비(佛師碑)[13] 뒤에 글을 썼다"는 기록이 있다. 이 내용은 『반계유고』에 실린 '삼막사(三幕寺), 택휴(擇休) 스님에게(三幕寺, 贈僧擇休, 丁亥)'[14] 쓴 시구와 일치하는 시기이다. 아마도 자신의 농장이 있는 삼

10 梁暹, 「磻溪先生行狀」; 金瑞慶, 「磻溪先生行狀」.

11 반계 12대 종손인 유창현 선생님은 반계의 현손인 柳明渭(포천군수)부터 柳珣(진사)-柳運祥-柳興永까지 과천 삼현에 거주하며 묘역이 있다가, 高祖代에 김포로 이주하였다고 증언하고 있다.; 『문화유씨하정공파보』(2002), 회상사.

12 『반계유고』에 보면, '관악산 연주대(遊冠岳山靈珠臺, 遊仙詞)' 반계는 6촌 처남이 되는 松亭翁 沈言과 관악산을 함께 유람한 내용들이 확인된다.

13 이 불사비는 현존하는 '삼막사 사적비'(경기도 유형문화재)일 개연성이 크다. 사적비는 원효, 도선, 나옹, 무학 등의 역대 고승들과 연관된 사찰의 내력을 적시하고 있으나, 비문의 마모가 심해 판독이 어려운 부분이 있다.

현에 자주 왕래하며 남긴 기록으로 보인다.

〈그림 3〉 반계 유형원 가계도

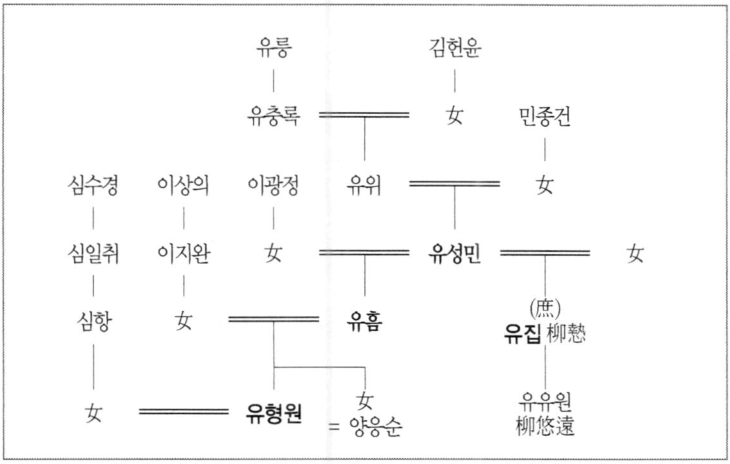

과천 삼현은 반계의 경기도 농장이 있었던 곳으로 추정된다. 반계 연보, 행장(오광운 찬, 김서경 찬)에 보면 "누이 하나가 서울에 살고 있었는데, 의식을 함께 하지 못함을 한스럽게 여기고, 경기도 농장에서 거둔 곡식을 누이에게 주어 생활하도록 했다."는 기록이 확인된다. 여기서 누이는 양응순의 처로 서울에 거주했고, 생질인 양섬 등이 반계 문하에서 수학했던 것으로 보여진다.

특히, 이 곳 과천은 반계의 숙부 유집(柳慹)과 연관된다. 유집은 1765년(영조 41)에 간행한 『문화유씨족보』에 유성민의 서자(庶子)로

14 원제는 "三幕寺 속의 聽天相公의 시에 차운하여 택휴 스님에게 준다"이다. 삼막사는 冠岳山과 이어진 三聖山에 있는 유서깊은 사찰이다. 청천상공은 반계의 부인인 풍산심씨의 증조인 沈守慶이다.

아들은 유유원(柳悠遠), 사위는 이휘직(李輝稷)으로 확인된다. 1631년(인조 9)에 출생한 유집은 1684년(숙종 10) 『갑자식년사마방목(甲子式年司馬榜目)』에 생원시에 합격했으며, 1631년(인조 9) 출생했고, 자는 집중(執中), 거주지는 과천으로 확인된다. 유집은 반계보다 9살이 어린 숙부이다. 『반계유고』에서는 '한강에서 집중 숙부를 전송하여(送執中叔)'라는 시구를 통해서도 확인된다.

광주(廣州) 세촌(細村) 유적은 선대 묘소와 연관된다. 이 곳의 현 주소는 성남시 수정구 복정동 산 20번지에 위치한다. 이 곳에는 하정공 유관의 3째 아들인 유계문(반계의 8대조), 유조(반계의 7대조), 유담수(반계의 6대조), 유릉(반계의 5대조)의 묘가 현존한다.[15]

반계의 9대조 하정공 유관의 옛 집은 서울 종로구 창신동 9-471에 소재한 '비우당(庇雨堂)'이다. 비가 새서 방안에서 우산을 쓰고 백성을 걱정한 그의 청빈함을 대변하는 곳으로 유명하다. 특히 이 곳은 그의 외손인 지봉 이수광이 이 곳에 살면서 『지봉유설』을 저술한 곳으로도 잘 알려져 있다. 아울러 반계의 증손인 유발(柳發, 1683~1775)은 서울의 도저동(桃楮洞)에 살았다. 유발의 호는 수촌(秀村), 온릉참봉, 수운판관, 판중추부사, 오위장 등을 역임하였다. 유발은 반계 연보를 쓴 안정복이나 '유형원전', '유형원묘비'를 쓴 홍계희, 성호 이익 등과 『반계수록』을 매개로 교유하였다. 도저동은 현재 서울 중구 남대문로5가 지역으로 추정된다. 반계의 서울 옛 집이 이 곳과도 연관성이 있을 것으로 보여진다.

15 김승대(2017), 「반계 유형원의 가계 분석」, 『한국실학연구』 34, 한국실학학회, 200~202면.

'파주 이광정 유적'은 경기도 파주시 조리읍 뇌조리 산 1-21에 소재한다. '이주·이광정묘 및 신도비'는 파주시 향토유적으로 지정되어 있다. 연안이씨 이광정은 그의 아버지 이주, 동생인 이창정과 더불어 선조·광해군대 서울·경기 지역의 유력한 정치세력으로 한형길(韓亨吉), 민광훈(閔光勳), 홍우원(洪宇遠), 유성민(柳成民) 등 쟁쟁한 인물들을 그의 사위로 맞아들여 폭넓은 관계망을 형성하였다. 반계가 태어난 해인 1622년(광해군 14)에 세워진 이주신도비에 반계의 아버지 유흠의 전서 글씨는 유흠의 유일한 유작(遺作)으로 판단된다. 1636년 3월에 세워진 이광정신도비는 반계의 스승인 김세렴이 전서 글씨를 남겼다.

학문적 스승인 '미수 허목 묘역'은 경기도 연천군 왕징면 강서리 산 90에 소재한다. 남인의 거두인 허목의 묘역은 민통선 안에 위치한다. 인근에 허목이 살았던 은거당 터, 그가 남긴 금석문 등이 현존한다. 44세 때인 1665년 반계는 외숙인 이원진의 장례를 마치고 연천에 허목을 찾아가 배알했다. 3년후에는 김세렴의 비문을 요청하기 위해 재방문하기도 했다. 반계를 허목에게 소개해준 인물은 벗이자 사돈인 정동직이다. 반계의 외종조부 이길안(李志安)은 미수 허목, 정동직의 아버지 정희성(鄭希聖)과 함께 총산(蔥山) 정언눌(鄭彦訥)의 문인이었다. 또한, 미수는 반계에게 편지를 쓰면서 '연비어약무불경(鳶飛魚躍無不敬)' 일곱 글자를 한 장에 한 자씩 써서 반계에게 주었다.[16]

2) 지평, 여주, 죽산 일대

지평, 여주, 죽산 일대의 유적은 대체로 병자호란을 전후한 반계의

16 『眉叟記言』 6권, 「與柳馨遠德夫」.

피난 시기와 선대 묘역 관련 유적이 주를 이룬다. 지평현 지역에는 반계 선대인 유관, 유위, 유흠과 관련된 유적이 있고, 여주목 지역에는 유성민 묘역, 백양동이 있고, 죽산현 지역은 유흠, 유형원 묘소 일원, 홍계희 묘소 등이 확인된다.

반계의 9대조 '하정 유관 묘소'는 경기도 양평군 강하면 동오리 157번지에 소재한다. 묘소는 현재 경기도 기념물로 지정되어 있다. 「유관신도비(柳寬神道碑)」는 1891년(고종 28) 신석우(申錫愚)가 비문을 짓고, 김홍집이 글씨를 썼다.

반계의 증조 '유위의 묘소'는 족보상에는 지평현(砥平縣) 서화곡(西花谷) 유좌(酉坐)에 있었던 것으로 보아 현 양평군 용문면 화전리 일원으로 추정된다. 유위(柳湋, 1548~1619)의 호는 계휴정(繼休亭), 자는 수원(秀源)이다. 유충록의 장자(長子)로 광주 세촌에 우거하였다. 1573년 생원에 합격하여, 창평현령을 거쳐 임진왜란 때는 도원수 권율의 종사관을 활약하였고, 1611년에는 비안현감을 역임하였다.[17] 과은(誇恩), 필법(筆法), 사지(射枝)에 모두 뛰어나 삼경(三經)이라 칭했고, 이원익(李元翼), 유근(柳根) 등과 교유하였다. 또한, "문무(文武) 재주를 겸하여 경세의 유용한 학자"라 불리웠다.[18] 1619년 9월에 그가 죽자 아들 유성민은 광주 세촌의 선대묘에 장사하지 않고, 지평현 화곡에 묘소를

17 김승대(2017), 204면.

18 『重訂南漢志』(1847), 「人物」, "柳湋字秀源文化人以行誼薦授官至縣令居州之細村面讀書求志服勤農桑年十一遭父喪哀毁　如成人喪葬之具手自治之曲盡誠禮與弟友愛 篤至荷衣洪迪贈詩曰營産栽桑可傳家敎子宜 完平李公元翼及西坰柳公根少爲同榻友二公 歎服曰才兼文武經世有用之學莫如吾秀源云 壬辰爲都元帥權慄從事官尋病還家卒."

썼다. 아마도 유위의 외조부인 김헌윤(金憲胤)과 연관성이 있는 것으로 판단된다. 김헌윤의 아들인 광천위(光川尉) 김인경(金仁慶)은 중종의 딸인 혜순옹주(경빈박씨 소생)와 혼인하였고, 화곡에서 가까운 양근현 신복에 김헌윤, 김인경, 혜순왕주 묘(양평군 옥천면 신복리 산 293-1, 향토유적)가 확인된다. 이러한 인연으로 반계는 21세 때인 1642년(인조 20)에 지평 화곡의 증조부 유위 묘소 아래로 옮겨와 살았다.[19] 그 해에 아들 유하도 태어난다.

반계의 아버지인 '유흠 유적'은 양평군 용문산 일원으로 비정된다. 유흠의 자는 경백(敬白), 경보(警甫), 사성(士惺)이고, 호는 용문(龍文)이다. 1613년(광해군 5)에 생원, 1616년(광해군 8) 문과에 급제해 춘추관 기사관, 시강원 설서를 지냈다. 문장과 글씨를 잘 썼으며, 이이첨이 원접사로 임명되었을 때 능서관(能書官)과 제술관(製述官)을 겸할 정도로 실력을 인정받았다.[20] 1623년 8월 유몽인의 옥사에 연루되어 사망하였다. 유흠이 용문산 일원에 은거한 때는 1618년(광해군 10) 무렵이다. 이 시기는 1617년(광해군 9)부터 인목대비 폐출 논의가 본격화되었다. 이 때, 반계의 스승인 김세렴과 이원진이 폐모론에 반대하여 유배형을 받았다. 김세렴은 곽산으로 귀양갔다 1618년 강릉으로 옮겼고 1년 뒤에 풀려났다. 당시 46세의 김세렴이 강릉으로 이배되자 '동명(東溟)'이라 자호(自號)하며, 처남인 유흠에게 다음과 같은 서신을 보낸다.

---

19 양평문화원(1989), 『양평군 향토사료 제1집 향맥』, 392면; "용문면 화전리 꽃길(花谷) 화전2리, 실학자인 반계 유형원이 살았다."고 기록하고 있다. 또한, 인근 양동면 쌍학리에는 1618년에 낙향한 택당 이식의 강학처인 澤風堂, 택당과 아들 李端夏의 묘가 인근에 확인되고 있어 주목된다.

20 『조선왕조실록』 광해군 13년 2월 21일 계해.

① 유경백의 시를 차운함

세상의 경황없는 일들일랑 버려두어도 좋으니 백년 세월 어긋나고 합함도 다 기약없는 일이라네

동으로 떠나려니 임영(강릉)이 멀다 슬퍼하지 말게 오늘의 중원은 그 옛날과 다르다네

원운을 붙임(附原韻)

벼슬살이 모두 마음에 어긋나니 장생으로 가서 쉴 때를 물어보려네

장생은 마을이름이니 용문산에 있다 쇠 아궁이 늦은 저녁 연기 속에 도가의 비책이 있고

옥단에는 봄풀 돋아 옛 자취 희미하여라 참된 자각 찾아서 구름과 짝이 되어도

무리에서 뛰어나니 그림자와 의지한들 무슨 상관이리 세상에는 명리 좇는 사람들 적지 않으니

그 누구와 손잡고 함께 돌아갈 수 있으리[21]

② 유경백의 '용문의 옛 집에 돌아가려 하다'에 차운함

궁궐에 드나들어 임금 잘못 보필하였으니 일대의 재주와 명성 진나라의 육기와 같다지만

등나무에 걸린 달 보면 매번 먼 고향 꿈에 아련하여 높은 벼슬 준다해도 문득 벼슬할 뜻 사라지네

용문의 옛 마을엔 구름 조차 숨으려 하고 하늘 맞닿은 골에 가을 깊어 학들이 모두 앉아있겠지

---

21 『東溟集』 2권, 「次柳敬伯韻」, "世故遑遑足別離 百年睽合總無期 東行莫恨臨瀛遠 今日中原異昔時. 附原韻 玄冠朱紱與心違 欲向長生 洞名在龍門山中 問息機 金竈晩煙新籙在 玉壇春草舊蹤微 尋眞自覺雲爲侶 絕類何嫌影共依 多少世間名利客 幾人携手可同歸."

성상이 다스리는 세상 이제 곧 준걸들 모여들테니 기꺼이 흑색 관모 걸어 두고 돌아가리라[22]

① 「유경백의 시를 차운함」은 1618년 김세렴이 강릉으로 이배(移配)되면서 용문에 살고 있는 유흠에게 쓴 시이며, ② 「유경백의 '용문의 옛 집에 돌아가려 하다'」는 이 무렵 유흠이 용문의 옛 집으로 갔음을 확인할 수 있다. 이밖에 『동명집』에서 김세렴은 '원주로 가면서 유경백에게 보냄(向原州 寄柳敬伯 號龍門)', 칠석 수색 이자방 경의와 유경백을 만나기로 하였으나 비가 와서 가지 못함(七夕水色李子方景義柳敬伯期會以雨不至), '원상 막하로 가는 유용문을 보내며(送柳龍門赴遠相幕下)' 등의 시구를 남기고 있다. 유흠과의 관계가 처남-매부를 넘어 돈독한 朋友와 같이 교유했음을 짐작할 수 있다.

'유성민 묘역'은 족보상에 여주 품실 장항리(현 여주군 산북면 상품리 일원)로 확인된다. 남한강 좌측에 소재한 이 곳은 인근에 반계 9대조 유관의 묘소(강하면 동오리)가 소재한다. '여주 백양동'은 1642년 지평현 화곡리에서 다시 1년 만인 22세인 1643년(인조 21)에 옮겨 살았던 곳이다. 현 지명은 경기 여주시 흥천면 귀백리 일원이다. 이 곳은 반계 조부인 유성민의 묘가 있는 여주 품실에서 남쪽 남한강 상류쪽에 위치한 곳이다.

'유흠, 유형원 묘소 일원'은 현 경기도 용인시 처인구 백암면 석천리 산 28-1에 소재한다. 반계 선생 묘소는 현재 경기도 기념물로 지정되어 있고, 반계 묘소 뒤편에 아버지 유흠의 묘소가 있다. 반계는 1673

22 『東溟集』 2권, 「次柳敬伯將返龍門舊棲韻」, "銅龍出入弼君違 一代才名晉陸機 蘿月每憐鄉夢遠 簪纓斗覺宦情微 龍門古洞雲將隱 天谷高秋鶴並依 聖世卽今收俊逸 肯令玄武挂冠歸."

년(현종 14) 3월 19일 세상을 떠났다. 처음에는 부안 우반동에 묻혀 있다가 현 위치인 용인현 정배산으로 이장하였다. 유형원 묘소 앞에는 당시 판중추부사 담와 홍계희가 직접 짓고 글씨를 쓴 묘표가 있다. 1768년(영조 44) 여름에 건립한 이 묘표는 죽산부사 유언지(柳彦摯)와 반계의 증손 유발(柳發)이 관여한 것으로 보여진다.[23] 반계 묘소는 이후 어느 때부터 묘소 관리가 전혀 이루어지지 못했다. 1971년 2월 22일자 동아일보에 보면 "이성무씨 경기 용인군 정배산서 반계 유형원 선생 묘 발견"이라는 타이틀 기사가 확인된다. 발견 당시 묘지의 봉분이 훼손되었고 비석도 쓰러져 있었다고 한다. 이후 정화작업이 이루어지고 문화재로 지정되어 현재까지 관리되고 있다.

'홍계희 묘소'는 용인시 모현면 일산리 개일마을에 위치한다. 봉분 우측의 묘표는 1772년(영조 48) 홍계능이 짓고, 아들 홍술해가 글씨를 썼다. 현재 묘소는 용인시 향토유적으로 지정되어 있다. 담와 홍계희(1703~1771)는 영조대에 실제 정책을 입안하고 국가 경영을 위하여 필수적인 제도와 문물의 정비에 힘쓴 대표적인 경세가로 평가된다. 특히, 그의 경세론은 유형원의 『반계수록』에 그 연원을 두고 1746년(영조 22) 영조에게 추천하였고, 1769년(영조 3)에 재요청하고, 1770년(영조 4) 『반계수록』이 경상감영에서 간행되는데 큰 역할을 하였다. 아울러 용인에 있는 반계의 묘갈을 직접 짓고 써서 세우는데 앞장섰다. 우연하게도 반계와 담와의 묘는 용인시 문화재 관할에 있고 그리 멀리 않는 곳에 위치하고 있어 연계 활용이 필요로 하다.

---

23 「柳馨遠墓碑」

3. 전라도 부안 일대 유적

1) 부안 지역

부안 지역은 반계 후반기의 삶이 가장 뚜렷하게 남아 있는 곳으로 우반동 유적, 변산 자락의 유적, 추숭 유적 등으로 구분지어 볼 수 있다. 우반동 유적으로는 반계서당, 반계 고택지, 우반동 훈련장 돌기둥, 정사암터, 허진동 유적 등이다. 우반동은 반계가 32세 되던 1653년 겨울에 이사와 52세의 나이로 숨을 거두기까지 유형원 삶의 중심 무대였다. 그는 이곳에서 치유와 개혁에 집중하며 국가 개혁 지침서인 『반계수록』 등의 집필에 혼신을 힘을 다했고, 후학을 양성하며 '반계학'의 기반을 다졌다.

반계서당은 부안군 보안면 우동리 산 128-5번지 일원에 소재한다. 문화재명은 '반계 선생 유적지'로 1974년 9월 27일에 전라북도 기념물로 지정되었다. 이곳은 반계선생이 학동들을 가르쳤던 서당으로 1981년에 20평 정도로 복원하였다. 주차장에서 반계로를 따라 약 500m를 걸어 올라가면 닭이봉 중턱 해발 약 130m 정도에 위치한다. 서당 안팎으로 우물이 있는데 선생이 직접 판 것으로 전해진다. 안샘은 가물어도 마르지 않는다고 전한다. 서당 뒤편에는 선생의 초장지였던 옛 무덤터가 있다.

반계 고택지는 부안군 보안면 우동리 810 일원에 위치한다. 반계서당 주차장에서 우동제 방향으로 200여m 쯤 우측에 있다. 1991년 겨울까지도 초당의 담장 일부와 주초석, 대나무 숲 등이 남아 있었는데 1992년 경지정리로 논으로 변해 버렸고, 반계 고택 뒤 대나무 숲도 개간되어 사라졌다고 한다. 현재 1974년 9월에 마을 초입에 세워졌던 '반계 유형원 선생 유적비'를 옮겨 놓아 공원으로 조성하였으나 황량하다. 고택지로 조성된 현 위치는 본래 고택지가 아니며 반계가 판 큰 샘 옆에 임의로 조성한 것으로 보인다. 당초의 집터는 현재 조성된 곳의 앞 농지 일대(우동리 811-3, 4, 5)로 추정된다. 향토사학자였던 고(故) 김종규 선생님의 구술에 따르면, "바닷물이 마을 입구 만화동까지 들어왔고, 반계가 살던 집은 허물어지고 밭으로 변했다가 경지정리를 하면서 논이 되었는데, 이곳을 '큰 선생님 집터'로 불렀다"고 한다.[24]

우반동 훈련장 돌기둥은 보안면 우동리 906번지에 위치한다. 반계는 "항상 설욕할 계책을 강구하였는데 바닷가에 비선(飛船)이라 부르는 큰 배 4~5척을 준비해 두었고, 집에는 하루에 300리를 달리는 준마를 길렀으며 활과 조총을 집안의 노복과 마을 사람들에게 가르쳐서 한가로운 날을 택해 연습을 하였고 그중에 200 여명은 묘수였다."라고 한다. 이때 쓰였을 것으로 보이는 훈련장 돌기둥이 우동리 논두렁 옆길에 자리한다. 반계가 군사훈련을 시킬 때 쓰던 여러 개의 돌기둥 중의 하나라고 전한다. 지표면 위로 나온 돌기둥의 높이는 2m 정도이다.

정사암터는 일명 '허균의 유배지'이며, 보안면 우동리 산 38번지 일원에 위치한다. 반계 유허지 뒤편 우동저수지 산자락에 해당된다. 이곳에는 정사암터를 비롯해 선계폭포, 선계사지가 있다. 허균은 반계 이전에 우반동에 들어와 1612년 정사암(靜思巖)을 짓고 『홍길동전』을 지었다고 전한다. 특히, 허균은 유형원의 스승이자 고모부인 동명 김세렴의 고모부인 점이 주목된다. 정사암은 본래 부안 출신으로 영광군

24 이동희(2017), 422면.

수를 지낸 김청(金淸)의 별서(別墅)였다. 김청의 아들인 진사 김징(金澄)이 이곳을 허균에게 고쳐 살기를 청하였고, 허균은 이곳을 자신의 복거지(卜居地)로 삼고자 하였다.[25]

〈그림 4〉 우반동을 중심으로 한 유형원 가문의 통혼 및 학맥도

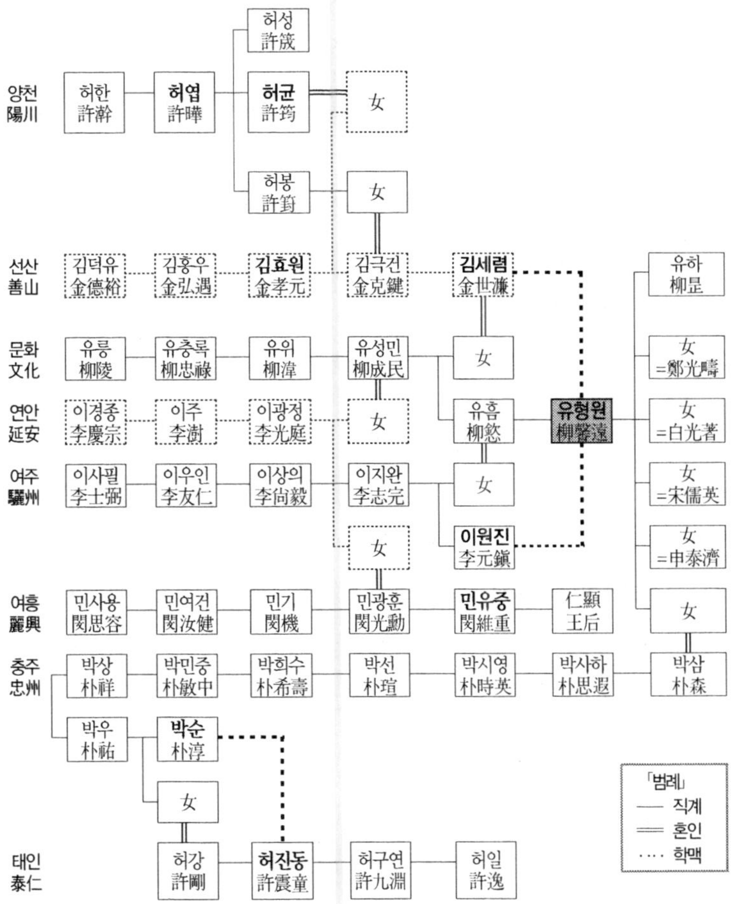

25 『惺所覆瓿藁』 6, 「靜思庵重修記」, 文部 3 記.

〈그림 4〉에서 보듯이 문화유씨 유형원 가문은 선산김씨 김세렴 가문을 통해 양천허씨 허엽 가문과도 관계를 맺었다. 허엽의 두 아들 허봉, 허균이 김세렴의 외조부와 고모부가 되는 특이한 통혼관계를 갖게 된다. 이들 가문은 반계의 외가인 여주이씨 이지완 가문, 반계의 할아버지 유성민의 처가인 연안이씨 이광정 가문과 함께 대체로 학통상으로는 서경덕의 학문을 영향을 받은 북인 계열로 남인을 아우르는 폭넓은 인적 네트워크를 형성을 학적 기반을 가지고 있었다. 1세대 인물로는 허엽(許曄), 민순(閔純), 박순(朴淳), 박민헌(朴民獻), 박지화(朴枝華), 홍인우(洪仁祐), 정개청(鄭介淸), 이구(李球), 이지함(李之菡) 등을 들 수 있고, 2세대 학자로는 한백겸(韓百謙), 홍리상(洪履祥), 윤효전(尹孝全), 송선(宋瑄), 홍가신(洪可臣), 우복룡(禹伏龍), 3세대 학자로는 김세렴(金世濂), 허목(許穆) 등을 꼽을 수 있다.[26] 이러한 반계 유형원의 학적 기반을 배경으로 부안 우반동을 이해해 보면, 훨씬 다양한 해석이 가능하리라 기대된다.

특히, 우반동은 화담학파 1세대의 사암(思菴) 박순(朴淳)과 그의 문인이자 생질인 부안 출신 동상(東湘) 허진동(許震童)이 활동한 무대로 주목된다. 충주박씨 박순(1523~1589)은 눌재 박상의 조카로 영의정을 지냈으며, 사후 광주 월봉서원에 배향되었다. 도표에서 보듯이 반계의 사위 박삼은 눌재의 6대손으로 충주박씨 집안과 연결된다. 허진동(1525~1610)은 우반동 남쪽 천마산 아래 동상정(東湘亭)과, 그의 서재 풍뢰당(風雷堂)을 짓고 살았던 인물이다. 현재 지명은 보안면 신복리

26 정호훈(2020), 「『반계수록』 탄생의 지식환경」, 『반계수록, 공정한 나라를 기획하다』, 실학박물관, 57면.

신활마을이다. 그의 본관은 태인(泰仁)이며, 부안김씨 해옹(海翁) 김홍원(金弘遠), 노진(盧禛), 백광훈(白光勳) 등과 교유하였다. 1572년(선조 5) 사암 박순을 따라 명나라로 사행을 다녀와 『조천일기(朝天日記)』를 남겼고, 1574년(선조 7) 특천으로 사산감역에 임명되고 이후 수운판관 등의 벼슬을 했다.[27] 박순은 1561년 광주 송정리에 있을 무렵, 이 곳 우반동에 들러 허진동의 「우반십경(愚磻十景)」에 차운한 시를 남긴 것으로 보인다.[28] 1601년(선조 34) 전운판관으로 부안에 방문한 허엽의 아들 허균은 부안 기생 매창과 부안 선비 고홍달을 만났고, 같은 해 전라감사로 부임한 장형(長兄) 허성(許筬)에게 왕래한다. 허성과 각별한 사이였던 매창의 정인(情人)이었던 촌은(村隱) 유희경(劉希慶, 1545~1636) 또한 사암 박순의 문인이었다.[29] 1608년 공주목사에서 파직된 허균은 부안으로 향했고, 1610년 과거시험 부정사건으로 유배가게 되자, 한회일(한준겸의 아들, 한백겸의 조카)이 수령으로 있는 함열현을 귀양지로 선택했다. 허균은 1611년 유배가 풀리자 부안의 장사(庄舍)로 내려가고, 1612년경 「정사암 중수기」를 짓게 된다. 부안 우반동 공간 속의 허엽–허성・허균, 박순–허진동・유희경, 유성민–유흠・김세렴–유형원 등의 서경덕계 학통을 기반으로 하는 인적 네트워크에 대한 연구가 향후 궁구해질 필요가 있다고 판단된다. 아울러 동명 김세렴은 1612년 이후 우반동에 농장을 두고 자주 왕래한 장인 유성민을

27 『渼湖集』 권17, 「東湘許公墓碣銘」.

28 『東湘集』 권6, 「寄題許參奉愚磻十景」.

29 오세현(2014), 「조선중기의 禮學과 村隱 劉希慶」, 『인문과학연구』 19, 덕성여자대학 인문과학연구소; 柳夢寅, 「劉希慶傳」, 『於于集』.

만나러 왔음도 확인된다. 동명은 우반동 별서에 들러 다음과 같이 정의(情意)있는 시구를 남긴다.

우반동 별서에 차운하다. 장인 유정랑. 부안 우반동에 살다.
(詩次愚磻別墅韻 岳君柳正郎.卜居扶安之縣愚磻)
세속과 동떨어진 곳에 터를 잡으니 지게문은 푸른 그늘 속에 있네
<u>물은 반계(磻溪)의 넓음과 닿아 있고 산은 우반동 계곡에 깊이 숨어있네</u>
시내가 꽃 나그네 갈 길 잃게 하고 숲소리는 사람 마음 상쾌하게 하네
앉아서 천기의 숨소리 깨닫고 양보의 시 읊기도 수고로움 없어라
세속 밖의 정취에 돌아왔으니 물길 찾아 낚시나 떠나볼까
고갯마루 나무들 황천에 모여있고 인가의 연기는 고성과 닿아있네
갈매기는 본디 혼자 나는것 익숙한데 사슴은 어찌 서로 놀라는가
가고 또 가도 홀로 나만 즐거워라 늙은 이내 생이야 여기서 노닐려네
도연명처럼 삼경에 돌아왔으니 하나의 언덕일뿐 어찌 크다하리
신선의 집을 찾아가고자 했으니 함께 들어와 대숲에 노니노라
구름 누운곳 신선되는 비결 펴보고 바위에는 침벽류 깃들어 있네
다만 탐욕이 변한 것은 아닌가 꽃 아래 고깃배로 돌아오노라
<u>신령스런 이곳 계곡을 이뤘으니 푸른 물 반계라 이름하였네</u>
지위는 명현과 훌륭함을 쫓았지만 장차 밝음과 가지런함 따르리라
산에 걸린 달이 창으로 비치고 난간엔 고갯마루 구름도 나직하네
오현 저자의 부산함 필요치 않으니 갖옷 걸쳐입고 축계옹처럼 살리라[30]

30 『東溟集』 1권, 「詩次愚磻別墅韻 岳君柳正郎.卜居扶安之縣愚磻」, "卜居從物外 當戶綠蘿陰 水接磻溪闊 山藏愚谷深 磵花迷客路 林籟爽人心 坐覺天機息 無勞梁甫吟 其二 歸來物外情 源水釣魚行 嶺樹攢幽店 人煙接古城 海鷗元自狎 林鹿詎相驚 去去獨吾樂 棲遲老此生 其三 陶令還三徑 何顒秖一丘 欲尋仙宅去 同入竹林遊 雲臥披丹訣 巖棲枕碧流 只疑谿壑變 花下返漁舟 其四 靈區愚作谷 綠水號磻溪 地逐名賢好 人將往哲齊 入窓山月近 當檻嶺雲低 不必吳門市 披裘事祝

김세렴이 우반동을 방문해 남긴 시기는 명확히 알 수는 없으나, 『동명집(東溟集)』 1권에 초반부에 있고 작품이 저작 연대순으로 편차되어 실린 것으로 보아 1620년대를 전후한 때로 추정된다. 특히, 유형원이 우반동으로 내려와 지은 자호인 '반계'는 우반동에 이전부터 쓰이던 지명으로 확인된다.

변산 자락에 남겨진 반계 유적으로는 변산 일원, 홍계희의 '우금암 암각서', 반계의 농장터, 제자 '김서경 묘소', 반계의 벗인 '송시추 묘소', '나용보 묘소' 등이 있다. 변산 일원은 반계의 휴식처였다. 반계는 이곳을 오가며 많은 시구를 남겼는데, 내변산에는 어수대, 왕재암, 석재암, 상운암, 직연폭포 등이 있고, 외변산 자락에는 왕포(현 진서면 운호리) 바닷가 등이 확인된다. 특히, 개암사 뒤편의 우금암(우금산성)의 옥천서실은 반계가 자주 왕래하였다. 여기서 그는 옥천암(옥천서실), 원효암 등의 시를 남기며, '새벽 나절 개암사의 풍광, 종소리, 안개 낀 변산 봉우리 등'을 섬세히 묘사하였다. 또한, 특기할 만한 유적으로 홍계희의 '우금암 암각서'가 남아 있다. 이곳의 주소는 부안군 상서면 감교리 산 65-3번지인데, 개암사에서 우금암에 조금 못 미친 절벽의 벼랑에 많은 암각서 가운데 확인된다. 『반계수록』 간행을 영조에게 주청하여 1770년 발간하게 한 홍계희의 글씨가 선명하다. 홍계희가 38세 때인 1740년 명승인 내변산 우금암을 신야와 격포별장 장사주와 함께 답사하고 이곳에 '申埜文之 洪啓禧純甫 格浦別將張君師周 共遊 庚申夏'라고 암각하였다. 홍계희의 유형원에 대한 흠모와 숭앙은 이 시기를 전후해 지속적으로 전개되었던 것으로 보인다.

鷄."

또한, 『반계유고』를 통해 반계는 부안에 우반동을 비롯해 동진농장, 상서농장을 소유하고 있음이 확인되었다. 동진농장은 '동진에서 나그네 회포를 읊다, 동진의 시골 주막에서 나그네 회포, 동진에서 진경(晉卿)과 작별하다, 동진 촌장에서, 동진에서 들판을 바라보며, 동진농장에서 벼 베는 일을 감독하며' 등의 6편 시구를 통해 알 수 있다. 동진농장의 정확한 위치는 알 수 없으나 김제로 가는 동진강 어귀의 동진나루, 옛 동진원(東津院(현 부안군 동진면 장등리)) 일원로 추정된다. 상서농장은 부안군 상서면 소재지 인근으로 추정된다. 이곳은 우반동에서 멀지 않고, 반계를 배향한 동림서원과는 지근거리이다.

'김서경 묘소'는 동림서원터 뒷편인 부안군 상서면 가오리 55-1에 위치한다. 아버지 김윤필, 동생 김서정 등의 묘와 함께 있다. 그의 문집인 『담계유고』를 통해 유형원과 김윤필, 유문원의 외숙이었던 송시추 등이 지근거리였음을 알 수 있다.[31] 반계의 대표적인 제자인 김서경은 11세 때 선생을 처음 만났다. 당시 아버지 김윤필이 갑자기 앓아눕자 반계를 찾아 약재를 구했다. 이후 16세 때 정식으로 반계의 문인이 되었다. 김서경은 17세 때 길창군(吉昌君) 권협(權悏)의 증손인 권대민(權大民)의 딸과 혼인하였다. 권대민은 완주군 용진면 구억리에 살았다. 사촌인 전라감사 권대재(權大載)가 많은 도움을 주었다고 한다. 권대재는 미수 허목의 청남(淸南) 계열이다. 권대재는 김서경을 금오랑(金吾郎)에 추천하기에 이른다. 특히 그의 집안 족보에는 덕촌 양득중과의 관계가 확인되어 주목된다. 덕촌은 명재 윤증의 대표적인 제자로 『반계수록』의 가치를 영조에게 상소하여 간행해 국가경영에 반영

31 김승대(2017), 214~215면.

할 것을 제기한 인물이다. 덕촌은 김서경의 아들 김창조와 교유했는데, 김창조의 외동딸을 며느리로 맞이 했고, 김창조의 아들인 김선만을 제자로 삼았다.[32] 또한, 덕촌은 1724년(경종 4) 4월에 60세의 나이에 김제군수로 부임하여 1년간 있으면서 가까운 부안에 자주 왕래하였을 것으로 추정된다. 덕촌의 후손 일부는 이후 부안에 세거하였음도 확인된다.

최근 발굴된 『동림서원지』 '담계선생행적'에 보면, 1712년(숙종 38) 덕촌이 담계 김서경의 행장을 짓고, 『담계유고』가 간행되었음을 기록하고 있어 주목된다.[33] 또한, 『담계유고』의 서문을 쓴 경암(敬菴) 윤동수(尹東洙)는 명재 윤증의 종손이자 문인이며, 양득중의 절친한 벗이기도 했다. 윤동수가 서문을 쓰게 된 동기는 덕촌과 경암의 문인으로 확인되는 김선만의 요청 때문이었다. 윤동수는 서문에서 "반계선생은 경국제세의 재주가 있는 호걸스러운 선비로, 명재 선생이 칭찬하였고, 담계선생은 그분에게 사사를 받았다."는 점을 강조하고 있다.[34]

'나용보 묘소'는 부안읍 석동산 자락(현 부안읍 연곡리 412)에 위치한다. 묘비명에는 "반계와 왕래하며 반계가 친구를 얻으니 만암 이상진, 화곡 홍남립, 봉곡 김동준 등이 그들이다."라고 반계의 호남 지식인과 교유를 적시하고 있다. 반계는 나용보(羅用輔, 1612~1683)와 부안에서 가장 절친한 벗이었다. 『반계유고』를 보면 '제갈량의 시에 화답하

32 김승대(2020)a, 「덕촌 양득중의 가계와 추숭에 관한 연구」, 『양명학』 58, 한국양명학회, 42면.

33 김승대(2021), 291면.

34 『澹溪遺稿』, 「澹溪遺稿序」.

며', '직연 폭포에서', '나의보에 답하여'의 3수의 시구가 남아 있다. 나용보의 자는 의보(宜輔)이며 호는 만학재(晩學齋)이다. 그는 김제지역의 나주나씨 가문 출신이다. 나응삼의 현손으로, 증조 나표와 할아버지 나여강이 정여립의 기축옥사에 연루되어 처형되자 이후 처가인 부안으로 내려와 살았던 것으로 보인다. 반계는 그의 선대인 나응삼 효자각 비문, 나표의 행장 등을 지었으며, 현존하는 나주나씨의 문집은 『팔효집(八孝集)』에서 '선어(扇魚)'라는 시 한 편이 확인된다.

부안지역의 추숭유적으로는 반계사터, 동림서원터 등을 들 수 있다. '반계사터'은 부안군 주산면 사산리 934번지 일대로 추정된다. 반계사는 반계 선생을 배향하기 위한 사당으로 반계 사후 20년 만인 1693년(숙종 19) 3월 21일에 소산면(所山面) 파산(巴山)에서 창건되었다. 『연려실기술』에 보면 '파산서원'이란 명칭도 확인된다. 소산면 파산은 1910년대 이전 지형도에서 파산제(巴山堤)가 확인이 되는데 이 일대의 지명으로 추정된다.[35] 이곳은 북쪽으로는 사산(簑山), 서쪽으로는 구산(龜山), 동북쪽 송정(松亭)마을까지는 500m 남짓한 거리에 소재하고 있다. 특히, 이 사산리 송정마을은 유문원이 소나무(松), 대나무(竹), 연(蓮)의 삼우(三友)를 친구 삼아 살았다고 비정되는 곳으로 파산의 '반계사'까지는 지근거리로 확인된다. 또한 반계사 창건 당시 상량문은 쓴 생원 나경우(羅景愚, 1648~1711)는 나용보의 조카(나용성의 아들)이자 송시주(송시추의 사촌)의 사위로 확인된다. 이를 통해 1693년 파산에 반계사 건립을 주도했던 부안 유림과 반계학단의 핵심은 당시 파산 인근 사산리에 살고 있는 여산송씨 가문, 유문원, 나경우 등으로 추정

35 『부안 땅 이름』(2016), 153면.

된다. 1693년 이해는 기사환국(1689년)으로 남인이 정권을 잡고 있던 시기이다. 부안지역에서의 남인 사우 건립에 그 의미를 둘 수 있다.[36]

'동림서원터'는 부안군 상서면 가오리 907에 소재한다. 동림서원은 반계 유형원을 배향한 유일한 서원이었다. 현재는 주춧돌과 기념비만 남아 있다. 『동림서원본지(東林書院本誌)』 '건사실기(建祠實記)'에 의하면, "반계사가 창건된지 18년 뒤인 1711년(숙종 37)에 관학 및 도내 유림들의 논의에 따라, 반계 선생의 고제 삼우당 유문원과 담계 김서경을 추가 배향하였다."고 기록하고 있다. 반계사는 이후 1737년(영조 13) 이 곳 동림마을로 이건하였고, 1789년(정조 13)에는 초당(草堂) 김회신(金懷愼)을 추가 배향하였다. 서원을 이건하면서, '동림'이라는 지명을 따 '동림서원'으로 불려졌을 것으로 추정된다. 이건 당시 서원의 상량문은 김서경의 생질인 생원 유용령(柳龍齡)이 썼다. 1794년(정조 18) 3월 3일에 강당이 창건되어 유지하다가 1868년 서원철폐령에 의해 훼철되었다. 현재 남아 있는 주초석으로 보아 정면 3칸, 측면 3칸의 건물이 있었던 것으로 보인다. 2기의 '동림서원 사현(四賢) 유허비'는 1908년, 1939년에 각각 세워진 것으로 확인된다.

부안지역의 반계의 후손들은 계속해서 부안에 세거했는데, 손자 4명 중 3명(응룡, 응붕, 응봉)이 변산 자락(우반동 초입과 석포)에 묻혀 있는 것으로 보인다. 우반동 인근의 보안면 입석리에 사는 후손 유인석(柳寅碩)은 『부풍문원(扶風文苑)』에 '반계유선생형원행장'을 기록하고 있으며, "후손인석봉단거보안(後孫寅碩奉單居保安)"이라 쓰여 있어 행장을 수단(收單)하여 수록하였다. 행장은 반계의 생질이자 문인인 양섭(梁

36 김승대(2020)b, 236~237면.

暹)이 쓴 글이다. 지금도 반계의 후손들은 부안, 정읍, 고창 등에 널리 퍼져 살고 있다.

2) 부안 인근 호남지역

부안 인근 호남지역의 반계 유적으로 백광저 묘소, 권극중 묘소, 신창진, 정읍참터, 풍영정 등을 들 수 있다. '백광저 묘소'는 고창군 성내면 부덕리 산 75-1에 소재한다. 반계의 셋째 사위인 백광저는 유형원, 권극중 등과 교유했던 백홍원의 아들이다. 또한 그의 아들인 백시덕은 실학자 황윤석의 스승으로 알려진 인물이다. 묘비에는 백광저 자신이 장인인 반계의 영향과 많은 문서가 있었음을 기록하고 있다.[37]

'권극중 묘소'는 정읍시 소성면 주천리 산 2-20에 소재한다. 권극중(權克中, 1585~1659)은 반계가 부안으로 내려온 후, 호남 지식인 중 반계에게 가장 많은 영향을 끼친 인물로 평가된다. 반계는 36세 때인 1657년에 호남을 두루 유람 하던 중에 영암의 마원석실(馬原石室)에 은거하던 권극중을 찾아가 그의 저술인 『참동계주해(參同契註解)』를 얻어 공부하였고, 다시 이를 정정하여 『참동계초(參同契抄)』를 저술하였다. 또한 권극중이 저술한 사회개혁안인 『중흥십조(中興十條)』을 기초로 『중흥위략(中興偉略)』을 저술하기도 했다. 권극중의 스승은 최명룡(崔命龍)이며 김장생 문하에도 출입하였다. 그는 인목대비의 폐출 소식에 관직에 나가지 않고 은둔하며 평생 도가사상에 몰입하였다. 선술에 능통하였으며 연금술, 단학에도 밝았다. 반계는 폐병의 아픈 몸으

37 「白光著墓碑」

로 부안 우반동으로 은거하면서 그의 참동계 단약(丹藥) 등으로 심신을 치유하였다. 권극중의 문집으로 『청하집(靑霞集)』가 남겨져 있다. 반계는 '청하자의 부음을 듣고'라는 시에서 '동국의 청하자, 도가서(道家書) 참동계 해석을 남기고 신선과 짝하다'라며 그를 추모하였다.

'신창진(新倉津)'은 현재 김제시 청하면 동지산리에 있었던 옛 나루터이다. 신창진은 만경현에서 임피현으로 가는 길목에 있던 포구로 교통량이 많아 일제강점기인 1933년에는 시멘트로 다리를 놓았는데, 일명 '새창이다리' 또는 '만경교'라 불렀다. 반계는 백성에 대한 구민활동도 남달랐는데 일명 '신창진 구명(救命)'과 '신해년 구휼(救恤)'이 대표적이다. 1655년 겨울, 반계는 만경강 신창진(새챙이 나루터)에서 배를 건너다 배가 부서져 사람들이 모두 물에 빠지는 상황에서 9명의 목숨을 건지는 구명활동을 하였다. 또한 1671년 신해년 여름에 기근이 심했는데 반계는 그 전년부터 전답과 소, 말 등을 팔아 많은 곡식을 사들이고 이때 백여 명의 백성을 구제하였다.

'정읍참터'는 옛 정읍현 관아터 인근으로 추정된다. 현재 정읍시 장명동 207-5 일원이다. 반계는 46세 때인 1667년(현종 8)에 복건성 출신의 임인관 등 95명이 풍우를 만나 제주도에 표류했는데, 한양으로 압송되는 길에 이들이 머물었던 정읍참(井邑站)으로 직접 찾아갔다. 당시 이를 처리한 전라도관찰사 홍처후(洪處厚)는 반계의 고종사촌 동생 김준상의 장인이며, 담와 홍계희의 종증조부이다. 유형원은 이들이 명의 복색에다 변발하지 않은 모습을 보고 명의 유민임을 확신하였고, 명의 영력 황제가 살아있고, 영력 21년 달력을 확인하기도 했다. 그는 청나라 오랑캐에게 치욕을 당했다는 사실을 슬퍼했다. 반계가 이들은 만난 것은 9월 어느 날로 보인다. 반계는 황권채의 이름을 묻는 이들이게 유창한 중국어로 '황떠우야주(黃豆芽菹)'라고 가르쳐주면서 친근하게 다가갔다. 반계는 "누린내 언제나 씻어낼까(腥膻何日掃)"라고 말하며 명이 오랑캐라 여기던 청에게 멸망당한 사실을 인정할 수 없었다. 반계는 명과 조선이 당한 국치를 설욕하고 국가개혁론을 담고자 『반계수록』을 집필했다. 또한 반계는 중국어를 배우고, 큰 배와 명마, 좋은 활과 화살, 조총 등의 무기를 마련하여 군사적 대비를 한 것이다. 또한 그는 거대한 계책이라 할 수 있는 『중흥위략』의 저술도 진행하였다. 명청교체기의 문명사적 위기를 '복수설치(復讐雪恥)'를 생각하며 중화문명 중심의 가치관에 깊이 침잠하면서, 한편으로는 조선왕조의 국가개혁론을 통한 왕정의 구현을 구체적으로 제시했던 것이다.[38]

'풍영정'은 광주광역시 광산구 신창동 852에 소재한다. 극락강가에 위치한 명승지로 무등산의 위용이 한달음에 보이고, 멀리 영암 월출산이 조망된다. 김언거(金彦琚)가 건립한 이 정자는 이황, 김인후, 기대승, 고경명 등 명사들의 편액이 70여 개나 걸려 있다. 반계의 외숙인 이원진도 이곳에 와서 글을 남기기도 했다.[39] 1657년(효종 8) 36세의 반계가 말을 타고 호남 일대를 돌다가 이 곳에 이르러 시 한 수를 남긴다. 현존하는 반계 선생의 편액 글씨가 유일하게 남아있는 유적으로 평가된다.[40]

이밖에 반계는 전국의 명산대천을 주유하며 명승지와 승경을 기록

---

38 손혜리(2017), 「반계가 바라본 명청 교체와 명 유민」, 『한국실학연구』 34, 한국실학학회, 333~337면; 成海應, 『研經齋全集』 外集 卷33, 「丁未傳信錄」 漂人問答.

39 『太湖詩藁』 권4, 次風詠亭韻.

40 "謹次 鞍馬勞勞不暫休 名亭一上豁羈愁 崗巒拱揖圍平野 鶴鷺翔回下遠洲 殊絕風煙都領畧 團欒觴詠故淹留 未必舞雩能勝此 佳辰又況屬淸秋 磻溪 柳馨遠."

하였다. 무장현의 명승지인 동백정, 선운산의 기출암과 도솔천을 왕래하였고, 김제, 영광, 장흥, 동복, 월출산, 추월산, 전라우수영, 갈담역, 고산 위봉사 등을 시로 읊고 있다. 특히 '순천을 지나며', '죽도봉 환선정'은 외숙인 태호 이원진이 1635년 순천부사에 부임해 5년간 이 곳에 있을 때 방문해 쓴 글로 보여진다. 이외에 개성(송도를 지나며), 금강산(유금강산, 금강산에서, 금강산, 삼장암 스님, 풍악에서 놀던 옛날을 회상하며) 등지의 내용도 확인된다.

4. 충청, 경상 지역의 유적

1) 충청 지역

충청 지역 유적은 충주의 '김세렴 묘소', 서천의 '신태제 묘소', 연산의 '휴정서원', 논산·공주·부여 일원의 '유문원, 유재원 묘소', '윤증, 양득중 유적', 예산의 '심항 묘소' 등을 들 수 있다. 반계의 스승이자 고모부인 '김세렴 묘소'는 충북 충추시 앙성면 본평리 산 6-46에 소재한다. 본평리 본복마을 뒷산에 위치한 이 묘소 초입에 그의 신도비(본평리 316-15)가 민가들 사이에 아슬아슬하게 세워져 있다. 1744년(영조 20) 세워진 김세렴 묘비는 미수 허목이 글씨를 썼는데 김세렴의 증손인 김일기(金一基)가 세웠다. 3년 후 1747년(영조 23)에 세워진 김세렴신도비는 2m가 넘는 거대한 비신에 미수 허목이 짓고, 전서(篆書)는 김세렴의 문인으로 보이는 송곡(松谷) 이서우(李瑞雨)가 쓰고, 비문의 글씨는 휴곡(休谷) 오시복(吳始復)이 썼다. 이서우는 김세렴의 사위이자 반계의 지우인 이가우(李嘉雨)의 형이다. 또한, 성호 이익의 스승이며, 반계의 외증조인 이상의(李尙毅)의 문집인 『소릉집(少陵集)』의 서문과 연보까지 썼다. 반계와 이가우는 1644년(인조 22) 한 달 넘게 함께 산천을 답사하기도 했다. 이가우는 불행히도 1646년(인조 24)에 25세의 나이로 요절하자 반계는 그를 위해 『이자시전李子時傳』를 지어 위로했다.[41]

1636년 병자호란 당시 통신사 부사로 일본을 간 김세렴은 처자식을 반계와 장인인 유성민에게 맡겼다. 반계는 김세렴이 함경감사(1642년), 평안감사(1643년) 재직시에 이 곳을 직접 찾아가 관서와 관북지역 산천을 주유하였다. 반계는 1646년 김세렴이 죽자 행장을 지었고, 이 곳을 자주 참배하였다. 또한, 반계는 미수 허목에게 『동명집(東溟集)』의 서문을 청했고, 1668년에는 동명의 아들인 김준상(金儁相)과 같이 묘소를 참배하고 연천에 사는 미수 허목을 직접 찾아가 동명의 비문을 청하기도 했다.[42] 본평리 김세렴 묘소의 건너편 산줄기에는 1744년 세워진 김준상 묘소(본평리 산 6-55), 동명의 증손인 김일기 묘소가 현존한다.

'신태제 묘소'는 충남 서천군 화양면 추동리에 소재한다. 신태제는 반계의 막내 사위로 임진왜란 때 전주부윤을 지낸 신담의 증손이다. 신태제의 외숙은 숙종 대 우의정을 지낸 만암 이상진이다. 이상진은 전주 출신으로 반계를 크게 칭찬하여 "의리를 깊이 궁구하고 하늘이 내려보냈다 할 정도로 행실이 아름답다" 고 하며 1666년(숙종 7) 반계를 천거하였다.[43] 신태제는 진사로 문학과 덕행에 뛰어났으며, 그의 손자

41 유형원 저 · 임형택외 역(2017), 489면.

42 許穆, 「金世濂碑」, 『國朝人物考』.

는 석북 신광수로 영조대 대표적인 남인계 실학파 시인으로 평가된다. ‘만암 이상진 묘’는 서천에서 가까운 부여 은산면 은산리 1-1에 있다.

반계의 재종숙인 유무를 배향한 ‘휴정서원’은 충남 논산시 부적면 신풍리 36에 위치한다. 유무(柳懋)는 병자호란 이후에 관직에서 물러나 연산에 은거하였다. 그는 김장생, 김집의 문인으로 멀리 부안에 떨어져 있는 조카 반계와 교류하며 우반동으로 가서 살고 싶어 했다. 유무는 자신보다 먼저 세상을 떠난 반계를 제문을 통해 위로하였다.[44]

휴정서원은 처음에는 유무만을 배향하다가 유문원을 추배하였다. 이후 이항길(李恒吉), 김정망(金廷望), 권수(權遂)를 각각 추배하였다. 서원철폐 후 1985년에 복설된 대체로 사계 김장생의 혈족이나 사우, 문인을 배향하고 있다. 현재 논산시 향토유산으로 지정되어 관리되고 있다.

반계의 제자이자 6촌 동생인 ‘유문원과 유재원 묘소’는 충남 논산시 벌곡면 조동리에 위치한다. 이곳의 옛 지명은 ‘연산 봉동(鳳洞)’으로 묘소는 현 호남고속도로 계룡IC 인근인 털바우산 아래에 있다. 유문원의 묘(조동리 산 2-1)와 유재원의 묘(조동리 355-2)는 문중에서 관리는 하고 있으나 묘갈이나 입석도 없이 황량한 상태이다. 유문원과 유재원 형제는 부안 우반동 인근인 부안군 주산면 사산리 사산마을, 송정마을 일원에 살면서 반계에게 수학한 것으로 보여진다. 유문원은 사후 부안의 동림서원과 연산의 휴정서원에 배향된 인물이다. 또한 해미현감을 지낸 유재원은 1711년 3월 유형원의 언행을 모아 「반계선생언행록」을

43 유형원 저·임형택외 역(2017), 391면.

44 「磻溪先生言行錄」.

완성하였으며, 자신이 완성한 자료와 『반계수록』을 가지고 노성현에 살고 있는 명재 윤증을 찾아 『반계수록』의 발문을 요청하였다. 그는 숙부인 유혜에게 양자를 가는데, 말년에는 연산 봉동에서 살았던 것으로 보인다. 이곳은 아버지 유감과 유문원, 유경원 형제들의 묘가 확인되고 그의 후손들이 이곳에서 대대로 살고 있음을 확인 할 수 있다.

'윤증, 양득중 유적'은 '유문원, 유재원 묘소'가 있는 논산 벌곡에서 가까운 논산시 노성면, 공주시 탄천면, 부여군 초촌면 일원에 소재한다. 반계 사후 조야에 『반계수록』의 가치가 날로 높아지는 과정에서, 1711년(숙종 37) 유재원이 명재 윤증을 찾아 『반계수록』을 보이고 적극적으로 발문을 요청하여 끝내 받아 냈다. 83세의 명재는 발문에서 "유형원의 사상과 식견 그리고 방법을 높이 평가하고, 그가 제시한 대로 실행한다면 저술한 공로가 실효를 얻을 수 있을 것"이라고 찬하고 있다.[45] 또한, 1711년 명재가 발문을 쓸 때, 명재의 대표적인 제자인 덕촌 양득중은 『반계수록』을 탐독하고 매료되어 1741년(영조17) 상소를 올려 경연에서 『주자어류』를 대신해 반계의 『수록』을 강독하기를 청하였다. 그는 제왕의 강독서로서 『주자어류』가 부족하다고 지적하고, 당대의 급무에 대한 대응으로서 『반계수록』의 가치를 높게 평가한 인물이다. 덕촌은 허위에 가득 찬 당대의 조선사회를 개혁하기 위해서 우리 역사상 최초로 '실사구시'를 본격적으로 제창한 인물로 주목된다.

명재의 말년 강학 공간이었던 노성현 유봉(논산시 노성면 병사리 182)은 현재 논산 명재고택(국가중요문화재)과 함께 대표적인 명재 유적으로 꼽힌다. 유봉에는 명재 사후에 그의 문인들이 1744년(영조 20) 명재

45 『명재유고』 권32, 「발수록」 신묘.

영정을 봉안한 유봉영당(충남도 문화재자료)을 건립하여 현존하고 있다. 양득중은 유봉에서 가까운 공주 덕촌(현 공주시 탄천면 덕지리)에서 덕촌정사를 짓고 살았으며, 사후 인근에 묻힌다. 양득중의 묘소는 현재 부여군 초촌면 세탑리 산 28-1번지 일원에 위치한다.[46]

예산의 '심항 묘소'는 예산군 응봉면 지석리 산 20 예산추모공원 우측면에 위치한다. 철산부사를 역임한 심항은 반계의 장인이다. 심항은 중종대 대표적인 훈구세력인 심정의 현손이자, 선조 대 우의정을 지낸 심수경의 손자이다. 심수경 가문의 묘역은 현재 서울 강화구 방화동에 있는 '풍산심씨 문정공파 묘역'(서울 유형문화재)로 지정되어 관리되고 있다. 여기에는 심정, 심사손, 심수경, 심일취 등의 심항의 선대 묘가 있는데, 반계의 장인인 심항 대에 이르러 호서지역 대흥현에 입향해 그의 후손들은 예산, 홍성 일대에 세거하고 있다.[47]

심항의 손서(심진의 사위)이자 반계의 생질인 양섬은 반계의 문인으로 행장을 짓기도 했다. 특히, 그는 자신의 처가이자 반계의 처가가 있는 대흥현에서 가까운 곳인 덕산현의 수령을 역임하였다.[48] 『반계유고』에 실린 '大興途中(대흥 도중에)', '留德山(덕산에서 머물러)', '德山留別晉卿大叔', '登龍鳳山石(용봉산 석대)' '홍주를 지나며' 등의 시구에서 반계가 이 지역에 자주 왕래했음을 알 수 있는 정황이 확인된다.

46 김승대(2021), 「지역학 저변으로 바라 본 덕촌 양득중」, 『한국실학연구』 41, 한국실학학회, 282~286면.

47 김승대(2017), 224면.

48 『승정원일기』 숙종 4년 11월 4일 신축.

2) 경상 지역

경상도 일원의 반계 유적은 김천의 '배상유 유적'과 대구의 '보본당' 등을 들 수 있다. 일찍이 반계는 27세 때인 1648년(인조 26)에 김산군수로 있던 외형(外兄) 조송년(趙松年)를 찾아 영남 일대를 두루 살폈고, 1661년(현종 2) 정월에도 영남을 주유했다.[49] 조송년은 정암 조광조의 현손이다. 그는 1636년(인조 14) 3월에 28세의 나이에 외조부 유성민의 부안 우반동 토지매매에 필집(筆執)으로 참여하였고, 같은 해 감역으로 이모부 김세렴의 통신사행을 조력하기도 했다.[50] 『반계유고』에 실린 '지조령(至鳥嶺), 정김씨사군외형(呈金山使君外兄)', '승주지동호(乘舟至東湖)', '자금산지인동(自金山至仁同)' 등의 시구에서 조송년이 부임한 김천 일대의 영남을 왕래한 내용이 확인된다.[51]

배상유는 반계의 벗이자 사돈(아들 유하의 장인)이다. 젊은 시절 서울에서 반계와 함께 교유하였고, 1653년(효종 4) 반계가 부안 우반동으로 이주하자, 그 역시 다음해 성산배씨의 세거지인 김산 만력동(현 김천시 조마면 신안리)으로 낙향해 살았다.[52] 반계는 배상유의 증조인 배홍립의 행장을 지었고, 배상유의 아들인 배태래와 배태휘을 문인으로 두었다. 배상유와 배태휘의 묘는 김천시 구성면 송죽리 산40 댄배이골에 소재한다. 인근에 배홍립 묘소도 현존하고 있다. 배상유는 외숙인 전창위(全昌尉), 유정량(柳廷亮)과 설봉(雪峰) 강백년(姜栢年)의 문인으

---

49 유형원 저 · 임형택외 역(2017), 490면.

50 金世濂, 『海槎錄』.

51 유형원 저 · 임형택외 역(2017), 45~46면.

52 『晩學堂先生文集』, 「崇禎處士 晩學堂 裵先生 行狀」.

로 반계 사후 5년이 되는 1678년(숙종 4)에 『반계수록』의 전제, 병제, 학제 등 7조목을 진달하며 차례로 시행할 것을 상소하였고[53], 갈암 이현일에게 반계의 아들이자 사위인 유하와 함께 『반계수록』 서문을 요청하여 받기도 했다.[54]

대구 보본당(報本堂)은 1770년(영조 46) 경상감영에서 『반계수록』을 출판할 때의 교정 장소이다. 보본당은 대구광역시 동구 둔산동 385에 소재한 '대구 둔산동 경주최씨 종택'(중요민속문화재)에 위치한다. 이곳은 백불암(百弗庵) 최흥원(崔興遠)의 고택으로 경내 전시관에는 1752년(영조 48) 최흥원이 아들에게 유형원 후손 집에서 베껴 쓴 『반계수록』이 보관되어 있다. 또한 실학박물관에는 당시 『반계수록』의 교정 상황을 알리는 최흥원의 제자인 만경현령을 역임한 남석로(南碩老)의 글이 보관되어 있다. 최흥원은 1770년(영조 46) 경상감사 이미(李瀰)가 13책 분량의 목활자로 경상감영에서 『반계수록』을 간행할 때 적극적으로 교정 작업을 도운 인물로 당시 반계의 현손인 유명위(柳明渭)와 의논하였고, 제자 남석로 등에게 교정을 요청하였다.[55]

53 『조선왕조실록』 숙종 4년 6월 6월 20일 기축.

54 「裵興立行狀」.

55 『百弗菴集』, "年譜", "四十六年庚寅 先生六十六歲 正月 讀心經贊及敬義齋銘 使諸君校正柳磻溪隨錄 時自上命嶺營刊行隨錄 而先使校正於道內名儒 磻溪後孫 柳公明渭 與先生爲中表兄弟 以書申托於先生 巡使李公瀰 又使南碩老介于先生 而固請之 先生初辭不應 其請終未已 且以柳公千里之懇爲難處 命門下諸君 略加點竄以歸之".

5. 남겨진 과제

본 연구는 반계 유형원에 대한 연구에 있어 그의 생애와 사상, 가계와 학맥, 추숭과 영향 등 반계학의 기초작업을 위한 일환으로 시작하였다. 사료적 한계를 극복하기 위해 현장조사를 통한 사료 발굴, 반계와 관련된 유적을 중심으로 한 연구 현황을 중점적으로 다뤄 보았다. 본고를 통해 향후 본격적으로 연구 및 검토해야 할 과제를 몇 가지 제언하자면 다음과 같다.

첫째, 서울, 경기지역의 유적이다. 반계의 유년시절, 생장과 청년기의 대한 연구작업이 본격화되어야 한다. 특히, 반계의 태생지인 소정릉동은 외숙인 태호 이원진, 외조부 이지완, 외증조부 이상의와 연계한 연구가 필요하다. 반계가 태어난 태호 이원진의 옛 집터에 대한 심층적인 조사도 선행되어야 한다. 아울러 아버지 유흠의 옥사와 할아버지 유성민의 생애에 대한 연구를 통해 반계의 가문적 기반에 대한 연구도 요망된다. 유흠의 처가인 여주이씨, 유성민의 처가인 연안이씨와의 연계성도 주목된다. 과천은 유성민의 庶子이자 유형원의 숙부인 유집이 살았던 농장이었을 것으로 추정된다. 반계 집안의 과천 삼현과 광주 세촌과의 연계성도 확인이 필요하다. 1647년 안양동 불사비 뒤편에 쓴 글씨는 혹시 현존하는 삼막사사적비와 연관이 없는지 세부 조사가 필요하다. 반계가 서울에 살며 사귄 벗(정동직, 배상유, 이가우, 권수 등)이나 교유인물에 대한 연구되 필요하다. 지평·여주·죽산 일대의 선대 묘역과 반계의 세거지 등에 세부조사가 요망된다. 지평현 화곡에 유위 묘소, 여주 품실의 유성민 묘소, 죽산 반계 묘소 인근의 유위, 유발 등의 묘역 등은 반계 가계와 생애 연구에 필요한 사안이다. 특히, 지평현 용문은 아버지 유흠이 김세렴과 교유하며 살았던 곳으로 보이고, 지평현 화곡은 반계가 살았던 땅으로 구체적인 조사가 요망된다.

둘째, 전라도 부안 일대 유적이다. 상대적으로 선행연구가 많이 진행된 지역이지만, 반계 유적의 보고라 할 수 있는 우반동 유적에 대한 종합적인 향후 활용 방안이 시급하다. 1957년에 우동저수지가 만들어지고, 1991년에 경지정리가 이루어지면서 반계 고택의 옛 정취를 전혀 느낄 수 없다는 아쉬움이 크다. 따라서 옛 고택터(우동리 811-3,4,5)에 대한 토지 매입과 반계고택 복원과 주변 정비를 통해 '반계와 우반동' 원형을 찾아가는 작업이 필요하다. 이와 함께 '반계 기념관'건립의 하드웨어적 측면도 적극 검토해야 할 것이다. 아울러 문화콘텐츠를 활용할 '부안의 반계길', '반계 유적지 답사길' 조성도 요망된다.

반계는 개암사에서 우금암에 올라 원효암, 옥천암에 자주 왕래하였다. 또한, 후대의 담와 홍계희는 그를 흠모하여 이곳까지 와서 금석문을 남기기도 한다. 이러한 요소와 우금암 주변의 유적과 연계한 콘텐츠 개발도 주목된다. 백제부흥운동의 거점 공간으로 여겨지는 복신굴, 정유재란의 호벌치 전적지, 개암사와 개암죽염, 보령원 등이 인근의 소재이다. 또한, 아직까지 국가 개혁서인 『반계수록』의 배경이 되는 부안 지역의 경제적 요인도 연구가 가일층 필요하다. 특히, 반계의 농장은 우반동, 동진, 상서 등에 남아 있었고, 반계는 이곳에서 유숙하며 농장을 감독하기도 하였다. 당대의 경제사적 측면의 토지, 신분, 관리, 지리 등 부안에서의 동인을 충분히 밝혀내는 작업도 필요할 것이다. 아울러, '반계학단'이라 지칭되는 교유인물과 문인 등에 대한 심층적인 연구가 지속적으로 요청된다. 반계가 있을 당시 전라감사 중 1666년 민유중, 1667년 홍처후는 각각 戚叔이자 사돈(김준상의 장인)으로 전라도 권역의 반계의 활동영역이 꽤 넓었을 것으로 보인다. 민유중은 구휼을 의논했고, 홍처후는 표류해온 중국인의 처리문제에서 반계를 만났을 것으로 보인다.

특히, 부안지역에서 반계를 배향했던 사우와 서원이었던 반계사(파산서원)와 동림서원은 그 중요성이 크다 할 것이다. 최근 '동림서원지' 발굴에 따른 반계사와 파산서원에 대한 위치 비정, 동림서원의 건립과 변천이 확인되고 있어 주목된다. 따라서 향후 동림서원에 대한 본격적인 고증 작업과 문화재 지정에 대한 검토가 함께 이루어져야 할 것이다. 동림서원은 반계를 배향한 유일한 서원이다. 향후 기초 유구에 대한 정밀 실측이 선행되고, 인근 동림마을 뒤편에 김서경 묘소와 연계도 필요하다. 특히, 발굴된 『동림서원지』에 대한 번역작업이 시급하다. 아울러 백시덕의 『월장보유고』, 배상유의 『만학당집』 등의 번역도 필요하다.

셋째, 충청, 경상 지역의 유적이다. 반계의 고모부이자 스승인 동명 김세렴의 묘소는 충주에 소재한다. 특히, 묘소 초입에 '김세렴신도비'는 민가들 사이에 어렵게 세워져 있어, 여기에 대한 이건 대책도 필요하며, 문화재적 가치가 커 향후 절차가 필요하다. 반계의 제자이자 6촌동생인 유문원과 유재원 묘소는 논산 벌곡에 소재하는데, 상석이나 묘표도 없어 향후 최소한의 안내판이라도 설치가 필요하다고 판단된다. 서천의 신태제 묘소도 안내 표지판이 필요하다. 명재 윤증과 명재의 대표적인 제자인 덕촌 양득중에 대한 반계학 연구도 구체적인 접근이 필요하다. 반계의 문인이자 육촌동생인 유재원과 명재 윤증과의 관계, 덕촌 양득중과 경암 윤동수의 부안 김서경 가문과의 연계성, 부안지역에서의 덕촌과 경암의 문인을 찾는 작업 등에 대한 연구도 요망된다. 이와 함께 논산·공주·부여 일대에 있는 명재와 덕촌의 유적에 대한 실증적인 조사연구도 함께 필요하다.

반계의 벗이자 사돈인 배상유의 묘소도 김천 구성면 송죽리 댄베이골의 심산에 소재한다. 배흥립, 배상유, 배태래, 배태휘 등 반계와 관련된 묘소가 있는 이곳도 향후 관련 정비가 필요하다. 대구의 경상감영과 백불암 고택의 보본당은 『반계수록』 간행의 핵심 유적지로서 중요한 유적지로 평가된다.

지역학 저변의 심층적인 확대 차원에서의 반계의 문화유적은 앞으로도 가일층 지속화 연구가 필요하다. 이와 함께 관련 유적지별로 소프트웨어, 하드웨어적 측면에 대한 진지한 검토도 요망된다. 학술적인 고증 연구, 주변 정비, 문화재 지정 검토, 관광 자원화, 스토리텔링 등이 체계적으로 진행되길 소망해 본다.

참고문헌

『國朝人物考』, 『澹溪遺稿』, 『德村集』,
『東國輿地誌』, 『東林書院本誌』, 『東湘集』,
『東溟集』, 『潭溪遺稿』. 『晩學堂先生文集』,
『磻溪隨錄』, 『百弗菴集』,『明齋遺稿』,
『眉叟記言』, 『渼湖集』, 『惺所覆瓿藁』,
『星湖全集』, 『研經齋全集』,
『重訂南漢志』,『越章甫集』, 『扶安邑誌』,
『太湖詩藁』, 『海槎錄』

김서경 저·박완식 역(2004), 『國譯 澹溪遺稿』, 담계선생문집간행회.
『문화유씨하정공파보』(2002), 회상사.

『부안 땅 이름』(2016), 부안문화원. 『부안군지』(1991).
실학박물관(2020), 『반계수록, 공정한 나라를 기획하다』, 실학박물관.
양득중 저, 박명희·김석태·안동교 역(2015), 『국역 덕촌집』, 경인문화사.
양평문화원(1989), 『양평군 향토사료 제1집 향맥』.
유형원 저·임형택외 역(2017), 『반계유고』, 창비.
한국정신문화연구원(1983),『扶安金氏愚磻古文書』,
김승대(2017), 「반계 유형원의 가계 분석」, 『한국실학연구』 34, 한국실학학회.
김승대(2018), 「지역학으로서 반계학 연구」, 『한국사상사학』 60, 한국사상사학회.
김승대(2020)a, 「덕촌 양득중의 가계와 추숭에 관한 연구」, 『양명학』 58, 한국양명학회.
김승대(2020)b, 「부안 동림서원의 건립과 변천에 대한 연구 -『동림서원지』를 중심으로-」, 『한국실학연구』 40, 한국실학학회.
김승대(2021), 「지역학 저변으로 바라 본 덕촌 양득중」, 『한국실학연구』 41, 한국양명학회.
오세현(2014), 「조선중기의 禮學과 村隱 劉希慶」, 『인문과학연구』 19, 덕성여자대학 인문과학연구소.
이동희(2017), 「부안지역 반계 유형원 유적보존과 지역문화 활성화 방안」, 『한국실학연구』 34, 한국실학학회.
이형성(2015), 「반계 유형원의 저술 재검토와 후학의 관련자료 고찰」, 『한국사상과 문화』 79, 한국사상문화학회.
이형성(2016), 「담계 김서경의 반계학 계승과 경세의식」, 『퇴계학논총』 27, 퇴계학부산연구원.
손혜리(2017), 「반계가 바라본 명청 교체와 명 유민」, 『한국실학연구』 34, 한국실학학회.
정성희(2017), 「근기실학과 반계 유형원」, 『온지논총』 50, 온지학회.
하우봉(2013), 「반계 유형원과 호남실학」, 『건지인문학』 10, 전북대학교 인문학연구소.
하우봉(2018), 「호남실학의 전개양상과 성격」, 『한국실학연구』 36, 한국실학학회.